국어교육 연구 방법론

국어교육 연구 방법론

한철우 외

도서출판 박이정

머리말

　최근 국어교육에 대한 학문적 관심이 급증하면서, 국어교육과 관련한 수많은 연구물들이 생산되고 있다. 대학과 각종 연구소의 연구자들은 물론, 무엇보다도 학교 현장에서 근무하는 교사들의 연구가 늘어나고 있는 것은 국어교육 연구의 발전을 위해 매우 고무적인 일이라고 할 수 있다.
　그러나 이렇게 양적으로 증가한 연구물들이 모두 높은 질적 수준을 가졌다고는 쉽게 단언하지 못할 것이다. 이는 국어교육 연구 방법이 명료하게 정리되고 체계화되지 못함으로써 연구자들이 보다 과학적인 연구 방법에 따라 연구를 진행하지 못했기 때문이다. 이러한 국어교육 연구의 현실은, 자칫 학문적 엄밀성을 갖추지 못한 연구물을 생산하여, 내실 있는 국어교육을 수행하지 못하게 하는 원인으로 작용할 수도 있다. 따라서 국어교육 연구 방법의 체계적인 정리와 친절한 안내는 국어교육의 내실화, 선진화를 위한 가장 큰 관건이라고 하겠다.
　국어교육 연구는 교육연구의 한 부분이므로 일반적인 교육 연구 방법론의 연구 방법을 원용하게 된다. 그렇다면 국어교육 연구를 수행하기 위해서 일반 교육 연구 방법론을 참고하면 되는 것이지 굳이 국어교육 연구 방법론을 다시 고민하고자 하는 까닭은 무엇인가? 물론 국어교육의 연구 방법을 따로 분리해서 체계화시키려는 것은 국어교육 연구의 활성화를 위해서이다. 모든 국어교육 연구자들이 교육 연구 방법을 직접 참고하는 것을 예상할 수 있지만, 그러하기를 기대하는 것이 현실적으로 어렵다. 따라서, 보다 직접적인 즉 국어교육 연구를 적용한 실제의 예를 제시한 국어교육 연구 방법의 안내서가 절실히 필요한 실정이다.

국어학이나 국문학의 연구 방법이 아닌 국어교육의 연구 방법을 체계적으로 모색해야 국어교육 연구가 내용과 방법에서 활성화될 수 있다. 국어학이나 국문학의 연구 방법만 가지고는 국어교육의 연구가 한계를 가질 수밖에 없다. 그러므로 이 책의 목적은 일반적인 교육연구 방법을 국어교육에 적용시킨 보다 구체적이고 직접적인 국어교육 연구 방법을 제시함으로써 국어교육을 연구하고자 하는 석·박사 과정 이상의 연구자들에게 좋은 안내서를 보이기 위한 것이다.

우리나라에서 국어학이나 국문학의 연구 방법은 대체로 인문학적 방법, 즉 문헌연구나 개념 분석 연구의 방법을 주로 택하고 있다. 국어교육의 연구 방법은 교육의 연구 방법을 도입해야 하는데, 이러한 방법은 낯설기도 하고, 대체적으로 국어교육과 학부와 혹은 석·박사 과정에서 제대로 학습되지 않고 있다. 뿐만 아니라 교육의 연구에서 많이 사용하는 연구 방법, 이를테면 조사 연구, 실험 연구 등은 연구 방법으로서 도외시되거나 폄하되고 있는 실정이다. 이는 국어교육과 연구자 대부분이 국어학과 국문학을 전공한 학자들이라 교육의 연구 방법을 멀리하거나 관심 밖에 두고 있어, 학계 일각에서는 그 방법으로 연구되는 연구 내용을 연구로서 좋게 평가하지 않으려는 경향이 엄연히 존재하고 있기 때문이기도 하다. 국어교육의 연구에서 교육의 연구 방법이 정착되려면 학부과정 혹은 늦어도 석사과정에서는 교육 연구 방법론을 필수적으로 이수해야 하고, 그렇게 되어야 국어교육의 연구가 다양한 내용으로 활성화될 수 있을 것이다. 물론, 박사 과정에는 더욱 심층적이고 다면적인 연구 방법을 학습할 수 있는 기회가 제공되어야 할 것이다. 더 나아가 국어교육의 연구 내용에도 많은 변화를 가져와야 한다.

학부 혹은 석·박사 과정에서 인문학적 연구 방법을 익힌 연구자들은 교육 연구 방법을 적용한 연구를 현장 연구라는 이름으로 폄하하고 있지만, 이렇게 된 데에는 그 나름대로의 이유가 없는 것이 아니다. 국어교육 현장 연구에서 흔히 발견되는 것이지만, 연구자가 연구 방법을 이해하지 못한 상태에서 연구를 진행하거나 혹은 통계 조작이나 통계 해석의 오류 등으로 연구의 타당성을 떨어뜨리는 일도 비일비재하기 때문이다. 또한, 연구 내용의 깊이가 정돈되지 못하거나 피상적이고 상투적인 연구 내용을 통계적 장치만으로 포장하려고 하는 경우도 있다. 이러한 경우에는 그 연구의 가벼움에 대한 비난을 피할 길이 없을 것이다.

그러나 이러한 국어교육 연구에서 이러한 문제가 드러나게 된 데에는 그 연구자들이 국어교육의 연구 방법을 익힐 기회가 없었다는 점을 고려해야 할 것이다. 국어교육 현장 연구들을 살펴보면, 연구자가 연구 방법을 잘 이해하지 못해서 연구 설계나 연구 과정이 타당성을 갖추지 못하는 경우가 많고 연구 주제에서 벗어나는 경우도 많다. 연구 주제와 문제를 밝히기 위해 그에 관련된 연구 활동을 전개해야 하는데, 연구 방법에 대해 학습을 충실히 하지 못함으로써 이러한 오류에 빠지게 되었다고 볼 수 있다.

그러므로 국어교육을 연구하는 사람들에게는 국어교육의 연구 방법론을 체계적으로 익힐 수 있는 기회를 제공하는 것은 매우 중요하다고 할 수 있다. 국어교육이 학문적 체계를 더욱 명확하게 수립하기 위해서는 국어교육 연구자들이 연구 방법을 체계적으로 이해하고 실행할 수 있는 능력을 갖추지 않으면 안 된다. 이 책은 이러한 중요성과 필요성에 부응하기 위해 기획되고 집필되었다. 이 책이 모든 국어교육 연구 방법론을 완전하게 제공해 줄 수는 없겠지만, 국어교육을 공부하는 연구자들에게 국어교육 연구 방법에 대한 기초적인 이해를 제공하고 체계적인 실행 능력을 기르는 데 도움이 될 수 있기를 기대한다.

2012년 2월
전체 저자를 대표하여 한철우

차례

- 머리말 _4

01 국어교육 연구 방법의 이해 _10

02 국어교육과 양적 연구 _34

03 국어교육과 질적 연구 _62

04 독서 연구 방법 _104

05 작문 연구 방법 _140

06 국어교육 연구 방법의 적용 _172

07 국어교육과 현장 연구 _208

08 국어과 평가 영역의 연구 방법론 및 적용 _226

09 국어교육과 메타 분석 연구 _264

10 SPSS 분석 도구의 이해와 활용 _290

- 참고문헌 _365

01

국어교육 연구 방법의 이해

국어교육의 연구 방법을 이해하기 위해서는 국어교육 연구가 어떠한 내용을 다루며 어떠한 과제의 해결을 목표로 하는지를 먼저 이해하는 것이 필요하다. 그러므로 이 장에서는 이에 대해서 먼저 논의한 후, 국어교육 연구의 방법과 절차에 대해서 살펴보고자 한다. 이를 통해 국어교육 연구의 방법과 절차를 거시적으로 조망하면 국어교육 연구의 전반에 대해 효과적으로 이해할 수 있을 것이다. 그리고 최근에는 연구 윤리가 강화되는 추세에 있다는 점을 고려하여 국어교육 연구에서 고려해야 할 연구 윤리를 논의하고자 한다.

01 국어교육 연구 방법의 이해

1. 국어교육 연구의 내용과 과제

 국어교육은 학습자들의 국어 능력을 신장시키는 데 그 목표가 있다. 그렇다면 국어 능력이란 무엇인가? 국어로 말하고 듣고 읽고 쓰는 능력으로 구성되는가? 국어에 관한 지식 곧 문법적 지식을 가진 것만으로 국어 능력이 있다고 말할 수 있는가? 그러면 국어학자는 국어 능력이 있다고 말할 수 있는가? 물론 국어학자는 국어에 관한 이론을 잘 말할 수 있는 능력을 가지고 있을 것이다. 이는 사회학자가 이 사회에 관하여 잘 알고, 역사학자가 우리의 역사에 관하여 잘 아는 바와 다를 것이 없다. 이처럼 지식은 곧 특정 분야에 대해서 잘 말할 수 있도록 하는 중요한 기본 조건이 되기는 한다. 그러나 우리가 일반적으로 능숙하게 말을 이해하고 표현한다는 것은 어떤 특정한 전문 분야의 지식의 이해와 표현만을 말하는 것은 아니다. 다시말해 어떤 분야에 관한 전문지식 집단에서 지식의 많고 적음이 곧 표현의 능력을 가늠하는 기준이 될 수는 없다. 비슷한 정도의 전문 집단에서는 오히려 표현의 기술이 더 크게 영향을 미칠 수 있다. 언어 능력은 그 말하는 목적을 인식하고, 그 목적에 맞게 말하는 기술이 유창할 때 발휘되는 것이기 때문이다(DeHaven, 1979).

이러한 점은 국어 능력을 구성하는 요인 중에서 기술 즉 기능 요인이 중요한 요인이 될 수 있음을 뜻한다. 기능은 내용을 실어 나르는 도구이다. 내용이 풍부하고 질적으로 튼실해야 하지만 그를 실어 나르는 도구가 부실하면 그 내용을 손실 없이 나를 수 없는 것이다. 비유해서 말하면, 과일이 아무리 맛있고 모양이 좋더라도 이를 시장에 실어 나르는 과정에서 운송 수단이 미흡하여 시기를 놓치거나 과일이 상하기라도 한다면 그 과일값은 폭락할 수밖에 없다. 지식을 중요하게 생각하는 쪽에서 보면, 생산된 과일의 맛과 튼실함이 먼저겠지만, 이를 시기에 맞추어 싱싱한 채로 실어 날라 손실 없이 시장에 팔아야 하는 쪽에서 보면 중간 도구의 역할 즉 운송 과정이 더 중요할 수밖에 없다.

그러므로 기능 쪽에서는 도구의 중요성을 더 강조한다. 이에비해 소위 내용학 학자들은 생산되는 지식의 질적 우수성과 풍부성을 강조한다. 물론 내용학 쪽에서는 지식의 수준과 풍부성이 먼저라고 인식할 것이고, 생산된 지식이 우수하면 전달은 별로 문제가 안 된다고 생각할지도 모른다. 그런데 사실 지식이라 함은 국어교육에서의 내용학 지식 곧 문학 이론이나 문법지식만을 말하는 것이 아니다. 문법지식이나 문학이론의 풍성함이 국어능력의 능숙함을 보장하지 못한다. 이들 지식은 특정분야의 지식에 해당하고, 국어능력을 구성하는 일반사람들이 가져야 할 교양적 지식은 아니기 때문이다.

문제는 전달 도구의 문제를 지나치게 경시하는 인식이 국어교육 연구의 발전에 장애가 되고 있다는 점이다. 그러한 인식은 인식에 머무르는 것이 아니라 효과적인 과일 유통의 연구를 소홀히 함으로써 그 지식이 본래 가지고 있는 가치를 손실시킬 수 있다는 데 문제가 있다. 그 지식의 운송에 대한 연구를 소홀히 함으로써 그 사이에 지식은 겉과 속이 상하고 제 빛깔을 내지 못하고 제 값을 받지 못하는 현상이 벌어지고 있는 것이다. 그 동안 국어교육에서는 지식의 내용만 가르치면 전달 즉 표현과 이해는 자동적으로 되는 것으로 인식되고 있었다. 그래서 언어발달은 세상에 대한 지식이나 교과 학습으로부터 축적되는 지식에 따라 자동적으로 발달한다고 생각하는 인식도 있었다. 하지만 국어교육에서 교과적 지식은 학습의 대상이 아니다. "바다의 자원"이라는 설명문 단원에서 그 글속에 들어있는 광물자원, 식량자원, 관광자원 등의 내용 즉 지식은 학습의 대상이 아니다. 그 글속의 지식을 정리하고 요약하고 회상하는 학습활동의 대상일 뿐이다. 그 내용을 기억하는 학습은 다른 교과에서 할 일이다. 국어교육에서는 그 글의 지식의 조직 방법이나 요약하기와 어휘 등을 학습하고 학습한 그 읽기 능력이 유사한 다른 글의 독해에 전이되기를 기대할 뿐인 것이다.

지금까지 국어를 어떻게 가르쳐야 하는지 무엇을 가르쳐야 하는지의 문제를 가지고 많은 논란이 있어 왔다. 언어사용 기능 중심 국어교육에 대한 부정적인 견해, 문학을 배제하거나 문학을 중심에 놓아야 한다는 논란, 문법을 배제하거나 가르쳐야 하는지에 대한 논란 등이 그것이다. 국어사용 기능에 대한 비판은 주로 행동주의 심리학에 바탕을 둔 기능(skill) 학습에 대한 비판으로 볼 수 있다. 그러나 제7차 국어과 교육과정부터의 국어교과서는 이미 구성주의의 이론적 바탕 위에서 학습자의 능동적 사고, 활동중심, 토론 중심의 학습활동을 강조하고 있다. 따라서 이러한 국어사용 기능의 역할과 교수학습 방법의 연구가 활성화되어야 한다.

언어교육을 하는 효과적인 방법을 설명하는 세 가지 이론이 있다. 행동주의와 생득설, 상호작용설이 그것이다. 행동주의 심리학자들은 언어학습은 모방, 연습, 성공에 대한 보상(칭찬), 습관 형성 등의 결과라고 한다(Lightbown et al., 2003). 생득설(innatism)은 아동들은 영양만 정상적으로 제공된다면 걷기와 같은 생물적 기능들이 발달되듯이 언어가 발달하며, 이러한 언어학습의 시스템은 선천적으로 이미 프로그램화되어 있다는 것이다(Lightbown et al., 2003). 상호작용설은 개인적 특징과 언어 환경의 상호작용의 결과로서 언어가 발달한다고 설명한다.

　이 세 가지 이론에 터한 국어교육의 방법을 교육과정, 교과서, 교수학습 방법이나 화법, 작문, 독서 등에 적용해 보거나 문학과 문법교육 등에 적용 실험해 보는 연구가 활성화되어야 한다. 그런데 이러한 연구는 교육연구 방법에 대한 이해와 적용이 면밀하게 이루어지지 않으면 훌륭한 연구로 수행될 수 없을 뿐만 아니라, 또 그것이 이유가 되어 연구 자체가 인정되지 않을 수도 있다. 더 나아가 국어학이나 국문학 연구자들이 이를 인정해 보거나 시도하려고 하지 않는 모습도 볼 수 있다. 그 원인은 두말할 것도 없이 교육연구 방법에 대한 인식부족에서 오며, 이는 국어학과 국문학(고전문학과 현대문학)을 국어교육을 실천하는 교사가 외면하게 하는 중요 요인이 된다. 대학원 석사과정에서 교사들은 국어학이나 국문학의 인문학적 연구가 아니라 문법교육이나 국문학 교육의 연구를 하려는 욕구가 크지만 이를 충족시켜 주지 못한다.

　또한 국어교육과 사고력 발달에 대한 연구가 필요하다. 국어교육에서 언어사용 기능(language arts) 영역 즉 말하기, 듣기, 읽기, 쓰기 영역의 국어교육에서의 위상 및 교육의 내용과 방법을 두고 많은 논란이 있어 왔다. 언어사용 기능에 대해서는 그것이 단순, 반복의 기능(skill) 교육에 머물게 한다는 비판이며, 가치관 교육을 통한 인간교육을 소홀히 한다는 비판이다. 그러므로 언어사용 교육의 특성 및 내용과 그 역할과 위상에 대한 규명이 필요한 실정이다. 그 중에서도 언어사용이 사고력 신장 혹은 창의적 사고력의 발달에 어떤 기여 혹은 역할을 하고 있는지를 규명하는 연구는 소위 단순, 반복 교육의 본산이라는 누명을 벗기 위해서도 필요하다. 사고력 발달과의 관계 및 기여도, 사고력 발달을 위한 언어학습의 방법 등에 대한 끊임없는 연구가 필요하다.

　국어교육의 내용으로는 표현과 이해 즉 말하기와 듣기, 읽기와 쓰기 등의 기능이 국어교육에서 어떤 역할을 하는지를 더욱 연구해야 한다. 제3

차 교육과정기까지는 국어과 교육과정이 그 목표를 '국어사용 기능의 신장' 에 두고, 국어지식과 문학은 그 하위 영역으로 설정했음에도 오히려 학교 현장의 국어교육은 문법과 문학 중심으로 이루어졌고, 말하기와 듣기, 쓰기의 교육은 거의 이루어지지 않았다. 국어사용 영역의 학문 연구가 취약했던 관계로 이러한 국어교육 현상에 대하여 속앓이를 하고 있었지만, 뾰족한 수단은 보이지 않았었다. 80년대 초부터 국어 교과의 정체성에 대하여 진지하게 묻기 시작하여 제5차 교육과정기부터는 교육과정에서는 물론 학교 현장 교육에서 말하기, 듣기, 읽기, 쓰기 등의 교육을 강화하려는 시도가 있었다. 이제 국어교육의 균형 발전을 위해서는 더욱더 화법학, 독서학, 작문학의 학문적 발전이 필요한 시점이다. 다른 영역에 비하면 연구 인력이 턱없이 부족한 실정이다.

2. 국어교육 연구의 방법과 절차

국어교육 연구의 방법으로는 인문과학적 연구 방법 즉 역사적 연구나 개념 분석연구가 주류를 이루고 있다. 분석적 연구에서는 이론을 바탕으로 작품을 분석한다. 국어학 연구도 역사적 개념 연구가 주요 연구 방법이다. 국어교육의 분야 중 표현과 이해 영역에서는 보다 다른 연구 방법이 적용되고 있다. 이들 연구 방법을 정리하면 크게 개념적 연구와 현장(empirical) 연구로 나누어진다.

개념적 연구는 본질적으로 이론적이고 철학적이며, 조사와 연구(research)라기보다는 학술적(scholarship)이다. 개념적 연구는 교수와 학습을 형성하는 가정과 조건들을 검토하고, 여러 가지 교수·학습 모형의 원리

구성을 탐구한다. 이러한 연구는 수많은 실험적 연구의 결과들을 바탕으로 어떤 원리를 도출해 낸다. 그러나 이 연구는 이론적 가설을 뒷받침하는 증거 자료를 수집하기 위한 일에는 관심을 두지 않는다. 이런 연구의 대표적인 것이 존 듀이의 경험주의 교육 철학이다. 우리는 경험중심의 학습활동들이 텍스트 중심 학습활동보다 효과적인지 아닌지를 검토하기 위하여 교실 수업을 관찰한 구체적인 데이터를 수집하지는 않는다. 다만 이 교육 철학이 얼마나 논리적인지를 검토하여 찬성하거나 반대한다.

국어교육의 목표론, 국어과 교육과정의 내용 구성, 국어과 교육에서의 세 영역의 위상 등에 대한 탐구는 개념적 논의를 바탕으로 탐구되어야 할 과제이다. 개념적 연구를 통하여 좀더 구체적인 교수 학습 방법으로 어떤 모형을 개발하는 것도 가능하다. 개념적 연구 방법과는 달리 현장(empirical) 연구에서는 연구 문제의 답을 얻기 위하여 혹은 연구 가설을 검증하기 위해 혹은 새로운 이론을 개발하기 위해 자료를 수집하여 분석하고, 해석한다. 이러한 연구의 여러 가지 방법에는 실험연구, 조사연구, 관찰연구, 면담조사연구 등이 있다. 이 연구들은 크게 질적인 연구(qualitative research)와 양적인 연구(quantitative research)로 나눌 수 있다(Flood et al., 1991).

질적인 연구는 자연스러운 교실 상황에서 언어의 교수 학습이 어떻게 이루어지는지를 탐색하는 것이 질적인 연구이다. 논문 제목이 "…… 양상 연구"인 경우는 거의 질적인 연구 방법을 취하고 있다. 질적인 방법을 취하는 연구는 교실, 가정, 사회에서 일어나는 언어의 교수와 학습 과정을 탐구한다. 질적인 연구에서는 연구 참여자가 무엇을 말하고 행하는지를 연구자가 기술한 것이 연구의 데이터가 된다. 이 연구 방법은 연구 참여자가 적고, 그러한 참여자의 상호작용의 특징을 기술하고자 한다. 이 연구는 질적인 연구 자료를 바탕으로 일반적인 학습이론을 도출하려고 한다.

양적인 연구는 연구 가설의 설정, 연구집단의 표집, 구체적인 자료 수집, 가설의 인증과 기각 등의 절차를 거쳐 연구된다. 이 연구는 대표 집단의 무작위 선정, 실험집단과 비교집단의 선정, 교수학습 방법의 구안과 학습자료 개발과 적용, 교수학습 방법의 효과 검증 등의 연구 과정을 거쳐 교수학습의 원리와 방법, 학습 자료를 개발한다.

표현과 이해의 교육 연구에서 이들 연구 방법은 어느 하나를 선호하기보다는 두 방법이 각기 다른 장점을 가지고 있으므로 오늘날 연구에서는 복합적으로 사용된다. 질적인 연구 방법인 사례연구에서도 양적인 연구 방법을 함께 사용하기도 한다.

표현과 이해 교육의 연구는 대체로 교육대학원의 석사 과정에서 혹은 교육청이나 교총 등의 연구에서 현장연구라는 이름의 양적인 연구들로 행해지고 있다. 이들 연구는 대체로 다소 등급이 떨어지는 연구로 인식되고 있다. 물론 배경이론이나 연구 방법의 적용이 치밀하지 못한 문제를 가지고 있기도 하다. 이런 이유로 교육대학원 석사과정의 교육연구에는 조사연구나 실험연구 등이 많으나 학술적인 연구로 인정받지 못하고 있는 실정이다. 사실상 학술적인 연구가 되려면 박사과정 이상의 연구가 되어야 하는데, 표현과 이해의 교육에서는 박사과정 이상의 연구에 이들 다양한 연구 방법이 적용되지 못하는 문제가 있다. 국어교육의 발전을 위해서는 표현 이해 교육의 연구 인력 충원과 확대가 절박한 실정이다. 연구 내용이 축적되 못한 관계로 후속 연구가 이루어지고 있지 못하며, 자칫 총론적인 연구에 머무르다 보니 보다 구체적이고 다양한 연구과제들이 개발되지 못하고 있다.

국어교육 연구 절차를 간단히 살펴보면 다음과 같다. 연구 문제는 국어교육의 내용이나 방법에 대한 문제제기로부터 시작된다. 국어교육의 현장에서는 학생들의 국어능력 즉 말하기, 듣기, 읽기, 쓰기 능력의 발달과 문법능력, 문학 감상 능력 발달시키기 위해 효과적인 교수학습 방법이 무엇인지 탐색하고 적절한 내용을 위계적이고 체계적으로 제시하는 데에 대한 의문을 가질 수 있다. 여기에 학습자인 학생들은 그 발달 수준이 다양하며, 교수학습이 이루어지는 교실 환경 또한 다양하다. 가정환경도 천차만별이다. 교사들도 교수학습이 아직 서투른 초임 교사에서부터 경험이 많은 유능한 교사, 열정적인 교사로부터 게으른 교사가 있다. 교수학습이 이상적인 모습으로 완벽하게 이루어진다면 그래서 기대에 부응하는 대로 학생들의 국어능력이 이상 없이 발달해 준다면 국어교육 연구는 불필요할지 모른다. 그러나 국어교육은 늘 불완전하게 이루어지고 있으며 이상적인 교수학습을 지향할 뿐이다.

문제제기는 국어능력이란 무엇인가, 국어능력을 구성하는 요인은 무엇인가, 어떻게 하면 학생들의 국어능력을 효과적으로 달성시킬 수 있을까, 학생들이 재미있게 공부하도록 할 수 있을까, 구체적인 수업모형은 무엇일까, 교육과정은 왜 주기적으로 바꾸어야 하는가, 교과서의 이상적인 모습은 무엇일까 등등 국어교육에 대한 의문으로부터 출발한다. 그런데 이러한 국어교육 연구에 대한 문제제기 즉 연구문제를 설정하는 것은 말처럼 간단하지 않다. 연구문제는 연구할 만한 내용이 되어야 한다.

연구문제 제기는 현재의 언어교육과 관련한 연구 동향으로부터 출발하는 것이 효과적이다. 과정중심 쓰기와 읽기, 구성주의, 상호작용설, 반응중심 문학교육, 협동학습론, 언어영역의 통합지도 등 교수 학습 이론에 바탕을 두고 새로운 교수학습 방법을 현장에 적용해 보려는 연구문제를 제기하는 것으로부터 출발한다. 과정중심 쓰기에서 내용생성 방법은 쓰기 지도에서 어느 정도 효과적인가, 다양한 개요쓰기 방법은 쓰기 결과에 효과적인가, 쓰기과정에서 상호평가 혹은 상호교수 방법은 효과적인가 하는 문제를 설정하고 연구를 실행할 수 있다.

연구문제를 설정하면 다음에는 연구 계획을 세워야 한다. 연구 계획을 체계적으로 세우기 위해서는 연구 계획서를 작성하는 것이 좋다. 연구 계획서는 5장으로 구성되는 것이 일반적이며, 제 I 장 서론, 즉 연구의 필요성이나 목적과 선행 연구 분석, 제Ⅱ장 연구 내용과 관련된 최근 연구 동향 이론이나 현재 교육의 문제점 분석, 제Ⅲ장 연구 방법 설계, 제Ⅳ장 연구 결과 분석, 제Ⅴ장 연구 내용 정리와 결론 등으로 구성된다. 제Ⅲ장을 보다 구체적으로 살펴보면 연구 대상 및 기간, 평가도구, 구체적인 교수 학습 과정 및 자료 등으로 구성된다.

연구 계획서가 작성되면 제Ⅲ장 연구 설계를 중심으로 보다 구체적으로 실천 계획을 세우고 자료를 준비해야 한다. 조사연구라면 설문지를 만들거나 구해야 하고, 실험연구라면 실험전후의 읽기 능력(혹은 쓰기) 검사지, 읽기 태도 검사지 등 평가 도구를 만들거나 표준화된 검사지를 준비해야 하며, 연구하여 검증하고자 하는 교수 학습 활동 과정과 모형, 교수 학습 내용과 학습 활동지 등을 준비해 놓아야 한다. 교육 연구의 핵심은 연구자가 실험하고자 하는 교수 학습 방법이나 교수 학습 모형의 탐구에 있는 만큼 보다 치밀한 교수 학습 설계를 구체화해야 한다.

연구를 위한 여러 검사 도구와 교수 학습 계획 및 모형, 활동지들이 개발되면 실제 학습지도 과정이 전개된다. 실험연구의 실행은 실제 수업에서 이루어져야 한다. 실험연구를 위해 정규 수업시간 이외의 별도의 시간을 내어 실험을 진행하는 것은 자칫 실험내용을 왜곡시킬 가능성이 있고, 그러한 실험은 일반화하기가 어렵다. 설문지로 조사하는 조사연구의 경우 조사 시간을 잘 정해야 한다. 연구결과는 양적인 연구의 경우에는 통계 처리를 하게 되는데, 통계 처리와 분석은 보다 전문적인 지식이 필요하며 가능한 한 전문가의 도움을 받을 필요가 있다. SPSS 같은 통계 처리 프로그램이 있지만 통계의 바른 해석을 위해서는 통계 이론을 잘 살펴보고 해야 한다.

3. 국어교육 연구의 윤리

가. 연구 윤리의 중요성

최근 국어교육과 관련한 학문적 관심과 사회적 요구가 증가하면서, 국어교육 연구자들의 역할이 크게 확대되었다. 각종 학위논문과 학술지 논문, 연구보고서까지 포함하면 한 해에도 엄청난 양의 연구가 수행되고 있음을 알 수 있다.

그러나 자칫 연구의 '결과'만을 지나치게 앞세우다보면, 그 연구를 수행하는 과정에서 연구의 윤리적 문제를 간과하게 될 수도 있다. 최근 각종 매스컴에서 떠들썩하게 보도되고 있는 여러 사례들만 보아도, 연구 과정에서 연구 윤리를 고려하지 않은 것이 연구물 자체는 물론 연구자에게까지 얼마나 큰 상처를 입히는지를 잘 알 수 있다. 이러한 이유로 최근에 발간되는 교육 연구 방법론 관련 서적에서도 연구윤리에 대한 내용을 한 장 또는 한 절에 걸쳐서 소개하고 있는 실정이다.

따라서 국어교육 연구자들은 연구과제의 설정과 연구계획의 수립 및 연구수행 과정, 발표 등 연구과정 전체에서 반드시 연구윤리를 알고, 이에 따라야 한다. 이를 위해 한국연구재단과 각 대학, 또한 국어교육 관련 학회 등에서는 연구윤리위원회를 구성하고 연구윤리규정을 제정하고 있으며, 연구윤리를 위반한 연구자와 연구물에 대해서는 학위 취소, (학술지)논문 게재 취소, (학회)회원 자격 정지 및 제명, 사과문 제출 등의 방법으로 강력하게 조치하고 있다.

무엇보다도 교육 연구에 있어서는 그 연구 대상이 '사람'이며 연구의 초점도 '사람'의 성장과 변화와 관련하고 있기 때문에 더욱 윤리의 문제가 중요하다고 할 수 있다. 그러므로 국어교육 연구자들 역시 자신의 연구에 있어 연구윤리 문제를 진지하고 민감하게 고려하여야 할 것이다.

나. 연구윤리원칙

연구윤리원칙이란 연구 윤리에 있어서 가장 기본적인 원칙으로, 연구자가 연구 과정 전체에서 지켜야 할 기본적인 사항이다. 그렇기 때문에 이러한 연구윤리의 원칙은 일종의 필요조건이지, 충분조건이라고는 할 수 없을 것이다. 따라서 연구자는 자신의 연구가 최소한의 연구윤리원칙에 의해 수행되고 있는지를 늘 성찰할 수 있어야 한다.

미국의 윤리학자인 레스닉(Resnik)은 연구 활동[1]에서 요구되는 윤리적 행위의 원칙으로 다음의 12가지를 들고 있다(유네스코한국위원회, 2002:27~34;한국연구재단, 2011:18~20에서 재인용).

(1) 정직(Honesty)
연구자는 데이터나 연구결과를 조작하거나 왜곡하지 말아야 한다. 연구자는 연구과정의 모든 측면에서 객관적이고 비 편향적이며 정직해야 한다.

(2) 주의(Carefulness)
연구자는 연구의 수행이나 결과의 제시에서 오류를 범하지 않도록 조심해야 한다. 연구자는 실험적·방법론적·인간적 오류를 최소화하고, 자기 기만·편향·이해갈등을 피해야 한다.

(3) 개방성(Openness)
연구자는 자료(data), 결과, 방법, 아이디어, 기법, 도구 등을 공유해야 한다. 연구자는 다른 연구자들이 자신의 작업을 심사하는 것을

---

[1] 레스닉은 과학 활동에 요구되는 윤리적 행위를 언급하고 있기 때문에 원문에서는 '과학활동'이라 표현하고 있으나, 이 글은 연구윤리와 관련하고 있으므로 '연구활동'으로 수정하였다. 이하 '연구자'역시 '과학자'를 바꾸어 표현한 것이다.

허용하고 비판과 새로운 아이디어에 대해 열려 있어야 한다.

(4) 자유(Freedom)

연구자는 어떤 문제나 가설에 대한 연구든지 자유롭게 수행해야 한다. 연구자에게는 낡은 아이디어를 비판하고 새로운 아이디어를 추구할 자유가 허용되어야 한다.

(5) 공로(Credit)

공로는 실제적으로 기여한 사람에게만 주어져야 하고 공로를 인정받는 연구자는 그것에 대한 책임을 져야 한다. 한 개인이 어떤 연구에 대해 책임을 질 수 있을 경우에만 그것에 대한 공로도 주어져야 한다.

(6) 교육(Education)

연구자는 예비연구자들을 훈련시키고 그들이 좋은 연구를 수행하는 방법을 확실히 배우도록 도와야 한다.

(7) 사회적 책임(Social Responsibility)

연구자는 사회에 해를 끼치는 것을 피하고 사회적 이익을 창출하도록 노력해야 한다. 연구자는 사회적으로 가치 있는 연구를 수행하고, 공공 토론에 참여하며, 전문가 증언을 제공하고 정책 결정을 도우며 잘못된 연구를 드러낼 의무를 지닌다.

(8) 합법성(Legality)

연구자는 자신의 활동에 적용되는 각종 법규(연구자금의 관리 또는 저작권과 특허 등에 관한 법규 등)를 준수할 의무가 있다.

(9) 기회(Opportunity)

어떤 연구자라도 연구 자원을 사용하거나 연구와 관련한 직업에서 승진할 기회가 부당하게 거부되어서는 안 된다. 연구자는 인종, 성별, 국적, 연령 등과 같이 연구능력에 직접 관련되지 않은 특징에 기초하여 동료를 차별해서는 안 된다.

(10) 상호 존중(Mutual Respect)

연구자는 서로를 존중함으로써 협력과 신뢰의 관계를 구축하여야 한다. 신체적 혹은 심리적으로 다른 과학자들을 해치지 않고, 개인의 사생활을 존중하며 각자의 연구에 간섭하지 말아야 한다.

(11) 효율성(Efficiency)
연구자는 자원을 효율적으로 사용해야 한다. 연구자가 한 논문으로 보고할 수 있는 연구를 여러 편의 논문으로 쪼개어 출간하는 행위도 자원을 낭비하는 일이다.

(12) 연구대상에 대한 존중(Respect for Subject)
연구자는 인간을 연구대상으로 할 때, 인권이나 인간의 존엄성을 침해해서는 안 된다.

레스닉은 위와 같이 12개의 항목으로 연구에서의 윤리원칙을 제시하며, 이러한 윤리원칙을 잘 따를 때에 비로소 연구가 가치 있을 것이라고 보고 있다. 미국 심리학회(American Psychological Association)역시 연구윤리준칙을 제안하고 있는데, 레스닉보다는 보다 광범위하게 다섯 가지의 원칙으로 제시하고 있다(정동훈, 2006:456~461).

(1) 인권존중
인권존중은 개인이 인간이라는 이유만으로 존엄성과 가치를 갖고 있으며, 이에 따라 개인 비밀이나 사생활을 보호해야 하며, 자유로운 의사 결정권이 있음을 의미한다. 연구자는 인권과 개인의 행복을 보호하기 위하여 최대한 노력하여야 하며, 연령, 성별, 인종, 문화, 국가, 종교, 장애, 언어, 사회경제적 위치 등으로 인한 어떠한 차별을 가해서는 안 된다. 이는 곧 연구 참여자 또는 피실험자에 대한 어떠한 편견과 선입견도 가져서는 안 됨을 뜻한다.

(2) 정의
정의는 연구진행과정에서 모든 사람이 똑같은 처우를 받아야 하며 또한 모든 사람들이 공정하고 차별 없이 연구결과의 혜택을 받아야 함을 의미한다.

(3) 선행과 무해

연구자는 연구대상자에게 어떠한 해를 입히지 않고 가능한 많은 이로움을 주기 위해 노력해야 한다. 연구 참여자가 입을 수 있는 문제점에 대한 보호수단이나 안전장치를 준비하고, 이에 대한 주의를 기울여야 한다. 개인적, 사회적, 금전적, 정치적 문제를 발생시킬 수 있는 가능성을 항상 염두에 두도록 해야 할 것이다.

(4) 신뢰와 책임성

이는 연구자가 행하는 작업이 연구 참여자는 물론, 개인이나 사회에 영향을 미칠 것임을 자각하고 이에 따라 역할과 의무를 성실히 이행할 책임이 있음을 말한다. 연구 과정에서 발생하는 모든 행위에 대한 책임을 져야 하며, 문제가 발생했을 경우 적절하게 대처하여야 한다. 뿐만 아니라 연구 참여자를 적절히 돌보기 위해 연구자는 다른 전문가와 상의를 하거나 자문을 구할 수도 있어야 한다.

(5) 진실성

진실성은 정확하고 정직하며 진실한 연구를 실행할 것을 의미한다. 연구자들은 부정한 방법으로 자료를 수집하거나, 사기나 기만, 평계, 사실의 의도적인 왜곡을 해서는 안 된다. 특히 부정한 방법을 통하여 설령 최대의 연구 효과를 얻을 수 있다고 하더라도 이를 반드시 피해야 한다.

나. 연구에서의 부정행위

연구 윤리를 지키지 않은 행위, 다시 말해 연구에서의 부정행위에 대한 정의와 범위는 나라별로 다르다. 통상적으로는 위조(날조, fabrication), 변조(falsification), 표절(plagiarism)행위를 연구부정행위로 보고 있었으나 유럽의 경우에는 출판 과정에서의 윤리적이지 못한 행위나 연구 자료의 관리 소홀 등도 연구부정행위로 보고 있다. 우리나라에서는 교육과학기술부가 2007년에 제정(2008년 개정, 교육과학기술부 훈령 제73호)한 '연구윤리 확보를 위한 지침'을 통해 연구부정행위의 범위를 다음의 다섯 가지 정도로 보고 있다.

- 위조·변조·표절
- 부당한 논문 저자 표시
- 조사에 대한 방해
- 연구 부정행위를 제보한 사람에 대한 위해
- 기타 과학기술계에서 통상적으로 용인되는 범위를 심각하게 벗어난 행위

국어교육학계에서도 일반적으로 이러한 교육과학기술부의 지침에 준하여 각 학회별로 별도로 연구부정행위를 정의하고 연구윤리 위반 행위를 조사하고 있다. 예를 들어 한국어교육학회(www.koredu.org)에서는 연구윤리규정을 두고 아래와 같이 연구부정행위를 정의하고 있다.

제2조 (용어의 정의) 연구윤리 위반이라 함은 연구의 제안, 연구의 수행, 연구 결과의 보고 및 발표 등에서 행한 위조, 변조, 표절(타인 및 자기), 부당한 논문 저자 표시 행위 등을 말하며 다음 각 호와 같다.

① "위조"는 존재하지 않는 자료 또는 연구 결과 등을 허위로 만들어 내는 행위를 말한다.
② "변조"는 연구 자료나 연구 과정 등을 인위적으로 조작하거나 자료를 임의로 변형, 삭제함으로써 연구 내용 또는 결과를 왜곡하는 행위를 말한다.
③ "표절(타인 및 자기)"이라 함은 타인의 아이디어, 연구 내용, 결과 등을 정당한 승인 또는 인용 없이 도용하는 행위 또는 자신의 이전에 출판된 아이디어, 연구 내용, 결과 등을 사실을 밝히지 않고 사용하거나

> 이를 중복 출판하는 경우를 말한다.[2]
> ④ "부당한 논문 저자 표시"는 연구 내용 또는 결과에 대하여 학술적 공헌 또는 기여를 한 사람에게 정당한 이유 없이 논문 저자 자격을 부여하지 않거나, 학술적 공헌 또는 기여를 하지 않은 자에게 감사의 표시 또는 예우 등을 이유로 논문 저자 자격을 부여하는 행위를 말한다.
> ⑤ 본인 또는 타인의 부정행위 혐의에 대한 조사를 고의로 방해하거나 제보자에게 위해를 가하는 행위
> ⑥ 기타 학계에서 통상적으로 용인되는 범위를 심각하게 벗어난 행위
> ⑦ 타인에게 상기의 부정행위를 행할 것을 제안, 강요하거나 협박하는 행위

뿐만 아니라 국어교육학회(www.koredu.net)의 윤리규정에서는 아래와 같이 연구의 도덕성과 회원의 품위까지도 윤리규정에서 다루고 있다.

> 제8조(연구의 도덕성과 관련된 범위) 회원은 다음에 열거한 도덕적 부당 행위를 하지 않아야 한다.
>
> 1. 자신의 연구 성과를 높이기 위해 타인의 연구 결과물을 의도적으로 폄하하는 행위
> 2. 연구를 위한 실험을 수행함에 있어, 실험이 학생들을 포함한 연구 대상자들에게 불이익을 초래할 것을 충분히 예견함에도 불구하고 실험을 수행하는 행위
>
> 제9조(회원의 품위와 관련된 범위) 회원은 다음에 열거한 행위를 하지 않아 회원으로서의 품위를 유지하여야 한다.

---

[2] 국어교육학회에서는 연구물의 중복 게재 행위를 '표절'이 아닌 별도의 항목으로 연구부정 행위로 다루고 있다. 여기에서는 연구물의 중복 게재를 '자신의 연구 결과(게재 예정이거나 심사 중인 연구물 포함)를 새로운 연구 결과인 것처럼 중복하여 게재하는 행위'로 보고 있다.

> 1. 일반 국민에게 요구되는 법률이나 규정을 위반하여 사법적 제재를 받은 경우
> 2. 해당 논문과 관련하여 부당한 인사 개입이나 연구비의 부정 집행 등 연구자로서의 윤리를 위반하여 물의를 일으키는 행위

이와 같이 국어교육학계에서는 교육과학기술부의 지침보다 연구부정행위의 범위를 더욱 넓게 함으로써 연구자의 연구윤리 준수를 강조하고 있다.

이 중 인문·사회계열 연구의 대표적인 연구부정행위로 알려진 '표절'은 보통 '다른 사람의 아이디어, 연구내용·결과 등을 정당한 승인 또는 인용 없이 도용하는 행위'를 의미한다. 표절은 남아있는 문서가 증거이기 때문에 부정행위 중에서도 증명하기가 수월한 편으로 생각되었는데, 실제로는 꼭 그렇지만은 않을 수도 있다. 예컨대 외국 문헌을 참고한 연구물의 경우, 특히 선행 연구에 대한 검토나 실험 방법에 관한 부분에서 외국 문헌의 특정 부분을 그대로 번역하여 싣고, 실제 자신이 선행 연구물을 검토하거나 실험을 설계한 것으로 서술하는 경우도 있을 수 있다. 또한 주석을 분명하게 달지 않아, 어디부터 어디까지 타인의 견해를 인용한 것인지 애매모호하게 처리하는 경우도 있을 수 있다. 이러한 사례의 경우에는 표절 여부의 판정이 다소 어려울 수도 있다. 물론 표절 여부를 자동으로 판정하는 컴퓨터 프로그램까지 요즈음 개발되기도 하였으나, 무엇보다도 표절행위를 의식적으로 하지 않으려는 연구자의 윤리의식이 더욱 중요한 문제라 하겠다.[3]

최근 국어교육 연구에서도 질적 연구 방법을 사용한 연구가 많아지고

---

[3] 그렇다고 하여 인용표시를 하지 않은 모든 내용이 표절행위라는 것은 아니다. 누구나 다 알고 있는 상식적인 지식, 예를 들어 '국어과교육의 내용 영역은 듣기, 말하기, 읽기, 쓰기, 문법, 문학이다.'라는 진술은 굳이 국어과교육과정을 인용하지 않아도 표절의 범위에 속하지는 않는다.

있다. 심층면담(인터뷰), 참여관찰 등의 방법을 주로 사용하는 질적 연구에서는 유난히 윤리적인 문제가 민감하게 다루어진다. 질적 연구는 양적 연구와는 달리 연구자와 연구대상이 서로 직접적이고 대면적인 관계 맺기를 통해서 이루어지기 때문이다(윤택림, 2004:179). 따라서 연구대상이 되는 학생, 교사, 학부모 등에게 먼저 연구목적을 분명히 밝히는 것은 물론이고, 때로 연구 대상과 관련한 사적이고 비밀스런 정보를 얻었을 경우에는 정보원의 신원을 반드시 보호하고 비밀을 누설하지 않아야 한다. 뿐만 아니라 하지도 않은 면담, 보지도 않은 관찰을 마치 한 것처럼 꾸며내는 행위는 절대로 하지 말아야 한다.

일반적으로 연구윤리를 위반하였다는 제보가 학회에 들어왔을 경우에는 학회 차원에서 피조사자(필요할 경우 제보자, 증인, 참고인 등을 포함)에 대해 '예비조사-본 조사-판정'의 심사 절차를 거쳐 연구윤리 위반 행위에 대한 결정을 한다. 심사 결과 연구부정행위가 적발되었을 경우, 학회는 학회 회원 제명 및 자격 정지, 해당 연구 논문의 취소, 공개 사과 등의 징계를 내리고 있다.

다. 연구윤리 확보를 위한 노력

모든 연구자는 자신의 연구 결과에 대한 개인적 책임뿐만 아니라 사회적 책임도 지고 있다. 왜냐하면 ①연구의 수행 과정과 결과는 문화적, 사회적 편향성을 내포하고 있으며, ②전문 연구는 인류 삶의 전 분야에서 막대한 영향력을 지고 있고, ③모든 연구에서는 의도하지 않은 결과가 나올 가능성이 있으며, ④연구자는 해당 분야의 전문가로서 독점적 지위를 가지고 있을 뿐만 아니라, ⑤현대의 학술 연구는 공공적 성격을 띠는 경우가 많기 때문이다(한국연구재단, 2011:233). 대부분의 연구가 연구자의 개인적 범주를 넘어선 사회적 범주에 속해 있는 이상, 연구윤리 확보를 위한 교육과 노력

역시 전 사회적으로 행해질 필요가 있다. 이러한 이유로 교육과학기술부에서는 연구윤리정보센터를 지정하고 '좋은연구(www.grp.or.kr)'라는 홈페이지를 개설하여 모든 연구자들과 학생들이 연구윤리에 대한 정보를 찾아볼 수 있도록 지원하고 있다. 이 홈페이지에서는 연구윤리 교육자료, 연구윤리 규정과 지침, 연구윤리 관련 각종 학술자료, 연구윤리 학습용 온라인 교육자료, 연구윤리 교육사례, 교육과학기술부 등에서 실시한 연구윤리 관련 특강자료 등을 제공하고 있다. 최근에는 스마트폰을 통해서도 각종 자료를 제공받을 수 있도록 하여 연구자들이 연구윤리 관련 자료를 쉽게 접할 수 있도록 서비스를 하고 있다.

〈그림 1〉 '좋은 연구' 홈페이지 화면(http://www.grp.or.kr)

또한 학회 및 대학교 등에서도 학술지에 논문을 게재하거나 학위논문을 제출하기 전에 연구자로부터 연구윤리 준수 서약 및 확인서 등을 별도로 요구함으로써 연구자 스스로 연구윤리를 준수하면서 연구에 임하고, 자신의 연구 결과에 대해 책임감을 갖도록 유도하고 있다.

연구윤리 준수 서약

본인은 교원교육 편집위원회에 원고를 투고함에 있어서 표절 및 이중게재 등의 연구 부정행위 및 부적절행위가 없음을 밝히며, 연구윤리 규정에 대한 위반사항이 있을 경우에는 편집위원회 및 연구윤리위원회의 조치에 따를 것을 서약합니다.

논문명	국 문	
	영 문	
저자명 (전 원)		

저자 _____(인)   저자 _____(인)
저자 _____(인)   저자 _____(인)

모든 저자가 이 동의서에 서명하여야 하나 부득이한 경우에는 교신저자가 다른 저자들의 동의를 구하여 대신할 수 있다.

년   월   일

교원교육 편집위원장(한국교원대학교 교육연구원장) 귀하

〈그림 2〉 학술지 연구윤리 준수 서약서의 예(http://cer.knue.ac.kr)

```
┌─────────────────────────────────────────────────┐
│              연구윤리 준수 확인서                │
│                                                 │
│                                                 │
│   과 정 명(※해당란에 ○표)                       │
│    - 대학원박사(    )                            │
│    - 대학원석사(    )                            │
│    - 교육대학원 석사(    )                       │
│    - 교육정책전문대학원 박사(    )               │
│    - 교육정책전문대학원 석사(    )               │
│                                                 │
│   전 공 :                                        │
│   학 번 :                                        │
│   성 명 :                                        │
│   논문 제목 : (국문)                             │
│                                                 │
│              (영문)                              │
│                                                 │
│                                                 │
│   상기자는 한국교원대학교 학위논문 작성과 관련하여 연구윤리를 준수할 것을 │
│   확인 합니다.                                   │
│                                                 │
│                                                 │
│                 201   년     월    일            │
│                                                 │
│                         성명           (서명)    │
│                                                 │
│        한국교원대학교 (교육·교육정책전문)대학원장 귀하 │
└─────────────────────────────────────────────────┘
```

〈그림 3〉 학위논문 연구윤리 준수 확인서의 예(http://grad.knue.ac.kr)

지금까지 국어교육 연구에 있어서의 연구윤리 문제에 대하여 살펴보았다. 모든 연구물은 당연히 연구자의 학문적 노력의 산물이므로 그 연구물의 권리 역시 연구자가 가져야 함은 물론이다. 그러나 동시에 모든 연구의 결과는 우리 모두가 공유해야 할 소중한 학문적 가치이다. 그러므로 연구자는 자신의 연구가 자신의 것만이 아닌, 사회적인 의미도 함께 지니고 있다는 것을 연구 과정에서 늘 인식하여야 한다. 특히 국어교육 연구는 본질적으로 오랜 기간 동안 역사적으로 면면히 이어온 국어와, 그 국어를 사용하는 인간을 대상으로 하고 있으므로 연구자는 연구의 설계와 수행, 결과 발표에 이르기까지의 연구의 전 과정에서 연구윤리를 사려깊이 고민하여야 할 것이다.

아무리 연구부정행위에 대한 조사가 치밀하다 하더라도, 모든 연구물에 대한 연구부정행위를 밝혀내거나, 근본적으로 연구부정행위를 없애는 것은 쉽지 않을 것이다. 그러하기 때문에 더더욱 연구자 자신이 스스로 연구윤리를 지키며 연구하고자 하는 마음을 분명히 하는 것이 중요하다고 할 수 있다.

02

국어교육과 양적 연구

국어교육이 인간을 대상으로 연구하는 학문이라는 관점에서 보면 사회과학적 연구 방법으로 통용되고 있는 양적 연구를 적용하는 것이 매우 중요하다. 국어교육의 현상을 밝히고 의사결정을 내리기 위해서는 다양한 형태로 이루어지는 양적 연구가 매우 중요한 역할을 한다. 그럼에도 불구하고 국어교육 연구에서는 양적 연구 방법을 채택한 연구가 흔하지 않은 실정이다. 이러한 상황을 고려하여 이 장에서는 양적 연구의 필요성을 설명하고, 양적 연구의 유형을 논의한 다음, 양적 연구의 절차를 구체적으로 검토하고자 한다.

02 국어교육과 양적 연구

1. 양적 연구의 필요성

국어교육이 학문으로 정립하고 발전하기 위해서는 연구 방법론이 확립되어야 한다. 연구(study, research)는 문제를 발견하고, 그 문제를 풀기 위한 방법을 동원한 후에, 문제에 대한 답을 제시하는 것이다. 그러므로 국어교육의 문제를 해결하기 위해 연구를 하려는 사람은 반드시 연구 방법에 대한 고려를 해야 한다. 이 장에서는 여러 연구 방법 중에 하나인 양적 연구(quantitative research)로 제한하여 설명하고자 한다.

시중에는 이미 교육 연구 방법론에 대한 책이 많이 나와 있다. 그 중에는 양적 연구 방법론만을 다룬 책도 많다. 교육 연구 방법은 교육학의 한 연구 분야로 빠르게 발전하고 있다. 필자는 국어교육에서 양적 연구 방법론이 다른 분야, 이를 테면 사회과 교육에서 사용하는 양적 연구 방법론과 본질적으로 다르다고는 생각하지 않는다. 그리고 국어과 교육 전공자로서 필자의 전공을 생각한다면 순수하게 연구 방법론을 전공한 사람들의 저서나 논문보다 우수한 글을 쓸 자신이 없다. 그렇다면 이 글은 무의미하며 불필요할 수 있다.

그런데도 이 장을 집필하는 것은 국어교육 연구에서 양적 연구를 자주 사용하는 연구자로서 양적 연구에 대한 오해를 해소하고, 국어교육 연구에 입문하는 사람들에게 양적 연구에 대한 이해를 돕기 위해서다. 앞으로 이 장에서 '양적 연구'는 특별한 언급이 없으면 '국어교육에서 양적 연구'의 뜻으로 사용하도록 한다.

국어교육 연구자들 중에는 양적 연구와 관련해서 오해를 하는 경향이 있는 듯하다(천경록, 2001:40-2). 양적 연구에 대한 오해는 국어교육 연구가 깊어지면서 상당 부분 해소되어 가고 있다. 국어교육 전공의 학위 논문에는 양적 연구 방법을 다룬 논문들의 비중이 증가하고 있는 것이 그 증거이다. 그렇지만 5년이 지난 지금에도 국어교육 연구자들 사이에 이러한 오해는 상당 부분 남아 있다고 생각한다. 여기서는 국어교육 연구 방법론으로서 양적 연구에 대한 오해를 해명하고, 양적 연구의 필요성을 몇 가지 제기하고자 한다.

첫째, 국어교육 연구자들 중에는 양적 연구를 지나치게 어렵게 생각하는 경향이 있다. 대학생이나 대학원생의 논문을 지도할 때나 학위 논문이나 학술지 게재 논문을 심사할 때, 이러한 말을 자주 듣는다. 양적 연구는 흔히 수식을 사용해서 결과를 진술해야 하고, 계산 프로그램을 사용하여 자료를 처리해야 한다. 이런 과정이 양적 연구를 사용하지 않은 연구자나 연구 입문자에게 낯설어 보이는 것은 당연하다. 그러나 양적 연구 중에는 비교적 간단한 방법도 있으며, 연구의 목적이나 필요에 따라 복잡하고 정교한 연구 설계를 필요로 하는 경우에는 양적 연구 방법론 전공자들의 자문을 받으면서 진행할 수 있다. 연구의 윤리 차원에서 이러한 도움을 받는 것은 잘못은 아니며 일반적으로 허용되는 현상이다. 앞으로 국어교육 연구에서 양적 연구 방법을 사용한 논문이 많이 나와 국어교육 연구의 깊이와 넓이를 확장시켜야 한다.

둘째, 양적 연구는 국어교육 연구사의 온전한 구성을 위해 필요하다. 양적 연구는 질적 연구(qualitative research)와 함께 경험 연구(empirical research)를 구성하는 대표적인 연구 방법이다. 질적 연구가 연구 문제의 생성을 주로 담당한다면, 양적 연구는 연구 문제의 증명을 주로 담당한다. 두 방법은 대립하는 것이 아니라 상호보완 관계에 있다. 국어교육 연구의 초기에는 양적 연구 방법의 비중은 낮았지만 점점 증가 추세에 있다(천경록, 2001:43). 양적 연구는 국어교육 연구의 대표적인 연구 방법으로 정착되어야 한다. 국어교육은 국어교육 현상을 탐구하는 학문이고, 국어교육 현상에 대한 과학적이고 객관적인 자료는 양적 연구에 의해 얻을 수 있기 때문이다.

끝으로, 국어교육 연구자들 사이에 설문지를 사용한 조사 연구 등을 마치 아무나 할 수 있으며, 연구 같지 않다고 하며 낮추어 보는 태도로 대하는 사람이 있다. 그러나 이것은 편견에 불과하다. 오히려 국어교육 연구에서 중요한 논거(論據)는 결국 사실을 관찰한 경험 연구, 그 중에서도 양적 연구에 의해 지지되어 왔다. 국어교육 연구사(研究史)에 있어서 중요한 변화를 가져온 논문 중에는 조사 연구와 같은 양적 연구가 큰 영향을 끼쳤다.[4] 국어교육 연구는 연역적 논리에 의해 개념적 연구(conceptual research)를 할 수도 있으며, 귀납적 논리에 따라 경험적 연구를 할 수도 있다. 경험적 연구는 다시 양적 연구와 질적 연구로 크게 대별된다(천경록, 2001:21). 어떤 연구 방법이 우수하거나 덜 우수한 것은 아니다. 연구 방법은 연구 문제에 따라 결정되는 것이다. 그러나 국어교육이 국어의 교육 현상을 다룬다는 사회과학적 성격을 고려할 때,[5] 양적 연구의 중요

---

[4] 예를 들어, 읽기 교육에서 Durkin(1978-79)의 조사 연구는 읽기교육 연구사에서 중요한 영향을 주었다.
[5] 국어교육을 연구하는 학자 중에는 국어교육의 성격을 인문과학으로 인식하고 접근하는 연구자들도 많다. 인문학적 상상력에 의거하여 국어교육 연구에 접근하는 사람들은 자료(data)에서 결론을 도출하는 사회과학적 연구자들에게 거리감을 느낄 수 있다. 국어교육

성은 무엇보다 크다고 할 수 있다.

2. 양적 연구의 개념과 유형

가. 개념과 특징

국어교육에서 연구는 국어교육 이론(theory)을 형성, 수정, 보완하고 국어교육의 실제(practice)를 설명, 안내, 예언, 통제하는 과학적 노력을 뜻한다. 양적 연구는 국어교육의 이론과 실제 사이를 중재하고 향상시키기 위한 과학적 연구 방법으로 자료의 처리, 해석 방법이 객관적이며 자료를 수량화하여 연구 문제를 증명하는 증거로 사용하는 경험 연구의 한 방법을 뜻한다. 양적 연구는 무엇보다 국어교육의 실제에서 사실을 관찰한다는 점과 국어교육의 응용 학문적 성격, 사회과학적 성격을 생각하면 꼭 필요하고 활성화시켜야 할 연구 방법이다(천경록, 2001: 43-4).

양적 연구는 보통 질적 연구와 대조하여 설명한다. 양적 연구, 실험(experimental) 연구, 통계(statistical) 연구를 같이 묶어서 논의한다. 그리고 질적 연구, 자연(natural) 연구, 기술(descriptive) 연구를 같이 묶어서 논의한다. 양적 연구를 이해하기 위해 다음 〈그림 1〉과 같이 양적 연구의 위치(좌표)를 먼저 파악할 필요가 있다. 전체적으로 국어교육의 장(場)은 논리의 세계를 다루는 이론과 경험의 세계를 다루는 실제의 세계, 그리고

이 인문과학이냐 사회과학이냐를 놓고 논쟁을 벌이는 것은 별로 도움이 안 된다고 생각한다. 현대는 특정 영역의 연구 문제에 대하여 학제적 접근을 하며, 상호보완적 접근이 필요하기 때문이다. 국어교육의 학문적 성격에 대해서는 향후 논의가 진행되어야 할 것이다.

두 세계를 중재하는 연구의 세계로 구성되어 있다.

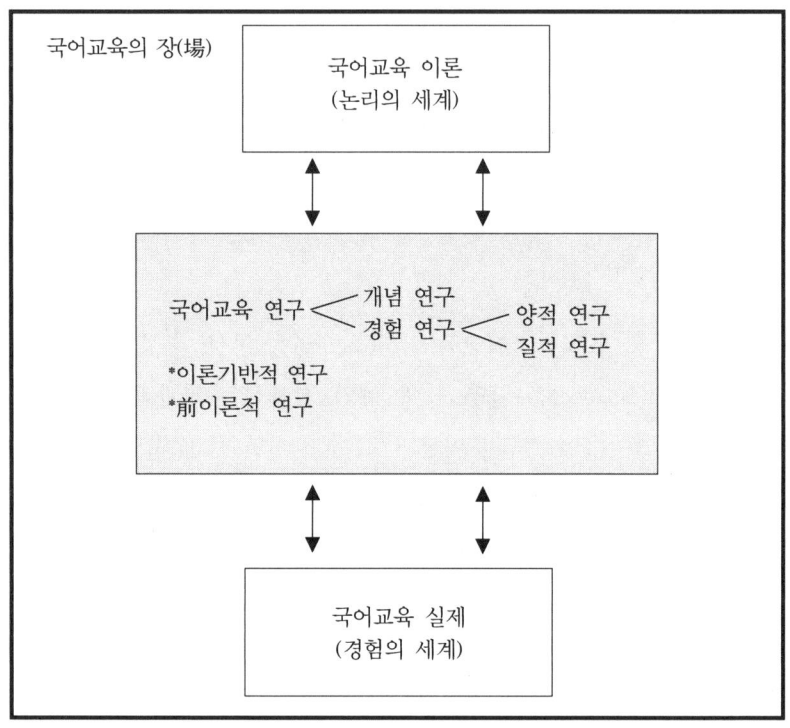

출처: 천경록(2001:21)

〈그림 1〉 국어교육의 장과 논의의 세 수준

보통 양적 연구는 계산 프로그램을 사용하여 통계적 처리를 하는 과정이 포함된다. 양적 연구는 주장을 증명할 논거로서 자료를 수집한다. 자료는 상당한 양을 이루며 보통 계산 프로그램을 사용하여 통계적으로 자료를 처리한다. 이 점에 있어서 양적 연구는 질적 연구와 다르다. 질적 연구는 비교적 적은 표집을 대상으로 연구자의 전문적 식견으로 판단한다면, 양적 연구는 일정 수준 이상의 표집을 유지해야 하며 통계적으로 계산하고 추론을 가한다. 그러므로 양적 연구는 숫자를 사용한다고 생각하였다. 그러나 이러한 설명도 완전하지는 못하다. 단지 계산 프로그램을 사용한다고 양적 연구라고 할 수는 없다. 질적 연구도 분석을 위해 계산 프로그램을 사용할 수 있다.

어떤 의미에서 국어교육의 현상은 모두 질적인 현상이다. 학습자의 언어 사용은 사고의 반영이며 심리적인 문제이다. 그것은 같을 수 없으며 질적인 수행을 보인다. 그러나 양적 연구 방법을 사용하여 언어 사용 현상을 관찰하고 통계 처리를 하고, 결론을 이끌어 내기 위해서는 질적 수행을 숫자를 사용하여 계량화한 다음 자료를 통계적으로 처리해야 하고 자료 해석을 바탕으로 논리적인 추론을 해야 한다. 그러므로 숫자를 사용하여 계량학적으로 접근하는 것은 양적 연구의 한 특징으로 이해하면 될 것이다.

양적 연구는 자료 수집의 과정에서 조건을 통제한다. 이를 두고 실험적이라고 한다. 어떤 어린이가 개미의 행동을 관찰한다고 하자. 자연스런 상태에서 개미의 움직임을 관찰한다. 그러다가 나뭇가지로 개미집을 건드려 볼 수 있다. 그 경우 개미의 움직임이 어떻게 달라지는지를 관찰한다. 전자는 자연적 연구이다. 자연 상태의 관찰을 중시한다. 이에 비해 양적 연구의 특성 중에 하는 실험적 측면을 띤다. 앞의 예에서 아이가 개미집을 건드리듯이 어떤 조건을 만들고 조건을 조절함으로서 언어 사용 현상을 관찰할 때를 실험적 연구라고 한다. 예를 들어, 학습자에게 좋은 글을 모방하는 연습을 시켰을 때와 그냥 글쓰기를 시켰을 때, 아동이 쓴 글의 길이, 어휘량, 표현 등의 차이를 관찰한다면 실험적 연구라 할 수 있다. 양적 연구는 흔히 실험 연구에 많이 사용된다. 양적 연구는 반복(replicable) 실험이 가능해야 한다. 양적 연구자는 연구 결과에 대하여 의심을 품는 사람은 같은 조건에서 연구할 수 있도록 충분히 안내해야 한다.

양적 연구는 객관적인 언어로 국어교육 현상에 관련된 어떤 '사실'(fact)을 규명한다. 이에 비해 질적 연구는 연구자가 자연 상태에서 눈에 보이는 것을 전문적인 식견을 가지고 기술(記述)한다. 질적 연구에서건 양적 연구에서건 연구자는 가능하면 객관성을 유지해야 한다. 그러나 그 허용의 범위가 다르다. 양적 연구는 가능한 연구자의 주관을 배제하고자 한다. 이에 비해 질적 연구는 연구자의 전문적 식견에 토대를 둔 관찰을 허용한다.

나. 유형과 예시

국어교육에서 양적 연구의 용도는 다양하며 많은 방법으로 사용하고 있다. 여기서는 양적 연구가 국어교육에서 어떻게 사용되는지를 실험 연구, 조사 연구, 상관 연구의 세 가지 유형으로 크게 나누고 한두 가지 연구 사례를 들어 설명하도록 한다.

첫째, 양적 연구는 국어과 교수·학습의 효과를 검증하는 실험 연구에서 많이 사용된다. 예를 들어, 천경록(2004)은 실험 연구에 해당한다. 초등학교 두 학급을 선정하여 한 학급에는 사고구술 활동(Think Aloud Activity)을 일정 기간 실시하고, 다른 학급은 일반적인 국어과 지도를 하면서 사전 검사와 사후 검사만 참여하게 하였다. 사전 검사와 사후 검사에서 얻은 두 학급의 평균의 차이를 비교함으로써 사고구술 활동이라는 교수 처치의 효과를 실험적으로 검증하고 있다.

교육학 석사 학위 논문들의 많은 부분이 국어과 교수·학습 분야를 다루고 있다. 예를 들어, 진명숙(2006)이 수행한 'KWL 전략 지도가 초등학생의 요약하기 능력에 미치는 효과'라는 연구는 실험적 연구 방법, 그 중에서도 양적 연구 방법을 사용하였다. 이 논문은 독서 지도 방법으로 KWL 방법의 효과를 탐구하는 논문인데 교수·학습의 효과를 검증하기 위해, 연구반과 비교반을 선택하여 연구반에 일정한 KWL 독서 전략을 지도한 다음, 교수·학습의 효과를 검증하였다. 국어과 교수·학습을 다루는 많은 연구들이 이러한 방법을 사용하고 있다. 국어교육은 학교 교실에서 국어를 가르치고 배우는 현상이다. 교수·학습 효과를 검증하려는 많은 연구들은 양적 연구 방법으로 연구할 수 있다.

둘째, 양적 연구는 국어교육의 현상을 파악하는 조사 연구에 많이 사용된다. 국어교육과 관련된 정책을 결정하거나 교육과정, 교과서, 학습 자료를 개발하기 위해서는 국어교육계를 구성하는 많은 사람들의 의견이나 국어교육 실태를 알아야 한다. 학부모, 국어교육 연구자, 학생, 교사, 교육 행정가들은 각각 국어과 교육과정, 교과서 등에 대하여 어떤 생각을 가지고 있는지, 만족하고 있는지 그렇지 않은지, 어떤 점을 개선해 주기를 원하고 있는지 등을 알아야 한다. 그러자면 의견이나 실태를 파악하고자 하는 전체 집단을 가정하고 전집(全集)을 잘 대표할 수 있도록 표집을 선정하여 조사 연구를 수행한다. 국어교육의 실태나 현상, 개선 요구 조사를 할 때 사용되는 설문 조사는 양적 연구로 진행된다. 물론 관련 전문가를 면담하는 소규모 질적 연구 방법을 사용할 수도 있다. 대규모로 진행되는 양적 연구에서 같은 교사라도 교사의 경력, 교사의 성별, 근무 지역별 등에 따라 의견의 차이가 있는지 등과 같은 상세한 분석을 할 수 있다.

조사 연구는 국책 연구소에서 한 것과 개인이 수행한 것으로 나누어 볼 수 있다. 연구 기관에서 수행한 것으로 이인제 외(2005)는 제7차 교육과정에 대한 개정 시안을 마련하기 위해, 국어교육에 관련된 다양한 쟁점에 대하여 국어교육공동체의 의견을 조사 연구의 방법으로 수행하고 결과를 보고하고 있다. 이 연구에서는 국어과 교육과정 개정을 위해 설문 조사의 배경과 목적, 내용과 방법, 결과 처리와 분석 및 해석 결과를 제시하고, 이 결과가 국어과 교육과정 개선 방안을 설정하는데 주는 시사점을 정리하였다. 정구향 외(2006)는 기초 조사 연구에 해당한다. 학생과 교사를 대상으로 하는 배경 변인 설문 조사를 통해 초등학교 3학년 학생들의 교육 여건 및 실태를 파악하고 배경 변인과 읽기 기초 학력과의 관계를 분석하고 있다.

개인이 수행한 조사 연구의 예로 천경록(2005)을 들 수 있다. 교육대학교 교육과정을 개정하기 위해 교육대학교의 교수, 학생, 졸업생인 교사들을 대상으로 교육과정에 대한 만족도, 개선 요구 사항 등을 조사하였다. 천경록(2006)에서는 광주광역시 지역의 부진아 교육 실태를 조사하였다. 부진아 교육 자료를 만들기 위해서는 부진아 교육의 실태를 먼저 파악해야 한다. 이 연구에서는 부진아 교육의 정도, 기대 사항, 진단 방법, 부진아 현황, 부진아 지도 자료 등에 관한 조사를 실시하였다.

이처럼 국어교육과 관련된 현상의 실태와 요구 등을 조사할 때 양적 연구가 많이 사용된다. 이러한 조사 연구는 사실을 규명하는 방법으로 가장 흔히 사용되는 양적 연구 방법이다. 그러나 다음 3절에서 살펴보겠지만 양적 연구는 자료를 수집하는 과정으로만 구성되는 것은 아니다. 자료를 얻어서 잘 정리하고 해석하고 논의 과정을 통해 의미를 부여하는 점이 중요하다. 같은 자료라도 서로 다르게 해석하고 다른 의사결정을 내릴 수 있다.

셋째, 양적 연구는 국어교육 변인들 간의 관련성을 탐구하는 상관 연구에서 많이 사용된다. 국어교육의 여러 변인들 간에는 상관성이 있을 수 있다. 예를 들어, '읽기 능력이 우수한 학생들은 쓰기 능력도 우수한가? 어휘력이 높은 학생들은 읽기 능력도 높은가? 말하기 능력은 쓰기 능력과 상관이 있는가?' 등을 탐구한다면 이는 두 변인 사이의 상관관계(相關關係)를 탐구하는 것이다. 이를 알아내기 위해서 자료를 모은 다음에 상관을 분석하고 관련성을 추론할 수 있다.

상관연구의 예로 가경신(2004)의 연구를 들 수 있다. 가경신은 읽기 인지 변인들(읽기 속도, 오독 정도, 작업 기억 용량, 읽기 초인지 수준, 읽기 전략 사용 능력, 어휘력, 언어추리력, 배경 지식, 일반 지식)과 읽기 능력과의 관계가 중·고등학교 급 및 읽기 수준에 따라 어떻게 다른지를 규명함으로써 읽기 교육과정 구성의 기초 자료를 얻고자 하였다. 읽기 인지 변인들은 대부분 $p<0.05$와 $p<0.01$의 범위에서 상호간에 유의미한 상관을 보였다.

앞에서 다룬 실험 연구는 변인 사이의 인과관계에 천착하는 것이다. 이에 비해 상관 연구는 변인 사이의 상관관계에 천착한다. 상관관계와 인과관계는 다르다. 상관관계가 있다고 해서 반드시 인과관계에 있는 것은 아니다. 보통 상관관계가 먼저 탐구되고 인과관계에 대한 규명이 시도된다.

3. 양적 연구의 절차

가. 문제 발견

양적 연구를 하기 위해서는 연구 문제를 결정해야 한다. 연구 문제는 연구자가 연구하고 싶은 내용을 질문으로 제기한 것이다. 연구 문제는 연구할 만한 것이어야 하고, 연구할 수 있어야 한다. 연구 방법이 연구 문제보다 우선할 수는 없다. 연구 방법은 연구 문제가 결정된 다음에 선택할 수 있다. 양적 연구로 탐구할 수 있는 연구 문제가 있고, 그렇지 않은 연구 문제도 있다. 어떤 연구이건 간에 진정성이 있고, 탐구할 수 있는 연구 문제를 발견한다는 것은 매우 중요하다.

어떤 문제가 연구할 만한 것인지는 연구 문제의 의의와 관련된다. 국어교육의 각 분야에서 본질적으로 해결해야 하는 문제, 오래전에 제기되었지만 논쟁이 계속되고 있는 문제, 국어교육 현장에서 시급한 해결을 요청하는 문제, 시대 상황이나 학생의 요구가 증가하는 문제 등이 우선적으로 연구할 만한 문제라 할 수 있다. 연구 문제를 발견하기 위해서 관심 분야를 정하고 선행 연구를 깊이 있게 읽는 것이 필요하다. 연구자들은 연구를 진행하고 결과를 발표하지만 자기의 연구에서 미처 해결하지 못했거나 새롭게 연구할 주제를 제안하기 때문이다. 양적 연구와 관련하여 선행 연구와 거의 같은 문제를 반복 연구하는 것도 허용이 된다. 양적 연구는 경험 연구이고, 경험 연구는 반복 가능하며, 경험 연구는 다른 연구자들에 의해 다시 증명될 수 있어야 한다. 선행 연구 중에 연구의 결과가 의심스럽다거나 다른 결과를 보일 가능성이 높은 연구 문제를 반복하여 연구할 수 있다.

어떤 연구 문제는 양적 방법으로 탐구할 수 없다. 다음을 살펴보자.

1 좋은 글쓰기란 무엇인가?
2 좋은 글쓰기에 대해 학생들이 알고 있는 것은 무엇인가?
3 어떻게 지도하면 학생들이 효과적으로 설득적인 글을 쓸 수 있을 것인가?

1의 문제는 양적 연구로 탐구할 수 없다. '좋은'은 가치관의 문제이다. 객관적인 증거로 이를 증명할 수는 없다. 그에 비해 2와 3의 문제는 양적 연구로 탐구할 수 있다. 2의 문제는 전집(全集)을 잘 대표하는 학생들을 표집하고, 좋은 글쓰기의 내용에 대한 항목을 구체화한 조사 도구를 만들어 학생들의 반응을 모아서 정리하여 분석한다면, 좋은 글쓰기에 대한 학생들의 현재 지식을 측정할 수 있다. 3의 문제 역시 수업 자료, 수업 방법, 과제 등의 조건을 달리하여 학생들에게 설득적인 글을 쓰게 하는 교육을 실시한 후, 연구 처치를 하지 않은 집단과 양적으로 비교함으로써 어떤 확률의 범위 안에서 어떤 방법이 설득적인 글을 쓰게 하는데 효과적이란 결론을 내릴 수 있다.

비록 양적 연구로 해결할 수 있는 문제라고 하더라도, 연구 문제의 결정에는 연구 수행과 관련된 제약이 따른다. 양적 연구는 국어교육 현상에서 관찰을 통해 자료를 얻고, 자료를 분류하여 추론함으로써 문제에 대한 결론을 내리는 경험 연구이다. 그러므로 시간, 공간, 대상, 기간, 비용, 연구 도구 등의 제약 조건이 따른다. 연구의 수행 가능성도 고려해야 한다.

연구 문제는 연구 가설로 명료하게 표현할 수 있다. 연구 가설이란 연구 문제를 연구 문제에 작용하는 변인을 고려하여 명료하게 과학적으로 진술한 문장을 뜻한다. ③을 연구가설로 진술하면 다음 ④와 같이 할 수 있다.

> ④ 연구 가설: '주장과 근거의 개요 짜기' 전략을 학습한 집단은 비교 집단에 비해 설득적인 글쓰기 능력이 차이가 있을 것이다.

연구 가설은 연구자가 증명하고자 하는 가설이다. 이를 대립가설이라고도 한다. 대립가설은 실험 연구에서 실험의 효과가 없을 것이라고 가정하는 영가설(零假說)과 대립된다. 연구자들은 영가설을 기각하고, 대립가설을 채택함으로써 연구 문제를 증명해 보인다.

나. 연구 설계

연구는 연구 문제에 대하여 연구자가 답을 제시하는 것이다. 답에 해당하는 것이 결론(conclusion)이다. 결론은 연구자의 주관성이 어느 정도 내포되어 있지만 전적으로 주관적이지는 않다. 연구에서 결론을 정당화하기 위해 타당하고 객관적인 증거(evidence)를 제시해야 한다. 연구 설계(design)란 연구자가 결론의 논거로 제시하기 위한 증거를 객관적으로 수집하기 위해 세우는 계획이라고 할 수 있다. 증거는 국어교육의 실제에서 관찰을 통해 수집할 수 있다. 증거는 사실(fact)이어야 한다.[6] 국어교육 연구에서 증거는 국어교육의 현실에서 수집해야 한다. 현실은 관찰 가능한 실제의 세계이다. 국어교육 실제에서 진행되는 국어교육 현상에서 증거를 수집하기 위해서는 누가(who?), 누구를(whom?), 언제(when?), 어디서(where?), 어떻게(how?), 무엇으로(what?), 얼마 동안(how long?) 등과 같은 방법을 고려하여 수집한다. 그러므로 연구자는 결론을 뒷받침해 줄 체계적이고 객관적인 증거를 얻기 위해 연구 설계를 정교하게 할 필요가 있다. 연구 설계 과정에 해야 할 일을 정리하면 다음과 같다.

첫째, 연구자는 자신의 연구 문제에 대하여 예상되는 연구의 결론을 가지고 있어야 한다. 이를 연구 가설이라고 한다. 가설을 증명하고 결론을 내리기 위해 어떻게 증거 자료를 얻을 수 있을까를 고민하는 것이 연구 설계의 과정이다. 연구 가설을 가지고 있다고 해서 연구의 증거인 자료를 자신의 가설에 부합하도록 의도적으로 조작하거나 왜곡해서는 안 된다.[7]

둘째, 연구자는 전집을 잘 대표하는 표집을 결정해야 한다. 연구를 설계하는 과정에서 자료 수집의 대상, 곧 표집을 결정해야 한다. 국어교육 현상에 관한 연구를 하는데 있어 어떤 대상을 가지고 연구를 할 것인지 결정해야 한다. 연구자가 관심을 가지고 결론을 내리고 싶은 전체 대상을

---

[6] 증거와 논거는 같은 개념이 아니다. 증거는 논증에서 논거로 작용한다. 증거는 사실이어야 한다. 그러나 모든 논거가 사실인 것은 아니다. 논거 중에서는 사실 논거뿐만 아니라 소견 논거 등도 있다. '결론, 논거'는 어떤 명제가 논증에서 하는 역할에 따른 이름이다. 이에 비해, '주장, 이유, 사실, 증거' 등은 명제의 성질에 따라 붙여진 이름이다.

[7] 연구자는 연구 윤리(倫理)를 준수해야 한다. 양적 연구를 수행할 때 지켜야 할 다른 사항은 이 논문의 끝 부분에 더 언급하였다.

전집이라고 한다. 그런데 연구 대상 전체를 관찰한다는 것은 많은 시간과 경비가 든다. 그러므로 양적 연구에서는 전집을 잘 대표하는 대상을 선발하여 연구를 진행한 다음, 이를 토대로 전집의 모수치를 확률적으로 추정한다.

표집은 전집을 잘 대표해야 한다. 연구자가 3학년 두 학급을 선정하여 실험 연구를 하고, 연구 결과를 토대로 일반적인 결론을 도출하기를 원한다면, 그 연구에서 얻은 결과를 어느 정도로 일반화할 것인지 전집을 먼저 생각해야 한다. 예를 들어, 그 학급이 소속된 학교의 3학년을 전집으로 할 것이지, 그 도시에서 공부하는 3학년 학생을 전집으로 할 것인지, 대한민국의 모든 3학년 학생을 전집으로 할 것인지 등을 염두에 두어야 한다.

표집 선정은 이상적으로는 무선 표집(random sampling)이 좋다. 무선 표집은 무작위로 연구 대상 학급을 표집하는 것을 말한다. 그러나 그렇게 선택한 학교나 학급이 실험에 응해줄 지 알 수 없다. 따라서 연구자들은 실험 연구나 적용 연구에서 보통 학급별로 표집을 하되, 연구 결과를 일반화할 수 있으며, 연구 수행이 가능한 표집을 선정한다. 예를 들어, 초등학교 5학년을 대상으로 글쓰기 지도의 효과를 증명하는 연구를 한다고 할 때, 가능하면 보편적인 초등학교 5학년의 특성을 가지고 있는 학급을 표집하는 것이 낫다는 뜻이다. 초등학교는 공립학교가 대부분이므로 공립학교에서 적용하는 것이 좋다. 사립초등학교나 대학의 부설초등학교와 같은 경우는 특수한 경우이다. 대학의 부설초등학교는 예비교사들의 교육 실습을 위해 특수한 목적으로 운영되고 있으므로 비록 연구 결과가 연구자의 기대대로 나오더라도 연구 결과를 해석하고 일반화하는 데 제약 요인이 된다.

끝으로, 연구자는 어떤 분석 방법을 쓸 것인가를 결정해야 하다. 양적 연구는 통계 프로그램을 사용하여 연구 가설을 증명해야 한다. 이 과정에서 표집의 성격, 척도의 성격, 표집의 종류(예를 들어 연구 집단의 수), 표집의 크기(예를 들어 한 집단에 참여한 학생의 수) 등을 고려하여 분석 방법을 결정해야 한다. 두 집단의 평균을 비교하기 위해서는 독립 표본 t 검증이 주로 사용되며 세 집단 이상의 평균을 비교하기 위해서는 일원 배치 분산 분석 방식이 사용된다. 그 밖에 조사 연구에서는 백분위 분석 과 x^2 검정 등의 방법이 사용된다. 자신의 연구 설계에 따라 분석 방법을 결정하면 된다.

다. 자료의 수집과 통계적 분석

 연구 설계를 한 다음에 실제 검사 도구를 사용하여 국어교육 현상을 관찰해야 한다. 관찰을 통해 자료를 수집하고 수집한 자료를 정리하여 통계적인 처리를 할 수 있도록 만든 다음에 통계 프로그램에 넣어서 분석을 해야 한다.
 자료의 수집은 국어교육 현상, 곧 국어교육의 실제에서 진행된다. 예를 들어, 국어 학습 부진아 교육 실태를 알고 싶은 연구자는 국어교육 현상에서 교사나 학습자를 관찰하고, 의미 있는 자료를 수집해야 한다. 자료를 수집하기 위해 구조화된 도구를 만들 수 있다. 설문지, 읽기 능력 검사지, 학생들의 글쓰기 결과물 등은 자료이다. 자료 수집 도구는 원래 측정하고자 하는 영역과 관련된 타당도, 신뢰도, 실용도, 객관도 등의 조건을 구비해야 한다. 연구자는 이미 증명된 표준화된 도구가 있으면 그것을 사용해도 좋고, 선행 연구자가 만든 도구를 사용하거나 수정하여 사용할 수 있으며, 자신이 직접 개발하여 사용할 수도 있다. 연구에 사용된 측정 도구가 타당하고 신뢰성이 있어야 나중에 자료를 해석하고 의미 있게 결론을 내릴 수 있다.

자료 수집은 가능한 같은 조건으로 실시하는 것이 좋다. 두 개 학급을 표집하여 읽기 지도의 효과를 측정할 경우, 검사 시기, 검사 도구, 검사 시간, 검사 안내 등을 동일하게 유지하는 것이 좋다. 양적 연구에서는 변인을 통제한다. 양적 연구의 결론은 변인과 변인 사이의 관계를 규명하기 때문에 비교 집단 사이에는 독립 변인과 종속 변인 사이에 되도록 다른 변인의 개입을 최소화하는 것이 좋다. 그러나 정밀한 실험실 연구가 아닌 다음에야 검사(측정) 조건의 완전한 동일화는 불가능하다. 그러나 연구자는 가능하면 외재적인 변인의 개입을 최소화하는 것이 바람직하다.

자료 수집이 끝나면 원재료(原材料)를 채점하고, 분류하고 코딩해야 한다. 예를 들어, 읽기 지도를 한 다음에 요약하기 검사를 사용하여 두 집단의 읽기 능력을 비교한다면 두 집단의 요약하기를 채점해야 한다. 선택형 검사 도구는 정답으로 채점하면 되겠지만 요약하기와 같은 수행형은 평가기준(구체적으로는 채점기준)을 만들어 채점하도록 한다. 채점이 끝나면 학생의 집단, 성(性), 능력, 학년 등과 같은 변인을 고려하여 분류한다. 그리고 분류한 자료를 엑셀과 같은 프로그램을 이용하여 숫자로 바꾸어 코딩한다. SPSS와 같은 통계 프로그램은 모든 자료를 숫자로만 인식한다. 그러므로 자료에 포함된 변인을 고려하여 코딩한 후에 SPSS로 불러들이면 된다.

선택형 검사 도구와 같은 검사 도구를 사용하여 관찰하였을 경우에는 코딩이 용이하다. 그러나 회상검사나 요약하기 검사와 같은 개방형 검사 도구를 사용하였을 경우에는 평가기준을 마련해 놓고 채점자 훈련을 실시한 다음에 채점을 하여 코딩한다. 양적 연구는 보통 SPSS와 같은 계산 프로그램을 사용하여 분석한다. 그러므로 처리하고 싶은 모든 자료는 숫자화 되어야 한다. 개방형 검사지를 사용하였을 경우, 채점자 훈련을 한 다음에 채점자간의 상관 정도를 조사해 보고 상관 계수를 보고서에 제시하도록 한다. 예를 들어, 회상 검사 답안지를 두 사람의 평정자가 채점하여 이를 평균한 값을 최종 검사 결과로 처리하고 싶다면, 두 명의 평정자 사이에 어느 정도 일관되게 채점하는지를 평정자 간의 상관 계수를 구해 보면 알 수 있다. 연구 참여자(연구 대상)가 많은 경우에는 일부를 대상으로 평정자가 채점을 한 후, 평정자 간의 상관을 구해본다. 어느 정도(보통은 0.8 정도) 이상의 상관을 보이면, 나머지 사례는 평정자 각자가 채점한 결과를 사용할 수 있다.

자료를 코딩하는 것은 엑셀 프로그램 등을 이용하면 쉽다. 코딩은 매우 단조롭고 지루한 과정이다. 여러 사람이 나누어 코딩할 수 있다. 엑셀 프로그램을 이용하여 파일을 하나로 정리하여 자료 파일을 만들고, 이를 SPSS 등으로 불러 들여 분석하면 된다. SPSS 프로그램 안에서는 새로운 변수의 생성, 변수 간의 계산 등의 과정을 밟아서 또다른 새로운 변수를 생성할 수 있다.

자료의 코딩이 끝나면 통계 프로그램을 사용하여 분석의 과정을 밟는다. 양적 연구에서는 통계 프로그램을 사용하여 자료를 분석한다. 이러한 프로그램으로 많이 사용되는 것은 SPSS(Statistical Package for Social Science), SAS(Statistical Analysis System)와 같은 프로그램이 있다. 이런 프로그램은 개인용 컴퓨터에 설치하여 사용할 수 있다. 물론 통계 전문 연구소에는 더욱 전문적인 계산 프로그램도 있다. 국어교육 연구자로서 통계 프로그램의 사용에 대하여 지나치게 염려할 필요가 없다. 시중에는 통계 프로그램의 사용 방법에 대한 책(매뉴얼)이 많이 나와 있다. 과거에 컴퓨터 운영체제를 도스로 할 때에는 연구자가 직접 명령을 만들어 사용하였으나 운영체제로 윈도우를 사용하는 요즘은 프로그램의 사용방법이 매우 간편해졌다. 매뉴얼에 나타나 있는 대로 한두 번 예제 문제와 자료를 가지고 따라해 보면 쉽게 배울 수 있다. 연구를 처음 시작할 때에는 지나치게 복잡한 분석 방법을 선택하지 말고 간단한 분석 방법을 사용하면서 차츰 프로그램의 사용법을 익혀 가면 된다. 그렇지만 추리 통계나 기술 통계를 사용하는 교육 연구 방법론 책을 꾸준히 읽으면서 프로그램을 사용하는 것이 필요하다.

라. 해석 및 논의

통계프로그램을 사용하여 자료를 분석한 결과를 얻게 되면 그 결과를 해석하여야 한다. 통계프로그램은 자료의 여러 가지 경향을 숫자로 제시해 준다. 평균, 중앙값, 빈도, 표준편차, t 값, F 값, 자유도 등 자료의 경향을 보여주는 다양한 수치와 그래프를 제시해 준다. 또한 표집에서 나타난 이러한 값을 토대로 전집에 대한 연구 가설을 결정하기 위해 유의도 값도 제시해 준다.

연구자는 이러한 정보를 종합하여 '연구 결과가 연구자가 예상대로 나타났는지? 선행 연구와 일치하는지? 예상과 달리 나타났는지? 집단 간의 차이는 통계적으로 의의 있는 차이인지?' 등을 해석해야 한다. 연구 결과가 기대대로 나타나지 않았다면 왜 그러한 결과가 나타났는지 등을 추론해 보아야 한다.

해석과 논의는 연구자의 주관성이 개입될 수 있다. 이 단계에서는 사실을 왜곡하지 않는 범위 내에서 연구 결과를 다양하게 해석해 보고, 전집의 모수치에 대한 추정을 해본다. 아울러, '이러한 결과를 가지고 어떤 결론을 내릴 수 있을 것인가? 결론을 내리기 위해 방어해야 할 다른 점은 무엇인가? 결과가 결론을 보장할 수 있을 것인가? 다른 어떤 증거를 더 보강해야 하는가? 선행 연구와 비교하였을 때 같은 점과 다른 점은 무엇인가?' 등을 살펴보고 그 원인을 추론해 볼 수 있다.

4. 양적 연구의 결과 보고

양적 연구 방법을 통해 연구를 한 다음에 이를 적절한 형식으로 학계에 발표 및 보고(報告)하여야 한다. 양적 연구는 서양에서 정립되었다. 양적 연구의 보고는 일반적으로 '서론(연구 문제 제기) → 이론적 배경(관련 문헌 고찰) → 연구 방법 → 연구 결과와 논의 → 결론'의 순서로 전개된다. 이 형식은 대학원 학위 논문에 잘 나타나는 형식이다. 양적 연구 및 양적 연구에 의한 연구 보고의 형식은 르네상스 이후 오랫동안 인간이 이성에 의해 진리를 발견하고 지식을 축적하기 위해 많은 시간과 노력을 통해 만들어 놓은, 논증의 틀이라 할 수 있다.

양적 연구의 보고 형식은 연구자들 사이에 오랜 시간과 경험을 통해 합의한 글쓰기 방식이다. 학문의 후속 세대는 이러한 약속을 이해하고 이에 맞추어 논문을 작성할 필요가 있다. 어떤 연구자가 연구 방법으로서 양적 연구를 선호하지 않는다고 해서 이러한 양적 연구의 보고 방법과 논문의 틀을 문제 삼는 것은 상식을 벗어난 편견에 불과하다. 그러므로 '서론(연구 문제 제기) → 이론적 배경(관련 문헌 고찰) → 연구 방법 → 연구 결과와 논의 → 결론'으로 짜여지는 양적 연구의 보고 형식은 논문의 내용에 따라 약간씩은 변형될 수 있지만 기본적으로 고수하는 것이 좋다. 이 다섯의 구성 요소는 학위 논문의 장(章)으로 구성된다. 이 다섯 요소는 크게 두 가지로 나누어진다. 연구 자료를 얻기까지의 과정과 연구 자료를 얻은 후의 과정이 그것이다. 서론, 이론적 배경, 연구 방법은 자료를 얻는 과정이다. 이에 비해 결과 및 논의, 결론은 자료를 얻어서 처리하는 과정이다. 비록 논문이 다음과 같은 다섯 장을 골격으로 구성된다고 하여 반드시 서론을 쓰고, 이론적 배경을 완성하고, 연구 방법을 집필하는 등의 순차적 방법으로 쓸 필요는 없다. 경우에 따라서는 서론과 연구 방법을 먼저 집필하고 이론적 배경을 나중에 다시 가다듬을 수도 있다. 각 장(章)은 회귀적(recursive) 방법으로 집필하면 된다. 각 장을 집필할 때 주의할 사항을 간단히 설명하면 다음과 같다.

가. 서론

서론에서는 연구 문제를 명료히 제시해야 한다. 연구는 연구자가 '답할 수 있는, 답할 만한 가치가 있는' 문제를 제기해야 한다. 서론에 들어가야 할 정보는 연구의 필요성, 연구의 목적, 연구의 내용(구체적으로 연구 문제의 진술), 연구 방법의 개관, 연구의 의의, 연구의 제한점, 연구와 관련된 용어의 정의 등이 제시된다.

용어의 정의는 국어교육에서 이미 보편적인 개념으로 정착한 경우에는 따로 할 필요가 없다. 하지만 연구자가 사용하는 용어가 국어교육 공동체에서 아직 보편적으로 공유되지 않은 경우에는 연구자는 자신의 논문에서 그 용어를 어떤 뜻으로 사용하겠다는 것인지를 명확히 정의할 필요가 있다. 이를 조작적 정의(operational definition)라고 한다. 서론에서 논문의 독자들은 연구자가 '왜(why?) 연구를 하는지? 무엇을(what?) 연구하는지?, 그 연구는 어떤 가치가 있는지?' 등을 궁금해 한다. 여기에 필요한 정보를 제공해야 한다.

나. 이론적 배경

이론적 배경은 연구 문제와 관련되는 이론에 대한 탐구 결과를 진술한다. 모든 연구는 이론의 형성에 기여한다. 그렇게 형성된 이론에 힘입어 교육의 실제를 설계하고, 실천한다. 국어교육 '연구'는 국어교육의 '이론'

을 수정, 보완, 긍정, 부정, 지지하게 된다. 마찬가지로 국어교육의 연구는 국어교육의 '실제'를 견인하고, 안내하고 설명하고 예언하고 통제하게 된다(앞의 〈그림 1〉 참조). 그러므로 양적 연구 결과를 보고할 때, 연구자는 관련 이론적 배경을 설명하고 정리할 필요가 있다.

이론적 배경 집필은 주로 관련 선행 연구 문헌의 고찰로 이루어진다. 연구 문제와 관련하여 지금까지 진행된 연구 결과를 체계적으로 살피고, '선행 연구에서 아직 해명되지 않은 점이 무엇인가? 결과가 의심스러운 점은 무엇인가? 조건을 더 세분화하여 연구할 문제는 무엇인가?' 등을 살핀다. 선행 연구의 단순 나열을 지양하고, 선행 연구가 주는 시사점을 연구자의 관점에 따라 다시 진술한다. 그리고 선행 연구와 자신의 연구 문제와의 관련성을 부각시킨다. 선행 연구 문헌의 고찰은 연구 논문을 집필할 때 실제로는 매우 힘든 작업이 된다. 참고로, 졸고(拙稿) 천경록(2003)에서는 국어과 직접교수법에 대한 선행 연구 고찰을 명료하게 시도하려고 한 바 있다. 선행 연구 문헌 고찰의 집필 사례로 한번 살펴보아 주기를 바란다.

다. 연구 방법

논문의 독자들은 연구 방법을 다루는 장에서는 연구자가 어떻게(how?) 연구를 수행하였는지 궁금해 한다. 그러므로 연구 방법의 집필은 연구 대상, 연구 절차, 연구 도구, 측정 도구, 연구 기간, 연구 자료, 자료 코딩 방법, 분석 방법, 분석에 사용한 프로그램, 기타 상황 등을 되도록 자세히 설명한다.

양적 연구는 반복 가능하다. 양적 연구 논문을 읽고 원하는 사람은 같은 연구 설계를 하여 연구를 반복할 수 있어야 한다. 교육의 장(場) 속에서 진행되는 국어교육 연구에서 모든 조건이 통제된 실험실처럼 완전하게 동등한 연구 상황을 다시 만들 수는 없다.[8] 그러나 어느 정도 유사한 조건을 만들어 후속 연구자가 실험을 반복할 수 있어야 한다. 이 점은 연구 결과의 현장 적용, 곧 연구 결과의 실제 응용을 위해서도 필요하다. 연구자가 연구 결과와 결론에 의해 새롭게 밝혀낸 사실이나 효과를 증명한 교수·학습 방법은 국어교육 현장에서 교사들에 의해 적용되고 확산되어야 한다. 그러므로 연구자는 연구 방법을 집필하는 부분에서 논문의 독자들이 어떻게 연구 처치를 하였는지 명료하게 설명하여야 한다.

라. 연구 결과 및 논의, 결론

연구 논문 작성에서 결과(results) 부분에서는 사실(fact)을 다루어야 한다. 이에 비해 논의(discussion, debate) 부분에서는 연구자의 의견(opinion)을 다룰 수 있다. 연구자는 전문적인 식견(識見)을 가지고 왜 그러한 결과가 산출되었는지, 선행 연구의 결과와 비교하면서 연구 결과를 여러 가지로 해석해야 한다.

양적 연구에서 연구 결과는 간단한 표 하나로 제시될 수도 있다. 연구 결과는 사실을 다루는 부분이므로 주관성을 배제하고 명확하게 집필한다. 표와 그 표에 대한 설명이 상보적으로 이루어지도록 한다. 표의 내용을 문장으로 반복 설명하거나, 표만 제시하고 아무런 설명이 없거나, 표만 연속적으로 나열되는 것은 좋지 않다.

연구 결과에 대하여 연구자가 해석하고 의견을 제시하고, 결과가 나타나게 된 여러 이유를 추론하는 부분을 논의라고 한다. 논의는 결과와 다르다. 논의에서는 연구 결과를 연구 문제 및 이론적 배경에서 고찰한 선

---

[8] 따라서 양적 연구는 비슷한 조건에서 수행한 후속 연구에서 선행 연구와 다소 다른 결과가 나올 가능성이 있다.

행 연구와 관련시키고 여러 각도에서 해석해 본다. 같은 결과라고 하더라도 다른 해석을 할 수 있다. 비록 연구 문제 제기 단계에서 가정한 연구 결과가 나타나지 않더라도 왜 그러한 결과가 나타났는지 여러 각도에서 추론해 볼 수 있다. 선행 연구 결과와 같은지 다른지, 왜 다르게 나타났는지 등을 추론한다.

논의 부분은 연구 결과를 논거로 하여 다음 단계인 결론을 내리기 전에 연구자가 오류를 범할 수 있는 가능성을 살펴보는 단계라고 할 수 있다. 양적 연구는 경험 연구이고, 주로 표집을 통해 연구 증거가 수집된다. 그러므로 연구 결과를 토대로 최종적인 결론을 내리기 위해서는 일반화 과정을 밟아야 한다. 일반화된 주장으로서 결론을 내리기 위해 표집을 통해 관찰한 결과로 전집에 대한 주장을 결론으로 제시하기 전에 있을 수 있는 오류의 가능성을 연구자는 점검해야 하는데 그것이 논의 부분이다. 양적 연구는 경험 연구의 일종이며, 사실의 관찰에 의해 수행된다. 양적 연구에서 연구 문제에 대한 결론을 내리기는 하지만 관찰은 오차를 포함하고 있으며, 오류를 범할 확률을 가지고 내리는 결론이다. 국어교육 연구에서는 보통 0.05%의 유의 확률을 채택한다.

마. 결론 및 기타(제목, 초록, 참고문헌, 부록)

연구의 결론(結論: conclusion) 부분에서는 서론에서 제기한 연구 문제에 관련된 연구자의 최종 의견을 명료하게 제시한다. 연구 결론 부분에서 논문의 독자들이 관심을 두는 것은 '그래서 어떻게 되었지(So what's New?)'라고 할 수 있다. 아울러 연구 결론이 국어교육 현장에 주는 시사점, 가치 등을 언급하고 후속 연구 문제를 제시할 수 있다.

양적 연구 논문의 본문을 쓴 후에 제목이나 초록 등과 같은 부분을 작성할 때에 주의할 점을 열거하면 다음과 같다. 양적 연구 논문의 제목(題目)을 붙일 때에는 '효과(effect), 영향(impact), 조사(survey), 관련(relation)' 등과 같은 용어를 자주 쓴다. 양적 연구 중에 특히 실험 연구는 독립 변인이 종속 변인에 미치는 인과 관계(因果關係)를 주로 다룬다. 따라서 연구자가 관심이 있는 변인을 명료하게 들어낼 수 있도록 제목에 표현하도록 한다. 그리고 국문 제목을 붙일 때에 끝 부분에 '……연구'를 굳이 붙이지 않아도 된다. 다음을 보자.

5 K-W-L 전략 지도가 초등학생의 독해력 향상에 미치는 효과에 관한 연구
6 K-W-L 전략 지도가 초등학생의 독해력 향상에 미치는 효과

위에서 5보다 6이 낫다. 우리말로 제목으로 붙였을 때, '…… 관한 연구'는 잉여적(剩餘的)이다. 마찬가지로 영문 제목을 붙일 때에도 조심해야 한다. 다음 영문 제목을 비교해 보자. 다음 중에 7보다 8이 낫다. 영문 제목으로 붙일 때에 'A study on……'은 잉여적이다. 그리고 모든 논문을 이렇게 시작하면 영문 타이틀의 색인 작업을 할 때에 곤란하게 된다.

7 A study on the Effects of K-W-L Activity on the Elementary Students' Reading Comprehension
8 The Effects of K-W-L Activity on the Elementary Students' Reading Comprehension

초록은 국문 초록과 영문 초록으로 집필한다. 국문 초록을 작성할 때에는 연구의 문제, 대상, 연구 방법, 연구 결과를 일목요연하게 일관성 있게 집필한다. 초록은 연구의 결론을 그대로 옮겨 쓰는 것을 뜻하지 않는다.

새로운 각도에서 독자들이 연구의 개요를 잘 파악하도록 쉽고 간결한 문장으로 작성하도록 한다. 영문 초록은 영어 표현을 잘 살려 간결하게 집필한다. 국문 초록을 영문으로 번역한다는 접근보다는 외국인이 논문을 이해하기 쉽도록 작성한다. 주요 용어(key word)는 연구에서 다루고자 하는 내용을 잘 반영하는 용어를 선택한다. 자의적(恣意的)으로 진술하지 말고 국어교육학 사전 등을 참고하여 제시하도록 한다. 주요 용어의 영문 표현도 해당 분야의 용어를 조회한 다음 명확하게 사용한다.

참고 문헌은 학위 논문의 경우, 각 대학원마다 요구하는 양식이 있는 경우 그 매뉴얼을 따라 작성한다. 학술지에 게재할 논문도 학술지마다 참고문헌 제시 방법을 규정한 경우는 그것을 따르면 된다. 그렇지 않은 경우는 미국심리학회(APA, American Psychological Association)에서 제시한 방식으로 작성하면 된다. 연구 도구와 같은 것은 본문에 넣기는 부적절하지만 연구에 사용한 주요한 자료는 부록에 제시하도록 한다.

끝으로 양적 연구를 수행할 때에는 연구자는 연구의 윤리 의무를 준수해야 한다. 국어교육 연구에서 양적 연구 방법을 사용하는 것은 과학적인 방법이다. 과학자는 진리 앞에 정직해야 한다. 국어교육에서 양적 연구 결과는 같은 조건으로 반복하여 연구한다고 해도 다소 다른 결과가 나올 가능성이 있다. 양적 연구에서는 관찰과 측정이 따르는 데, 관찰과 측정은 인간의 심리적 과정이고 인간의 심리적 과정은 늘 변하기 때문이다. 그리고 측정 과정에 생기는 오류나 예상치 못한 변인이 개입할 수 있다. 그러므로 양적 연구의 보고에서 자료를 왜곡해서는 안 된다. 자료와 연구 내용을 있는 그대로 객관적인 언어로 보고해야 한다.

또한 국어교육 연구는 사람의 국어사용 현상을 다룬다는 점에 주의해야 한다. 국어교육은 학생, 교사 등 인간 요인이 관여하고 있다. 특히 발달 단계에 의사결정 능력이 낮은 학습자도 연구에 참여할 수 있다. 어린 학생들도 인간으로 존엄한 존재이며, 연구에 참여함으로써 겪게 될 경험이나 가치관이 비교육적이거나 반사회적이어서는 안 된다. 의사결정 능력이 있는 학생일 경우에는 학생의 동의를 받는 것이 좋으며, 미성숙한 학생일 경우에는 연구 목적을 설명하고 보호자나 교사의 동의를 구하는 것이 좋다.

03

국어교육과 질적 연구

질적 연구는 어떤 현상을 참여자의 관점에서 포착하고, 현상과 현상을 둘러싼 풍부한 맥락을 서술적으로 표현하는 연구 방법이다. 국어교육학의 경우, 국어 교실(국어교육이 이루어지는 모든 현장)을 교사, 학습자의 관점에서 깊이 있게 기술하고 해석할 때, 의미 있는 국어 교실의 변화를 가져올 수 있을 것이다. 이 장에서는 질적 연구가 어떤 지적 전통 또는 패러다임 속에서 이루어졌고, 국어교육학에서 제출된 질적 연구들은 이들과 어떤 관계에 있는지 살펴보고자 한다. 또한, 질적 연구는 어떤 방법론적 특징을 지니고 있으며, 이런 특징이 국어교육학의 질적 연구에서는 어떤 방식으로 구현되고 있는지 비판적으로 검토하고자 한다.

03 국어교육과 질적 연구

1. 질적 연구의 필요성

국어교육학에서 이제까지 많은 연구가 수행되었지만, 그 연구가 국어 교실 현장에서 어떤 반응을 얻었는지에 대한 소식을 듣지 못하였다. 일방적인 외침만 있었지, 그 외침에 대한 현장의 메아리를 듣지 못하였다. 모든 연구가 반향을 불러일으켜야 하는 것은 아니다. 그러나 어떤 연구가 그냥 해보는 소리가 아니고, 현장의 일정한 변화와 실천을 의도하거나 지향한 것이라면, 아무런 반응, 변화, 실천이 없는 것에 대한 최소한의 멋쩍음은 있어야 하는 것이 아닌가 하는 생각이 든다.

양적 연구가 보여주는 계량적이고 객관적인 지표는 현상의 구조를 개괄적으로 보여주기는 하지만 현상의 내면을 심층적으로 보여주지 못한다. 현상에 대한 양적 표현은 기술적(descriptive) 언어로 독자에게 어떤 울림, 감동, 동기를 제공하지 못한다. 나는 독자가 연구물을 읽고, 마음의 깊은 울림과 감동에 이끌려 저절로 어떤 실천을 다짐하게 하는 것이 연구물이 지녀야 하는 정서적(affective), 처방적(prescriptive) 기능의 가장 멋진 풍경이라고 생각한다. 질적 연구의 한 특징인 현상에 대한 깊은 기술은 정서적, 처방적 언어 기능을 수행할 것이며, 이러한 언어적 기능의 효과가 교육

실천가의 조심스럽고 자연스런 작은 실천을 다짐하게 할 것이라고 믿고 있다.[1)]

질적 연구의 논리에 따르면 어떤 연구 결과를 어떤 세계에 적용하기 위해서는 바로 그 세계 안에서 연구가 이루어져야 한다. 국어교육학 연구 결과가 국어 교실(국어 교수·학습이 이루어지는 학교 안과 밖의 모든 교육의 자리)에 적용되기를 기대한다면, 다른 곳이 아닌 국어 교실에서 연구가 이루어져야 한다. 실제 세계 밖의 통제된 상황에서 연구된 내용은 바로 그 통제된 상황에서만 연구 결과가 적합성과 실천성을 가진다. 양적 연구의 대표적 연구 방법인 실험 연구는 '만약 다른 조건이 동일하다면'이라는 전제를 갖는다. 그러나 그러한 전제가 실제로 성립될 수 없다. 따라서 한 실험 결과를 다른 일상적 상황에 적용하는 것 자체가 무리이다.

국어교육학은 국어교육 현상과 국어 활동 현상을 다룬다. 두 현상 모두에 항상 사람이 존재한다. 국어교육 현상에 사람이 존재하는 것은 다른 모든 교과와 같아서 국어과만의 고유한 특징이 아닐 수 있다. 그러나 물리 현상, 수학 현상과 다르게 국어 활동 현상에는 국어를 다루는 주체가 항상 개입하게 마련이다. 연구에서는 주체 자체가 대단히 복잡하고 다루기 힘든 맥락이 된다. 더구나 주체 맥락은 혼자 오지 않는다. 과거의 모든 경험과 과거와 현재의 모든 인간관계를 끌고 들어온다. 사람이 연구에 개입하는 순간 연구의 객관성, 보편성은 보장받기 힘들다. 다른 학문 분야와 같이 국어교육 연구에서, 학습자라는 주체의 맥락을 가능하면 배제하거나 지연시키는 방식으로 양적 연구를 주로 수행한 이유가 여기에 있을

---

1) Kennedy(1997)는 연구가 실천에 영향력을 미치지 못하는 이유를 다음과 같은 교육 연구의 성격에서 찾고 있다(강성우 외, 2007:31에서 재인용). 질적 연구는 이러한 교육 연구의 성격을 변화시키면서 실천에 영향을 줄 수 있는 많은 가능성을 지니고 있다.
 • 설득력이 없으며 교사에 대한 감화력이 결여되었다.
 • 교사의 일상적 실천과 무관한 것이었다. 즉 실천성이 결여되었다.
 • 교사가 이용할 수 있는 형태로 표현되지 않았다.

것이다.

그러나 국어교육 연구가 국어 활동 현상(표현 활동, 이해 활동)을 다루는 학문 분야이고, 이러한 표현 활동, 해석 활동은 화자(필자), 청중(독자)라는 구체적인 사람에 의해서 이루진다고 한다면, 주체의 맥락은 피할 수 없고, 피하지 말아야 한다. 현상에 작용하는 맥락, 특히 사람의 맥락을 가능하면 최대한 포착하고 이해하려는 질적 연구가 국어교육 연구의 주류가 되어야 하는 이유가 여기에 있다.[2]

2. 질적 연구의 전통과 국어교육학 질적 연구 동향[3]

가. 참여 구조의 질적 분석: 의사소통의 문화기술지

교실 수업에 관한 한 가장 잘 알려진 질적 연구 주제는 교사와 학생 간 상호작용일 것이다. 초기 대표적인 수업 상호작용 연구로는 벨락 등(Bellack et al., 1966)의 연구를 들 수 있다. 그들은 교사의 수업 행위는 비트겐쉬타인이 말하는 '언어 게임'과 다르지 않다는 점에 착안하여 교사의 발화 방식에 관해 분석하였다. 그들 연구는 대개 교사가 표현하는 말

---

[2] 질적 연구만을 이렇게 일방적으로 편드는 것은 공정하지 않다. 그러나 양적 연구에 비해 질적 연구가 아직까지는 열세인 상황에서는 이런 편향이 도리어 공정하다. 게이지(Gage, 1989)는 미국교육학회 기관지에 발표된 논문 '패러다임간의 전쟁과 그 이후'에서 수업 연구에 있어서 다양한 패러다임의 양립가능성에 관해 언급한 바 있다. 그는 다양한 연구의 전통들이 '동일한' 현상을 규명하고 설명하기 위해 차용되는 수단이라는 실용적인 측면에서 본다면 수업 연구를 위해 어떠한 연구 방법도 적절하게 사용될 수 있다고 주장하였다(손민호, 2004:172). 양적 연구와 질적 연구가 맺는 가장 이상적인 관계는 이와 같이 화이부동하는 것일 것이다.
[3] 1절과 2절에서 다루는 질적 연구의 전통에 대한 기술은 손민호(2004)의 논의 방식을 따르고 있다. 별도의 인용 표시를 달지 않은 내용은 그의 글에서 발췌하여 재구성한 것이다.

의 패턴을 조사함으로써 교사의 효율적 교수법을 탐색하고 있다.

이후 보다 발전된 수업에 대한 질적 연구에서는 상호작용을 구성하는 각각의 행위의 범주가 액면가 그대로의 의미로 간주될 수 있는가 하는 의문이 제기되었고, 말이나 상호작용이 일어난 맥락이나 상황이 그 의미를 결정짓는 데 영향을 미친다는 점을 고려하기 시작하였다. 이러한 점에서 사회언어학적 접근방식은 수업 상호작용 연구 초기부터 적극적으로 활용되었다(Cazden, 1988). 사회언어학은 말과 행위를 둘러싼 맥락적 의미를 파악하는 유용한 방법론을 제공해온 셈이다.

언어사용을 통한 교과 내용에의 접근 가능성은 흔히 교실에서의 '참여구조'라는 주제로 다루어져 왔다. 여기서 참여구조는 타인의 행위에서 비롯되는 정보에의 접근 기회를 의미한다. 예컨대, 참여 구조를 다룬 많은 연구(Hymes, 1980; McDermott, 1977; Philips, 1972)는 '교실 수업 과정 동안 누가, 언제 상호작용의 기회, 즉 발언권을 얻게 되는가'라는 관점에서 수업을 분석하였다.

참여구조의 관점에서 수업을 바라보는 방법은 주로 사회언어학의 커뮤니케이션 연구에서 영향을 받았다. 여기서는 의사소통의 상황에서 말이 갖는 지시적 의미나 사회적 의미를 파악하기 위해서는 말이 갖는 문자적 의미보다는 대화자의 상황적 행위에 초점을 맞추어야 하며, 이를 위해 행위자의 언어적, 비언어적 행위가 맥락의 영향을 어떻게 받는지 그리고 다시 맥락의 전환에 어떻게 영향을 미치는가를 밝히고자 하였다. 이러한 관점에서는 교사가 소위 '맥락화 단서'(contextualization cue)를 어떻게 사용하는지에 분석의 초점을 맞추기도 한다. 여기서 맥락화 단서란 순간순간 메시지를 어떻게 받아들일지 알려주는 일종의 신호를 말한다. 이러한 연구 방식은, 실제 수업의 많은 노력이 발화의 분배에 할애된다는 점에서 수업행위의 특성을 밝히는 데 많은 공헌을 해왔다.

교사의 언어 사용과 맥락의 생성과 변형에 대한 이해는 대화 분석

(conversation analysis)이나 담화 분석(discourse analysis)을 통해 발전하여 사회적 구성물로서 수업을 이해하는 데 이바지해 왔다. 이들 대화 분석과 담화 분석에서는 교사나 학생의 말을 그 말이 나오게 된 전후 맥락에 비추어 그 의미나 기능을 파악한다.

대화분석이나 담화분석의 관점에서 이루어진 수업 상호작용 연구 가운데 가장 잘 알려진 연구로는 메한의 연구를 들 수 있다. 메한(Mahan, 1979)은 초등학교 수업 아홉 시간에서 채집된 시청각 데이터를 통해 수업 활동의 형식적 구조, 질문-대답-평가(Initiation-Response-Evaluation) 순서의 조직을 밝혀냈다. 여기서 순서의 조직이 의미하는 바는 수업이라고 하는 하나의 일상적 사태가 시간적 순서에 따라 조직되고 구성된다는 점이다.

메한은 말을 주고받는 패턴에서 나타나는 수업의 특징을 분석하였고, 그는 이러한 특징을 가리켜 '수업의 사회적 구조'라고 불렀다. 그리고 여기서 사회적 구조란 상호작용의 패턴을 의미한다. 메한은 교실 수업의 경우 다른 장면에서 사람들이 주고받는 말의 순서와 상당히 다르다는 점을 밝히고 있다. 말을 주고받는 패턴에 따라 그 상황이 결정되고, 상황이 말의 패턴을 결정한다는 점에서 둘은 변증법적 관계에 놓여 있다.[4] 즉, 제도라는 상황이 상호작용의 패턴을 결정짓기도 하지만, 상호작용의 패턴이 제도라는 상황을 지속시켜준다고 볼 수 있다.[5]

한편, 맥호울(McHoul, 1978)의 연구는 교사가 수업을 진행하기 위해 차용하는 암묵적 전략을 드러내주었다. 맥호울은 학교 수업이라는 제도적

---

[4] 상황이 말의 패턴을 결정하는 장면은 모든 일상에서 발견된다. 예컨대, 재판장에서 전개되는 심리 과정, 의사와 환자와의 진료 상담 과정 등이 전형적인 사례라고 볼 수 있다.
[5] 이러한 접근법을 도입하여 상호작용 패턴이 갖는 '교육적 효과'를 충실히 드러낼 수 있다. 우선, 기존 수업과 다른 상호작용 패턴을 사용하여 그 패턴이 어떤 효과를 낳는지 살필 수 있다. 한편, 국어과에서 권장되는 특정 교수·학습 모형을 적용하고, 그 교수·학습 모형의 지배적인 상호작용 패턴이 어떤 효과를 낳는지를 살필 수도 있을 것이다.

장치에 의해 구현된 발언권 통제 방식은 일상 대화와는 대조적으로 나타난다고 지적하였다. 수업 상황에서는 학생들이 발언권을 갖게 될 권리가 최소화되는 방식으로 나타난다. 그렇지 않으면 학교 교실이라는 공간은 그 목적을 수행할 수 없기 때문에, 이러한 패턴은 교사가 의도한 교육 내용을 효과적으로 전달하기 위해 사용된 최적화된 행위인 셈이다.

우리나라에서도 의사소통의 문화기술지 전통에서 이루어진 수업 참여 구조에 대한 연구는 80년대 후반부터 발견된다. 조영달(2001)은 '참여구조'라는 개념을 도입하여 수업 구조의 전형을 밝히고자 하였다. 그에 따르면 우리나라 수업 형태는 '교수학습의 효율성'이라는 준거를 중심으로 조직된다. '교과서 진도와 시험'이라는 현실 조건에서 진행되는 최대의 효율성 추구가 교사의 행동양식을 규정한다. 교사가 먼저 화자가 되어 학생의 반응을 유도한다거나 특정 학생을 대상으로 하여 교재 내용을 읽힘으로써 나머지 학생들로 하여금 간접적인 방식으로 수업에 참여하도록 하는 형태가 교사의 개인적 신념이나 수업 운영 정책을 넘어서서 우리나라 학교 수업에서 공통적으로 발견할 수 있는 일종의 문화적 패턴이라고 주장하였다.

대화 분석을 도입하여 수업 방식을 분석한 많은 연구는 '교사가 질문하고, 학생은 대답하고, 학생의 대답에 대해 교사가 평가'하는 교수 행위, 상호작용 패턴이 상당히 지배적이고, 일상화되어 있음을 보여준다.

이러한 패턴은 수업 문화를 동심원적으로 둘러싸고 있는 교실 문화-학교 문화-교육 제도-지배적 이데올로기라는 테두리 속에서 형성된 것으로 상당히 완고한 성격을 지닌다. 담화 분석이라는 질적 연구가 보여주는 이러한 풍경은 그 완고한 지속성으로 인해 우리를 주눅 들게 하지만, 한편으로는 이런 패턴의 기원이 무엇인지, 이 패턴이 계속 유지되어야 하는 최적화된 패턴인지를 성찰하게 하고, 다른 문화, 이데올로기와 다른 패턴을 꿈 꿀 수 있게 하는 계기를 마련해주기도 한다.

근래 교육학에서 의사소통의 문화기술지에 기반한 수업 상호작용 연구는 그리 활발하지 않은 편이다. 이는 연구 주제와 관계가 있는 것으로 보인다. 대체로 상호작용 연구는 일반 교육학자에 의해 주로 이루어졌고, 이들의 관심은 교과 내용의 규정을 받는 담화보다는 주로 수업 운영(classroom management)과 관련된 담화에 있었으며, 이들 수업 운영 담화에 대한 흥미와 관심은 상당히 소진된 것으로 여겨지기 때문이다. 그러나 연구 주제가 교과 수업 담화의 특성을 밝히는 것으로 확대되고, 심화된다면 상호작용 연구는 여전히 유효한 방법론적 특성을 가지고 있다고 보여진다. 국어과교육은 국어 능력 신장을 목표로 삼고 있다. 국어 능력 신장의 계기는 언어적 상호작용 속에 존재한다. 그렇다면, 국어교육학의 관심은 당연히 언어적 상호작용의 양상을 충실히 드러내고, 그 속에 어떤 언어적 성장의 계기가 존재하는지를 분석하는 데 모아질 수밖에 없을 것이다.[6]

한편, 비고츠키를 위시한 사회구성주의의 담론이 국어교육학 지배 담론의 한 지류를 형성하고 있는데, 사회구성주의를 국어과 교수·학습에 도입하고자 하는 연구자는 지식이 언어적 상호작용을 통해 어떻게 구성되는지, 교사와 학생, 학생과 학생의 대화 속에 '인지적 도제'가 어떻게 구현되고 있는지, 국어능력이 사회적 상호작용 속에서 어떻게 형성되는지 등에 관심을 갖지 않을 수 없다. 그리고 이러한 연구 주제에 대한 관심은 자연스럽게 의사소통의 문화기술지에 대한 관심으로 이어질 것이다. 국어교육학에서 이루어진 질적 연구의 대부분은 이러한 의사소통의 문화기술지 연구에 해당한다. 구체적인 연구 사례를 제시하면 다음과 같다.[7]

---

[6] Adger(2003)는 의사소통의 문화기술지 연구는 그 연구 대상의 특성상 읽기나 말하기와 같은 언어교과 연구에서 보다 활발하게 다루어지고 있다고 말하고 있다.
[7] 학회지에 수록된 논문, 석사 논문, 단행본까지 포함하면, 국어교육학에서의 질적 연구는 상당히 많은 편이다. 여기서는 박사학위 논문만을 제시하고자 한다.

민병곤(2004), "논증 교육의 내용 연구-6, 8, 10학년 학습자의 작문 및 토론 분석을 바탕으로-"
서현석(2004), "학생 소집단 대화의 구조와 전략 연구-초등학교 국어과 말하기·듣기 수업 상황을 중심으로"
유동엽(2004), "논쟁의 불일치 조정 양상에 관한 연구"
김경주(2004), "읽기 교수 학습 과정에 대한 연구"
이수진(2004), "쓰기 수업의 교수 대화 양상 분석 연구"
정상섭(2006), "공감적 화법 교육 연구"
이형래(2006), "공무원의 직업문식성 평가에 관한 연구"
곽춘옥(2006), "초등학교 동화 감상 지도 방법에 관한 연구"
박종훈(2007), "설명 화법의 언어 형식화 교수·학습 방안 연구"
김윤옥(2007), "상호주관성에 바탕을 둔 화법 교육 연구"
이지영(2011), "아동독자의 이야기책 읽기 반응 연구"
이선영(2011), "토론 교육 내용 체계 연구-초·중·고 토론대회 담화 분석을 바탕으로-"
임미성(2012), "아동독자의 읽기 전략과 태도 발달에 관한 연구"

나. 사회적 상호작용 및 맥락의 질적 분석: 상황인지론

상황인지론은 분석의 대상이 상호작용과 그 결과로서의 상황성 혹은 맥락성에 있는 만큼 인지심리학, 신비고츠키 이론, 듀이나 미드 등의 미국의 프래그마티즘 전통, 사회인류학 등 간학문적이며, 연구 방법으로는 문화기술지, 담화분석, 미시적 행위 분석 등 다양한 질적 접근을 활용한다(손민호, 2004:162).

교수·학습 과정에 관한 상황인지론의 연구에서 질적 접근을 선호하게 된 이유는 학습 과정에 관한 연구에서 생태학적 타당성을 중시하게 되었기 때문이다. 교육에서 구성주의 연구들이 특히 질적 접근을 선호하는 직접적인 이유 가운데 하나로 학습 현상이 일어나고 그에 영향을 미칠 것이라고 가정되는 일상적 맥락과 상황을 그에 걸맞게 이해하고자 하는 의도를 들 수 있다. 일상적 생활 장면에서 학습이 어떻게 일어나고 진행되어 가는가에 대한 관심은 전통적으로 행해오던 연구 방식인 실험실 연구에 대한 대안으로 추구되어 왔다. 일반적으로 실험실 연구에서는 실험실의 조건이 마치 맥락이 없는 중립적 공간인 것처럼 특정한 맥락, 상황을 배제하거나 혹은 조작을 통해 통제하면서 일반화된 결론을 유추해낸다.

그러나 콜 등(Cole et al., 1997)은 상황적 변인은 제시되는 문제와 그 문제의 해결과정과는 도저히 뗄 수 없는 방식으로 그 문제와 해결 과정에 내재적으로 개입한다는 말한다. 그렇다면, 상황적 변인은 실험적 조작에 의해 통제되어야 할 대상이 아니고 그 자체로 하나의 연구 대상일 수밖에 없다(손민호, 2004:163).

실험을 수행하는 통제 상황이 일상적인 실제 상황과 모종의 연속성이나 일관성을 가지고 있다고 가정하기에는 실제 상황에는 무수한 돌발 변수들이 속출하고 이들 변수들이 상호작용한다. 이러한 인식은 교수·학습을 둘러싼 문화나 사회 맥락을 파악하기 위한 다른 양식의 연구 방법을 요청하였고, 이러한 요구는 기존의 질적 연구들 특히 학습자의 배경변인으로서의 문화적 차이를 강조하였던 교육인류학적 접근이나 언어의 습득과 사용에 관한 교실 상호작용 연구들에 의해 크게 고무되었다.

상황인지론의 관점을 취하는 수업에 대한 질적 연구 주제는 다양하지만 대체로 다음 두 가지 경향으로 나타나고 있다. 먼저, 교과 내용을 가르치고 배우는 상황에서이루어지는 학생의 참여를 기술하는 데 초점을 둔다. 이들 연구는 대체로 교육학 내부에서 상황인지론을 널리 확산시킨 신비고츠키주의(Wertch, 1991)의 영향 속에 놓여 있다. 특히 비고츠키의 아동의 인지발달에 관한 이론적 전제, 즉 사회적 상호작용(interpsychological plane)이 어떻게 학생의 사고 안에 내면화되는지(intrapsychological)를 핵심적 질문으로 다룬다(손민호, 2004:164).

예컨대, 한 학생이 시점이라는 개념을 배우는 것은 그가 혼자서 문학 현상을 이해하게 되었다는 것을 의미하지 않는다. 이는 그 학생이 전문 독자가 그러한 개념을 사용하는 방식을 깨우치게 되었다는 의미를 내포한다. 따라서 비고츠키의 개념을 도입하여, 학생들의 학습에서 교사의 조력(scaffolding) 행위가 어떻게 이루어지며, 이 학습 과정에서 학생들이 근접발달 영역에서 새로운 내용을 어떻게 경험하는지를 분석하는 데 관심을 둔다.

이러한 접근 방식은 교과 교육 내에서 광범위하게 시도되고 있다. 이들 연구의 가장 큰 관심은 1)지식이나 전략, 2)이들을 둘러싸고 이루어지는 주체 간의 상호작용, 3)상호작용이 야기하는 학습자의 경험을 자세히 밝히는 데 있다. 즉, 학습 보조자로서의 교사의 역할이 어떠한지, 또는 학생이 특정 교과 내용을 어떻게 해석하고 있으며 해당 내용에서 나오는 개념이나 문제해결방식을 어떻게 사용하고 있는지 보여주는 데 있다. 교사의 교수행위를 학생의 학습 행위에 대한 상대적 개념으로 접근하지 않고, 공동 구성이라는 협동작업으로 접근해 간다. 교과 내용을 전달하는 전달자로서의 역할보다는 어떤 실천 양식을 경험하도록 도와주는 역할로서의 교수행위에 초점을 맞춘다. 예컨대, 국어교사는 국어라는 학문 공동체에서 산출된 개념, 지식, 표현·이해 전략 등을 전달하는 자가 아니라 중재하는 자로서의 역할을 갖는다.

한편, 학습에서 공동체를 강조하는 연구자들 역시 이러한 패러다임 안에 놓여 있다고 볼 수 있다. '실천 공동체에의 참여'를 강조한 레이브와 웽거(Lave & Wenger, 1991)의 관점에 친화적인 연구들이 여기에 해당한다. 여기서 말하는 실천 공동체는 '오랜 시간을 걸쳐 형성되면서, 다른 실천 공동체와 접경을 이루며, 사람, 활동, 그리고 세계 사이에 존재하는 관계의 그물망'을 의미한다. 이러한 관점에서 보면 학생들이 문학 독서를 배우는 것은 문학 공동체 구성원들의 해석 관점과 방법을 경험하는 것이라고 할 수 있다. 또 문학 독서와 관련된 개념을 배우는 것은 그 공동체의 구성원들 사이에 사용되는 해석 용어를 배우는 것과 비슷하다.

이러한 관점은 학생들이 학습해가는 과정은 사실상 특정 집단이 가지고 있는 문화에 동화되어가는 과정과 유사하다는 점을 보여주고 있다. 특정 공동체는 독특한 용어나 개념을 사용한다. 이러한 용어나 개념은 일종의 상징적 도구로서, 해당 집단이나 문화에서 독특하게 사용하는 물질적 도구뿐만 아니라 수학 공식, 음악에서의 악보법, 과학 실험실에서 사용하는 절차나 기술 등을 포함한 모든 종류의 인지적 도구 등으로 구성된다. 구성주의를 수업에 응용하여 처방하고자 한 연구들은 학교 학습에 이러한 '실천 공동체'라는 아이디어를 적용하여 설계하고 실행해 봄으로써 실제 수업 방식을 달리 처방하도록 하고 이를 통해 보다 진정한 학습을 경험할 수 있도록 하였다(손민호, 2004:165).

특정 국어 학습자 또는 집단이 사용하는 해석 전략, 표현 전략에 대한 탐구, 특정 교수·학습 모형이나 방법이 국어 학습자의 지식, 전략의 구성에 미치는 영향에 대한 분석 등은 이러한 질적 연구 전통을 잇고 있다고 볼 수 있으며 구체적으로 다음과 같은 연구가 여기에 해당한다고 볼 수 있다.

  이재기(1997), "작문 학습에서의 동료평가활동 과정 분석"
  정상섭(2001), "듣기·말하기 활동철 평가에 관한 연구"
  양정실(2006), "해석 텍스트 쓰기의 서사교육 방법 연구"
  전제응(2008), "해석을 통한 필자의 상승적 의미 구성 교육 연구"
  오택환(2007), "협동 작문이 쓰기 능력과 쓰기 태도에 미치는 효과"

다. 교사의 실천적 지식의 질적 분석-실행 연구(action research)[8]

통상 실행 연구는 교수·학습 상황에서 교사, 교장, 장학사, 그 밖의 관련 인사가 학교가 어떻게 돌아가는지, 그들이 어떻게 가르치는지, 그리고 학생들이 얼마나 잘 배우는지에 관한 정보를 수집하기 위해 행하는 모든 체계적인 탐구 활동을 의미한다.[9] 이러한 정보는 통찰을 얻거나 반성적 실천을 전개하기 위해서 혹은 학교 환경(넓게는 교육 실천 일반)에 바람직한 변화를 일으키거나 학생들의 성취도를 높이고, 관련된 사람들의 삶을 향상시키기 위해 수집된다(강성우 외, 2007:28-29).

전통적 교육 연구와 실행 연구의 비교

	전통적 교육 연구	실행 연구
누가?	대학 교수, 학자, 그리고 대학원생이 실험 집단과 통제 집단을 대상으로	교사와 교장이 자신이 맡고 있는 학생을 대상으로
어디서?	변인을 통제할 수 있는 상황에서	학교와 교실에서
어떻게?	미리 정해 놓은 통계적 유의성에 의거하여 변인 간의 인과 관계를 밝히기 위해 양적인 방법을 사용	무슨 일이 일어나고 있는지를 기술하고 교육적 개입의 효과를 이해하기 위해 질적인 방법을 사용
왜?	보가 큰 집단에 일반화할 수 있는 결론을 보고하고 출판하기 위해	연구가 이루어진 바로 그 학교 환경에서 실행하고 긍정적인 교육적 변화를 도모하기 위해

한편, 실행 연구가 주로 관심을 갖는 실천적 지식의 사용 방식에 대한 연구들은 대개 폴라니의 인격적 지식론(Polanyi, 1958), 실천행위의 연구

---

[8] 실행 연구에 대한 내용은 주로 강성우 외(2007)의 내용을 참조하여 정리하였다.
[9] 실행 연구에서는 교사가 곧 연구자이면서 피연구자가 된다. 대개 교사의 반성을 통해 자신의 실천지를 드러내도록 한다는 데 초점을 둔다. 실천지는 암묵적 차원의 지식이며, 제 삼자에 의해 직접적으로 드러내기 어렵다. 따라서 교사의 실천지는 학습에 어떠한 영향을 미치는지 조사하기 위해서는 행위 당사자가 직접 사후 반성을 통해 밝힐 수밖에 없다.

방법론(Kemmis & McTaggart, 1988; Schon, 1983, 1987), 혹은 하버마스의 비판적 합리성 논의에 근거를 두고 있다. 이러한 접근에서는 실천적 행위가 가지고 있는 암묵적 측면을 드러내고 이를 반성함으로써 수업 방식을 개선해 나갈 것으로 보았다.[10] Stenhouse(1975)는 이와 같은 교사의 체계적인 반성과 탐구를 하나의 독자적인 연구영역으로 간주하고 소위 '연구자로서의 교사'(teacher as researcher)라는 아이디어를 확산시키기도 하였다(손민호, 2004:166).

실행 연구의 이론적 토대는 비판적 실행 연구와 실천적 실행 연구로 나누어 살펴볼 수 있다. 먼저, 비판적 실행 연구는 지식 축적을 통한 해방을 목적으로 하기 때문에 해방적 실행 연구라고도 불린다. 비판적 실행 연구는 비판 이론과 포스트모더니즘에 이론적 근거를 두고 있다. 비판이론과 실행 연구는 다양한 관심 및 목적을 공유하는 데, 예컨대, 다음과 같은 관심과 지향을 들 수 있다.

- 계몽 과정에 대한 관심
- 전통, 관습, 관료제의 전제로부터 개인을 해방시키는 데 대한 관심
- 개혁을 위한 참여 민주주주의 지향

비판적 실행 연구는 포스트모더니즘 이론에도 바탕을 두고 있다. 포스트모더니즘은 전통적인 과학적 방법의 핵심 기반인 진리와 객관성의 개념에 부정적이다. 포스트모더니스트에게 진리란 상대적, 조건적, 상황적이며, 지식은 항상 이전 경험의 파생물일 따름이다.

포스트모더니즘 이론은 지식 산출의 기제를 해체하고 재검토하며, 현

---

[10] 미국의 실행 연구 집단은 진보주의 교육 운동-특히 듀이의 저작-에 뿌리를 두고 있다 (Noffke, 1994). 영국에서는 교육과정 개혁과 교직의 전문화에 더 비중을 두고 있으며 (Elliot, 1991), 호주에서는 협동 교육과정 개혁을 위한 운동으로 폭넓게 이루어지고 있다 (Kemmis, 1990).

대인의 삶에 기초가 되는 여러 가지 기본 가정에 의문을 제기한다. 이 이론은 "우리의 사적, 사회적, 직업적 활동을 조직하고 수행하는 평범하고 일상적이며 당연시되는 방식을 재검토하도록 우리를 독려한다"(Stringer, 1996: 156). 실행 연구는 이러한 재검토를 수행하고, 맥락적이고 정치적으로 구성된 학급 교사의 경험을 표출할 수 있는 수단을 제공한다. 비판적 실행 연구의 가치관에 비추어 볼 때, 모든 교육 연구는 사회적 책무성뿐만 아니라 다음과 같은 특성도 갖추어야 하는 것으로 본다.

- 민주적-사람들의 참여를 가능하게 해야 한다.
- 평등적-사람들의 가치 동등성을 인정해야 한다.
- 해방적-억압적이고 무기력하게 만드는 상황으로부터 자유를 제공해야 한다.
- 향상적-사람들의 전인적 잠재력의 표현을 가능하게 해야 한다.

이러한 비판 이론을 바탕으로 한 접근은 실천적 실행 가능성을 결여하고 있다는 비판을 받기도 했다(Hammesley, 1993). 하지만 실행 연구를 통해 당연하게 여겨져 온 관계와 행위를 탐구하려는 교사에게 발견 혹은 문제해결적 접근을 제공한다는 점에서 가치가 있다. 다음 표는 비판 이론을 수용한 실행 연구의 주요 개념을 정리한 것이다(강성우 외, 2007:33).

〈비판적 관점의 실행 연구 요소〉

핵심 개념	예
실행 연구는 참여적이고 민주적이다.	(담당하는 학생들의 자료에 기초하여) 개선될 수 있다고 믿는 수업 영역을 교사 연구자가 스스로 정한다. 스스로 개입의 효과를 조사하고 차이가 있을 경우 모니터한다.
실행 연구는 사회적 변화에 대응하며 이루어진다.	교사 연구자는 학습의 소수 민족 학생이 문화적으로 민감한 교육과정에 적응하지 못하는 데 관심을 갖는다. 비영어권 학생을 가르치는 최상의 방법을 더 연구하고 이런 전략을 적용하기로 결정한다.

실행 연구는 교사 연구자가 업무를 수행하는 일상적이고 당연시되던 방법을 검토하도록 돕는다.	수학과에서 새로운 문제 해결 교육과정을 도입한 교사 연구자는 새 교육과정이 학생의 성적과 수학 일반에 대한 학생의 태도에 끼치는 영향을 검토하기로 결정한다.
실행 연구를 통해 얻은 지식은 학생, 교사, 행정가의 부담을 덜어 주고 교수·학습과 정책을 개선하는 데 도움이 된다.	장기 결석에 대한 정책을 새롭게 도입했는데도 학생의 장기 결석 사례가 많은 학교에서, 교사연구자는 정책이 왜 의도대로 되지 않았는지에 대해 보다 충분히 이해하기 위해 장기 결석에 대한 동료 교사, 학생, 부모의 의식을 조사한다. 조사 결과에 기초하여 새로운 정책을 실행하고, 새 정책이 장기 결석률과 학교에 대한 학생들의 태도에 미치는 효과를 체계적으로 검토한다.

한편, 실천적 실행 연구는 실행 연구 과정에 대한 '방법적' 접근을 더 강조하며 '철학적' 성향이 약하다. 실천적 실행 연구는, 교사 개인이나 교사 집단은 자율적이며 자신이 수행할 연구의 성격을 결정할 수 있다. 그리고 교사 연구자는 전문성 신장과 학교 개선에 전념하면서 자신의 실천에 대해 체계적으로 검토하기를 원한다고 가정한다. 마지막으로 실천적 연구 관점에서 교사 연구자는 의사 결정자로서 연구 영역을 설정하고, 자료 수집 기법을 결정하며, 자신의 자료를 분석하고 해석하며, 그 결과에 기초하여 실행 계획을 수립한다. 실천적 실행 연구에서의 핵심 개념과 구체적인 예는 다음과 같다(강성우 외, 2007:35).

〈실천적 관점의 실행 연구 요소〉[11]

핵심 개념	예
교사 연구자는 의사 결정 권한을 가진다.	학교는 교수·학습에 가장 직접적으로 영향을 주는 의사 결정의 권한을 교사에게 부여하는 학교 단위 의사 결정 방식을 채택하였다. 이러한 의사 결정 권한에 입각하여 교사는 전문성 신장의 일환으로 새로 채택한 국어과 교육과정이 학생들의 학습 능력과 태도에 효과가 있는지 조사하기로 결정한다.

---

11) 강성우 외(2007:35)의 내용 일부를 국어과 맥락에 맞게 다소 수정, 보완하였다.

교사 연구자는 전문성 신장과 학교 개선에 전념한다.	교육청 단위 규준 평가와 교실 관찰의 결과에 기초하여 교사와 교장은 독해 능력이 취약하다고 판단한다. 협력을 통하여 교사진은 학교 개선 노력의 초점을 결정하고 교사가 읽기를 가르치는 방식을 변화시키는 데 필요한 전문성 개발이 무엇인지 확정한다.
교사 연구자는 자신의 실천에 대하여 성찰하기를 원한다.	교사는 자신의 일상적 수업과 개선되어야 할 영역을 정기적으로 성찰하는 성공적인 학급 교사이다. 전문적인 교사가 되려면 스스로 교수 효율성을 지속적으로 검토해야 한다고 생각한다.
교사 연구자는 그들의 실천을 성찰하는 데 체계적인 접근법을 사용한다.	학교 단위의 독해력에 초점을 두면서, 교사는 읽기 수업을 녹화하고(월별 1회), 독해력 평가를 하고(조별 1회), 학습 학생들을 면담하고(학기별 1회), 교육청 단위 규준 평가를 실시함(학기말)으로써 새로운 읽기 교육과정과 교수 전략의 효율성을 검토하기로 결정한다.
교사 연구자는 초점 영역을 선택하고 자료 수집 기법을 결정하며, 자료를 분석하고 해석하며, 실행 계획을 개발할 것이다.	위의 연구 사례를 지속하기 위해 교사는 새로운 읽기 교육과정과 교수 전략의 효율성에 초점을 맞춘다. 교사는 수업 녹화, 형식적이고 비형식적인 평가, 면담, 교육청 단위 규준 평가를 통해 자료를 수집하기로 한다. 교사는 자료를 해석하는 동안에도 자료를 수집하며, 이 자료가 새로운 교육과정과 교수전략의 효율성에 관해 무엇을 제시하는지를 판단한다. 모든 자료를 분석하였을 때, 교사는 독서 교육과정과 교수 전략을 정교화하고 개선하거나 유지하기 위해 어떤 실천이 필요한지 결정한다.

　실행 연구는 비판 이론과 포스트모더니즘, 실천적 이론이라는 서로 다른 관점에 근거를 두고 있지만 이들은 연구 목적에서 하나의 목소리를 내고 있다. 먼저, 이들은 교실 수업 개선을 연구의 목적으로 삼고 있다. 실행 연구는 모든 연구자들에게 학생들의 삶을 개선하고 교수 기법에 관해 배울 수 있는 기회를 마련해 준다. 자신의 학파나 이론적 입장에 관계없이 모든 실행 연구자들은 교실 수업의 원리와 교사들의 행동이 자신의 학생들에게 미치는 효과를 비판적으로 검토하려고 노력한다. 즉 학생들의 삶을 향상시키는 교육적 변화가 실행 연구의 주된 목적인 셈이다.

　교사의 실천적 지식에 영향을 미치는 요인은 좀처럼 한정되지 않는다.

따라서 실행 연구의 연구 대상은 무한하다고 볼 수 있다. 교사를 둘러싼 모든 요인이 연구 대상이 되기 때문이다. 즉, 교사의 개인적 배경, 학교 문화, 교사 문화, 교육과정, 교과서 및 입시 정책 등등이 직접적으로 간접적으로 교사의 실천지에 관련하며 이 관여와 작동 방식이 교사의 교육 성패에 영향을 미친다. 국어교육학은 국어교사의 실천적 지식은 무엇이며, 이러한 실천적 지식은 어떤 영향 속에서 어떻게 작용하는지에 많은 관심을 가질 필요가 있다.

3. 질적 연구의 특징과 '질적 연구다움'에 대한 검토

가. 국어 교실이라는 섬, 현지인의 눈과 목소리: 내부자적 관점의 포착

질적 연구에서는 연구 참여자인 내부자의 시각을 포착하고 기술하는 데 관심을 갖는다. 양적 연구에서 의도하는 일반화나 이론의 검증 그리고 법칙의 규명보다는 특정한 생활 세계에서 살아가는 참여자가 가지고 있는 고유한 관점을 여실히 드러내고자 한다.[12] 따라서 연구자가 미리 설정한 이론이나 가설로서 현장을 설명하거나 개념화시키기보다는 내부자적 관점에서 그들이 세상을 어떻게 이해하고 행위하고 있는지를 찾고 기술하는 데 연구의 목적이 있다(김영천, 2010:115).

내부자적 시점에서 사건과 현상을 이해하고 기술하는데 목적이 있기

---

[12] 질적 연구자는 자신의 글쓰기를 통해 드러난 참여자의 시각과 삶이 독자들과 너른 공감대를 형성하고, 삶과 세계에 대한 새로운 관점과 통찰을 얻게 되길 바란다. 질적 글쓰기의 독자가 다른 사람에 대한 이러한 이해를 통하여 자신과 자신을 둘러싼 삶에 대한 더 잘 알게 되었고, 바른 실천행위를 다짐하게 되었다면, 이는 질적 연구, 질적 글쓰기가 궁극적으로 기대하는 바이기도 하다.

때문에 질적 연구자는 내부자적 시각을 갖기 위해 다양한 노력을 기울여야 하며, 이러한 노력의 하나가 참여자와의 친밀한 공감대 형성이다.[13] 양적 연구자가 연구 참여자와 거리를 두면서 객관적 자세를 취하려고 하지만, 질적 연구자는 깊은 심리적 공감대를 형성하기 위해서 인간적인 친밀감을 높여야 한다.

질적 연구자는 참여자의 생활 세계와 그들의 감정, 시각을 이해하기 위하여 그들과 지속적으로 대화하고 생활하며 그들의 삶 속에 들어가야 한다. 그들과 지속적으로 만나서 듣고, 질문하고, 대답하고, 생각하고, 자극하고, 토론할 필요가 있다. 이렇게 할 때 참여자는 기꺼이 그들의 삶과 세계를 외부자인 연구자에게 기꺼이 노출시키게 된다. 연구자와 참여자의 친밀함의 정도는 연구의 성과를 가늠하는 관건이 되며, 자료 수집의 양과 질의 깊이를 결정한다(김영천, 2010:123).

질적 연구에는 '연구 대상(research subject)'이라는 용어보다는 '제보자(informant)', '참여자(participant)', '현지인(the native)', 또는 '그 사람들(the people)'이라는 용어를 주로 사용한다. 연구 대상이란 용어가 연구를 도와주는 사람들을 삶의 주체가 아닌 연구의 객체로 보는 시각을 드러낸다고 보기 때문이다. 뿐만 아니라 연구자가 참여자보다 우위에 서서 연구를 일방적으로 설계하고 실행하는 폐단을 우려하기 때문이다.[14]

질적 연구자는 자신이 잘 모르는 낯선(혹은 잘 모른다고 생각하고 낯설게 보려는) 세계를 연구하기 때문에 자신의 선입견이나 고정 관념을 최대

---

13) 연구자가 참여자와 긴밀한 인간적인 유대를 형성하게 될 때, 연구자는 외부자적 시선을 거두고 실제로 내부자의 시선을 획득하게 된다. 양적 연구자에게 전지전능하고 객관적인 하나님의 시선이 요구된다면, 질적 연구자에게는 삶과 세계를 같은 생각과 느낌으로 이해하는 공감적 시선이 필요하다.
14) 질적 연구의 과정은 연구자와 참여자 간의 대화의 과정이다. 대화는 대화 상대자에 대한 존중을 전제로 한다. 질적 연구에서는 현상의 맥락을 구성하는 사람들의 삶 속에서 그들의 논리와 언어를 통해 연구가 진행된다. 따라서 연구자의 세계보다는 참여자의 세계가 더 중시되고, 연구자는 참여자의 세계를 학습하는 겸허한 학생이 될 수밖에 없다.

한 배제한다. 학자들의 선행연구나 기존 이론 역시 섣불리 응용하기를 꺼린다. 특히 연구의 초기 단계에서는 현상학적 '판단 중지(epoche)'가 매우 중요하다. 그러나 이러한 자세는 양적 연구에서 객관성을 확보하는 방편으로 '연구자의 영향(researcher effect)'을 배제하는 것과는 구별된다. 해석학의 언어로 표현하자면, 서로 다른 두 주관적 지평의 융합을 위해서 한 주관의 다른 주관에 대한 일방적 간섭을 절제하는 것은, 하나의 객관적 존재를 확인하기 위해서 모든 주관을 배제하는 것과는 전혀 다르다(조용환, 2009:23).

국어교육학 질적 연구에서 참여자의 내부자적 관점을 포착하고 이를 기술한 연구는 찾기 힘들다. 객관성과 일반화가 여전히 논문의 질을 판단하는 중요한 준거로 작동하고 있는 학계의 현실이 일차적인 이유가 되겠지만, 한편으로는 국어 교실이라는 섬과 그곳에 거주하는 현지인(국어 교사, 국어 학습자)에 대한 무지를 솔직히 인정하고, 무한한 호기심으로 그들의 고유한 관점과 질서를 포착하려는 지적 정직성의 결여도 한몫 했을 것이다. 모든 국어 교사, 국어 학습자는 국어교육의 내용과 방법 등에 대한 고유한 관점을 가지고 있으며, 이러한 고유한 관점이 그들만의 고유의 삶의 질서(국어 교실의 수업의 구조)를 형성하고 있다. 국어교육학의 질적 연구는 이러한 삶의 질서를 형성한 국어 교사, 국어 학습자의 내부적 시각을 통해 드러내고자 노력할 필요가 있다.

예컨대, 국어과 교육과정이 교실에 작동하는 방식도 이러한 방법론을 통해 충실히 드러낼 수 있다고 생각한다. 국어과 교육과정은 수차례 바뀌었지만, 국어 교실은 이러한 교육과정의 의도와는 상관없이 변하지 않는 안정된 모습을 보이고 있다는 비판을 하곤 한다. 이는 교실 실천의 주체인 국어교사가 교육과정을 이해하는 방식이 변하지 않았거나, 자신만의 교유한 교육과정(교사 교육과정)을 굳건하게 지키고 있다는 것을 의미할 수 있다. 그렇다면, 우리는 새롭게 변화한 교육과정에 맞추어 새롭게 변하지 않는 교사와 교실 실천을 비판하기에 앞서서, 각 국어교사가 가지고 있는 개별적인 교사 교육과정은 무엇인지, 이들이 변화한 교육과정을 도입하지 않는 맥락은 무엇인지 등을 교사의 관점에서 이해하고 분석하고 해석할 필요가 있는 것이다.

나. 준거 표집과 깊이의 지향

일반적으로 질적 연구에서는 연구자가 관심을 둔 특별한 사례를 의도적으로 선택하여 연구 대상(연구 참여자)으로 삼는다. 일반화를 목적으로 하는 양적연구는 이와는 달리 무선 표집 방법을 주로 사용한다. 연구자가 연구하자고 하는 문제를 가장 잘 대표하는 사례, 연구 목적에 가장 충실한 예를 담고 있는 사례가 표집된다. 그러한 사례는 연구자가 흥미를 느끼는 현상에 대하여 많은 필요한 정보를 제공해 주는 유용한 사례이기 때문에 현상에 대한 통찰을 제공해 줄 수 있다(김영천, 2010:116).

질적 연구는 모집단을 소규모로 설정하고 그 모집단 내의 모든 사례를 총체적으로 연구하거나, 양적 연구의 '확률적 표집(probabilistic sampling)'과 성격이 다른 '준거적 선택(criterion-based selection)'을 통해 연구사례를 선정한다. 괴츠와 르꽁뜨(Geotz & LeCompte, 1984)는 질적 연구의 목적과 현장의 특성에 따라서 다음 열 가지 준거적 선택이 가능하다고 보았다(조용환, 2009:27-29에서 재인용).[15]

---

15) 괴츠와 르꽁뜨(Geotz & LeCompte, 1984)는 아래와 같은 상황에서는 확률적 표집보다는 준거적 선택이 더 적절하다고 보았다. 즉 양적 연구보다는 질적 연구 방법이 더 적합하다는 것이다.
 ① 모집단의 특성과 분포가 확인되지 않았을 때
 ② 표집 범주(예, 풀과 채소) 사이에 자연적 경계가 없거나 불분명할 때
 ③ 연구자가 각 표집 범주에 고루 접근할 수 없을 때
 ④ 표집 내부의 분포가 불규칙적일 때
 ⑤ 표집 내부에 예외가 많을 때

① 모든 연구 사례

연구자가 확인할 수 있는 모든 사례를 선택한다.

② 할당 선택

모집단의 하위 집단을 확인한 다음 각각 몇 사례씩 할당하여 선택한다.

③ 네크웍 선택

한 집단/사람으로 하여금 다음 집단/사람을 선택하게 한다. 집단 내 분산도가 높거나 집단 간 경계가 불확실할 때 유용하다.

④ 극단적 사례 선택

모집단이 뚜렷이 양분되어 있거나 분포의 스펙트럼을 이루고 있을 때 양 극단을 선택함으로써 대다수 중간 집단의 특성까지도 추정할 수 있다.

⑤ 전형적 사례 선택

모집단 특유의 속성을 가장 많이 가지고 있는 사례를 선택한다.

⑥ 유일한 사례 선택[16]

특이하거나 희귀한 현상의 연구에 유용하다.

특이성과 희귀성을 파악함으로써 일반성과 정상성도 웬만큼 추정할 수 있다.

⑦ 유명한 사례 선택

대중적 평판이나 전문가의 조언에 따라서 선택한다.

⑧ 이상적 사례 선택

최선의 사례를 먼저 선택한 다음 그에 버금가는 사례들을 차례로 선택한다.

⑨ 대조적 사례 선택

한 사례와 대비되는 사례를 선택하여 비교한다.

---

⑥ 하나 또는 일부 사례만 연구 목적에 부합할 때
⑦ 일반화가 연구의 중요한 목적이 아닐 때

[16] 질적 연구자는 특정 사례, 사건, 현상에 대한 심층 분석을 목적으로 하기 때문에 사례는 지극히 제한될 수 있으며, 하나의 사례도 충분히 연구 대상이 될 수 있다.

⑩ 연계적 사례 선택

한 사례를 선택한 다음 그 사례와 다르거나 대립적인 사례를 계속 선택한다.

폭(width)보다는 깊이(depth)를 소중하게 생각하는 질적 연구자라면 사례의 수를 가능하면 줄이는 것이 전략상 유효할 것이다. 질적 연구의 고전 작품에 사용된 사례의 수[17]는 이를 잘 입증하고 있다. 국어교육학 질적 연구에서의 표집 역시 다음에서 알 수 있듯이 사례 수가 소규모이다.[18] 괴츠와 르꽁뜨(Geotz & LeCompte, 1984)가 분류한 준거적 선택 유형의 측면에서 보면, 대부분의 연구가 '전형적 사례 선택'을 한 것으로 보인다. 즉, 선택한 사례가 대한 민국 국어 수업, 교사, 학습자, 모둠이 갖는 성격, 특성을 대표하는 전형적인 사례라는 것을 전제하고 있다고 볼 수 있다. 다만, 표집 규모의 작음에 비례하여 사례, 수업 등에 대하여 심층적인 분석과 해석이 이루어졌는지는 판단하기 어렵다.

- 김경주(2004): 프로토콜(대학생 10명), 면담(학생 10명), 수업관찰(교사 3명)
- 유동엽(2004): 논쟁 상황 사례 15개
- 곽춘옥(2006): 사례1(초등학교 2학년 4명), 사례2(3학년 1학급 35명)
- 이형래(2006): 면담(공무원 10명)
- 양정실(2006): 해석 텍스트 695편
- 오택환(2007): 2개 모둠

---

[17] 질적 연구 고전 작품에서 사용된 사례의 수(김영천, 2010:117)
  · Piaget의 인지발달 연구: 자식 2명
  · Kohlberg의 도덕성 발달 연구: 미국 학생 49명
  · Kohlberg의 Phobia(공포증) 연구: 9명
  · Gilligan의 인간 도덕성 연구: 여성 25명
[18] 양정실(2006) 연구가 사례의 수에서 다른 질적 연구에 비해 상대적으로 많지만, 이는 1차 자료 수집 단계에서 확보한 자료의 총수를 말하는 것으로 실제 분석된 사례 수는 이보다 훨씬 적은 것으로 보인다.

- 박종훈(2007): 4개의 수업(교사 3명)
- 이지영(2011): 면담(초등학교 학생 51명)

학습 과정에 있는 모든 국어 학습자의 학습 과정이 질적 연구의 특정한 사례가 될 수 있다. 몇 명의 국어 학습자의 국어 공부 사례를 통해 국어 능력이 신장되는 과정을 섬세하게 기술할 수 있을 것이다. 또는 국어 능력이나 태도에서 상례를 벗어난 자리에 있는 이인(異人)을 연구 대상으로 삼을 수도 있을 것이다. 이들 국어 영재나 국어 부진아는 독특한 국어 환경에서 성장했을 가능성이 많으며, 이러한 독특한 사례는 상당히 다채로울 것이다. 이러한 다채로움의 한 양상을 사례로 삼아 이들이 어떤 과정을 거쳐 지금의 모습을 보이는지를 풍성하게 보고할 수 있을 것이다. 즉 현재와 같은 '전형적 사례 선택'과 함께 '유일한 사례 선택', '유명한 사례 선택', '극단적 사례 선택', '이상적 사례 선택' 등도 적극적으로 도입될 필요가 있다.

다. 산재(散在)하여 포착되지 않는, 그러나 애써 드러내야 하는 맥락: 자연주의적 접근

현장[19] 작업은 연구자가 직접 현장에 들어가 참여자들과 지속적인 상호작용을 하면서 자료를 수집하고 연구하는 것을 말한다. 질적 연구를 현지 연구(Field research, field-based research)라고 지칭하는 이유가 여기에 있다. 이런 점에서 Lincoln and Guba가 질적 연구를 자연주의적 탐구(Naturalistic inquiry)라고 한 것은 일리가 있다.[20] 이러한 특징은 양적 연

---

[19] 교육학에서 현장은 공식 교육, 비공식 교육이 이루어지는 모든 생활공간이다. 즉, 교육과 학습이 발생하는 모든 공간은 질적 연구자가 머물 현장이 되는 셈이다.
[20] 통제되지 않는 자연스러운 공간, 즉 현장에서 자료가 수집된다는 점에서 질적 연구는 자연주의적 방법이라고 일컬어진다. 질적 연구에서는 우리 주변의 실제 상황 속에서

구와 질적 연구를 극명하게 구별하는 표지가 된다. 양적 연구자는 현장에 들어갈 필요가 거의 없다. 질문지를 개발하고, 연구의 개념을 명료하게 하기 위해 잠시, 보조적으로 연구 현장에 들어갔다가 나올 뿐이다. 연구자는 현장에서 계속 머물면서 자연적으로 일어나는 실제세계에 참여하거나 관찰하면서 연구한다(김영천, 2010:117-118).

질적 연구의 중요한 특징 중의 하나인 이러한 자연주의적 접근은, 연구 맥락을 통제하지 않고 가능하면 그 맥락을 가능하면 생생하게 복원하고 드러낸다는 의미를 갖는다. 그것이 사물이든, 사람이든 모든 존재는 특정 맥락에서 다른 존재와의 관계 속에서 존재한다. 따라서 어떤 존재에 대한 연구는 그 존재가 놓은 맥락과 그 존재가 맺고 있는 관계를 밝히는 데 있다. 그러나 존재가 놓은 맥락과 관계의 맥락은 무한하고 복잡하여 그 모습을 완전히 드러내는 것은 애초에 불가능하다.[21]

이러한 맥락의 복잡함을 어떻게 다룰 것인가의 입장 차이가 양적 연구와 질적 연구의 방법론 차이이기도 하다. 질적 연구는 맥락의 단순화와 한계 설정을 최소화하고 존재 맥락의 복잡성을 최대한 있는 그대로 파악하고자 한다. 반면에 양적 연구는 사소하거나 예외적인 특성을 배제하고 일반적인 경향성을 확률의 논리 속에서 규명하고자 한다. 즉, 질적 연구가 존재 맥락의 복잡함과 애매함을 있는 그대로 이해하고자 할 때, 양적 연구는 최대한 제한된 맥락 안에서 연구자가 가설적으로 설정한 인과 관계의

연구자료가 직접 수집되며, 연구자 스스로가 중요한 연구 도구가 된다. 실험실이나 연구자가 통제하고 조절한 상황 속에서 자료를 수집하는 것이 아니라, 연구자가 관심을 가진 사건이나 현상이 실제로 일어나고 있는 장소에 즉 현장에서 수집된다(곽영순, 2009:30).

21) 애초에 포착하기 힘든 존재의 맥락, 현상의 맥락을 그나마 복원하기 위하여 질적 연구자는 현장에서 연구 참여자의 삶과 맥락을 오랫동안 관찰한다. 어느 정도의 관찰 기간이 필요한지는 연구 목적과 주제에 따라 다를 것이다. 국어교육학과 같이 대화를 중심으로 한 상호작용 패턴을 연구하거나, 미시 대화에서 교육적 계기를 포착하고자 하는 경우는 오랜 관찰을 요하지 않을 것이다.

타당성을 입증하려고 노력한다.[22]

질적 연구와 양적 연구의 차이는 절대적이기보다는 상대적인 것으로서, 인간과 사물과 현상을 어느 정도 구체적 맥락 속에서 다루는가에 달려 있다. 양적 연구가 개념을 맥락 속에서 분리하여 조작적으로 단순화하는 데 비해 질적 연구는 개념을 맥락의 복잡성 속에서 구체적으로 취급한다. 가령, 양적 연구에서는 부부간의 '사랑'과 같은 개념을 다룰 때 부부가 함께 지내는 시간, 대화의 빈도, 하루에 나누는 키스 등의 횟수 등으로 탈맥락화, 객관화, 계량화한다. 반면에 질적 연구에서는 '사랑'의 일상적 행동을 구체적 맥락과 함께 기록하고 그 행동의 의미를 당사자들의 주관적 세계 속에서 해석한다. 이와 같이 질적 연구자는 변수를 한정하지 않고, 할 수 있다면 가능한 한 모든 변수를 최대한 드러내고 이해하고자 한다. 즉, 연구의 맥락을 인위적으로 설계하지 않고 현상이 전개되는 자연적인 맥락 또는 일상적인 맥락에 자신이 참여하는 방식을 취한다(조용환, 2009:20-21).

사회과학 분야에서 '방법 혁명'(Denzin, 1994)이 일어나면서 학자들이 질적 연구의 가치에 주목하게 된 배경에는 섣부른 계량화와 표준화가 야기하는 '생태학적 오류(ecological fallacy: Williamson et al., 1982)'를 경계해야 한다는 모종의 합의와 동의가 있다. 모든 개체는 그 군집 속의 다른 어느 개체도 가지고 있지 않은 속성을 최소한 한 가지 이상 가지고 있다. 그러한 개체의 속성을 사장한 채 군집의 속성들을 변수화하고 그 변수들 사이의 관계를 통계적으로 추론할 때, 즉 '자연적 맥락'을 떠나서 보고자 하는 속성만을 선택하여 '연구의 맥락'을 구성할 때 발생하는 오류가 '생태학적 오류'이다(조용환, 2009:70).

---

[22] 양적 연구자에게 있어서 연구 대상을 둘러싼 실제 맥락은 잡다한 상황적 변수로 '오염', '변질'되어 있을 수 있다. 연구하고자 하는 한 두 개의 변수를 얼마나 순수한 방식으로 독립적인 방식으로 유지하느냐에 연구의 성패가 달려 있다.

국어교육학의 일부 질적 연구가 교사의 수업, 모둠 활동, 직장 등을 선택하고 있으나, 이들 현장의 맥락을 생생하게 기술한 논문은 찾기 어렵다. 오택환(2007)은 작문 수업에서의 동료 협의 활동을 기술하고 있으나, 협의 활동은 모둠원의 대화를 전사한 '대화록'으로 대체되고 있다. 이형래(2006)은 공무원 직업 문식성에서 요구되는 국어 능력을 확인하기 위하여 공무원이 업무를 수행하는 직장에 들어가 관찰하였으나, 참여 관찰을 통해 포착된 문식성 사용 맥락이 충실하게 드러나 있지 않다.

유동엽(2004)은 자료 수집에서의 '자연스러움'과 자료 분석에서의 '맥락 드러냄'에 많은 관심을 기울인 것으로 보인다. 그는 실제로 발생한 논쟁 상황에서 연구 자료를 수집하였다. 공개된 공적인 논쟁은 텔레비전이나 인터넷 등에서 수집하였고, 폐쇄된 공적 논쟁이나 사적인 논쟁은 연구자가 참여 관찰하여 수집하였다. 이 때 연구자가 참여 관찰하면서 논쟁 상황에 영향을 주는 것을 최대한 피하고 자연스러움을 유지하기 위하여 비디오 녹화가 아닌 소형 MP3형 녹음기를 사용하였다고 밝히고 있다.

또한 연구 대상의 전사(轉寫)는 전사본을 따라 읽어 가면 가능한 한 실제 논쟁 상황에 근접하게 논쟁의 불일치 조정 양상이 복원되도록 하였다. 앞 순서의 발화가 끝나는 지점에서 뒤 순서의 발화가 시작되게 배열함으로써 마치 실제 논쟁이 눈앞에 펼쳐지는 것처럼 전사하였다. 그리고 다양한 기호를 사용함으로써 실제 대화 상황을 생생하게 재연하려는 노력을 기울이고 있다.

라. 이론과 자료의 교섭: 자료로부터 나오는 이론 지향

질적 연구에서 연구 설계는 연구가 진행되면서 점차적으로 구체화되고 체계화된다. 질적 연구자는 연구 계획서 작성 단계, 연구 계획서 발표 단계에서 연구에 대한 설계를 확정하지 않는다. 실제 연구를 진행하는 과정에서 상황을 보면서 거기에 맞게 느슨한 설계를 보완하고, 보류한 결정을 내린다.[23] 질적 연구의 연구 설계가 갖는 이러한 특징은 연구자에게 무엇을 얼마나 어떻게 할 것인가에 대해 지속적으로 질문하고, 대답하고, 반성할 것을 요구한다. 예컨대, 어느 정도의 규모로 표집할 것인가, 면담지 구성은 적절한가, 연구 참여자는 적절한가, 어느 정도 현장에 머물 것인가, 여러 가지 질적 연구 방법은 어떻게 계열화하고, 어느 시기에 적용할 것인가, 어떤 자료를 수집할 것인가, 수집된 자료를 어떤 시각과 방법으로 분석할 것인가 등을 현장에 들어가기 전에 결정하지 않는다. 대체적이고 잠정적이며 유보적인 안을 마련하고, 현장에 들어간 후, 현장의 맥락을 섬세하게 고려하면서 점차적으로 확정해나간다(김영천, 2010:120).

질적 연구자는 연구 초기에 설정했던 연구 주제, 연구 문제, 그리고 문제 의식이 실제 연구를 진행하면서 어떻게 변화하고, 발달(구체화, 상세화)했는지를 지속적으로 성찰할 필요가 있다. 이러한 성찰의 솔직한 기록과 노출은 연구자가 현장에 얼마나 가깝게 다가가려고 했는지를 드러내기도 한다. 현장과의 살뜰한 만남을 계기로 연구 주제와 연구 문제가 보다 타당하고, 합리적인 방식으로 조율되는 것이야말로 질적 연구가 갖는 미덕이기 때문이다.

이와 같이 훌륭한 질적 연구자는 현장과의 교섭 과정에서 유연하게 변화는 사람이다. 연구 초기에 설정한 문제나 주제를 끝까지 고집할 것이 아니라 현장과의 만남, 새롭게 만난 자료를 통해 탐구 주제를 보다 바람직한 방향으로 바꾸고, 심화시키고, 세련되게 다듬어야 한다. 외부자로서, 학습자로서 타인의 세계에 발을 디딘 사람이, 외부자일 때 설정했던 연구 문제, 주제를 바꾸지 않고 그대로 유지한다면 그 연구자는 그 세계로부터 아무 것도 배우지 않았다는 것을 의미한다. 외부자로서 처음 진입한 세계

---

[23] 질적 연구의 이러한 특징으로 인해서 포괄적 설계(general design), 유연한 설계(flexible design)라고 말하기도 한다.

는 내부자의 시각을 획득해갈수록 다른 의미를 지닌 세계로 인식될 것이며, 상황의 구체성이 심화될 것이다. 이러한 변화된 인식, 상황의 구체성을 충실히 반영할 때, 보다 좋은 연구 문제와 탐구 주제가 설정될 것이다.

질적 연구에서 가설을 설정하지 않고, 연구를 시작한다는 말은 자신의 지식, 관점을 최대한 유보한 채, 무지의 상태에서 현상을 관찰한다는 말이다. 예컨대, 질적 연구에서는 체계적인 질문조차 준비하지 않고 현장에 들어갈 수 있다. 직접 현장에 가보지 않고는 질문 자체가 갖는 타당성을 확인할 수 없기 때문이다. 즉, 실제 세계에서 의미 있고, 그럴 듯하고, 중요한 질문은 실제 세계를 마주하지 않고는 알 수가 없다.

하임즈(Hymes, 1978)는 문화기술지를 그 폭과 깊이에 따라서 포괄적 문화기술지(comprehensive ethnography), 주제중심의 문화기술지(topic-oriented ethnography), 가설검증적 문화기술지(hypothesis-oriented ethnography)로 나누고 있다. 이들은 배타적 개념이기보다는 하나의 층위라고 볼 수 있다. 즉, 연구 문제의 성격에 따라 어느 한 층위에 초점을 맞추어 연구를 설계하고 수행하되, 다른 층위를 함께 고려하는 것이 바람직하다. 일반적으로 연구하고자 하는 문화에 대해 무지한 경우에는 포괄적 문화기술지가 불가피하지만, 그 문화에 대해 배경 지식이 어느 정도 있는 경우에는 주제 중심 또는 가설검증적 문화기술지를 채택할 수도 있다. 문화기술지가 인류학자들의 품을 떠나서 다른 학문으로 파급되면서 포괄적 문화기술지의 전통은 약해지고 주제 중심의 문화기술지와 가설검증적 문화기술지가 강세를 보이고 있다(조용환, 2009:30-31).

질적 연구에서는 이론도 가설과 마찬가지 처지에 놓인다. 양적 연구에서는 이론을 뒷받침하는 자료를 구하는 반면에, 질적 연구에서는 자료에 맞는 이론을 모색하기 때문이다. 즉, 양적 연구는 기존의 학문 세계에서 선택한 '이론의 실재 적합성'을 확인하는데 관심을 두므로 이론이 위에서 밑으로 적용된다고 볼 수 있다.[24] 이와 달리 질적 연구는 연구자가 관찰하고 경함한 '실제의 이론적 해석'을 추구한다. 괴츠와 르꽁프(Goetz & LeCompte, 1984)는 이것을 "theory before data"와 "theory after data"라는 표현으로 구분하고 있다(조용환, 2009: 32). 질적 연구에서 기대되는 가장 극적인 모습은 이와 같이 자료를 통해서, 실제 세계를 설명할 수 있는 새롭고 참신한 해석의 논리, 해석의 이론을 구성하는 것이다. 이러한 가능성은 질적 연구가 기존의 이론을 확증하기 위해 자료를 다루는 것이 아니라, 자료(세계)를 잘 설명할 수 있는 논리, 이론을 모색하기 데에서 생겨난다.

이러한 유연한 설계로 인해서 질적 연구는 연역적이기보다는 귀납적인 성격을 지닌다. 질적 연구자는 수집된 구체적인 사례나 사항을 분류하는 과정에서 추상적 개념을 만들어간다. 구성된 개념은 이미 존재했던 것이 아니라 수집한 자료의 해석, 자료들 간의 상호관련성, 자료와 연구자의 개념의 교섭 과정을 통해서 귀납적으로 구성된 것이다.

처음 세운 가설이 구체적인 맥락과 자료를 만나 얼마나 유연하고 발전적으로 재구성되었는지, 자료가 가설의 확정이 아닌 가설의 생성에 활용되었는지의 관점에서 보면 국어교육학의 질적 연구는 아쉬움이 있다. 예컨대, 국어교육학의 많은 질적 연구는 선행 연구를 바탕으로 자료의 분석틀을 확정하고, 이러한 분석틀의 타당성과 유효성을 수집한 자료를 바탕으로 입증하는 방식을 따르고 있는 것으로 보인다. 곽춘옥(2006)은 학습자의 동화 감상 유형을 1)사실 중심의 재구성, 2)맥락 연관적 해석, 3)자기중심적 적용, 4)세계의 반영과 투영, 5)복합 맥락의 통찰로 설정하고 있다. 이러한 유형 설정은 기존의 문학 감상 논의에서 일반적으로 유통되는 것으로서, 연구자가 학생과의 대화, 독서 후 자유 반응지 분석을 통해 새로

---

24) 양적 연구의 Ⅱ장에서 통상 다루어지는 '이론적 배경'이 바로 양적 연구자가 기존의 학문 세계에서 선택한 이론이 되는 셈이다. 양적 연구자는 선택한 그 이론이 얼마나 적합성을 갖는지 확인하고, 확정하기 위해서 자료를 수집하고 분석한다.

운 감상 범주를 도출하는 데 소홀했음을 반증하는 것이기도 하다.

오택환(2007)은 학습자의 동료 협의 활동을 일정한 분석틀(범주)을 설정하지 않은 채, 〈장면 1〉, 〈장면 2〉 등으로 나누어 기술하고 있다. 물론 학생 담화를 제시한 다음에 해당 담화를 분석하고 있지만, 이러한 분석을 통해 협동 작문의 구조적 특징이나 작문 학습상의 특징을 충실히 재구조화, 재구성하고 있지 못하다. 한편, 성적 상, 중, 하 학생의 면담 내용을 분석하면서도 대화의 내용을 효과적으로 재구조화, 범주화하지 않고 〈장면 10-성적 '상'〉, 〈장면11-성적 '하'〉와 같이 기술하고 있다. 연구자가 최대한 객관성을 유지하려는 자세는 긍정적으로 볼 수 있으나, 자료에 대한 적극적인 해석을 통해, 자료로부터 의미 있는 개념, 범주를 새롭게 구성하지 못한 점이 아쉽다.

유동엽(2004)은 가설과 자료의 교섭 또는 질적 연구의 점진적 주관성을 잘 드러내고 있는 것으로 보인다. 그는 논쟁 참여자들의 불일치 조정 양상을 규명하기 위해 대화 분석법을 채택하고 있는데, 대화 분석의 변증법적 순환 과정을 거쳐 정련된 분석틀을 설정하는 과정을 밟고 있다. 즉, 연구 자료를 분석하여 논쟁 참여자들의 불일치 조정 양상을 가장 잘 드러내 주는 분석 틀을 고안하고, 이렇게 고안한 분석틀로 다시 연구 자료를 분석하여 분석 틀을 정련하는 변증법적 순환 과정을 거치고 있다.

이론과 자료의 이러한 변증법적 순환은 양정실(2006)에서도 나타난다. 그녀는 미리 분석틀을 설정하지 않고, 학습 독자가 생성한 해석 텍스트를 바탕으로 분석 범주를 설정하고 이를 다시 해석 텍스트 분석에 적용하는 과정을 거치고 있다. 이러한 변증법적 순환 과정을 거쳐 생성된 범주인 1)대상 규정의 명료화(내적 연관의 서술, 정보의 누적적 제시, 인상의 명시), 2)의미 탐구를 위한 맥락 도입(상호텍스트성의 환기, 생활 체험의 관여, 문화적 일상어의 활용), 3)정체성 형성을 위한 '나'의 표명(가정하기와 유비적 사고, 정체성 담론의 수용, 미적 판단의 수행)등은 기존에 존재하지 않는 개념, 분석틀로서 향후 학습 독자의 해석 텍스트를 이해하고, 설명하는 데 유용한 개념적 도구로 사용될 수 있을 것이다. 이는 '자료로부터 구성되는 이론'이라는 질적 연구의 특성을 잘 보여주는 사례라고 할 수 있다.

마. 생생함, 투명함, 그리고 비유적 표현

질적 연구를 질적으로 만들게 하는 특징 중의 하나는 연구 자료나 결과를 숫자가 아닌 서술적인 형식의 표현체계로 나타내는 것이다. 이는 질적 연구의 목적과 관련이 있다. 질적 연구는 인간의 경험과 생활 세계, 그리고 이해를 드러내고자 하는데, 이들을 숫자로 드러내는 데에는 한계가 있을 수밖에 없다. 현상과 실제를 숫자로 환원하는 것을 기피하기 때문에 질적 연구 논문은 현상과 실제에 대한 연구자의 두툼한 기술, 참여자들의 이야기들, 연구자의 주관적 해석이 다양한 방식으로 섞여 있다(김영천, 2010:125-126).

질적 연구 자료의 예로는 면담 내용을 전사한 것, 현장 관찰일지, 사진 비디오테이프, 사적인 문서, 메모, 공식적인 기록물 등이 있다. 수집된 자료를 분석하여 이해하는 과정에서 질적 연구자는 연구대상자의 진술문이나 다른 자료를 수치 자료로 변형하거나 축소하지 않는다. 질적 연구자는 자료를 기록하고 옮겨 적은 그대로의 형식에 가장 가깝게 자료의 풍부함을 그대로 간직한 채 분석하려 노력한다. 질적 연구논문이나 보고서는 일화적이라고 묘사된다. 이는 질적 연구 논문이 인용문을 포함하고 있으며, 이야기체로 특정한 상황이나 세상에 대한 관점을 기술하고 있기 때문이다. 연구 참여자와 관련된 모든 자료는 참여자에 대한 이해를 돕는 단서가 될 수 있으므로 어떤 사소한 것도 놓치지 않으려고 노력한다(곽영순, 2009:30-31).

질적 연구에서의 서술적 표현은 연구의 투명성을 확보하는 방식이기도 하다. 이 때, 투명성은 질적 연구의 결과가 얼마나 연구 현장의 세계를 투명하게 그리고 이해할 수 있을 정도로 자세하게 기술되어 있느냐를 나타내는 표지이다. 연구 참여자의 생활 세계(감정, 행위, 의도, 상호 작용 등)를 기술하고 이해하는 것을 목적으로 하는 질적 연구에서는 생활세계에 대한 심층적인 기술과 표현이 무엇보다 중요하다. 연구 참여자가 있었던 현장에서 도대체 무슨 일이 어떻게 일어났으며 어떤 의도와 행위를 가지고서 상호작용을 해나갔으며 그러한 과정을 통하여 연구할 실재가 어떻게 구성되고 드러났는지를 자세하고 심층적으로 기술할 필요가 있다. 이러한 기술은 연구 참여자의 세계를 이해하고 해석하기 위한 필수 자료이다. 연구자는 읽는 사람이 그 연구세계의 이미지를 정확하고 공감적으로 이해할 수 있도록 선명한 글쓰기와 표현 방법을 통하여 연구된 세계의 실상을 투명하게 제시하는 것이 중요하다. 마치 현장이 와 있는 듯한 느낌이 드는 생동감 있는 글쓰기, 글을 읽으면서 이러한 현상이 그럴 수 있다고 생각하도록 유도할 수 있는 설득적 글쓰기, 가 본 적이 없지만 연구 참여자들이 왜 그렇게 생활하고 생동하는지를 유추하고 공감하게 만들 수 있는 글쓰기가 필요하다(김영천, 2010:127).

질적 연구에서의 이미지 구성과 글쓰기 방식을 연구해 온 Zeller(1987)는 질적 연구에서의 이미지 구성이 갖추어야 할 특징으로서 단순성 또는 명료성을 강조하였다. 그녀에 따르면 질적 연구는 그 현장에 있지 않았던 사람들에게 현장의 살아있는 이미지를 전달하기 위해서 연구참여자들을 제 3인칭으로 표현하며, 수동태 표현을 지양하고 대신에 자연적 언어(참여자가 사용하는 언어, 용어, 의미 등)를 사용해야 하며, 또한 연구 참여자가 사용하는 현지어적 표현 또는 국지적 언어를 사용해야 한다고 하였다. 그러나 이러한 언어의 사용은 현장에서 획득한 언어와 표현들을 아무런 분석 없이 사용하는 것을 허용하는 것을 의미하지는 않는다. 연구자의 섬세하고 예술적인 감각을 이미지 생성 과정에 적용시켜서 읽는 사람이 관심과 흥미를 느낄 수 있도록 이야기의 서술과 전개를 극대화시킬 필요가 있다(김영천, 2010:127-128). 최근에는 인문학적 표현 방식을 도입하여 질적 연구의 글쓰기가 훨씬 더 과감해지고 있다. 예컨대, 이야기, 시, 자서전, 소설적 표현, 희곡적 표현, 여행기적 표현 방식이 적용되고 있다.[25]

질적 글쓰기에서는 은유를 비롯한 다양한 비유적 글쓰기 방식이 사용된다. 이러한 글쓰기에 대해 비판적인 사람은 이러한 글쓰기가 현재성과 직접성을 해친다고 말한다. 그러나 현재성과 직접성이 중요하다면 더욱이 비유적 글쓰기가 강조될 필요가 있다. 비유는 실재에 실감을 더해주기 때문이다. 중요한 것은 질적 글쓰기의 목적이다. 질적 글쓰기가 독자로 하여금 현장을 생생하게 체험하게 하는 데 있다고 한다면, 비유적 글쓰기는 그 체험의 생생한 전달의 효과성 측면에서 평가되어야 한다. Lakoff와 Johnson(1980)의 말대로 생활 세계 자체가 '은유의 세계'라고 한다면, 국어 공부라는 삶의 방식을 다루는 질적 연구는 당연히 은유적 글쓰기를 통해서야 비로소 그 진면모를 드러낼 수 있을 것이다. 나는 아직까지 은유로 가득찬 질적 글쓰기를 국어교육학 연구에서 보지 못하였다. 인류학, 교육학 분야는 사정이 어떤지 잘 모르겠지만, 나는 국어교육학이 이러한 은유적 글쓰기의 한 전경을 펼쳐 보일 수 있다고 생각한다.[26]

---

25) 덴진(Denzin, 1994:502)는 "해석은 예술이다. 형식적이거나 기계적인 일이 아니다."라고 한다. 예술가가 각자의 개성적인 창작 관점과 방법론에 의해 작품을 생산하듯이 연구자로서의 해석자 역시 나름의 관점, 언어, 스타일에 의해 현상을 해석하고 표현한다는 의미일 것이다.
26) 정재찬(2003, 289-332)은 질적 글쓰기 방식이 갖는 다채로움과 멋진 풍경을 잘 보여주고 있다.

바. 주관성, 성찰, 그리고 탈주하는 해석들

질적 연구에서 연구자의 주관적인 관점은 자료에 입문하는 하나의 방법으로 간주된다. 연구자 자신의 자아의식, 정체감, 관점 등이 자료를 특정한 개인적 시각에서 바라보게 한다. 이러한 연구자의 주관성을 양적 연구에서는 배재하고자 하나, 질적 연구에서는 연구의 중요한 측면을 구성하는 요소로서 인정한다. 질적 연구자는 자신의 경험, 지식, 이론적 성향, 수집된 자료 등에 기초하여 연구 참여자에 대하여 나름대로의 이해 방식을 드러내는 일종의 해석자이다. 여기서 질적 연구자는 자신을 주어진 주제에 대한 사실과 진실을 밝혀내는 권위적인 인물이 아니라 연구참여자와 함께 공유한 삶의 경험 속의 상호작용으로부터 의미를 파악해내는 의미 생산자가 된다(곽영순, 2009:37).

질적 연구와 친화적인 구성주의, 비판 이론 등은 무엇이 정당한 행위인가를 이해하려는 노력 속에서 서로 대화를 통해 상호관계를 형성하게 되므로 주관성은 애초에 피할 수 없는 것으로 여긴다. 질적 연구자의 목적은 연구자의 주관성을 배제하는 것이 아니라, 자신의 주관성과 정체성이 연구 활동 자체를 어떻게 형성하고, 풍부하게 만들 수 있을지를 파악하여 반성적으로 사고하는 것이다.

결국, 양적 연구와 달리 질적 연구에서는 주관성 자체가 문제가 되지 않는다. 주관성을 피할 수도 없고, 피해서도 안 되는 것이기 때문이다. 중요한 것은 연구자의 주관성이 '성찰된 주관성'이어야 한다는 점이다. 성찰되지 않은 과도한 주관성은 참여자의 조용하면서도 내면적이고 고유한 목소리를 듣지 못하게 할 수 있다. 성찰되지 않은 채 나의 정체성을 구성하고 있는 당대의 지배적 담론은 은밀하게 신음하고 아우성치는 작으면서도 거친 목소리를 경청하는 것을 방해할 수 있다. 질적 연구는 방법론보다는 이러한 주관성의 성찰이 연구의 성패를 가르는 중요한 관건이 된다. 성찰적 활동은 자신의 연구 과정, 결과 전체를 해체적으로 분석하고 기술하고 노출시키는 작업을 의미한다. 포스트모더니즘이 교육학 연구에 영향을 끼진 것으로 불완전한 인간으로서 연구자가 갖고 있는 여러 가지 제한점과 제약들이 연구에 어떻게 부정적으로 영향을 끼쳤는지를 노출시키는 것이다.

이러한 해체 작업은 기존의 실증주의 연구 패러다임에서 강조하는 신적인 존재로서의 연구자의 완전한 이미지에서 벗어나 연구는 불완전한 한 인간의 특정한 부분적 연구이론과 관점에서 수행되는 불완전한 과학 행위라는 전제를 받아들이고, 연구가 객관적이고 과학적으로 이루어졌다고 미화하지 않고, 해당 연구가 갖는 제한점과 문제점, 그리고 연구자의 주관성 개입 정도와 양상을 드러내는 것이다. 그리고 이러한 솔직한 노출이 더욱 과학적이고 객관적인 연구일 수 있다는 모종의 합의에 기대고 있다.[27]

연구자가 어떤 특정한 이데올로기를 가지고 연구를 하였으며 연구과정에서 연구자가 성취한 것, 성취하지 못한 것, 잘 해석한 것, 잘못 해석한 것 등을 독자에게 과감하게 노출시킴으로써 그 연구의 결과와 과정이 특정한 개인의 문화적 세계와 주관성을 반영한 주관적인 연구작업이었음을 과감하게 드러내야 한다는 것이다. 그러한 점에서 질적 연구자는 자신의 연구 작업에 개입될 수 있는 다양한 주관성과 위치성(Positionality)을 기술하고 그러한 위치와 개인적인 배경이 연구의 방법과 자료 수집 그리고 해석에 어떻게 영향을 끼쳤는지를 솔직하게 소개해야 한다(김영천, 2010:123-130).

그러나 질적 연구자의 성찰이 질적 연구자의 과감하고 적극적인 해석을 검열하는 인식 체계로 작동하지 않도록 경계할 필요가 있다. 분석에

---

[27] 성찰은 두 가지 지향을 갖는다. 하나는 연구자가 연구에 미치는 영향에 대한 성찰이며, 다른 하나는 연구가 연구자에게 미치는 영향에 대한 성찰이다.

있어서 월코트(1994)는 기술과 분석이 자료에 충실해야 한다는 점을 강조한다. 그러나 기술이나 분석과 달리 해석은 자료에서 상대적으로 자유롭다. 그는 기술과 분석이 자료를 변환하는(transform) 작업이라면 해석은 자료를 초월하는(transcend) 작업이라고 말한다. 해석은 특수 사례의 경계를 넘어서서 보다 일반적인 의미와 적용 가능성을 따지는 일이며, 자료를 보다 포괄적, 거시적, 주관적인 맥락에서 통찰하는 작업이다.

월코트는 자료와 해석의 관계를 "자료는 해석을 지원하고, 해석은 자료에 의미의 부여한다"라는 말로 표현하고 있다. 해석 무정부주의를 경계하는 유효한 방법은 연구자 자신의 세계와 관점에 대해 지속적으로 성찰하는 것이다. 해석에서는 연구자의 목소리가 전면에 부각되며, 따라서 연구자의 부단한 내면적 성찰은 해석의 질을 높이는 데 기여한다(조용환, 2009:47)

국어교육학의 질적 연구에서 질적 연구자의 해석의 목소리를 듣기는 힘들다. 자료를 변환하는 분석 층위에 머물 뿐, 보다 넓은 맥락 즉 국어교육 현상을 일반으로 설명하는 논리로 과감하게 나아가는 해석의 논리를 발견하기 어렵다. 이는 해석 무정부의와 초월적 해석을 경계하면서 연구의 객관성과 동의 가능성을 확보하려는 성찰에서 비롯되었다고 볼 수 있다. 그러나 이러한 지나치게 조심스런 자세는 기존의 논의 테두리를 시원하게 넘어서는 논의의 장을 마련하지 못하는 답답함을 낳는다. 현상을 구성하고 있는 요인이나 변수를 확인하고, 이들 간의 관계를 추론과 검증의 과정을 거쳐 확인하는 분석 층위의 논의에서 더 나아가 현상의 의미를 보다 거시적인 맥락 속에서 이해할 필요가 있다.[28]

이는 해석 논리는 자료를 코딩하는 수준에서부터 시도할 필요가 있다. 코딩은 국어교육 현상의 내면적 구조를 분석하기 위하여 자료에서 반복적으로 드러나는 패턴을 조사하여 일정한 코드를 부여함으로써 자료를

---

[28] 조용환(2009, 48)은 분석과 해석의 차이를 다음과 같은 표를 통해 대비하고 있다.

체계화하는 작업을 말한다. 코드 체계는 통상 '에믹(emic)한 것'과 '에틱(etic)한 것'으로 구분할 수 있다. 통상 질적 연구자는 분석 초기에는 범주들을 에믹한 기준으로 코딩하고, 후기에는 연구자의 분석틀에 근거한 에틱한 기준으로 코딩하는 방식을 따른다. 내가 말하는 코딩 단계에서의 과감한 해석 논리 도입이란 에틱한 기준을 설정할 때, 국어교육학에 기존하는 기준에서 과감하게 벗어나려는 노력을 할 필요가 있다는 것이다. 국어교육학의 질적 연구에서 보이는 대개의 코딩 범주는 기존의 논의틀, 분석틀을 크게 벗어나지 못하고 있다는 판단 때문이다.

4. 국어교육학 고유의 질적 연구 모색

비판이론, 문화 연구, 비판적 교육학에 친화적인 연구자라면, 국어 수업에서의 '소수자'에 관심을 가질 필요가 있다. 학습자의 문화 자본의 차이가 낳는 문화 자본의 소수자는 무수하게 다양한 모습으로 존재할 수 있다. 이러한 문화 자본의 차이가 텍스트의 해석과 생산에 어떤 영향을 미치는지, 그리고 이는 실제 시험 장면으로 어떻게 연결되는지에 대한 맥락도 섬세하게 살필 필요가 있다.

지식과 전략의 사회적 구성에 관심이 있는 연구자라면, 학습자의 개인적인 텍스트 해석 전략이 어떻게 형성되는지를 질적으로 분석할 필요가

분석	해석
system-inward	system-outward
textual	contextual
structural(morphological), functional	semantic, pragmatic
explanation	understanding

있다. 학습 독자의 해석 관점은 타자의 해석 관점과 무관하게 형성되지 않는다. 즉 해석 관점 획득의 역사와 경로가 있게 마련이다. 이는 당연히 의미 있는 타자와의 상호작용 속에서 형성되었을 것이다. 그렇다면 우리는 학습 독자가 어떤 타자(사람, 텍스트)와의 만남과 교섭을 통해서 자신의 해석 관점을 형성하게 되었는지, 획득된 해석 관점은 실제 텍스트 해석 과정에서 어떻게 작동하고 있는지, 그러한 해석 관점과 작용 방식은 어떤 의미와 의의를 지니는지, 그것이 해석 교육론에 시사하는 바가 무엇인지에 대해 고찰할 필요가 있다.[29]

국어교육학의 질적 연구는 연구의 일반화를 지나치게 의식한 나머지 '질적 연구다움'을 많은 상실했다고 생각한다. 통상 양적 연구는 일반화 가능성이 높지만, 질적 연구는 일반화에 많은 문제가 있다고 말한다. 전통적인 연구 방법론의 관점에서 보면, 질적 연구의 일반화 가능성 부족은 상당히 문제적이다. 이러한 목소리를 겸허하게 경청하여 많은 질적 연구가 일반화를 시도하는 경우가 있다. 나는 이러한 섣부른 일반화 시도가 도리어 질적 연구의 독자를 움직이지 못하는 이유가 되고 있다고 본다. 그 동안 상당히 많은 질적 연구가 제출되었지만, 실제 독자인 교사, 학습자, 정책 입안자를 변화시키는 데에는 크게 성공하지 못하였다고 본다. 질적 연구에서 시도하는 일반화는 불가피하게 수많은 주체 맥락, 현실 맥락을 희생시킬 수밖에 없다. 그리고 실제 작동하는 복잡다단한 맥락들을 배제하거나 지연시키고 도출된 일반화된 논리는 맥락에 둘러싸인 교사, 학습자에게 별다른 감응을 주지 못하고, 그들을 좀처럼 움직이기 어렵다.

---

[29] 모든 학습 독자가 텍스트 해석 세계를 예외적으로 살고 있는 현지인이다. 그들의 삶의 이력, 텍스트 경험과 텍스트 해석 경험 등이 모두 상이하기 때문이다. 개인 내의 이러한 이력이 상호 작용하여 작동하는 해석 사건은 또 얼마나 다채롭고 예외적일 것인가? 이들 현지인의 해석 과정과 전략을 그들만의 고유한 내부적 관점에서 드러내는 작업은 그 자체로 매우 흥미로울 것이며, 그 흥미진진함 안에서 의미있는 교육적 계기가 포착될 것이라고 기대하는 것은 무리가 아닐 것이다.

국어교육학의 질적 연구는 분석 또는 해석 범위를 더욱 확대할 필요가 있다. 일반적으로 분석 단위는 사회적 범주에 따라 개인, 소집단, 조직, 국가 등이 될 수도 있고, 시간적 범주에 따라서 에피소드, 사건, 하루, 학기, 학년, 학교급, 생애 전체 등이 될 수고 있으며, 공간적 범주에 따라 교실, 학교, 지역 등이 될 수도 있다(조용환, 2009:59).

국어교육학 질적 연구는 대체로 공간적으로는 소집단, 시간적으로는 특정 사건이나 하루, 공간적으로는 교실을 분석 단위로 삼고 있다. 개인으로 더 좁혀 들어가거나, 학급, 학교, 사회로 더 확대될 필요가 있다. 예컨대, 특정 국어 교사에 의해 형성된 국어 교실 문화, 특정 교사 집단의 의식적, 무의식적 담합에 의해 형성된 국어 수업 문화, 국가나 교육청 단위의 특정 정책에 의해 영향을 받은 국어 수업 문화 등이 국어 교사나 국어 학습자의 국어 교수·학습에 미친 영향, 더 나아가 국어 능력과 국어 태도에 미친 영향이 질적으로 분석되고 해석될 필요가 있다.

한편, 분석의 수준과 범위에 따라 분석 방식과 해석 논의가 달라질 수 있다. 예컨대, 독서 부진을 연구 주제로 삼을 때, 미시적 수준에서는 독서 부진 학생의 독서 특성이 분석될 것이다. 중간적 수준에서는 독서 부진 학생의 학습 방식이나 교사의 지도 방식이 분석될 것이다. 그리고 거시적 수준에서는 독서 부진의 원인이 가정의 문식성 환경(부모의 사회경제적 수준과 가정의 문화 자본 등), 국가나 시도의 교육 정책, 사회적 지배 이데올로기로부터 도출될 것이다. 국어교육학의 질적 연구는 대체로 미시적 수준 또는 중간적 수준에 초점을 맞춤으로써 국어교육의 각종 문제를 단순 기술하거나, 교사 또는 학습자의 문제로 환원함으로써 정책이나 제도의 변화, 지배 담론의 해체나 재구성을 이끌어 내는 데 미흡함이 있었다. 따라서 중간적 수준 더 나아가 거시적 수준에서 국어교육의 각종 문제(국어 능력 부진, 자발적 문식성 또는 비판적 문식성 부족, 토론 문화의 부재, 빈약한 독서량 등)을 분석함으로써 실질적이고 유효한 국어교육의 변화를 도모할 필요가 있다.

　국어교육에서의 질적 연구 방법론을 다루면서 나는 연구자로서의 평정심과 균형을 잃고, 양적 연구에 비하여 질적 연구를 지나치게 옹호하는 태도를 드러내고 말았다. 변명하자면 나는 이것이 합리적이지는 않지만 공정하다고 판단하였다. 국어교육학계에서 질적 연구는 양적 연구에 비해서 절대적인 열세에 있다고 생각하기 때문이다. 소외되고 열세에 있는 쪽을 더욱 더 돋보이게 하고, 잘나보이게 하는 편향된 논리가 큰 틀에서 보면, 공정성을 확보하는 길이라고 보았기 때문이다. 질적 연구가 우세해지고 지배적인 경향을 보이면 나는 다시 표변할 것이다.

04

독서 연구 방법

국어교육에서 차지하는 독서의 중요성은 매우 크다. 학교에서 이루어지는 국어교육의 대부분은 독서를 중심으로 이루어진다고 해도 과언이 아니다. 그런 만큼 국어교육에서 독서를 어떻게 연구할 것인지를 살피는 것은 의의가 크다고 할 수 있다. 이 장에서는 독서 연구 방법을 세 가지로 구분하여 살펴보고자 한다. 첫째, 독서 영역의 연구 주제를 어떻게 설정하고 다룰 것인가, 둘째, 독서 영역의 양적 연구는 어떻게 이루어지는가, 셋째, 독서 영역의 질적 연구는 어떻게 해야 하는가이다.

04 독서 연구 방법

1. 독서 영역의 연구 주제 설정

 흔히 연구 주제만 결정되어도 연구를 반 이상이나 한 것과 다름없다고 한다. 이 말은 연구 주제를 정하는 것이 얼마나 중요하고 어려운 일인지를 잘 보여준다. 연구 주제는 연구자가 탐구하고 해결해 보려고 하는 문제를 말하는 것으로 하루아침에 거저 얻어질 수 있는 것이 아니다. 연구 주제를 정할 수 있다는 것은 무엇이 문제인지를 볼 수 있게 되었다는 말과 같다. 연구 주제는 관련 현실이나 주변 상황을 파악하고 거기서 문제가 되는 것을 인식할 수 있을 때라야 비로소 연구자의 머릿속에 자리잡게 되는 것이다.
 연구 주제를 선정하려면 가장 먼저 연구자 자신의 경험 세계를 돌아보는 것이 효과적이다. 연구 주제는 멀리 있는 것이 아니라 연구자 가까이에 있다. 읽기 영역의 연구 주제라면 읽기 교육 현장 곳곳에 산재해 있다. 읽기 수업을 진행하면서 평소 의문이 갔던 점, 학생들에게 활동을 시키고 반응을 하게 하면서 어려웠던 점, 읽기 수업을 둘러싸고 있는 국어과 교육, 읽기 교육과정, 기관의 독서 정책, 사회의 독서 운동 등에서 만족스럽지 못했던 점, 읽기 수업을 뒷받침하는 기자재나 교과서나 교사의 전문성 등에서 느낀 아쉬운 점 등을 떠올려 봄으로써 읽기 교육의 연구 주제를 잡을 수 있다. 이런 모든 것은 바로 연구자의 경험 세계와 관련되어 있는 것이다.

연구 주제를 선정하기 위해서 선행 연구가 밝힌 제안점을 주목해 보는 것도 좋은 방법이 된다. 어떤 연구도 완벽할 수는 없다. 하나의 연구로 모든 문제점을 해결할 수도 없거니와 연구자가 주목하는 문제점 하나만 하더라도 한 편의 연구로 일거에 해결될 수는 없는 법이다. 연구는 연구 환경, 연구 범위, 연구 설계 등에서 개별적인 차이가 있게 마련이므로 연구마다 일정한 한계를 지니는 것 또한 불가피하다. 그래서 연구자들은 자신의 연구에 대해 한계를 인정하고 다음 연구에서 해결되기를 기대하는 사안을 밝혀놓는다. 이런 내용은 대개 연구 결과를 정리하는 결론의 후반부에 나와 있다. 그러므로 연구의 말미에 있는 후속 연구에 대한 제안점을 주목하면 연구 주제를 잡는 데 도움이 된다.

전문 학술지의 논문 제목을 훑어보는 것도 연구 주제를 잡는 좋은 방법이다. 학술지는 연구 공동체의 의사소통이 이루어지는 주요 공간이다. 해당 연구 공동체의 전문 연구자들이 선행 연구자들이 쌓아놓은 성과를 바탕으로 하여 공동의 문제나 관심사를 발전시키고 일정한 검증 절차를 거쳐 연구 결과를 발표하는 곳이 학술지이다. 그러므로 최근의 학술지를 훑어보면 학계의 관심사가 무엇인지 연구자들이 고민하는 것이 무엇인지를 살필 수 있다. 읽기 영역의 전문 학술지에는 읽기 교육에 관계하는 연구자, 교육자, 행정가 등이 관심을 기울이는 것과 문제시하는 것이 잘 나타난다. 그러므로 읽기 교육의 연구 주제를 잡고자 한다면 읽기 교육 전문 학술지를 살펴보는 것도 좋은 방법이 될 수 있다. 학술지를 볼 때는 차례 부분을 보는 것이 편리하다. 차례에는 해당 학술지에 실린 논문 제목이 한눈에 들어오도록 나열되어 있다.

관련 문헌을 읽으면서 흥미가 가는 부분을 찾아보는 것도 연구 주제를 잡는 데 도움이 된다. 읽기 교육의 관련 문헌에는 읽기 교육에 관한 개론서가 대표적이며 연구자 개인의 관심사를 특별히 다룬 전문 서적도 있다. 읽기 교육 개론서에는 읽기 교육에 관한 여러 가지 사항이 전반적으로 다루어지므로 읽기 교육의 전체적 상황을 파악하기 쉽다. 다만, 여러 가지 사항을 포괄적으로 다루다보니 특정 사안에 대한 세부적인 문제점을 파악하고 구체적인 논점을 얻기에는 아쉬운 면이 있다. 읽기 교육 전문서는 연구자 개인이 주목하는 관심사로 범위를 좁혀 집필되는 경우가 많다. 읽기 개론서에 비해 읽기 교육의 전체적 윤곽을 파악하기는 불편하지만 문제 의식을 세밀하게 발전시키는 데에는 용이한 면이 있다. 그러므로 읽기 교육 분야의 개론서나 전문서를 읽고 공부하면서 흥미가 가는 부분을 눈여겨보고 이 부분을 연구 주제로 삼을 수도 있다.

그런데 연구자가 잡은 모든 연구 주제가 실제 연구로 이어질 수 있는 것은 아니다. 그리고 현실의 모든 문제가 연구되어질 수 있는 것도 아니다. 연구 주제가 실제 연구로 수행되기 위해서는 연구 주제가 연구를 수행하기에 적절한 것이어야 한다.

먼저, 연구 주제가 유의미한 것이라야 실제 연구로 이어질 수 있다. 사람에 따라 학생이 사용하는 필기구 종류와 독해 성적 사이의 관계에 관심을 가질 수 있다. 그래서 필기구 종류를 나누고 성적을 입력하는 등 데이터를 뽑아 연구해 볼 수는 있다. 그러나 이러한 문제는 사소하고 중요하지도 않다. 연구를 한다고 해도 독서 교육과 관련한 의미를 찾기가 어렵다. 이러한 연구 주제는 좋은 주제가 아니다.

연구가 이루어지려면 연구 주제가 연구자의 여건에도 맞아야 한다. 산속에 사는 사람에게 해산물을 요구할 수 없고 어린아이에게 밥짓기를 시킬 수 없는 것과 마찬가지로 연구 주제는 연구자가 소화할 수 있는 것이어야 한다. 아무리 연구 주제가 흥미롭고 의미 있는 것이라 할지라도 연구자가 자료를 수집할 수 없다거나 시간이나 공간상 제약을 받는다거나 관련 이론이 공부되어 있지 않다거나 읽기 분야에서 이론적 틀이 마련되어 있지 않은 것이라면 연구로 옮기기는 어렵다.

연구를 하는 것은 어떤 문제에 대해 학문적으로 탐구하고 그 결과를 공개하고 해당 공동체와 나누는 공적인 행위이다. 그러므로 연구 주제는 연구를 마쳤을 때 해당 공동체의 연구를 발전시키고 실천상의 문제를 해결하는 데 시사점을 줄 수 있는 것이어야 한다. 연구 결과는 나온 대로 밝혀야 한다. 결과가 연구자가 기대한 만큼 나오지 않았다거나 경우에 따라 정반대의 부정적인 결과가 나왔다 할지라도, 연구 결과는 가감 없이 있는 그대로 밝혀야 한다. 다만, 연구 결과가 어떠하였더라도 연구자는 그에 따른 시사점을 제시해 줄 수 있어야 한다. 연구 결과 시사점을 주기 어려운 주제라면, 그 또한 좋은 주제라고 할 수 없다. 연구 주제는 연구를 공적 행위로서 살릴 수 있는 것이어야 한다.

독서 영역에서 고려할 수 있는 연구 주제는 크게 다음과 같이 나눌 수 있다.

- ○ 읽기 교육 구현 단계에 따라서
  - 읽기 교육 목표 연구
  - 읽기 교육 내용 연구
  - 읽기 교수·학습 연구
  - 읽기 평가 연구 등

- ○ 읽기 기능에 따라서
  - 배경지식 활성화 관련 연구
  - 초기 문자 지도 관련 연구
  - 어휘 의미 파악하기 관련 연구
  - 어구 나누기 관련 연구

- 중심 내용 파악하기 관련 연구
- 글의 짜임 파악하기 관련 연구
- 내용 전개방식 파악하기 관련 연구
- 내용 요약하기 관련 연구
- 필자의 의도 파악하기 관련 연구
- 예측하기 관련 연구
- 추론하기 관련 연구
- 통일성, 응집성, 일관성 판단하기 관련 연구
- 신뢰성, 타당성, 표현의 효과 판단하기 관련 연구 등
- 음독 및 낭독 관련 연구 등

○ 독해의 진행 단계에 따라서
- 사실적 이해 관련 연구
- 추론적 이해 관련 연구
- 비판적 이해 관련 연구
- 창의적 이해 관련 연구 등

○ 읽기 변인에 따라서
- 읽기 텍스트 관련 연구
- 읽기 학습자 관련 연구
- 읽기 교사 관련 연구
- 읽기 맥락 관련 연구 등

○ 읽기 장르에 따라서
- 설명문 읽기 연구
- 기사문 읽기 연구
- 보고문 읽기 연구
- 소개서 읽기 연구
- 안내문 읽기 연구

- 전기문(자서전) 읽기 연구
- 논증문 읽기 연구
- 설득문 읽기 연구
- 연설문 읽기 연구
- 광고문 읽기 연구
- 서간문 읽기 연구
- 일기 읽기 연구
- 식사문 읽기 연구
- 선언문 읽기 연구
- 법조문 읽기 연구
- 논평(시평) 읽기 연구
- 비평문(평론, 서평, 영화평 등) 읽기 연구 등

○ 기타
- 읽기 교육과정 연구
- 읽기 교재 연구
- 읽기 능력 발달 연구
- 읽기 태도 연구
- 읽기 상위인지 연구
- 읽기 교육 실태 연구
- 읽기 교육사 연구
- 읽기 연구사 연구
- 도서관 독서 지도 연구
- 도서 선정 연구
- 독서 행사 연구
- 독서 운동 연구
- 독서 정책 연구
- 독서 문화 연구 등

2. 독서 영역의 양적 연구

가. 연구 주제와 독서 영역의 양적 연구 접근

양적 연구는 질적 연구와 함께 경험 연구(empirical research)를 구성하는 대표적인 연구 방법이다. 양적 연구는 연구 데이터를 수집하여 수량화하고, 이를 통계적으로 처리하여, 여기에서 나오는 수치를 가지고 일반화를 시도하는 연구 방법이다. 다음은 독서 영역에서 고려할 수 있는 양적 연구의 몇 가지 예이다.

　　① 소집단 독서 활동이 독서 태도 형성에 미치는 효과
　　② 청소년 독서 태도 조사
　　③ 독서 태도와 독서 성적의 상관 관계

①, ②, ③은 연구 주제 면에서 모두 독서 태도와 관련되어 있다. ①은 독서 태도에 관련되어 있지만, 어떤 특정한 활동-소집단 독서 활동-이 과연 독서 태도를 (좋게) 만들어 줄 수 있는지에 관심이 있는 연구이고, ②는 특별히 청소년에 초점을 두고 이들의 독서 태도가 어떤 모습을 나타내고 있는지를 밝히고 싶어하는 연구이며, ③은 독서 태도가 좋고 나쁨이 독서 시험 성적의 높고 낮음과 관련되어 있을지를 알아보고자 하는 연구이다.

①의 연구를 행하기 위해서는 소집단 독서 활동이라는 특정한 활동을 일정 기간 실시해 보아야 한다. 다시 말해서 소집단 독서 활동이라는 실험적 처치를 행해야 한다. 그리고 나서 학생들의 독서 태도가 어떻게 되었는지(혹은 변화했는지) 살펴야 한다. 그런데 학생들의 독서 태도가 형성되었다거나 좋아졌다(나빠졌다)라는 점을 말할 수 있기 위해서는 상태 변화를 살펴보는 것이 가능해야 한다. 그렇지 않으면 독서 태도가 형성되

었는지 그렇지 않은지, 독서 태도가 좋아졌는지 그렇지 않은지를 말할 수 없기 때문이다. 따라서 소집단 독서 활동을 시행하기 전에 독서 태도를 측정해 놓거나, 이 활동을 하지 않는 다른 학생들의 독서 태도를 측정해 놓는 등의 절차가 필요하다. 그렇게 하면 독서 태도와 관련된 상태 변화의 고찰이 가능해진다.

  소집단 독서 활동을 하기 전과 후의 독서 태도를 비교하거나, 이 활동을 한 학생과 그렇지 않은 학생의 독서 태도를 비교해 보면, 소집단 독서 활동이 학생들의 독서 태도를 형성하는 데 영향을 주었는지 그렇지 않은지, 긍정적 영향을 주었는지 그렇지 않은지 등에 대한 판단이 가능해진다. 이때 판단 기준은 객관적이어야 한다. 연구자가 임의로 변화가 있었다 없었다, 태도가 좋아졌다 나빠졌다고 말하게 된다면 연구라고 할 수 없다. 누가 판단하더라도 동일한 판단을 내릴 수 있는 객관성을 갖추는 것이 중요하다. 그래서 이런 방식의 연구는 대개 통계 처리를 하고 통계적 기준에 의거하여 연구 결과에 대한 판단을 내리게 된다.

  [2]는 연구 결과 청소년들이 지닌 독서 태도에 대해 일정한 양상을 말해 줄 수 있어야 한다. 이를 위해서 청소년 다수에게 보이는 공통된 점을 간추려낼 수 있어야 한다. [2]도 [1]과 마찬가지로 독서 태도에 관련되어 있지만, [1]처럼 어떤 실험적인 처치를 통해 어떤 변화가 일어났는지를 살피려는 것이 아니다. [2]는 어떤 처치와 무관하게 청소년들이 지니고 있었던 독서 태도의 모습을 살피는 데 관심이 있다. 그렇기 때문에 [2]와 같은 연구는 대개 설문조사를 통해 이루어진다. 설문조사는 응답한 결과를 간추리면 공통적으로 많이 나타나는 반응을 살필 수 있다. 그러나 여기서도 주의해야 할 점이 있다. 조사 결과를 간추려서 많이 반응하는 쪽을 알 수 있었다 하더라도 '많다'라는 판단이 개인에 따라서 다를 수 있다는 점이다. 그래서 설문 조사에서도 객관적 접근이 중요하다. 설문 조사 결과가 유의하기 위해서는 객관성을 띤 통계적인 검증이 뒷받침되어야

한다. 연구자 임의적으로 내린 판단이 아니라 통계적 기준에 의거해 누구라도 같은 판단을 내릴 수 있는 조치가 필요한 것이다. ②의 연구도 통계적 처리 과정을 필요로 하고 연구 결과에 대해 객관적 접근이 필요하다는 점에서 ①의 연구와 공통점이 있다.

③도 어떤 실험적 처치에 관심을 두는 연구가 아니다. 학생들이 본래부터 지니고 있는 독서 태도와 독서 성적이 서로 관련되어 있는지 알아보는 데 관심이 있다. 이것은 어떤 실험적 처치와 무관한 것이다. 독서 태도가 좋은 학생은 독서 시험 성적도 좋을지, 독서 시험 성적은 독서 태도가 좋고 나쁨과 관계없이 나오는 것인지 등이 궁금할 때 ③의 연구를 하게 된다. 이런 궁금함을 해결하기 위해서는 기본적으로 독서 태도에 대한 데이터와 독서 성적에 대한 데이터가 필요하다. 독서 성적은 대개 수치로 산출되므로, 이 연구에서는 독서 태도에 대해 수치화된 데이터를 확보할 수 있도록 노력할 필요가 있다. 그렇게 되면 두 데이터가 모두 수치화된 데이터이기 때문에 서로 견주어 보는 것이 가능해진다. 두 데이터를 견주어 보면 독서 태도와 독서 성적이 관계가 있는지의 여부, 관계가 있다면 어느 정도 밀접한 관계가 있는지를 판단할 수 있다. 이러한 판단 또한 개인적일 수 있기 때문에 객관적인 판단을 위해 통계적 기준을 사용해야 하고 이를 위해 통계적 처리 과정을 밟아야 할 필요가 생긴다. 이렇게 볼 때 연구③도 수량화된 데이터를 바탕으로 통계적 검증이 뒷받침되어야 하는 객관적 연구 방식에 속한다 할 수 있다.

①~③은 수량화된 연구 데이터를 가지고, 이 데이터를 통계적으로 처리하여, 연구자의 주관을 배제하고 객관적인 결론을 내리고자 한다는 점에서 같다. ①~③ 모두 읽기 영역에서 접근할 수 있는 양적 연구의 예이다. ①은 실험 연구에 해당하고, ②는 조사 연구, ③은 상관 연구에 해당한다. 연구 방법은 인위적인 조건의 설정 여부에 따라 실험 연구와 비실험 연구로 나눌 수 있는데, ②와 ③ 같은 조사연구나 상관연구는 비실험 연구에 속한다.

다음에서는 독서 영역에서의 실험 연구, 조사 연구, 상관 연구를 하나씩 살펴보기로 하겠다.

나. 실험 연구

실험실에서처럼 어떤 실험 상황을 만들고 그에 따른 결과를 살피는 경우를 실험 연구(experimental design)라고 한다. 실험 연구는 실험이라는 말과 같이 자연 상태가 아닌 상황, 즉 인위적인 환경을 설정해서 어떤 처치를 하고 그 처치의 효과를 밝히는 연구를 말한다. 자연 상태가 아닌 어떤 인위적인 환경을 만든다는 것은 변인을 통제한다는 말과 같다. 실험 연구에서 변인을 통제하는 이유는 연구자가 관심을 가지고 있는 변인에 대해서 최대한 집중하고, 그 외의 변인이 개입하는 것을 최대한 차단하기 위해서이다. 그래야 실험 결과 나타난 변화나 효과가 연구자가 행한 처치에서 말미암은 것이라고 말할 수 있다. 예를 들어, ①의 소집단 독서 활동이 독서 태도 형성에 미치는 효과를 연구할 때 소집단 독서 활동 이외에 독서 태도 형성에 영향을 주는 변인인 가정이나 학교의 문식 환경, 부모나 교사의 독서 지도 등이 통제되어야 한다. 그렇지 않으면 연구 결과 나타난 학생들의 독서 태도가 소집단 독서 활동 때문에 형성된 것이라고 말하기 어려워진다.

실험 연구는 어떤 처치를 가하고 그에 따른 효과를 살피는 연구이므로, 교육 연구에서 어떤 변인이 어떤 결과를 초래하는지 인과관계에 관심이 있거나 어떤 교수 방법이나 프로그램을 개발하고 그 효과를 검증해 보고 싶을 때 사용하기 적합하다.

(1) 변인의 인과 관계에 관심 있을 때

읽기 현상에 관련된 요인은 무수히 많다. 읽기는 누가 무엇을 읽는 행위로 이루어진다. 여기서 '누가'는 독자와 관련되어 있으며, '무엇'은 읽기의 대상인 텍스트와 관련되어 있다. 그리고 '읽는 행위'는 특정 시공간, 특정 상황을 떠나 이루어질 수 없으므로 읽기 맥락과 관련되어 있다. 그래서 일반적으로 읽기 현상에 관련된 요인을 독자 요인, 텍스트 요인, 맥락 요인으로 대별한다. 읽기의 독자 요인으로는 배경 지식, 읽기 목적, 읽기 동기, 읽기 효능감, 읽기 태도, 읽기 흥미 등이 있고, 텍스트 요인으로는 어휘, 문장 구조, 문장 길이, 글의 구조, 글의 길이, 텍스트 종류, 편집 장치 등이 있다. 맥락 요인으로는 읽기 과제, 읽기 시간, 읽기 장소, 가정이나 학교의 독서 환경, 시대적·사회적 배경 등을 고려할 수 있다.

읽기에 관련된 개별 요인에 관심을 가지고 이 요인들이 읽기 결과나 읽기 능력에 어떤 영향을 미치는지 알아보고 싶다면 실험 연구를 고려해 볼 수 있다. 앞서도 언급했듯이, 실험 연구는 다른 요인은 통제해 놓고 연구자가 보고자 하는 요인에 집중해서 결과를 살펴볼 수 있기 때문이다. 가령, 독자 요인 중 배경 지식에 관심을 가지고 배경 지식이 내용을 이해하는 데 얼마나 영향을 주는지 알아보고 싶다고 해 보자. 이때는 배경 지식을 독립 변인으로 하고 내용 이해를 종속 변인으로 해서 실험 연구를 하면 된다. 배경 지식에 대한 양적인 데이터를 얻어 놓고, 내용 이해에 대한 양적 데이터를 산출한 다음, 두 데이터를 가지고 통계 처리를 하면, 연구자가 관심을 두었던 배경 지식이 내용 이해에 얼마나 영향을 주었는지에 대해 객관적으로 말할 수 있게 된다.

그런데 실험 연구에서 독립 변인이나 종속 변인이 반드시 하나일 필요는 없다. 관심사에 따라 독립 변인을 둘 이상으로 설정할 수도 있고, 종속 변인을 둘 이상으로 설정할 수도 있다. 일례로 김명순(1998)은 읽기가 독자와 글의 상호작용임을 고려하여 독립 변인을 독자 요인인 사전 지식과 텍스트 요인인 텍스트 구조의 두 가지로 하고, 종속 변인은 독해력을 대변하는 지표로서 내용 이해와 중요도 평정의 두 가지로 설정하여 접근한 경우이다.

(2) 교수 방법이나 프로그램의 효과에 관심 있을 때

개별 교과를 떠나 교육 일반적으로 널리 사용되는 교수 방법으로 직접 교수법, 상보적 교수법 등이 있고, 교수 모형으로는 강의식 모형, 토론식 모형, 협동학습 모형 등이 있다. 교수자는 이러한 교수 방법이나 교수 모형을 그대로 사용할 수도 있고, 개별 교과나 교실 상황에 맞게 변형하여 쓸 수도 있다. 경우에 따라서는 새로운 방법이나 모형을 개발하고 실제 교실에 도입해 볼 수도 있다. 읽기 교육에서도 마찬가지이다. 일반화된 기존의 읽기 교수법이나 읽기 교수 모형을 그대로 사용할 수도 있고, 나름대로 변형하여 쓸 수도 있으며, 교사 자신이 새로 개발하여 투입해 볼 수도 있다.

일반화된 기존의 읽기 교수법이나 교수 모형 중에 가장 전통적인 것으로 DRA, DRTA, SQ3R, GRP 등을 들 수 있다. 이런 교수법이나 교수 모형을 적용해 보고 효과를 확인해 보고 싶다거나, 이것들을 변형하여 사용 효과를 검정해 보려 하거나, 현장의 값진 경험을 바탕으로 나름대로의 교수법이나 교수 모형을 개발해 보고 그 효과를 객관적으로 알아보고 싶다면, 실험 연구를 고려하는 것이 좋다. 읽기 지도를 위한 각종 프로그램을 개발할 경우에도 프로그램의 효과를 객관적으로 진단하고 싶을 때라면 마찬가지로 실험 연구가 적합하다.

실험 연구를 하면 특정 교수 방법이나 모형을 도입하기 전과 후에 변화가 있는지, 변화가 있다면 의미가 있는 변화인지를 통계적으로 비교해 보는 것이 가능해진다. 특정 교수 방법이나 모형을 도입하는 집단과 그렇지 않은 집단 사이에 학습 결과에 차이가 있는지, 있다면 그 차이가 의미 있는 차이인지를 통계적으로 비교해 볼 수 있다. 또는 여러 교수 방법이나 모형을 도입하고 그 중 가장 효과적인 교수 방법이나 모형이 어떤 것인지를 객관적으로 밝혀보는 것도 가능하다.

기존의 교수 방법이나 교수 모형뿐 아니라 교사가 만든 각종 교수 학습 방안에 대해서도 실험 연구로 효과를 검증할 수 있다. 여느 분야와 마찬가지로 읽기 교육에서도 교수자 수만큼 가능하다고 할 수 있을 정도로 교수 학습 방안을 다양하게 구안할 수 있다. 개별적으로 구안한 교수 학습 방안을 두고 관찰 연구 등 여러 가지 연구 방식으로 접근할 수 있지만, 그 효과를 객관적으로 검정하기 위해서는 무엇보다 실험 연구가 적절하다. 왜냐하면 실험 연구는 연구자가 구안한 교수 학습 방안이라는 독립 변수와 이 방안의 도입으로 향상이 기대되는 읽기 능력 등의 종속 변수 사이에 존재하는 인과 관계를 밝히기에 적절하기 때문이다.

참고로 지금까지 말한 실험 연구는 정확히 말해서 준실험연구에 해당한다. 교육 연구는 인간을 대상으로 하기 때문에 실험실에서와 같은 엄격한 변인 통제가 어렵다. 그리고 실험을 위해 별도의 집단을 구성하는 것이 현실적으로 어려운 관계로 이미 편성되어 있는 학급을 이용할 수밖에 없는 사정도 있다. 그래서 학교 현장을 중심으로 이루어지는 교육 연구는 대개 준실험연구라 할 수 있다.

한편, 실험 연구를 할 때는 교수 방법이나 프로그램을 마련하고 실험 집단을 대상으로 처치를 하게 되는데, 당연한 말이지만 이것으로 연구를 끝내서는 안 된다. 투입한 교수 방법이나 프로그램에 대해 실험 결과를 객관적으로 검정하는 절차까지 밟아야 한다. 실험 결과의 객관적인 검정을 위해 주로 사용되는 방법으로 t검정, 분산분석(ANOVA, F검정), x^2검정 등이 있다. t검정은 (하나의 독립변인과 하나의 종속변인을 가지고) 두 집단 간의 차이를 비교하고자 할 경우에 주로 사용되고, 분산분석은 (하나 이상의 독립변인과 하나의 종속변인을 가지고) 세 집단 이상 사이의 차이를 알아보고자 할 때 많이 사용된다. 특별히 종속변인이 질적변인이나 범주변인일 때는 집단 간 차이를 알아보기 위해 x^2검정이 사용된다.

일례를 들면, 박진용(2006)은 t검정을 사용한 실험 연구라 할 수 있다. 이 연구는 텍스트 의미 구조를 파악하는 능력을 기르는 데 관심을 두고, 텍스트의 의미 단위들이 의미를 확장해 나가는 전개 과정을 중심으로 하는 읽기 교수·학습 프로그램을 구안하고 이를 읽기 교육 현장에 적용하였다. 연구자가 구안한 프로그램의 효과를 객관적으로 검정하기 위해 실험 연구로 접근하였다. 투입한 프로그램을 독립변인으로 하고 학습자의 의미 구조 구성 능력을 종속변인으로 하였으며, 실험을 위한 집단 구성을 실험집단과 통제집단의 두 집단으로 하였다. 이에 따라 해당 프로그램의 효과 검정을 위해 사용한 방법이 t검정이었다.

실험연구의 결과는 실제의 자연 상황이 아닌 인위적인 실험 상황에서 나온 결과이다. 그래서 실험연구의 결과를 실제 상황에 적용하는 데에는 한계가 있다. 실험연구는 '실험'이라는 점으로 말미암아 변인들 사이의 인과 관계를 밝혀주는 최대의 장점을 지니는 동시에 인위적인 실험 상황을 벗어나 다른 실제 상황으로 연구 결과를 일반화하기에는 조심스러운 단점 또한 지닐 수밖에 없다.

다. 조사연구

조사연구(survey research)는 통제되지 않은 자연적 상황에서 질문을 통하여 현상을 파악하는 연구이다. 실험연구가 인위적인 환경에서 이루어지는 것과 달리 조사연구는 자연적인 환경에서 연구가 이루어진다. 조사연구는 자연적인 환경, 즉 있는 그대로의 상황에서 그 상황이 어떠한지를 살피는 데 관심이 있다. 그래서 조사연구에서는 변인을 통제하거나 처치하는 일이 없다. 이로 인하여 조사연구는 변인들의 인과관계보다는 상관

관계를 고찰하고자 할 때 사용할 수 있다.

조사연구는 어떤 사안에 대해 사람들이 지니고 있는 의견, 인식, 태도, 가치관 등을 알아보기에 좋다. 조사를 통해서 사람들의 심리적 특성을 간추려 내거나, 일반적인 여론을 파악하거나, 문제의 실태를 드러내기 좋다. 국민의식조사, 여론조사, 인구조사 등이 조사연구의 대표적인 경우이다. 국어과 교육에서 교육과정의 개편을 앞두고 현행 교육과정이 지닌 문제점을 파악하고 개선 방향을 수립하고자 할 때 흔히 설문조사를 한다. 이런 경우가 국어과 교육에서 행해지는 조사연구의 대표적인 경우라 할 수 있다.

조사연구에서는 데이터 수집을 위해서 대개 설문지를 배부하거나 면담을 한다. 설문지를 통한 조사연구(questionnaire survey)는 조사 규모가 크거나 조사 내용이 비교적 단순한 것일 때 많이 사용된다. 설문지로 데이터를 얻기 위해서는 조사 대상에게 설문지를 보내고 수합하는 과정이 따라야 한다. 설문지는 우송할 수도 있고 인편으로 직접 전달할 수도 있으며 제삼자나 기관을 통하여 간접 전달할 수도 있다. 최근에는 인터넷 등을 통해 전달하는 경우가 많다. 설문지 문항은 고찰하고자 하는 연구 내용의 특성에 따라 고정형 문항, 개방형 문항, 양분형 문항, 척도 사용 문항 등으로 구성할 수 있다. 면담을 통한 조사연구(interview survey)는 조사 규모가 크지 않고 조사 내용이 사적이고 예민한 사안일 때 잘 쓰인다. 면담을 통해서 조사연구를 할 때에는 말 그대로 조사 대상과 만나서 대화를 하는 가운데 데이터를 얻는 것이 일반적이다. 하지만 면대면 면담 외에 전화 면담 등도 가능하다. 면담 방식은 면담자의 개입 정도를 달리하여 체계적 면담, 반체계적 면담, 비체계적 면담으로 다양하게 사용할 수 있다. 설문지 조사와 면담 조사는 상호보완적인 성격을 지닌다. 연구 주제에 따라 설문지 조사와 면담 조사 두 가지 모두를 병행할 수 있다.

(1) 읽기 교육에 관련된 있는 그대로의 상황을 파악하고자 할 때

자연 상태에서 읽기 교육에 관련된 있는 그대로의 상황을 살피고 싶다면 연구 방법으로 조사연구를 택할 수 있다. 읽기 교육을 위해서 가장 기본적으로 읽기에 관련된 각종 현황이 파악되어야 할 때가 있다. 읽기에 대해서 어떤 지도를 행하고 그 효과를 알아보려는 것과 달리, 어떤 처치를 행하지 않고 있는 그대로의 상태를 파악할 필요가 있다. 이를테면 학생들의 독서 실태가 어떠한지, 학교의 독서 정책은 어떻게 이루어지고 있는지 등을 파악하는 것이 그것이다. ②가 그러한 경우의 하나이다. 이처럼 읽기 교육에 관련된 사실 그대로의 파악에 관심이 있다면 연구 방법으로 조사연구를 택하는 것이 적절하다.

읽기 교육에 관련된 사실은 주관적 사실과 객관적 사실로 나누어 볼 수 있다. 주관적 사실은 주로 읽기에 대하여 사람들이 가지고 있는 의견, 인식, 태도, 가치관 등의 심리적 특성과 관련된다. 객관적 사실은 주로 독서 시간, 독서량, 독서 여건 등의 물리적 환경과 관련된다. 전자의 경우는 조사자가 조사 대상자와 신뢰를 형성하는 것이 중요하다. 후자의 경우는 실태 조사라는 이름으로 잘 행해지는 편이다. 읽기 교육과 관련된 주관적 사실과 객관적 사실의 조사는 별개의 연구로 다룰 수도 있지만, 대개는 한 연구에서 종합적으로 다루는 경향이 있다. 읽기 교육에 관련된 각종 상황을 제대로 파악하기 위해서는 주관적 사실이나 객관적 사실 중 어느 한 쪽의 접근만으로는 충분하지 않기 때문이다.

문화관광부(2007)는 읽기에 관련된 있는 그대로의 상황을 파악하기 위해 조사 연구를 행한 대표적인 경우이다. 이 연구는 우리나라의 독서 환경의 문제점을 파악해 내고 21세기 지식기반 사회를 만들기 위한 독서 진흥 정책을 수립하는 데 필요한 기초 자료를 마련하기 위해 우리 국민들의 독서 실태를 종합적으로 살펴보고자 하는 목적에서 출발하였다. 그

리하여 연구 목적을 달성하기 위한 연구 방법으로 조사 연구를 택하였던 것이다. 독서 실태를 종합적으로 살펴본다는 목적에 맞게 조사 내용을 독서 실태, 독서 경향, 도서 입수 행태, 인터넷 도서 서비스 이용 실태, 독서 생활 의식, 독서 환경, 독서 진흥 방안의 7개 대범주로 구분하고 이를 다시 독서율, 독서량, 독서량 변화, 여가 활용 시 독서의 비중, 독서 시간 등의 31개 소범주로 나누어 데이터를 수집하였다. 참고로 이 연구는 국민 독서 실태를 알아본다는 목적에 맞게 조사 지역을 전국으로 하고 대상을 성인과 학생 모두로 하고 표본을 무작위 추출하는 방식으로 접근하였다.

김명순(2008)은 '학교 독서 문화의 진단과 이해'라는 제목이 보여주듯이 있는 그대로의 상황을 '진단'하고 '이해'하는 데 목적을 두고 행해진 조사 연구이다. 이 연구는 조사 규모가 비교적 큰 점을 고려하여 설문지를 통한 조사연구가 사용되었다. 설문 대상은 중학생과 고등학생 1,355명과 중학교 교사와 고등학교 교사 330명을 합하여 모두 1,685명이었으며, 설문 문항은 독서 개념, 독서의 중요성, 독서의 필요성, 독서 시기, 도서 선택, 독서 동기, 독서 장애 요인의 7가지 범주로 구성되었다. 이 중 독서 개념, 독서의 중요성, 독서의 필요성, 독서 동기, 독서 장애 요인은 주관적 사실과 관련되고, 독서 시기, 도서 선택은 객관적 사실과 관련된다. 그리고 조사 대상을 학생과 교사, 남학생과 여학생, 중학생과 고등학생, 국어과 교사와 비국어과 교사, 중학교 교사와 고등학교 교사로 나누어 다양한 측면에서 집단별 차이가 있는지를 알아보았다.

이러한 연구에서 알 수 있듯이, 조사 연구를 통해 현상을 파악하고자 할 때는 주관적 사실과 객관적 사실이 종합적으로 고려될 수 있도록 설문 문항을 구성해야 한다. 특히 학교의 독서 교육 상황에 관심을 가진다면 여기에 관여하는 실천 주체를 종합적으로 그리고 다각도로 고려하여 응답 결과를 보여줄 필요가 있다. 그래야 학생과 교사를 중심으로 해서 이루어지는 학교 독서 교육의 상황 파악이 실제에 근접해서 이루어질 수 있기 때문이다.

(2) 읽기 규준을 만들고자 할 때

어떤 규준을 만들고자 할 때도 연구 방법으로 조사연구를 사용할 수 있다. 예를 들어 학생들의 읽기 능력 발달에 대해 표준을 세우거나 읽기 능력을 검사하기 위한 표준화 도구를 개발하고자 한다면 조사연구를 사용할 수 있다. 규준이란 표준이 되는 것으로서 개별 사례가 보이는 다양성과 차이를 통어하는 일반성을 지닌다. 그렇기 때문에 어떤 규준을 마련하기 위해서는 먼저 대다수의 개별 사례가 공통적으로 지니는 특질이나 모습이 파악되어야 한다. 그런 다음 전체적으로 나타내는 공통적인 경향이나 일반적인 모습을 살필 수 있다. 결국 전체를 통틀어 말할 수 있는 표준을 밝히기 위해서는 실제의 많은 사례들부터 조사할 수밖에 없게 된다. 이런 이유로 읽기와 관련된 어떤 규준을 마련하는 데 관심이 있다면 연구 방법으로 조사연구를 택하는 것이 적절하다.

이를테면, 학생들의 읽기 태도가 어떻게 발달하는지 표준적 경향을 알아보고자 조사연구를 계획할 수 있다. 윤준채(2007)가 하나의 예가 될 수 있다. 이 연구는 우리나라 초등학생들의 읽기 태도가 발달하는 경향을 알아보기 위해 일부 학생을 표본으로 하여 조사연구를 행하였다. 표본은 초등학생 1,534명으로 하였으며 조사 방식은 설문지 방식을 사용하였다. 조사 결과, 우리나라 초등학생들의 읽기 태도 발달이 표준적으로 어떤 경향을 보인다는 말을 할 수 있었다. 그 개략적인 내용을 소개하자면, 우리나라 초등학생들의 여가를 위한 읽기 태도는 1학년에서 2학년으로 올라가면서 약간 높아졌다가 다시 2학년부터 조금씩 낮아지는 경향이 있으며, 학습을 위한 읽기 태도는 초등학교 1~6학년을 거치면서 계속적으로 낮아지는 경향이 있다는 것이다. 그리고 여가를 위한 읽기나 학습을 위한 읽기 모두 4학년 이후부터는 읽기 태도가 급격하게 낮아지는 경향이 있다(윤준채, 2007:247-248)는 것이다. 이렇게 우리나라 초등학생들의 읽기 태도 발달에 대해 표준적 경향을 말할 수 있었던 것은 연구 방법으로 조사연구를 사용했기 때문이다.

한철우 외(2007)도 표준이 되는 것을 마련하기 위해 조사연구를 사용한 연구라 할 수 있다. 이 연구는 학생들에게 적절한 독서 자료를 제공하고 수준에 맞는 독서 지도를 하고, 필요에 부합하는 독서 환경을 조성해 주기 위해서는 먼저 학생의 독서 상태가 정확히 측정할 수 있는 표준적인 검사 도구의 개발이 필요하다는 인식에서 출발하였다. 그리하여 독서 능력을 측정하되 집단적으로 실시할 수 있고 형식적인 평가 방식으로 접근할 수 있는 표준화 검사 도구 개발에 관심을 두었다. 그리하여 최종적인 검사 문항을 만들어 내기까지 여러 차례에 걸쳐 다수의 학생을 대상으로 문항에 대한 반응 결과를 조사하였다. 1차 검사(pilot-test)에 618명, 2차 검사(pre-test)에 859명, 3차 검사(test)에 1,315명의 반응을 조사하여 문항의 타당도, 신뢰도, 난이도, 변별도를 조정하고 수정하기를 거듭한 결과 최종적인 검사 문항을 확정해 낼 수 있었던 것이다.

조사연구에서는 무엇보다 조사하는 표본 집단의 선정이 중요하다. 규준이란 전체 집단을 대표할 수 있을 때 성립할 수 있는 것이기 때문이다. 그러므로 조사의 대상이 되는 표본 집단은 전체 집단을 대표할 수 있는 대표성이 충분히 확보된 집단이라야 한다. 특수한 일부 집단을 대상으로 설문을 하거나 일반적이지 못한 특별한 사람들을 대상으로 면담을 한다면 거기서 얻은 자료 또한 매우 특수한 것일 수밖에 없다. 이런 자료를 가지고 나온 결과는 전체 집단을 대표할 수 없다. 그러므로 어떤 규준을 세울 목적으로 조사연구를 사용하고자 한다면 무엇보다 조사 대상을 선정하는 문제에 주의를 기울여야 한다. 연구자는 조사 대상자가 전체 집단을 충분히 대표할 수 있도록 성별, 지역, 연령, 성격 등을 균형 있게 고려하여 대상자를 선정해야 할 것이다.

라. 상관 연구

상관연구는 조사 연구와 같기도 하고 다르기도 하다. 연구 절차상 조사의 과정을 거친다는 점에서 상관 연구와 조사 연구가 같다. 그리고 현상이나 상황을 인위적으로 조절하지 않고 자연 조건 그대로 둔 채로 데이터를 수집한다는 점에서도 양자가 같다. 그러나 상관 연구와 조사 연구는 연구 목적이 다르다. 앞에서 다루었듯이 조사연구는 있는 그대로의 현상이나 상태를 기술하는 데 데 목적이 있다. 상관연구는 변인들 사이의 '관계'를 알아보는 데 목적이 있다. 이것은 있는 현상을 단순히 조사하는 것과 분명히 다르다. 상관연구는 현상이나 상태의 단순한 기술을 넘어 상관(相關), 즉 서로 관련되어 있는 점에 연구의 관심을 둔다. 그러므로 상관연구는 변인들 사이에 과연 관계가 있는지를 알아보고 싶을 때 사용할 수 있는 연구 방법이다.

상관연구가 변인들 사이의 관계를 알아보고 싶을 때 선택할 수 있는 연구 방법이라고 하였다. 상관연구는 상관관계의 규명에 관심이 있는 연구 방법이다. 이 말은 상관연구가 변인과 변인 사이에 관계가 있음을 확인하는 연구 방법임을 뜻한다. 상관 관계는 변인들 사이에 관계가 있고 없음을 확인해 줄 수 있을 뿐이다. 상관연구는 기본적으로 어느 변인이 원인이고 어느 변인이 그에 따른 결과인지를 밝히는 데 관심을 두지 않는다. 상관연구는 변인들 사이의 관계가 있고 없음을 확인하는 데 주요 관심이 있다.

상관연구에서 변인들 사이의 관계는 상관계수를 통해 양적으로 나타낸다. 상관계수도 종류가 여럿이지만, Pearson이 처음으로 발전시킨 적률상관계수(r)가 가장 일반적으로 쓰인다. 이에 따르면 변인들 사이의 상관은 완전한 상관(±1.00)과 상관이 존재하지 않는 상태(0.00) 사이의 수치로 나타낼 수 있다. 양의 값을 지니는 정적 상관계수는 어떤 한 변인의 값이 높아지면 다른 변인의 값도 높아지는 비례 관계를 의미하고, 음의 값을 보이는 부적 상관계수는 어떤 한 변인의 값이 높아지면 다른 변인의 값은 반대로 떨어지는 반비례 관계를 의미한다. 양의 값이나 음의 값이나 절대 값이 1에 가까울수록 상관이 많다고 말할 수 있다. TV 시청 시간과 독서 시간의 상관계수가 -.8이고 야외 활동 시간과 독서 시간의 상관계수가 -.4이었다면, TV 시청 시간이 많을수록 독서 시간이 적고 야외 활동 시간이 많을수록 독서 시간이 적은 관계가 있다고 말할 수 있다. 그리고 TV 시청 시간이 야외 활동 시간에 비해 독서 시간과 관계되는 정도가 높다고 말할 수 있다.

상관연구가 변인들이 서로 관련되어 있는 점을 알아보는 데 목적이 있다고 할 때, 상관연구의 목적은 다시 설명을 목적으로 하는 경우와 예언을 목적으로 하는 경우로 나누어 볼 수 있다. 전자는 변인들 사이에는 관계가 있는가, 있다면 그 관계가 어느 정도인가를 살피는 데 초점이 있다면 후자는 변인들 간의 관계는 어떠하며 그것을 통하여 어느 정도 예측이 가능한가를 규명하는 데 초점이 있다.

(1) 설명을 목적으로 할 경우

상관연구는 조사연구와 마찬가지로 현상이나 상황을 기술할 수 있다. 상관연구는 변인에 대한 인위적인 통제 없이 변인들 사이에 존재하는 관계를 드러내 주기 때문에 현상이나 상황을 설명할 수 있다. 변인들 사이에 관계가 있는지, 있다면 그 관계가 어느 정도인지를 말해 주기 때문에 변인들 사이에 존재하는 현상이나 상황을 기술해 주는 면이 있는 것이다.

다만 설명하는 방법이 조사연구와 다르다. 상관연구에서는 상관관계를 나타내는 상관계수를 사용하여 현상이나 상황을 기술하지만 조사연구는 그렇지 못하다.

이재기(2007)은 국어과의 듣기, 말하기, 읽기, 쓰기, 문학, 문법 영역의 상관 관계에 주목한 연구이다. 이 연구는 국어과의 하위 영역들 사이의 상관 관계에 대해서 전문가들 사이에 널리 퍼져 있는 확신이나 기대가 이들의 학문적, 실천적 경험에 의하여 지탱되어 왔을 뿐 계량적이고 실험적인 연구에 의하여 입증된 적이 없다는 점을 문제시하였다. 그리고 국가 수준 국어과 학업성취도 평가의 영역별 점수를 사용하여 영역 간 상관관계를 규명하였다. 이를테면 읽기 점수와 문학 점수의 상관관계 분석을 통해 읽기와 문학의 상관계수를 얻었다. 초등학교, 중학교, 고등학교에서 읽기와 문학의 상관계수는 각각 .507, .498, .446이었다. 이 수치를 타영역 간의 상관계수와 비교하여 초등학교와 중학교에서 읽기에 대한 문학의 상관계수가 타 영역의 상관계수에 비해 가장 높게 나타났으며 고등학교에서의 상관이 상대적으로 낮기는 하나 그 자체의 결과만 놓고 볼 때는 상관이 높다는 점을 보고하였다. 이를 통해 국어과 교육에서 읽기와 문학의 상관이 높은 현상을 기술할 수 있었다. 그리고 이러한 설명을 바탕으로 하여 문학과 읽기를 연계하여 지도하도록 한 기존의 교과서 편찬 방향이 일정한 타당성이 있다는 주장까지 펼칠 수 있었다.

(2) 예측을 목적으로 할 경우

상관연구는 현상이나 상태에 대한 예측을 할 수도 있다. 상관연구는 변인들 사이의 관계를 규명하는 데 관심을 둔다고 하였다. 한 변인이 변함에 따라 다른 변인이 함께 변하는 점을 확인할 수 있으면, 한 변인을 통하여 이 변인과 함께 변하는 다른 변인에 대한 예측도 해 볼 수 있을 것이기 때문이다. 만일, 독서량과 독서 성적 사이에 높은 상관관계가 있다면 학생의 독서량을 통해 독서 성적을 예측해 볼 수 있을 것이다.

그런데 상관관계분석을 통해서는 변인들 사이에 관계가 있는지 없는지를 확인하고, 있다면 그 정도가 어느 정도인지를 파악할 수 있을 뿐이다. 이를테면 독서량이 독서 성적에 어떻게 구체적으로 영향을 미치는가에 대해서는 알 수 없다. 그러나 회귀분석을 사용하게 되면 소금 섭취량이 얼마씩 늘 때마다 혈압이 얼마씩 상승한다는 것과 같이 독서량이 독서 성적에 어떻게 구체적으로 영향을 미치는지에 대한 값을 얻을 수 있다. 어떤 일정한 값(독립변수)을 대입하면 정확한 다른 값(종속변수)을 얻을 수 있는 것이 회귀분석이다.

변인들 사이의 관계를 단순 기술하는 데 목적을 두지 않고 변인들 사이의 관계를 바탕으로 하여 현상에 대한 예측을 목적으로 한다면 통계적 기법 중 회귀분석을 사용하는 것이 적절하다. 회귀분석은 독립변수들의 개수에 따라 단순회귀분석(simple regression)과 다중회귀분석(multiple regression)으로 구분할 수 있다. 만일 독서량과 독서 성적이 서로 관련되어 있는 정도가 높다는 것이 확인되고 이를 바탕으로 독서량을 통해서 독서 성적을 예측해 보고 싶다면 단순회귀분석을 사용할 수 있다. 그러나 독서 성적에 영향을 주는 요인이 독서량만은 아니기 때문에 독서량 이외의 여러 요인을 설정하고 이들 요인이 독서 성적에 영향을 주는 측면에 관심을 두면 다중회귀분석을 사용해야 한다.

예측을 목적으로 상관연구를 사용한 일례로 가경신(2005)를 들 수 있다. 이 연구는 읽기 요인 중 인지적 요인에 주목하고 이들 요인과 요인 사이에 관계가 있는지, 이들 요인과 읽기 능력 사이에 관계가 있는지를 살피고자 했다. 그리하여 읽기 인지적 요인을 읽기 속도, 오독 정도, 작업 기억 용량, 읽기 초인지 수준, 읽기 전략 사용 능력, 어휘력, 언어 논리력, 언어 추리력, 배경 지식, 일반 지식의 10가지로 설정하고 연구 방법 중

상관연구를 택하였다. 상관연구를 통해 상관계수를 산출한 결과, 읽기 인지 변인들이 대부분 $p<.05 \sim p<.01$의 범위에서 유의미한 상관이 있었으며 특히 읽기 초인지 수준과 읽기 전략 사용 능력 간의 상관이 가장 높다는 점을 설명하였다. 이 연구는 이렇게 변인들 사이에 상관이 있다는 설명에 그치지 않고 이들 변인이 읽기 능력을 예측할 수 있는지의 문제로 연구의 관심을 이어갔다. 그리하여 연구에서 이에 필요한 통계 기법을 추가하여 사용하였는데 그것이 바로 회귀분석이다. 회귀분석 중에서도 설정한 변인이 1개가 아니었기 때문에 다중회귀분석을 사용하였다. 다중회귀분석 결과 중학생은 읽기 속도, 배경 지식, 언어 논리력, 어휘력, 언어 추리력의 순으로 예언력이 높고, 고등학생은 기본 지식, 어휘력, 언어 추리력, 작업 기억 용량, 초인지 수준 순으로 읽기 능력을 예측할 수 있음을 보고하였다. 결과적으로 읽기 인지 변인 중 중학생은 읽기 속도가 읽기 능력을 예측하는 정도가 가장 크고, 고등학생은 기본 지식이 읽기 능력을 가장 많이 예측한다는 말을 할 수 있었다.

3. 독서 영역의 질적 연구

가. 연구 주제와 독서 영역의 질적 연구 접근

양적 연구와 달리 질적 연구는 어떤 개별적인 사례나 현상을 지켜보고 이것이 어떤 양상을 드러내며 어떤 의미를 부여할 수 있는지 등에 관심을 기울인다. 질적 연구는 연구 자료를 질적으로 분석한다는 점에서 양적 연구와 근본적으로 다르다.

④ 요약하기 전략의 교수학습 효과

위의 ④를 주제로 하여 연구에 임한다고 할 경우 연구자는 요약하기 전략을 학습한 효과를 과연 어떻게 보여줄 것인가를 고민해야 한다. 요약하기 전략을 익힌 집단과 그렇지 않은 집단의 읽기 점수를 비교해서 전략을 학습한 효과가 있었다는 것을 보여줄 것인지, 이 전략을 배우기 전의 요약물과 배운 후의 요약물을 대조하여 무엇이 어떻게 달라졌는지를 밝혀 줌으로써 효과를 보여줄 것인지, 몇몇 학생을 선정하여 이 학생이 요약하기 전략을 배워 가는 과정이나 실력이 향상하는 모습을 지켜보고 그 경과를 보고함으로써 학습 효과를 보여줄 것인지, 이 전략을 배운 학생을 인터뷰해서 소감 등을 직접 말해 달라고 하여 그 효과를 보여줄 것인지 등을 고민해야 한다.

만일 첫 번째 방식을 택했다면 여기서 연구자가 의도한 효과를 보여주는 수단은 요약하기 전략을 익힌 집단과 그렇지 않은 집단의 점수이다. 이 방식의 연구는 두 집단의 점수가 보여주는 차이, 곧 자료의 양적 분석에 의존하게 된다. 이 방식은 연구자가 전략을 학습한 결과 효과가 있는지 없는지 그 자체를 밝히고 싶을 때 선택할 수 있다. 두 집단의 점수만 가지고는 전략 학습이 어떻게 도움이 되는지, 어떤 면에서 효과가 주효했는지, 혹은 어떤 면이 효과가 없었는지, 무엇이 문제가 되는지 등을 알기 어렵다.

두 번째 방식을 택할 경우는 연구 자료를 양적으로 분석하는 일과 거리를 둘 수 있다. 여기서 연구자는 학생의 요약물을 수집해야 하고 전략을 배우기 전과 배운 후의 요약물을 대조하며 어떤 면이 어떻게 달라졌는지를 말해야 한다. 이를테면 내용의 취사선택이 어떻게 개선되고 정보의 통합이나 일반화가 어떻게 이루어지고 있으며 재구성이 어떤 정도로 이루어지고 있는지 등의 변화를 말할 수 있어야 한다. 이러한 결과는 점수 등의 수치를 제시하는 것으로는 말하기 어려운 부분이다. 연구자나 관계자가 요약하기에 대한 전문적 식견을 가지고 연구 자료를 볼 수 있을 때 비로소 드러날 수 있는 연구 결과인 것이다. 그러므로 두 번째 방식은 연구 자료를 질적으로 분석하는 연구라 할 수 있다.

  세 번째 방식도 연구 자료를 양적으로 분석해서는 접근하기 힘든다. 세 번째 방식을 택할 경우 주요 연구 자료는 학생을 지켜 본 연구자의 관찰기록이 되기 쉽다. 그리고 학생의 자기 보고서나 일정 기간 누적된 요약물도 연구 자료로 필요할 수 있다. 두 번째 방식에서와 마찬가지로 여기서 연구자는 학생의 학습 과정이나 요약물의 변화 양상을 전문적 수준에서 풀이해 줄 수 있어야 한다. 그렇지 않으면 연구의 신뢰성을 확보하기 힘들 뿐만 아니라 하나의 연구로서 인정받기도 어려워진다.

  네 번째 방식을 고려한다면 학생과의 인터뷰가 필요하다. 인터뷰를 위해 연구자는 사전에 질문의 구체적인 내용과 방식을 계획해 놓아야 하며, 인터뷰를 마치고 나서도 질문과 답변을 전사하는 등의 정리 작업을 수행해야 한다. 전략의 학습 효과를 보고하기 위해서 연구자는 전사물 등을 살피면서 주목할 만한 대목을 찾아내고 요약하기와 관련하여 전략의 학습이 지니는 의미를 해석해 줄 수 있어야 한다. 이러한 해석은 수치로 해결될 수 있는 것이 아니며 연구자가 인터뷰 내용을 질적으로 분석해 낼 수 있을 때라야 가능한 것이다. 그래서 이 경우 요약하기 전략의 효과에 대해서는 인터뷰 자료를 가지고 행해지는 연구자의 분석과 주관적인 해석에 전적으로 의존할 수밖에 없다. 두 번째와 세 번째 방식과 마찬가지로 네 번째 방식 또한 수치의 가감이나 크기 비교를 통한 양적 분석으로는 연구자가 의도하는 바를 달성하기 힘들다.

  이상의 두 번째, 세 번째, 네 번째 방식은 자료를 질적으로 분석한다는 점에서 공통된다. 이를테면 이와 같이 질적 연구는 연구 자료를 질적으로 분석하고 연구자의 전문성을 바탕으로 하여 의미를 설명하고 해석해 내는 데 관심이 있다. 따라서 질적 연구에서는 양적 연구에서보다 연구자의 해당 연구 주제에 대한 전문성이 연구 결과에 큰 영향을 미친다. 독서 영역에서 질적 연구를 행하고자 한다면 무엇보다 연구자가 해당 연구 주제를 중심으로 하여 독서 현상과 사건을 통찰하고 그 의미를 해석해 줄 수 있는 전문성을 갖추어야 한다. 질적 연구에서는 연구자의 전문성이 제일의 연구 도구가 된다.

연구자가 전문성을 갖추는 외에도 질적 연구에서는 적절한 연구 자료의 수집이 중요하다. 독서 영역의 질적 연구는 독서 현상이나 사건에 대해 의미를 파악할 수 있는 자료가 뒷받침되어야 한다. 아무리 자료가 많고 많은 학생을 대상으로 한 것이라 할지라도 질적으로 의미를 파악해 낼 수 있는 자료가 아니면 의도한 연구에 소용이 없다. 질적 연구의 직접적 목적이 질적 자료의 수집과 분석이라고 할 만큼 질적 연구에서 적절한 연구 자료를 수집하는 일은 연구의 중요한 관건이 된다.

질적 연구의 자료는 수업 일지, 성찰 일지, 면담 기록지, 관찰 기록지, 대화를 기록한 전사물, 사고구술물, 학습지, 학생 반응지, 연구자의 일기, 협의록, 관계자의 발언물, 학교 통신물, 이메일, (동)영상 촬영물, 문자 메시지 등이 모두 고려될 수 있다. 이들 자료는 대개 수량화하기 어려운 성격을 띤다. 예를 들어 엄훈(2006)은 글의 내용에 대한 추론적 이해는 물론이고 명시적으로 서술된 내용에 대한 이해조차 되지 않는 학생들을 대상으로 이들의 읽기 능력을 개선하기 위한 1년여의 실행을 연구 논문화하면서 특별 보충반 담당 교사의 말, 수업 일지, 성찰 일지, 학생별 포트폴리오, 학부모 통신문, 학생 활동 결과물, 학생의 오단서 분석물, 보충학습반 출석표, 학생과의 대화 전사록을 연구 자료로 사용하였다. 이들 자료는 모두 점수를 산출하기 위한 것도 아니며 점수로 산출된 것도 아니다. 질적 연구의 자료는 대부분 수량화하기 어려운 성격을 지닌다.

현재 독서 영역에서 질적 연구는 독서 수업과 관련한 연구가 많다. 독서 수업 중 교수자나 학습자가 주고받는 수업 대화를 녹음하고 이를 전사하여 학생의 읽기 과정이나 변화 양상을 살피거나 교수자 측면에서 수업 목표를 중심으로 독서 수업을 전개하는 양상에 주목하는 경향이 있다. 향후에는 독서 교육 분야에서 질적 연구의 주제가 보다 다양화될 필요가 있다. 독서 교육에 대한 포괄적인 시각을 가지고 질적 연구의 대상을 학교 밖으로까지 넓히는 것이 바람직할 것이다. 학교 밖에서 이루어지는 독서 교육 상황이나 도서관 관계자나 학부모 등을 통해 이루어지는 독서 교육의 현장까지 연구 대상으로 포함하여 질적으로 분석해 낸다면, 양적 연구로는 나타낼 수 없는 여러 의미를 밝히고 그에 따른 시사점을 제공할 수 있을 것이다.

나. 사례 연구

사례연구는 다수가 아닌 소수의 개별적 경우에 주목한다는 점에서 가장 큰 특징이 있다. 사례연구는 기본적으로 다수가 지닌 공통성이나 일반성을 간추리는 것보다 사례 하나하나가 지닌 개별적 모습을 드러내는 데 관심이 있다. 그렇기 때문에 사례연구는 연구 대상에 대한 개별성이나 특수성을 전제로 하며, 집중적이고 상세한 연구가 이루어지는 경향이 있다.

사례연구는 통계적 처리를 통한 양적 방법으로 표현하기 어려운 특정 환경이나 상황에 있는 개인이나 사건 등을 연구 대상으로 삼고자 할 때 선택할 수 있는 연구 방법이다. 만일 연구자가 특정 독자나 독서 사건 등을 자연 상태에서 있는 그대로 두고 이들을 집중적이고 상세하게 고찰해 보고 싶다면 사례연구로 접근하는 것이 좋다. 사례연구는 개별성과 특수성을 중시하기 때문에 대상에 대한 종합적이고 심도 있는 진단이 가능하다.

사례연구에서 연구 대상이 되는 사례는 전체에 대한 부분으로서가 아니라 하나의 독립된 전체로서 의미를 지닌다. 개별성과 특수성을 바탕으로 사례가 지닌 개별적 모습을 드러내고자 하는 것이 사례연구이기 때문이다. 사례연구에서 대상이 되는 사례는 모집단의 일부로서 존재하는 것이 아니라 독립된 하나의 세계로서 존재한다. 이에 따라 사례연구는 연구 대상에 대한 포괄적인 기술을 하는 데 유용하다.

독서 교육에서는 학습자의 의미 구성 과정이나 의미 구성 양상, 독서 기능의 발달 양상, 독서 전략의 사용 모습, 독서에 대한 태도나 인식, 독서 생활 등을 사례연구로 고찰할 수 있다. 독서 교육을 실천하고 있는 현장 교사에 중심을 두고 이들의 독해 지도 과정, 독서 모형이나 프로그램의 사용 양상, 독서 이론 및 독서 지도 이론에 대한 이해 정도 등도 사례연구로 연구할 수 있다. 사서, 도서관 관계자, 교육청 관계자, 교육 전문직 및 관리직, 학부모 등의 독서 교육 실천 양상도 사례연구로 살필 수 있다.

서혁·박지윤(2009)는 다문화 가정 중학생 1학년 학습자 8명을 대상으로 하여 부모의 사회문화적 배경과 관련하여 이들의 읽기 능력을 심층적으로 분석한 사례연구이다. 이 연구가 연구 방법으로 사례연구를 취한 데는 기존의 연구들이 주로 양적이고 표면적인 분석에 머문 한계를 극복하고 다문화 가정 학습자들의 읽기 능력을 심층적으로 분석함으로써 향후 이들에 대한 읽기 교육 방안을 모색해 보고자 하는 의도가 자리잡고 있다. 사례연구로 접근한 결과 "드러나지 않고 숨겨져 있었던 여러 면들까지도"(서혁·박지윤, 2009:404) 알아낼 수 있었다고 하였다. 이 연구는 약 5개월에 걸쳐 연구를 진행하고 대상 학생들의 어휘 능력, 문장 연결 능력, 중심 생각 찾기 능력, 스키마 활용 능력에 대한 특징적인 양상을 보고하였다.

사례연구는 소수를 대상으로 하기 때문에 연구 결과를 일반화하기 어려운 면을 안고 있다. 이러한 점은 연구의 초점이 특정 대상에 주목하여 이들의 개별적 세계를 포괄적으로 드러내는 데 있기 때문에 불가피한 면이 있다. 그래서 사례연구의 결과를 두고 양적 연구의 시각으로 문제를 제기하는 것은 별 의미가 없다고 할 수 있다. 다만, 사례연구는 연구 대상이 소수이고 이들을 집중적이고 상세하기 고찰하기 때문에 연구의 윤리적인 문제가 제시될 수 있다. 그렇기 때문에 사례연구를 할 때는 대상자에 대한 인적 사항이나 특이 사항의 진술에 각별히 유의할 필요가 있다.

다. 관찰연구

관찰연구(observational research)는 말 그대로 관찰이 연구의 주요 수단이 된다. 관찰은 자세히 살펴본다는 것으로 모든 연구의 기본이 된다. 그렇기 때문에 관찰연구는 다른 연구 방법과 어울려 두루두루 활용되는 장점이 있다. 앞의 사례연구만 하더라도 사례를 살피는 과정에서 자연스럽게 관찰연구가 결합되는 경우가 매우 많다.

관찰연구는 관찰을 하고 그 내용을 어떻게 데이터화하는가에 따라 양적 연구가 될 수도 있고 질적 연구가 될 수도 있다. 본 장에서와 같이 관찰연구를 질적 연구로 분류하는 것이 일반적이긴 하지만, 관찰 내용을 양적으로 처리하게 되면 양적 연구가 되기도 한다. 관찰 대상을 일정 규모 이상의 다수로 하고 관찰한 내용을 수량화한 다음 이것을 통계적 기법으로 분석하고 그 결과에 따라 관찰 내용의 유의미함을 논하게 되면 양적 연구로 접근하게 되는 것이다. 반면 소수를 관찰 대상으로 하고 관찰 내용을 서술하고 이것을 연구자의 관점에 의하여 분석하고 해석해 낸다면 질적 연구가 된다.

독서 교육에서 관찰연구가 지니는 유익함은 독서할 때 이루어지는 내면의 의미 구성 과정이나 개인적 특성을 파악하기에 좋다는 점이다. 가령, 읽기 수업이 진행되는 동안 학생이 토의에 참여하고 반응하며 재반응하는 모습을 관찰하면 읽기 성취도 검사로는 알아낼 수 없는 의미 구성 과정의 특성을 많이 파악할 수 있다. 그리고 읽기에서 잘 안 되는 사항이나 어려운 지점을 물으면서 학생의 태도를 관찰하면 독서에 대한 학생의 개인적 특성을 파악해 낼 수 있다. 읽기 교수학습의 전개 양상을 살피는 데도 관찰연구가 유익하다. 교수학습은 학습 목표를 성취해 가는 매우 역동적인 과정으로서 보이지 않는 수업의 흐름을 파악하려면 현장에서의 관찰이 가장 타당하기 때문이다.

앞서 언급한 엄훈(2006)은 읽기 보충학습반 학생들의 읽기 행동을 관찰하고 그 경험을 보고한 연구이다. 연구자는 '계획-실행-관찰-반성-수정된 계획'의 반성적 사이클을 통해 연구를 진행하였는데 여기에 가장 중요한 단계로 '관찰'이 설정되어 있다. 이 연구는 연구자의 관찰을 통해 대상 학생들의 독해 능력이 낮고 독서에 대한 태도가 좋지 못한 원인을 짚어낼 수 있었다. 이를테면, 읽기에 좌절감을 느끼는 한 학생의 읽기 이상 행동을 관찰한 결과 글을 앞부분 조금 뒷부분 조금 읽는 원인이 다른 아이에 비해 읽기 속도가 현저히 뒤쳐져서 그것을 보완하기 위한 데 있음을 진단해 내었다. 그리고 이러한 이상 행동으로 인해 글을 정상적으로 읽어내는 듯한 착각을 불러일으키지만 오히려 내용 이해와 점점 더 멀어지게 되고 이런 행동이 습관화되어 이 학생의 읽기 발달에 심각한 장애가 되었음을 파악하였다. 이와 같은 개인적 특성을 살피게 된 것은 관찰연구로 접근한 것과 밀접히 관련된다.

읽기 교수학습의 전개 과정에 초점을 둔 관찰 연구로는 김경주(2004)를 들 수 있다. 이 연구는 읽기 교수학습이 어떤 방식으로 이루어지는지를 규명하려는 데 목적을 두고 실제 읽기 교실을 관찰하고 질적으로 분석하였다. 연구자는 수업에 영향을 주지 않는 선에서 교사의 수업 진행, 학습자들의 반응 등을 관찰하였는데, 관찰 내용을 기록하기 위해 관찰 노트를 작성하는 한편 캠코더를 통해 해당 수업을 촬영하고 카세트 레코더 혹은 보이스 레코더와 연결된 마이크 장치를 통해 교사의 발화를 녹음하였다. 그리고 보조 자료로 교사의 교수학습 지도안, 학습자의 교과서 및 공책, 과제물 등을 확보하였다.

이러한 연구는 특별히 관찰연구에서 무엇보다 기록이 중요함을 보여준다. 아무리 관찰을 자세하게 했다 할지라도 기록이 남아 있지 않다면 자칫 연구를 더 이상 진행하기 어려운 사태에 처할 수 있다. 기록이 남아 있다손 치더라도 그 기록이 체계적이고 충실하지 않다면 연구의 타당성을 확보하기 힘들어진다. 그러므로 관찰연구를 하려면 관찰에 들어가기 앞서 관찰 기록을 무엇을 가지고 어떤 방식으로 할지 세심하게 고려해 두어야 한다. 만일 연구자가 직접 관찰하지 않고 따로 관찰자를 둘 계획이라면 관찰자 훈련도 고려해야 한다.

라. 역사 연구

역사 연구(historical research)도 질적 연구의 하나라 할 수 있다. 대표적으로 성태제(2005)에서는 질적 연구의 하나로 역사 연구를 별도의 장으로 설정하여 소개하고 있다. 이 외에 전경원(1999)은 질적 연구의 유형을 두 가지로 구분하면서 그 하나를 역사 연구로 다루고 있으며, 윤준채·이형래(2007)는 국어과 입장에서 연구 방법론에 관심을 두고 질적 연구 방법의 하나로 역사 연구를 언급하고 있다. 역사 연구가 질적 연구로 다루어지는 이유는 수집한 자료를 질적으로 분석하고 연구자의 전문적 안목에 의해 해석하는 특성이 있기 때문이다. 다만, 역사 연구는 연구 자료가 기본적으로 사(史)적 성격을 지니며 자료에 대한 분석과 해석이 통시성을 띤다는 점이 다른 질적 연구와 다르다.

　역사 연구란 과거의 정보와 자료를 이용한 과거의 문제와 사건에 대한 연구를 말한다(Wiersma & Jurs, 2009). 그렇기 때문에 역사 연구를 하기 위해서는 자료 수집이 매우 중요하다. 역사 연구의 성공 여부는 자료에 달려 있다고 할 정도로 공신력 있는 자료의 확보는 절대적이다. 역사 연구에서는 연구를 위해 따로 자료를 만들거나 산출하지 않고 이미 존재하는 자료를 수집하여 사용한다. 역사 연구에서 수집하는 자료는 연구의 목적과 관계없이 이미 생겨나 존재하고 있는 것이다. 따라서 연구자는 자료의 진실성을 먼저 판단해야 한다. 공신력 있고 진실성 있는 자료를 확보하기 위해서 연구자는 자료의 출처, 연대, 사건의 발생 시점과 기록 시점, 기록자, 제공자 등을 면밀히 확인해야 한다. 역사 연구에서 자료는 사료(史料)로서 결코 진위가 의심받는 것이어서는 안 된다.

　독서 교육 영역에서 생산된 역사 연구의 일례로 허재영(2006)을 들 수 있다. 이 연구는 근대식 학제 도입을 기점으로 하여 근대계몽기, 일제강점기, 건국과도기, 교육과정기로 시기를 구분하고 독서 교육에 대한 연구가 어떻게 흘러왔는지를 살폈다. 이 과정에서 독서 연구의 흐름이 독서 교육 연구의 흐름을 결정할 수 있다는 점을 주목하고 독서 연구의 일반적인 경향도 함께 다루었다. 이를 위해 근대식 학제 도입 이후 1895년 학부에서 개발한 『국민소학독본』에서부터 최근의 학회지에 실린 독서 관련 논문까지 자료로 사용하였다.

　독서 교육 영역에서 역사 연구로 접근하기에 좋은 주제는 독서와 관련한 사(史)적 흐름을 설명하는 데 중심이 있는 것이다. 이를테면 독서 교육의 변천 과정, 독서 교육 연구 동향, 독서 교육과정의 변화, 독서 교재의 변화, 독서 운동의 역사적 전개, 권장 도서 선정의 변화, 대중 독자들의 독서 성향 변화, 도서관 정책 변천 등과 같은 것이다. 독서 교육 영역의 역사 연구는 자료를 이용해 과거 독서의 문제와 독서 관련 사건을 확인하고 확인한 사실을 바탕으로 하여 독서 교육이 펼쳐져 온 일정한 흐름을 설명할 수 있어야 한다. 나아가 이러한 흐름이 지니는 역사적 의미를 읽어내고 오늘의 독서 교육에 주는 시사점까지 도출해 낼 수 있어야 바람직하다.

05

작문 연구 방법

작문 영역은 독서 영역과 함께 다양한 연구 방법이 적용되어 온 국어교육 분야 중 하나이다. 지금까지 발행된 연구의 성과를 보더라도 여러 가지 유형의 양적 연구와 질적 연구가 수행되어 왔다는 사실을 쉽게 알 수 있다. 앞의 장에서도 언급한 것처럼, 연구 방법은 연구의 내용과 밀접하게 연동되어 있으므로 작문 연구 방법을 좀 더 구체적으로 이해하기 위해서는 연구의 동향내지 연구의 내용을 파악할 필요가 있다. 그러므로 이 장에서는 연구 동향과 연구 내용을 논의하는 가운데 여러 가지 형태의 연구 방법을 검토하고자 한다. 이 과정에서 다른 학문 영역의 방법적 개념을 원용하는 대안적 연구 방법의 가능성을 살펴보고, 첨단 장비를 활용한 작문 연구의 방법에 대해서도 검토하고자 한다.

05 작문 연구 방법

1. 작문 연구의 동향

작문 연구자들이 속속 배출되면서 그간 작문에 관한 연구가 많이 축적되었다. 작문 연구 및 작문 교육 연구를 정리하는 작업(박영목, 2005a; 박영목, 2005b; 이재승, 2005a; 이재승, 2005b; 박영민, 2007b)이 이루어지고 있다는 점이 이를 간접적으로 증명한다. 최근 작문의 하위 유형에 속하는 '논술'이 큰 유행을 이끌면서 다른 학문 분야의 많은 학자들이 작문 연구로 관심을 돌리고 있는 것도 주목할 만하다. 논술이 전면에 떠오르는 것이 부작용도 초래하고 있지만, 작문에 관한 관심을 폭넓게 하고 있다는 점에서는 긍정적인 면도 있다. 여러 유수한 대학에서 대학 작문을 앞다투어 강조하는 상황도 작문 연구의 성과를 높이는 데 일조하고 있다.

작문의 여러 분야가 충분하게 연구되어 온 것은 아니지만 그간 제출된 연구와 논의 결과를 중심으로 하여 작문 연구의 전체적인 동향은 그려볼 수 있다. 학술 소논문, 학위 논문, 전문서를 중심으로 하여 작문 연구의 동향을 파악해 보고자 한다. 이 글에서는 작문 이론 및 작문 교육의 분야를 통괄하여 작문 영역으로 보고 논의를 진행하고자 한다.

첫째로 확인할 수 있는 동향은 과정 중심 작문 교육 연구에 관한 것이다. 인지주의 작문이론이 작문교육에 영향을 미치고, 국어과 교육과정에서 작문의 인지 과정을 강조함으로써 과정 중심 작문교육 연구에 대한 필요성이 증대되었다. 이러한 현상은 제7차 국어과 교육과정이 제안되면서 더욱 강해졌는데, 이러한 상황에서 여러 연구 결과가 발표되었다. 이재승(1999)에서는 과정 중심 작문교육의 이론적 근거를 해명하고, 과정 중심 작문교육을 실천하기 위한 교재 구성의 방안을 모색하였다. 이러한 연구의 경향은 이재승(2002), 최현섭 외(2003)에 이어져 연구의 흐름을 형성하고 있다. 한철우 외(2003a)도 과정을 중심으로 하여 이루어지는 작문의 특성에 주목하여, 작문의 과정을 평가할 수 있는 방법을 논의하고 있다는 점에서 이러한 유형으로 범주화 할 수 있다. 이후 김정자(2006)에서는 작문의 과정 중에서도 '수정'과 '출판'에 초점을 둔 과정 중심의 작문교육 방안이 논의되기도 했다.

과정 중심 작문교육의 정당성과 방법을 강조하는 논의가 있었지만, 이를 비판하고 문제에 대한 대안을 제시하는 연구들도 제출되었다. 이수진(2001)은 과정 중심 작문 교육의 근간을 제공하는 이론을 비판적으로 검토하고 그 한계를 극복할 수 있는 방안을 모색하였으며, 황미향(2007)은 창의적인 의미 구성, 텍스트의 특성과 관습, 필자의 자기 평가, 어휘 학습을 강조함으로써 과정 중심 작문교육의 한계를 극복할 수 있다고 하였다. 이러한 연구들도 과정 중심 작문교육을 핵심어로 하고 있으므로 첫째 유형으로 분류해도 무방할 것이다.

둘째로 경향이 뚜렷한 작문 영역의 동향은 장르를 중심으로 하여 접근하는 연구들이다. 작문에서 말하는 장르는, 문학의 정의와는 달리 유사하게 반복되는 상황에 대한 수사적 반응을 일컫는다. 박태호(2000)는 장르를 중심으로 삼아 작문교육을 수행하고자 할 때 요구되는 내용의 체계와 교수-학습의 원리에 대해서 논의함으로써 이러한 연구 경향을 잘 보여주고 있다. 최인자(2001)는 작문에 개입하는 장르의 특성들을 다양한 경로를 통해 파악하고 이를 바탕으로 하여 작문에 대한 사회·문화적 접근의 토대를 제시하고 있으며, 조희정(2002)은 조선 시대 과거 시험이라고 하는 사회·문화적 맥락을 틀로 삼고, 과거 시험의 답안을 사회적 수준의 문해(文解)라는 관점에서 분석함으로써 작문의 장르적 접근법을 보여주고 있다. 초기 연구로서 원진숙(1995)은, 교육 방법과 평가 방법을 주제로 삼기는 했지만, 논술문이라는 특정한 장르를 선택하여 논의함으로써 장르 중심 작문교육 연구의 움직임을 보여준 바 있다.

셋째로 확인할 수 있는 작문 영역 연구는 독서와 작문을 통합적으로 교육하고자 하는 경향이다. 독서와 작문의 연관성은 일찍부터 제기되어 왔지만, 이를 어떻게 연관 지어 교육을 할 것인가를 본격적으로 다룬 것은 최근의 일이다. 염은열(1999)은 기행가사에 드러난 내용생성의 방법을 탐색하여 표현지식을 어떻게 구조화할 것인가를 논의하였다. 독서와 작문의 직접적인 통합을 논의하고 있지는 않지만 문학 작품으로부터 내용 발상의 방법을 이끌어내고 있다는 점에서 두 영역의 관련성에 주목한 연구로 다룰 수 있다. 독서와 작문의 관련성에 좀더 관심을 둔 연구는 박영민(2003)에서 발견된다. 이 연구에서는 비평문이라는 특정 장르를 중심으로 하여 독서 자료와 작문이 어떻게 관련을 맺을 수 있는지를 다루고, 그 교육의 원리와 방법을 탐색하였다. 이재승(2004)도 독서와 작문을 통합적 활동을 중심으로 하여 접근하는 관점을 잘 보여주는 예이다.

넷째로 확인되는 작문 영역 연구의 동향은 특정한 작문의 요인에 주목하여 분석하고, 이를 중심으로 하여 작문교육의 방법과 방향을 탐색하는 경향이다. 김정자(2001)는 작문의 주체인 필자가 작문의 과정에서 어떠한 태도를 취하는가를 표현의 관점에서 접근하고 이를 교수-학습하는 데에 요구되는 내용과 방법을 제안하였다. 임천택(2002)은 작문의 상황이 하이퍼텍스트라는 매개 위에서 이루어지게 된다는 점에 주목하고, 이렇게 매개의 특성이 변화될 때 작문의 교수-학습을 어떻게 수행할 것인지를 모형을 중심으로 하여 논의하였다. 민병곤(2004)은 작문 전략의 한 축을 이루는 논증을 이론적으로 해명하고 논증 교육을 위한 내용 선정, 내용 조직을 논의하였다. 이러한 경향과는 다소 달리, 작문에 작용하는 구성주의적 특징을 분석하고 이를 근간으로 삼아 교구-학습의 방법을 다루는 연구도 제출되었다. 최현섭 외(2000)가 이러한 예인데, 이는 작문의 요인 중에서 상황 맥락이라는 요인에 주목한 것으로 파악되므로 이 범주로 분류한 것이다.

다섯째로 확인되는 연구 경향은 작문교육의 실제적 현상을 미시적으로 접근하여 그 안에 존재하는 작문교육의 구조를 분석하는 경향이다. 이정숙(2004)은 추상적으로 존재하는 작문지식이 실제적인 교수-학습의 장면에서 어떻게 질적인 변환이 일어나는가를 분석적으로 다루었고, 이수진(2004)은 작문수업에서 이루어지는 교수대화를 분석하여 그의 교육적 기능과 의미를 탐색하였다. 이 연구들은 작문수업이라는 실제적 현상을 연구의 대상으로 삼고 있다는 점에서 주목할 만하다.

여섯째로 최근 작문 연구 중 뚜렷하게 형성되는 경향으로 작문의 정의적 영역에 대한 연구를 꼽을 수 있다. 작문의 정의 영역 중에서도 작문의 동기에 대한 연구가 다수 제출되었다. 작문은 학생 수행을 바탕으로 삼고 있기 때문에 동기 요인이 중요한데, 이러한 연구들은 이의 중요성을 인식하고 작문 연구의 새로운 경향을 주도해 가고 있다. 박영민(2006b)은 광범위한 조사를 통하여 중학생들의 쓰기 동기에 영향을 미치는 요인을 분석하였으며, 박영민(2007a)에서는 예비 국어교사, 즉 사범대학의 국어교육과 학생들의 쓰기 동기를 조사하여 분석하였다. 이를 통하여 학생의 쓰기 동기에 영향을 미치는 요인과, 국어교사의 쓰기 동기에 영향을 미치는 요인을 파악함으로써 쓰기 교육 방법의 전환을 꾀하고 있다. 초등학생의 쓰기 동기에 대한 연구로는 전제응(2007)을 꼽을 수 있다. 이 연구에서는 초등학교 4학년과 6학년의 쓰기 동기를 비교·분석하여 초등학생들이 가지고 있는 쓰기 동기를 밝혔다. 초등학생의 쓰기 동기 검사 도구를 다룬 이재승 외(2006)의 연구도 주목할 만하다.

　이상에서 언급한 연구의 동향과는 달리 최근 대학 작문을 개선하기 위한 연구들도 활발하게 이루어지고 있다. 이러한 연구들은 단행본으로 발행되는 경우가 빈번한데, 특히 대학의 교재나 실용서의 예가 많다. 임성규(1998), 박규홍 외(2002), 신형기 외(2003) 등을 꼽을 수 있다. 대학 작문을 개선하고자 하는 경향 가운데, 대학에서의 전공 특성을 강조하는 교재가 발행되고 있다는 점은 특히 주목을 끈다. 'technical writing'을 강조한 임재춘(2002), 영남대학교의 교재로 발행된 최동주 외(2004), 최미숙 외(2004), 서인석 외(2004), 서종학 외(2004)가 이의 예로 평가될 수 있다. 이 교재는 이공계열, 사회계열, 인문계열, 예·체능계열의 작문을 특화하여 다루고 있다는 점에서 전공 및 직업 세계와 작문의 관련성을 구체적으로 보여준다. 이 외에 한철우 외(2003b)는 작문워크숍을 방법적 개념으로 삼아 장르 중심의 작문교육 방법을 대학 작문에서 실천하고자 한다는 점이 특징적이다. 박영민(2006a)은 대학 작문 중에서도 교원 양성 대학의 작문교육 프로그램 구성 방안을 다루고 있다는 점에서 주목된다.

2. 작문 연구의 방법

　작문 분야의 연구 방법도 크게 나누면 양적 연구와 질적 연구로 대별할 수 있다. 각각의 연구 방법은 더 세부적인 연구 방법으로 구분할 수 있다. 그러나 여기에서는 연구 방법론의 탐색과 활용 방법의 모색으로부터 논의를 진행하고자 한다. 이는 연구 방법 자체를 소개하고 다루는 것보다 더 근본적인 방향과 필요성을 제시한다는 점에서 의미를 찾을 수 있다.

가. 작문 연구의 방법론 탐색

작문 연구의 방법을 새로운 방향에서 다루기 위해서는 방법론 자제를 논의하고 발전시키는 것이 중요하다. 작문 연구가 학문적 영역으로 서기 위해서는 연구 방법에 대한 이론적 논의가 긴밀하게 이루어져야 할 것이다. 학문에 관한 체계적인 지식의 구성은 바로 연구 방법의 적용으로부터 가능한데, 이를 뒷받침하는 것이 바로 연구의 방법론이기 때문이다. 연구 방법을 새롭게 발견하거나 구성하거나, 또는 기존의 방법을 가다듬기 위해서라도 연구 방법에 대한 이론적 논의는 필요하다.

작문 연구의 방법론을 탐색하는 일이 이루어져야 작문을 올바르게 해석하거나 새롭게 해석할 수 있는 연구 방법을 찾을 수 있다. 그리고 연구 방법이 확립되어야 작문 분야의 체계적인 지식을 구성할 수 있는 연구 결과를 얻을 수 있다. 인지심리학적 작문 연구가 '사고 구술'이라는 내성적인 연구 방법을 사용함으로써 인지주의 작문 이론의 지식을 구성할 수 있었던 것은 이의 좋은 예라고 할 수 있다.

그러므로 방법론을 탐색하지 않으면서 새로운 연구 방법, 적절하고 타당한 연구 방법을 찾는다는 것은 어려운 일이다. 국어교육의 연구 방법이 충분하게 확정되어 있지 못한 것도 방법론이 논의되지 못했기 때문이다. 연구 방법의 부재는 국어교육을 학문 영역으로 인정하는 것을 주저하게 만든다. 마찬가지로 작문 연구 방법의 부재도 작문 분야를 독립적인 학문 영역으로 인정하는 데 인색하게 한다. 연구 방법의 부재는 결국 체계적인 지식의 구성을 어렵게 하기 때문이다.

현재 수행되고 있는 작문 분야의 연구는 인문학적 연구 방법과 사회과학적 연구 방법이 선택적으로 활용되고 있다. 연구자가 어떠한 학문을 배경으로 하는가에 따라 적용하는 연구 방법이 크게 다르다. 인문학, 특히 문학을 배경 학문으로 하고 있는 경우에는 문헌 탐구 중심의 연구 방법이 더욱 빈번하게 사용된다. 이러한 경향에서는 작문 교육의 방안이나 방법을 제안하는 경우에도 인문학적 방법을 적용하는 사례가 흔히 발견된다. 교육은 심리학적 지식을 바탕으로 삼는다는 점을 생각해 보면 이러한 예는 타당하다고 하기 어렵다.

 인문학적 연구 방법을 적용하지 않는 경우에는 대체로 사회과학적인 연구 방법을 적용하고 있다. 사회과학적인 연구 방법이 작문 분야, 특히 작문교육 영역의 실태를 찾고 교육적 처방을 내리는 데 유효한 것으로 인정된다. 그러나 어떠한 방법을 선택하는가에 따라 그 지향점이나 과정이 크게 다르다. 실험적인 방법이나 조사의 방법을 선택하는가, 아니면 과정을 치밀하게 탐구하는 방법을 선택하는가에 따라 연구의 과정과 결과가 크게 다르다. 최근에는 양적 연구의 방법에 질적 연구 방법을 혼용하는 사례가 발견되기도 한다.

 그런데 문제는 앞에서 지적한 것처럼, 연구 방법의 선택이 타당하고 적절한지를 논의하는 맥락이 존재하지 않는다는 점이다. 연구 방법의 선택이 연구자의 자의적인 판단에 의존하고 있을 뿐 합리적인 근거를 발견하기 어렵다. 양적 연구 방법과 질적 연구 방법은 인식론적 차이가 있다는 주장(조용환, 1998)을 고려하면 이 둘의 혼용은 더욱 심도 있는 논의가 필요해 보이는데 실상은 그렇지가 못하다. 연구자가 선택한 연구 방법에 대한 합리적인 근거를 발견하기 어려운 것은 연구 방법론이 이루지지 않기 때문이다. 그래서 연구 방법의 선택이 자의적일 뿐만 아니라 방법의 적용 과정도 자의적이며 임의적이다. 이러한 상황은 타당하지 못한 연구 결과를 낳고 오류가 개입되어 있는 교육적 처방을 제안하는 데로 이어질 수 있다. 다양한 연구 방법이 존재하는 것은 바람직하지만 연구 방법이 일정한 방향이 없이 혼재하는 것은 적절하지 못하다. 이를 바로잡고 개선하는 데에 연구 방법에 대한 이론적 논의의 필요성이 제기된다.

나. 다양한 작문 연구 방법의 활용 모색

연구 방법에 대한 이론적 논의를 통해 새로운 방법을 창안하는 것도 좋지만, 선행 연구에서 적용되었던 연구 방법을 더욱 치밀하게 적용하는 것도 꼭 필요하다. 그러나 지금까지 우리나라에서 전개된 작문 연구는 이를 충실하게 수행해 오지 못했던 것으로 보인다. 인지주의 작문 이론의 태동을 가능하게 했던 사고 구술법은 선행 연구에서 매우 활발하게 적용되었던 방법이고 현행 제7차 국어과 교육과정에서 작문의 과정 평가 방법으로 안내되어 있다. 그럼에도 불구하고 이를 적용한 학술 연구는 거의 발견하기 어렵다. 기존의 연구 방법을 활용하지 않으면 그 방법이 안고 있는 문제를 발견하고 극복하는 데에 어려움을 겪는다. 방법을 시행하는 과정에 얻는 경험을 축적할 수 없기 때문이다. 사고 구술법은 인지적 부담이 크다거나 왜곡·변형의 우려가 크다는 등의 한계가 있는 것으로 알려져 있다(Steinberg, 1986). 그렇다면 이러한 한계를 극복할 수 있는 방법을 찾아야 할 것인데, 이와 관련된 연구 경험이 없으므로 한계를 극복하는 것이 불가능하다. 외국에서는 20여 년 전에 적용한 방법이지만 이제라도 이러한 방법을 충실하게 적용해 보고 연구 방법을 개선하려는 노력이 필요하다.

인접 학문이나 다른 학문 영역에서 활용하고 있는 연구 방법을 작문 연구에 활용할 수 있는 방안을 모색하는 논의도 필요하다. 예를 들어 작문 연구에서는 조사 방법을 선택하여 설문지를 작성하여 학생이나 교사에게 투입하는 방법을 사용하고 있지만, 심층 면담 방법이나 델파이(Delphi) 조사 방법, 경험 표집법(Experience Sampling Method) 등을 활용하는 연구도 이루어져야 할 것이다. 이러한 방법들은 인접 학문 영역에서는 매우 활발하게 활용되고 있다. 설문 방법은 평면적이고 평균적인 현황밖에는 밝힐 수 없지만 심층 면담 등등의 방법은 겉으로 잘 드러나지 않는 심화된 의미를 발견하는 데 유리하고, 통계 처리를 통해 검증된 결과를 얻을 수 있다는 점에서 유용하다(Hektner, Schmidt, & Csikszentmihalyi, 2007). 앞으로 전개될 작문 연구에서는 심층적인 의미를 탐색하고 미래를 예측하는 연구를 수행하기 위하여 이러한 방법을 적용하는 사례가 더 많아져야 할 것이다. 수량적 실험 연구가 충분히 축적되어야 진행할 수 있는 방법이기는 하지만 메타 분석(meta analysis)의 방법도 매우 유효하다. 메타 분석을 통해서 작문 교육 연구에서 적용한 프로그램의 효과를 정밀하게 파악할 수 있고 작문 교육의 실천과 관련하여 좀더 유효한 전략을 밝힐 수 있다(조재윤, 2005). 작문 연구에서도 메타 연구를 수행함으로써 작문 연구의 현황을 파악하고 효과적인 작문 교육 연구를 설계할 수 있을 것이다.

다. 작문 연구의 방법적 개념에 대한 모색

작문 연구를 활성화하기 위해서는 연구 방법 자체를 개발하거나 개선하는 노력이 요청된다. 그러나 이에 못지않게 효과를 얻을 수 있는 것 중의 하나가 바로 방법적 개념을 새롭게 모색해 보는 것이다. 방법적 개념이란 연구 방법 자체를 변화시키지 않으면서 연구 방법의 적용과 관련된, 연구자의 중점적인 관점을 드러내어 주는 개념을 일컫는 것이다. 방법적 개념은 인접 학문이나 다른 학문 영역에서 차용하여 활용할 수 있는 방법이다. 예를 들어 근대 문학 비평가를 분석적으로 연구한 권성우(1999)는 담화 이론가인 미셸 푸코, 벵상 데꽁브, 자크 라캉, 에드워드 사이드, 미하일 바흐친 등으로부터 '타자(他者) 의식'을 방법적 개념으로 설정하여 적용한 바 있다. 전통적인 문헌의 비교 연구 방법을 적용하지 않고 타자 의식이라는 방법적 개념을 통해 근대 문학 비평가를 분석하는 방법을 택한 것이다. 이러한 예는 작문 교육 연구에서도 활용할 수 있다.

작문이라는 표기 체계의 탄생을 유전 정보와 두뇌 정보로 구분하여 다룬 장회익(1990)도 방법적 개념을 적용한 예로 꼽을 수 있을 것이다. 장회익(1990)은 샤르댕과 포퍼로부터 '계층적 진화 이론'을 방법적 개념으로 채택하여 인간 정신의 출현과 작문 체계의 출현을 논의하고 하였다. 이를 통하여 두뇌 정보가 유전 정보를 추월하기 시작하는 시점에서 작문이라는 표기 체계가 탄생한 것으로 결론을 이끌고 있다. 개체 발생은 계통 발생을 반복한다는 '진화 재연'이라는 개념을 방법적 개념으로 설정하여 필자의 발달을 체계화하고자 한 박영민(2003, 2004)도 이러한 예로 꼽을 수 있다. 여기에서는 진화 재연에서 말하는 개체 발생과 계통 발생의 대응이 필자의 개체적인 발달과 작문의 계통적인 발달의 대응에 이어질 수 있다는 점에 주목하여 필자의 발달을 논의하였다. 또한 기호학적 개념과 모형도 방법적 개념을 활용하여 '맥락'의 의미를 탐색한 이재기(2006)도 이러한 범주에 포함할 수 있을 것이다. 기호학적 논의는 의미가 소통하는 방식에 대해 더 많은 방법적 개념을 제공해 줄 수 있으므로 활발한 적용 연구가 기대되는 영역이기도 하다.

이러한 선행 연구의 예는 작문 연구에서 인접 학문이나 다른 학문 영역으로부터 방법적 개념을 적극적으로 차용하여 활용할 수 있는 근거를 제공해 준다. 다른 영역에서 활발하게 적용되거나 확립되어 있는 개념을 방법적 개념으로 적용하고 활용함으로써 작문 연구를 더욱 다양하면서도 충실하게 수행할 수 있다.

3. 작문 연구의 내용

작문 연구의 내용은 기존의 다른 연구에서는 연구 주제나 연구 과제로 언급하였던 것이다. 여기에서는 연구 방법이라는 범주와 대칭을 이루도록 하기 위하여 내용이라는 범주 명을 사용하였다. 작문 연구 과제는 다음 항목에서 다시 논의하고 정리하게 될 것이다. 작문 교육 연구의 내용은 작문 교육과의 관련을 참조하여 학생 중심의 연구, 교사 중심의 연구, 교육 정책 중심의 연구로 대별하여 논의하기로 한다.

가. 학생을 중심으로 하는 작문 연구

작문 연구의 큰 축을 이루는 것은 학생을 대상으로 하는 작문 연구이다. 이러한 연구를 작문 교육 연구라고 할 수 있는데, 이러한 연구에서는 일차적으로 학생을 중심으로 하는 연구 방향을 고려해야 할 것이다. 우선 작문 교육은 학생 작문 능력의 신장을 목표로 하고 있으므로 이 지점에 대한 연구 방향을 지적해야 할 것이다. 작문 교육을 체계적으로 수행하기 위해서는 작문 능력이 무엇이고 어떠한 요인으로 구성되어 있는지를 알아야 한다. 그러나 현재 지금까지 수행된 작문 연구는 이에 대해 명확한 답변을 제공해 주지 못하고 있다. 작문 능력이란 구체적으로 어떠한 능력이며 무엇을 할 수 있는 능력을 의미하는지, 그리고 작문 능력은 어떠한 하위 요인들로 구성되어 있는지를 알지 못하는 상황에 있다. 그러므로 이에 대한 종합적이면서도 체계적인 연구가 이루어져야 할 것이다. 단편적인 연구가 충분하게 축적되어 작문 능력의 개념과 구성 요인에 대한 탐색이 이루어질 수도 있다. 이를 위해서도 작문 분야를 연구하는 여러 연구자가 다양한 맥락에서 작문 능력을 분석하고 타당화하려는 노력을 기울여야 한다.

작문 능력의 개념 및 구성 요인에 대한 연구뿐만 아니라 작문 능력의 발달 과정에 대한 연구도 이루어져야 한다. 학생의 작문 능력이 어떠한 궤적을 그리면서 발달해 가는지에 대한 정보를 확보하고 있어야 작문 교육의 체계를 수립할 수 있다. 작문 능력의 발달과 관련하여 Bereiter(1980)가 흔히 인용되지만 이는 엄격하게 말하면 작문 '기능(技能)'의 발달을 다룬 것이고 연구 자체도 실증적이라기보다는 이론적인 구성에 가깝다고 할 수 있다. 학생 필자의 발달 과정을 연구한 Britton et al.(1975), Klein(1985), Baghban(1984) 등이 있지만 모두 오래 전에 이루어진 연구여서 현재적 의미를 찾기 어렵고 외국 사례라는 점에서 우리나라에 그대로 적용하기 어려운 한계가 있다. 국내의 연구로는 박태호 외(2005)가 있지만 초등학생을 대상으로 하여 설명문이라는 유형만을 다루고 있어 전체적인 그림을 그리기에는 부족한 점이 있다. 물론 이러한 연구들이 축적될 때 작문 능력의 발달을 총체적으로 파악할 수 있게 될 것이다.

이러한 선행 연구들은 작문 능력 발달 연구의 필요성을 더욱 깊이 일깨워 준다. 작문 능력의 발달을 연구할 때에는 종단적인 방법도 적용되어야 할 것이다. 현재 보고 되어 있는 대부분의 연구는 횡단적인 것인데 능력이 발달하는 진정한 모습을 관찰하기 이해서는 종단적인 연구 방법의 적용이 절실하다. Baghban(1984)은 출생 시점부터 세살 때까지의 발달 과정을 다루고는 있지만 이는 발달이 완성되어 가는 전체적인 기간을 대상으로 하지 않은 것이어서 한계를 안고 있다. 그러나 종단 연구는 그 필요성과 중요성에도 불구하고 개인적인 수준에서는 접근하기 어려운 점이 있다. 막대한 비용과 인력이 요구되기 때문이다. 그러므로 국가적인 수준에서 종단적인 작문 능력의 발달을 연구하는 방안도 적극적으로 고려해야 한다.

학생을 중심으로 한 작문 연구에서는 인지적 과정 모형에 대해서도 다루어야 할 필요가 있다. 현재 이루어지고 있는 과정 중심 작문 교육은 Hayes & Flower(1980), Flower & Hayes(1981)에서 제안된 모형을 바탕으로 하고 있다. 그런데 여기에서 제안된 모형이 대학생이라는 능숙한 필자를 대상으로 삼아 얻는 결과이므로 그 이하의 학생 필자에게도 동일하게 나타나고 있는지를 탐색해 볼 필요가 있다. 인지적 과정 모형을 학생들이 도달해야 할 목표 지점으로 놓고 학생 필자들을 교육할 수도 있다. 그러나 학생 필자들의 작문이 실제로 그러한 모형을 반영하고 있는지를 탐색

한다면 현재의 교육적 처방이 옳고 그른지를 알 수 있을 뿐만 아니라 더욱 타당하면서도 효율적인 작문 교육을 기대할 수 있다. 학생 필자의 인지적 과정 모형을 별도로 연구해야 한다고 하는 것은 바로 이 때문이다.

이를 위해서는 선행 연구에서 활용된 '사고 구술'과 같은 연구 방법을 활용할 수 있고 개선된 방법으로서 '반성적 쓰기'를 적용하거나 다른 학문 영역에서 활용하고 있는 첨단적인 방법을 적용해 볼 수 있다. 가능하다면 다양한 방법을 동원하여 다양한 맥락에서 학생 필자들의 작문 과정을 탐색하여 비교하는 것이 바람직하다. 선행 연구의 인지적 과정 모형과의 차이가 발견된다면 작문 교육을 적절하게 수정하는 일이 수반되어야 할 것이다.

앞으로 전개될 학생 관련 작문 교육 연구에서는 정의적 영역에 대해서도 관심을 두어야 할 것이다. 지금까지는 작문 교육 연구가 인지적 영역에 집중되어 온 경향이 있는데 인지적 영역과 정의적 영역의 균형 잡힌 발달을 고려한다면 이 영역에 대해서도 연구가 이루어져야 한다. 정의적 영역에 대한 연구가 축적되지 못함으로써 이에 대한 교육적 필요성이 감소하는 경향을 보이고 있다. 새로 확정·고시된 작문 교육과정에서 정의적 요인을 배제한 것은 이의 예로 꼽을 수 있다. 작문 교육에서 의도하고 있는 생애 필자(life-term writer)를 양성하기 위해서는 인지적 영역보다도 작문의 동기나 습관과 같은 정의적 영역의 중요성이 훨씬 더 크다. 글을 못 써서 생애 필자가 되지 못하는 것이 아니다. 글을 쓸 수 있는 능력을 가지고 있음에도 불구하고 글을 쓰고 싶은 동기나 글을 쓰는 것이 생활화된 습관이 형성되지 않아서 생애 필자가 되지 못하는 것이다. 그러므로 학생 필자의 정의적 요인을 구성하는 하위 요인은 무엇이고, 각각의 하위 요인의 형성에 영향을 미치는 요인은 무엇인지를 밝히는 연구가 이루어져야 한다. 또한 각 요인은 어떠한 경로를 통해서 어떻게 변화해 가는지에 대해서도 연구되어야 한다. 하위 구성 요인과 그 변화 경로를 파악함으로써 정의적 요인을 바람직하게 형성할 수 있는 프로그램을 개발할 수 있고 이를 적용하는 작문 교육이 전개될 수 있다.

나. 교사를 중심으로 하는 작문 연구

지금까지는 대체로 작문 연구는 작문 교수-학습 방법을 제안하는 연구가 많았다는 점에서 주로 교사를 중심으로 한 연구가 수행되어 왔다고 해도 과언이 아니다. 특정한 요인을 고려할 때 어떻게 작문 교수-학습을 모형화하고 절차화하는 것이 적절한지를 다루는 연구들 많았다. 이러한 제안을 작문 교수-학습에 적용함으로써 실제적으로 작문 교육이 개선되는 효과도 얻을 수 있었다.

그런데 이는 현직 교사를 중심으로 한 것이어서 다른 방향으로 연구 영역을 확장하는 것도 필요해 보인다. 즉, 현직 교사 이외에 교사 양성 과정의 교육이 어떻게 이루어져야 하는지를 다루는 방향으로 작문 교육 연구의 영역이 확장되어야 할 것이다. 현직 교사에게 교육적 정보를 제공하기 위한 작문 연구도 중요하지만, 교육이 미래적 가치를 실현하는 일이라고 본다면 교사 양성 과정을 이수하고 있는 예비 작문 교사에게 어떠한 정보를 어떻게 제공할 것인지를 다루는 작문 교육 연구도 중요하다. 교사 양성 과정에서 작문 교육에 관한 충분한 정보를 습득하고 교육 방법을 터득함으로써 교실에서 더욱 유효한 작문 교수-학습을 수행할 수 있을 것이다.

교사 중심의 작문 교육 연구에서 주목해야 할 것 중의 하나는 작문 교사의 전문성 신장과 관련되는 요인에 대한 것이다. 작문 교사의 전문성은 교수-학습 전문성과 평가 전문성으로 구분할 수 있는데 이 중에서도 평가 전문성의 신장이 더욱 긴요한 것으로 생각된다. 작문은 평가자의 주관이 개입될 수밖에 없는, 평가자 내 신뢰도와 평가자 간 신뢰도의 확보가 모두 어려운 평가 구조를 취하고 있기 때문이다. 작문 영역은 국어교육의 다른 영역에 비해 평가 방법이나 평가 도구의 개발이 충분히 이루어지지 못한 실정이다. 어떤 경우에는 평가 방법과 평가 도구가 구분되지 못하고 혼동을 일으키는 경우도 있다. 이러한 사정에 비추어 볼 때 작문 교육 연구는 작문 평가 방법 및 작문 평가 도구의 개발에 유의하지 않으면 안 될 것이다. 이는 곧 작문 교사의 평가 전문성으로 이어지게 될 것이다.

교사를 중심으로 하는 연구에서는 교사의 정의적 요인에 대한 연구도 병행되어야 한다. 특히 작문과 관련된 교사의 신념, 동기, 습관은 작문 교육 연구에서 집중적으로 다루어야 할 요인들이다. 작문에 대한 교사의 신념, 동기, 습관은 작문 교수-학습 및 작문 평가에 영향을 미칠 뿐만 아니라 학생들의 신념, 동기, 습관에도 영향을 미치기 때문이다(White & Bruning, 2005). 교사가 작문을 권위 있는 출처로부터 얻은 지식이나 정보를 독자에게 전달하는 것으로 생각한다면(transactional writing beliefs) 교사가 전개하는 작문 활동은 이러한 범주를 벗어나지 않게 된다. 그리고 이러한 전달 신념에 따라 작서된 글을 우수하게 평가함으로써 학생들의 쓰기 신념을 이러한 방향으로 이끌어 가게 된다. 또한 작문 교사가 글을 쓰는 것을 좋아하고 습관화하고 있다면 학생들에게도 영향을 미쳐 작문 동기와 작문 습관을 긍정적으로 변화시킬 수 있다. 교사가 작문에 대한 동기를 형성하고 있지 못하다면 학생들의 작문 동기를 긍정적으로 변화시키기 어렵다. 이는 체육 교사가 땀 흘리기를 싫어하면서 축구를 가르치려고 하는 것과 같다고 할 수 있다.

그러므로 작문 연구에서는 현재 작문과 관련한 교사의 신념, 동기, 습관이 어떠한지를 조사할 필요가 있으며, 교사의 정의적 요인을 긍정적으로 변화시키기 위해 프로그램의 구성과 적용 방안도 논의할 필요가 있다. 좀 더 영역을 확장한다면 양성 과정에서부터 작문과 관련된 신념, 동기, 습관을 다룰 수 있는 교육 내용과 방법에 대해 연구를 진행해야 할 것이다. 교사가 학생에게 미치는 영향을 고려한다면 양성 과정에서부터 정의적 요인을 다루는 것이 중요하다. 이를 위해서는 작문 교육 연구가 교사의 정의적 영역에 대한 연구를 충실하게 수행해야 한다.

다. 교육 정책을 중심으로 하는 연구

국어교육학 전반이 그러한 것처럼 작문 교육 연구도 새 교육과정이 구성될 당시에만 교육 정책과 관련된 연구가 이루어지는 상황에서 벗어나지 못하고 있다. 현행 작문 영역과 작문 과목의 교육과정을 비판적으로 검토하고 어떻게 구성되어야 하는 것이 바람직한지에 대한 논의가 시의적인 경향을 띠고 있는 것이다. 그러나 이러한 상황에서는 작문 교육 정책이 올바르게 설정되기 어렵다. 작문 교육 연구의 축적과 무관한 것은 아니지만, 작문 교육과정을 구성하는 등의 정책적인 일 자체에 대한 연구가 지속적으로 이루어져야 한다. 작문 교육은 교육학과 같이 교육과정, 교수-학습 방법, 교육평가 등의 전공 영역이 세분되어 있지 않은 상황이므로 작문 교육 정책에 대한 연구의 지속적인 수행이 무엇보다도 중요해 보인다. 급속하면서도 시의적인 요구에 따라 이루어지는 연구를 통해서는 바람직한 작문 교육의 방향, 타당한 작문 교육의 방향을 논의하기 어렵다. 따라서 작문 교육과정이 적용되고 있을 때에는 교육 내용의 적정화 수준, 교육 내용의 내실화 수준 등을 논의하는 교육과정 평가에 대한 연구가 지속적으로 진행되어야 하며 그 개선의 방향과 방안에 대한 논의가 체계적으로 전개되어야 할 것이다.

또한, 작문 교육과정과 맞물려 있는 교과서 개발 연구도 동일한 맥락에서 이루어져야 할 것이다. 교과서가 개발되어야 할 즈음에서 어떻게 작문 교과서를 구성하는 것이 바람직한지를 다루는 논의가 집중적으로 전개되고 있는데, 이러한 논의는 상시적으로 이루어지는 구조를 지향해야 할 것이다. 현행 교과서를 분석하고 평가하고 실태를 점검하는 연구가 상시적으로 이루어지고 이를 바탕으로 하여 새로운 교과서에 대한 모형이 제안될 수 있도록 하는 것이 바람직하다. 급속한 논의 구조 속에서 이루어지는 연구는 대중적인 차원에 머물거나 이상적인 형태를 제안할 가능성이 높기 때문이다.

이러한 연구 결과는 검정 교과서 제도를 도입하고 운영하는 데에도 긍정적으로 활용될 수 있을 것이다. 작문 교과서를 검정하는 제도도 정책적인 것이라고 할 수 있는데 이에 대해서는 아직 학술적인 연구가 이루어지지 못했다. 정책을 시행하는 성격이 강해서 제도적인 차원에서만 방침을 수립하여 적용하는 예가 많은 듯한데, 학술적인 연구를 통해서 작문 교과서 검정 제도의 체계를 마련할 필요가 있다. 물론 검정된 교과서를 비교하고 분석하는 연구, 교과서를 적용하는 각급 학교의 실태에 대한 연구도 병행되어야 할 것이다.

논술 교육과 같은 정책 결정에도 작문 교육 연구가 관심을 두어야 할 것이다. 논술 교육이 이루어지고 있는 현실적 맥락의 분석만을 시도할 것이 아니라 논술 교육이 어떻게 이루어져야 하고 공교육 내에서 실현될 때 어떠한 위상과 어떠한 구조를 취해야 하는지를 작문 교육 연구에서 다루어야 한다. 논술 교육은 교육적 맥락에서, 논술 평가는 평가의 맥락에서 작문 교육 연구가 개입할 수 있다. 지금까지 이루어진 연구는 정책 결정과 관련된 면보다는 현상적인 성격이 강했다고 할 수 있다. 또한 이미 결정된 정책을 뒤따르면서 그것이 어떠한 문제가 있으며 어떻게 보완해야 할지를 다루는 추수적인 연구가 많았다고 할 수 있다. 그러나 앞으로 전개될 작문 교육 연구는 작문 교육과 관련된 정책을 개발하여 제안하고, 정부 기관이 마련한 정책을 직접으로 비평하고 수정하고 보완하는 연구로 영역을 확장해야 할 것이다. 작문 교육 정책 결정은 작문 교육에 매우 결정적인 영향을 미치기 때문이다.

4. 작문 연구의 과제

작문 연구의 내용중에서도 작문 연구의 과제로 판단되는 것을 부분적으로 다루었다. 그러나 이 때 모든 연구 과제를 다루었다고 보기는 어렵다. 작문 연구의 주요한 부분을 이루면서도 본질적인 것으로 판단되는 연구 과제 몇몇 가지를 더 추가하고자 한다.

첫째, 작문 능력의 발달에 대한 연구가 이루어져야 할 것이다. 작문 능력 발달은 곧 필자의 발달과 맥을 같이하는데, 독서 능력의 발달에 대한 연구가 소소하게 제출되는 것과는 달리 작문 분야에서는 이에 대한 연구가 매우 부족하다. 작문교육이 궁극적으로 필자의 작문 능력 신장이라는 점에서 보면, 필자의 작문 능력이 어떠한 궤적을 그리면서 발달하는지에 대한 정보를 확보하는 것은 무엇보다도 중요한 일이다. 현재에 축적되어 온 연구는 현상적 요법의 성격이 강한 바, 차후에는 이러한 분야에 대한 연구가 이루어져야 할 것으로 판단된다.

둘째, 독서와 작문의 관련성을 면밀하게 짚어내는 연구가 요청된다. 문식성의 수준이 높아질수록 독서와 작문은 밀접하게 통합되는 경향을 보인다. 읽는 것과 쓰는 것이 통합적이면서도 동시적으로 일어나기 때문이다. 작문교육에서 글의 구조에 대한 학습은 독서에 의존하는 경향이 크다는 점은 널리 알려진 사실이거니와, 내용이 없는 기능의 연습이 공허함에 빠질 수 있다는 점에서 볼 때에도 독서와 작문의 연결은 긴밀한 과제로 판단된다. 따라서 독서와 작문의 통합을 다양한 관점에서 다루면서도 이를 유기적으로 접근하는 연구의 집적이 요청된다. 현재의 연구는 현상적 통합을 다루는 수준에서 머물고 있는 실정이다.

셋째, 작문의 결과물인 텍스트 자체를 다루는 데 필요한 용어와 개념을 풍부하게 개척하고 정련하는 연구가 이루어져야 한다. 현재 작문교육에서 다루는 전문용어를 꼽기는 쉽지 않다. 학문의 발전이 개념을 다루는 전문용어의 발전과 궤를 같이 한다는 점에서 보면, 작문교육 영역의 전문용어가 많지 않다는 것은 이의 연구가 심도 있게 진행되지 못했음을 반증하는 것이라고 할 수 있다. 현재 작문의 텍스트를 설명하기 위해서 사용되고 있는 통일성, 응집성, 일관성조차도 개념이 불확실한 실정이다. 작문교육을 학문적 관점에서 체계적으로 이끌어가기 위해서는 기존에 사용하고 있는 용어를 명확하게 규정하는 연구가 이루어져야 할 뿐만 아니라 새로운 개념어도 창안하는 학문적 노력이 있어야 할 것이다. 작문교육의 방법적 개념이 명확하지 못하면 치밀하고 정교한 논의를 전개할 수 없으며, 이는 효율적인 작문교육을 구안하는 데에도 난항을 겪을 수 있다.

넷째, 이와 아울러 작문교육의 방법적 개선을 자극하는 연구도 이루어져야 한다. 현재 작문교육에서 주류로 사용되는 다양한 방법과 전략은 답보 상태에 머물고 있다. 작문을 다루는 대부분의 실용서가 국어학적 지식을 활용하는 문장 쓰기나 수사법을 나열하는 수준을 벗어나지 못하고 있을 뿐만 아니라, 과정 중심의 전략과 실제를 다루는 연구서들도 이른바 '과정'이라는 한계에 갇혀 있는 실정이다. 이를 개선하기 위해서는 외국의 선진적인 사례를 번안하는 작업과 함께 우리의 고전적인 것으로부터 방법에 대한 아이디어를 구하는 노력, 연구 방법에 대한 재해석을 바탕으로 한 방법적 변용 및 적용의 노력이 요청된다. 예를 들어, 사고구술을 변용한 '메타작문'의 방법은 학생필자로 하여금 자신의 작문과정을 반성적으로 검토하면서 쓰도록 한 글, 즉 자신의 작문에 대한 작문이라는 점에서 유용성이 높은 것으로 판단된다. 이 메타작문에는 사고구술의 프로토콜처럼 학생필자가 글을 쓰는 과정에서 겪었던 사고의 과정을 잘 반영해 주고 있어, 작문교육 및 작문평가와 관련된 정보를 쉽게 파악할 수 있기 때문이다.

다섯째, 문학에서 다루는 창작교육과의 관계에 대한 연구가 이루어져야 한다. 제7차 국어과 교육과정에 오면서 작문교육과 창작교육은 서로 다른 영역으로 분리되었다. 그러나 글의 장르적 특성과 내용의 발상 및 표현의 방법이 다른 점이 포착되기는 하지만, '글을 쓴다'는 점에서 보면 작문교육과 창작교육은 서로 발전적으로 의존할 수 있는 접점이 넓은 것은 틀림없는 사실이다. 이를 통해서 볼 때, 이들의 영역 구분을 당연한 현실로 받아들일 것이 아니라 어떻게 발전적인 관계를 구축해야 할 것인지를 논의할 필요가 있다. 학문적인 차원에서는 작문교육과 창작교육을 나누어서 고려할 수는 있겠지만, 대부분 한 명의 국어교사 과목 수업을 맡는 경우에는 이의 분리가 사실상 무의미할 수도 있다는 점에서도 더욱 그러하다.

여섯째, 국어과교육의 영역을 넘어 작문을 범교과적으로 접근하는 관점의 연구가 이루어져야 할 것이다. 최근 국가 경쟁력의 원천이 과학에 있다는 점이 강조되면서 과학교육이 큰 유행을 타고 있는데, 과학교육의 영역에서는 과학교육을 효율적으로 수행하는 방법으로서 언어와의 관련성에 주목하고 있다. 과학교육의 근간은 과학자료 및 과학교과서의 읽기에 있고, 과학교육의 성과는 학습 결과를 작문으로 표현하고 집적해 가는 것에 있기 때문이다. 그런데 내용교과에서 이루어지는 이러한 연구는 일정한 한계를 안고 있다. 이 분야의 연구자들은 과학에 경도되어 있어 작문에 대한 안목을 충분히 갖추고 있지 못하기 때문이다. 작문의 중요성을 심화하고 작문의 효용성을 확장하기 위해서는 이러한 분야에 대한 작문 연구자의 관심과 연구가 절실히 필요하다.

일곱째, 범교과적 작문의 논의와 같은 맥락에서, 작문을 다른 교과의 학습을 위해서만 교육하는 것을 넘어서서 국어교과의 지식(내용)을 가르치는 데에도 활용될 수 있도록 하는 연구가 이루어져야 한다. 문학영역, 국어지식영역은 배경 학문에 근간을 두고 있어 다양한 지식의 체계를 갖추고 있다. 따라서 국어과교육에서도 이러한 지식에 대한 학습이 요청되는데, 이에 대한 접근을, 범교과적 작문의 방법처럼, 작문을 통해서 접근할 수 있도록 하는 연구가 이루어져 할 것이다. 현재에는 작문교육의 방법을 작문교육의 방법으로서만 연구할 뿐, 국어교과의 학습에서 어떻게 활용할 수 있을 것인가를 고민하지 않는다. 작문이 국어교과의 한 영역이라고 한다면, 국어교과의 학습에 적절히 활용되는 것은 더욱 자연스러운 일일 것이다. 내용교과의 학습에 작문의 유용성이 분명하게 확인되고 있는 만큼, 국어교과의 지식(내용) 학습에도 충분히 활용될 수 있을 것이다.

여덟째, 작문교육이 이루어지는 교실을 질적으로 접근함으로써 이로부터 작문이론과 작문교육의 방법을 발견하는 연구가 이루어져야 할 것이다. 지금도 이러한 연구들이 부분적으로 수행되고 있으나 좀 더 집중적인 연구가 필요하다. 연구가 집중적으로 이루어짐으로써 실제 학교에서 이루어지는 작문 수업의 구조를 확인하고, 그 구조 속에서 작용하는 주요 요인에는 무엇이 있는지를 발견하며, 작문 수업에서 일어나는 교사와 학습의 상호작용을 구체적으로 확인할 필요가 있다. 이러한 연구를 통해서 작문교육의 현장을 현실적으로 이해하는 토대 위에서 작문이론의 수립과 작문교육 방법의 실천이 가능할 것이다. 아직도 작문교육을 개선하는 데에 요구되는 구체적인 정보가 부족한 것은 이러한 미시적인 연구가 충분히 축적되지 않았기 때문일 것이다.

5. Eye-tracker와 Key-logger를 활용한 작문의 인지 과정 탐구

가. 연구의 개요

작문은 의미를 구성하는 복합적인 정신 작용의 과정이다. 인지심리학에 학문적 기초를 둔 연구자들은 작문의 인지적 과정이 어떻게 이루어지는지를 탐구하기 위해 많은 노력을 기울여 왔다. 이에 따라 구체적이면서도 실증적인 연구가 수행되어 왔으며, 그 결과 작문의 인지 과정에 대한 이해가 폭넓게 이루어지고 있다.

초기 작문 연구의 방향은 완성된 텍스트를 대상으로 한 언어학적 분석이 주류를 이루었다. 완결성 있는 텍스트의 구성, 즉 텍스트의 의미보다는 외현적 특성에 주목한 분석이 주로 이루어졌다. 그러므로 텍스트를 완성해 가는 인지 과정보다는 텍스트 결과물 자체에 대한 관심이 중심을 이루었으며, 작문 과정을 단선적인 과정으로 이해하는 경향을 보였다.

그러나 인지심리학이 발달하면서 글을 완성하는 작문 과정에 대한 관심이 커지고 인지 작용을 조사할 수 있는 연구 방법이 속속 제안되면서 의미의 구성이 어떻게 이루어지는가를 밝히려는 노력이 집중적으로 이루어졌다. 최근에는 Eye-tracker를 활용하는 방법, Key-logger를 활용하는 방법, 더 나아가 이 둘을 통합하는 방법이 작문의 인지 과정을 밝히는 데 기여하고 있으며, 의욕적인 연구자들은 1980년대에 인지 심리학자들이 사용했던 사고구술법 및 비디오 분석법까지를 통합하여 작문의 인지 과정을 세밀하게 분석하기 위해 노력하고 있다.

따라서 여기에서는 작문의 인지 과정이 어떻게 탐구되어 왔는지를 검토하고, 최근에 적용되고 있는 Eye-tracker와 Key-logger를 활용한 연구 경향을 소개하는 데 목적을 두고자 한다. 이를 바탕으로 하여 작문을 바라보는 인식의 변화의 흐름과 그에 따른 연구 방법의 흐름을 짚어보고, 각 연구 방법이 갖는 의의와 한계, 그리고 각각의 연구 성과들을 살펴봄으로써 과거와 현재, 그리고 미래의 작문 연구의 방향을 고민해 볼 수 있는 장을 마련하고자 한다. 물론 이러한 검토는 교실에서 글을 쓰는 학생들에 대한 이해를 촉진함으로써 작문 교육을 어떻게 설계하고 시행할 것인가에 대한 함의를 제공해 줄 수 있을 것이다.

나. 작문 이론의 전개와 작문 연구 방법

작문을 바라보는 관점은 일반적으로 형식주의, 인지주의, 사회구성주의로 변화하여 왔다고 설명된다. 형식주의에서는 모범문을 구성하는 텍스트의 외적 특질에 주목하는 특징을 보이고, 인지주의에서는 인지심리학의 관점에 따라 필자의 인지 과정에 주목하는 특징을 보인다. 사회구성주의에서는 작문 과정에 개입하는 예상독자의 역할을 강조하는 경향이 있다. 이 중에서 인지주의는 필자 개인의 특성에 주목한다는 점을 고려하여 '개인구성주의'로 구분하여 사회구성주의와 양립하는 경향으로 설명하기도 한다. 그런데 이러한 세 가지의 이론적 경향은 작문의 과정을 하나의 설명한 가능한 체계로 보는 특징이 있는데, 작문을 이렇게 설명 가능한 체계로 환원할 수 없다고 보는 관점도 존재한다. 탈구조주의적 관점의 경향이 이러한 예에 속한다.

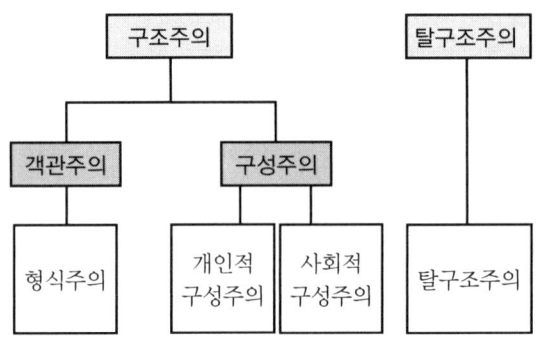

〈그림 1〉 작문을 바라보는 주요 관점

이러한 이론적 경향 중에서 작문의 인지 과정을 가장 명확하게 다루고 있는 것은 인지주의 이론이다. 인지주의 이론에서는 내성법(內省法)의 한 종류인 사고구술의 방법을 활용하여 작문의 인지 과정 모형을 수립하였다. 지금까지 제안된 모형 중에서 가장 널리 알려진 것은 Flower &

Hayes(1981)의 다음 모형이다.

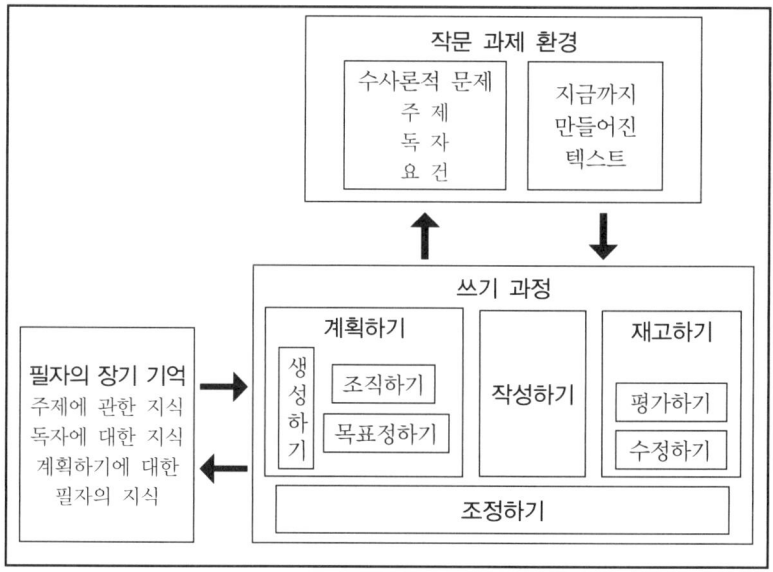

〈그림 2〉 작문의 인지 과정 모형(Flower & Hayes, 1981)

이 모형에 따르면 작문 과정은 계획하기, 작성하기, 재고하기의 하위 과정들이 존재하며 이들의 상호작용에 의해 텍스트가 구성된다. 이 모형에 따르면 첫째, 작문의 하위 과정들은 동시적이며 상호작용적으로 작용하는 비선형적 과정이라는 점, 둘째, 작문의 전 과정은 목표 지향적이라는 점, 셋째, 작문 행위 자체가 새로운 목표 발견을 유도한다는 특징이 있다.

인지주의 작문이론에서 기대고 있던 연구 방법은 인지심리학자들이 적용했던 내성법이다. 여러 가지 내성법 중에서도 작문 과정을 병렬적으로 파악할 수 있는 사고구술법을 활용하여 프로토콜을 수집하고 그것을 분석하는 방법을 활용하였다. 사고구술법을 통해 얻은 프로토콜은 완성된 텍스트에서는 발견할 수 없었던 심층적이고 다양한 인지적 요인들의 분석을 가능하게 해주었다. 작문의 과정에서 떠오르는 모든 생각을 실시간적으로 구술함으로써 필자의 사고 과정에 접근할 수 있었던 것이다. 이러한 연구 방법을 활용함으로써 이전에는 알지 못했던 작문의 인지적 과정을 부분적으로나마 이해할 수 있게 되었다.

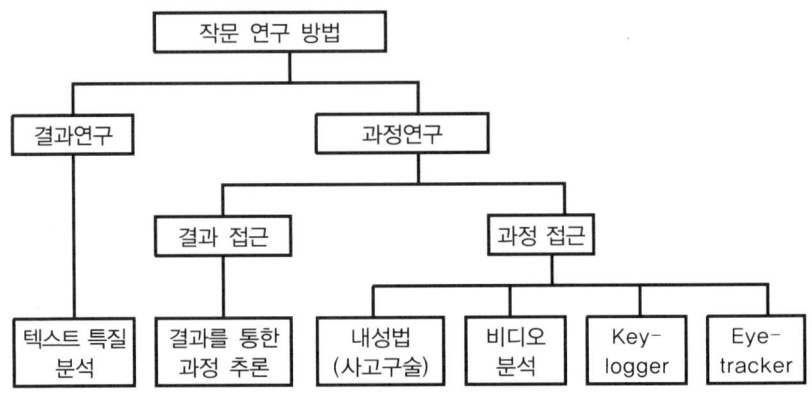

〈그림 3〉 작문 연구 방법의 종류

그러나 이러한 내성법은 근본적인 한계를 지니고 있었다. 사고구술을 하는 과정에서 필연적으로 인지 과정에 대한 왜곡이 일어날 수밖에 없었고, 필자에게 인지되지 않는 보다 심층적인 과정에 대해서는 여전히 접근할 수 없었기 때문이다. 따라서 이러한 작문 인지 과정 연구의 한계를 보완하기 위한 새로운 대안적 방법을 모색하게 되었다.

내성법의 한계를 보완하고 더 깊이 있고 유의미한 정보를 추출하기 위한 방법으로 필자들의 행동을 제약하지 않으면서 자연스러운 행동 분석 속에서 의미를 끌어낼 수 있는 실험적 도구들이 개발되고 제안되었다. 이러한 실험 도구의 방법이 바로, 비디오 촬영을 통한 영상 분석, 컴퓨터 상에서 이루어지는 작문에서 발생하는 모든 키보드 입력 기록의 저장, 작문 과정에서 발생하는 필자의 눈동자 움직임 추적의 세 가지 방법을 적용하여 작문 연구의 새로운 패러다임을 형성하고 있다.

다. 작문의 인지 과정 탐구를 위한 대안적 방법

(1) Key-logger

작문의 인지 과정을 올바로 이해하기 위해서는 실시간으로 전개되는 인지적 작용을 분석해야 한다. 이러한 온라인 작문 과정을 관찰할 수 있는 하나의 창으로서 키보드 입력 기록의 분석이 작문 연구의 새로운 방법으로 부각되고 있다. Key-logger란 컴퓨터상에서 이루어지는 모든 키보드, 마우스의 움직임을 기록하는 방법을 말한다. 이를 적용하면, 필자가 입력하는 모든 문자의 입력, 수정, 삭제, 대치 등의 과정과 결과를 관찰할 수 있으며, 시간적 경과에 따른 텍스트의 변화 과정을 살펴볼 수 있는 도구로써 활용할 수 있다.

이렇게 필자의 글자 입력 과정을 기록할 수 있는 컴퓨터 소프트웨어는 다음과 같은 것들이 개발·제안되었다.

- JEDIT : 매킨토시 컴퓨터에서만 사용 가능. 기록 파일 분석, 재생이 가능. MID(Move-Insert-Delete) 파일을 수정하기 활동 표현인 S-notation으로 변환.
- Script-log : Windows 환경에서 사용 가능. 그림, 사진 또는 과제 제시글의 결합 가능. 프로그램 자체에서 워드프로세서 지원, 최신 버전에서는 다른 워드프로세서의 환경을 지원하나 키보드 입력 기록만 저장이 가능.
- Input-log : Windows 환경에서 사용 가능. 눈동자 추적 장치와 결합 가능. 키보드 입력과 동시에 음성 녹음 기능 지원. 컴퓨터 및 아이패드와 결합 가능. MS-Word 환경에서 작문 기록 지원.
- Trans-log : 번역 과정 연구를 위해 개발. 번역 대상 글을 전체글, 문단, 문장으로 나누어 제시 가능

위와 같은 소프트웨어는 해당 사이트에서 무료로 내려받을 수 있으므로 연구 목적에 맞게 선택하여 활용할 수 있다. 모든 프로그램에서 키보드 입력 기록을 재생할 수 있으며, 자체적인 분석프로그램을 통해 설정된 멈춤 시간의 조건에 맞는 다양한 멈춤의 유형, 멈춤의 위치, 키보드 입력 기록의 누적 데이터 자료를 제공해 준다. 다만 아직까지 한글 지원이 이루어지지 않아 국내 연구에서는 활발하게 적용하는 데 한계가 있다.

Key-logger를 활용한 연구에서 주목하는 작문 활동은 이른바 '멈춤'에 대한 분석이다. 멈춤이 어느 위치에서(distribution), 어느 정도의 길이로(duration), 얼마나 자주(frequence) 일어나는가가 분석의 중심을 이룬다. 이를 통해서 글을 쓰는 필자의 인지 과정에 대한 접근이 가능하다고 보고 있기 때문이다. 현재까지 이루어진 대다수의 연구에서는 2초 가량의 멈춤을 유의미한 멈춤 시간으로 설정하고 있으나, 소프트웨어의 설정에 따라 ms 단위까지 분석이 가능하므로 연구 대상의 연령, 수준, 목적, 과제 특성에 따라 선택적인 멈춤의 설정이 필요하다.

(2) Eye-tracker

Eye-tracking, 즉 눈동자 움직임 추적은 어떤 대상을 관찰하는 관찰자의 눈동자 움직임을 추적, 기록, 저장, 분석하는 방법을 말한다. 눈동자의 움직임은 인지 과정을 외현적으로 드러낼 수 있는 표상으로 인식되기 때문에 특히 글을 읽고 쓸 때 변화하는 눈동자의 움직임을 추적함으로써 실시간적인 인지 과정을 파악할 수 있는 가능성을 제공한다.

학자들은 '인간의 눈'을 '마음의 창'이라고 이해해 왔다. 이 때 말하는 마음은 사람의 정신세계뿐만 아니라 인지, 사고, 주의, 관심 등까지도 포함한다. 눈동자 움직임과 내적 표상간의 관련성의 원리를 작문 과정에 적용한다면 작문 과정에서 나타나는 눈동자 움직임을 분석함으로써 작문의 인지 과정을 이해할 수 있다.

눈동자 움직임의 추적은 현재의 인지주의 작문 연구 방법의 한계를 극복할 수 있는 계기를 마련해 준다. 내성법의 한계를 극복하기 위해 활용된 Key-logger가 멈춤의 위치, 길이, 빈도에 대한 '시간적' 지표를 제공해 주었다면, Eye-tracker는 그러한 멈춤이 발생했을 때 필자는 어디를 보고, 어떠한 눈동자 움직임을 보이는가에 대한 '공간적' 지표를 추가적으로 제공해 준다. 최근에는 이러한 두 방법의 장점을 취하기 위해 이를 통합하는 연구가 수행되기도 했다.

Key-logger를 활용하는 방법은 필자가 텍스트 생성 도중 중 잠시 멈추었을 때 무엇을 하는지를 명확하고 구체적으로 밝혀낼 수 없다. 필자는 지금까지 자신이 쓴 텍스트를 읽고 있는 것인지, 아니면 다음에 쓸 문장을 계획하고 있는 것인지, 다른 무언가를 생각하느라 창밖을 바라보고 있는 것인지를 키보드 입력 기록 자료만으로는 판별할 수 없는 것이다. 이러한 한계를 해소하기 위해서 Eye-tracker와의 통합이 시도되고 있다(Andersson et al., 2006).

또한, Eye-tracker를 활용한 방법은 글을 쓰는 학생 필자의 연구에만 국한되지 않는다. 눈동자 추적 장치를 활용한 작문 연구는 국어교사를 대상으로 하는 연구로까지 확장할 수 있다. 즉, 학생의 글을 평가하는 교사의 눈동자 움직임을 추적함으로써 작문 평가에 작용하는 평가자의 인지 작용을 탐구할 수도 있다.

눈동자 추적 연구에서도 '멈춤'이라는 요소가 분석의 중심이 된다. 따라서 앞선 키보드 입력 연구와 마찬가지로 눈동자 추적 역시 멈춤의 시간을 연구 목적과 수준에 맞게 설정해야 할 필요성이 있다. 모든 움직임을 분석하는 것은 현실적인 연구의 어려움이 있고, 또한 유의미한 자료의 추출에 방해가 될 수 있기 때문이다. 작문 과정에서 활용할 수 있는 눈동자 추적 연구의 분야는 다음과 같다.

○ Pause : 쓰기 과정 중 발생하는 눈동자의 멈춤을 분석한다.
  - 전체적인 멈춤의 수
  - 전체 글 작성 시간과 멈춤 시간의 비율
  - 멈춤이 발생하는 지점에 대한 연구
  - 멈춤의 지속 시간 (pause duration)
  - 반복된 멈춤의 위치
  - 과제 제시문과 작성되고 있는 텍스트 간의 멈춤의 위치와 비율
  - 수정하기를 위한 멈춤과 내용 생성을 위한 멈춤의 비교 연구
○ Saccade : 단어, 문장, 문단, 텍스트 전체에서 발생할 수 있는 멈춤들 사이에서 발생하는 재빠른 눈동자 움직임의 발생이다. 즉, 눈동자의 급격한 변화를 분석 단위로 삼는 것이다.
  - 도약의 수
  - 도약의 폭
  - 도약의 위치
  - 도약의 방향과 폭의 결합
○ Scan Path : 쓰기 중 발생하는 눈동자의 움직임 흐름을 분석하는 것이다. 이는 도약-멈춤-도약의 과정이 연쇄적으로 이루어지는 일련의 과정을 지칭한다. 쓰기 과정 중의 읽기는 독립적인 멈춤과 도약만으로는 이해하기 힘든 부분이 존재한다. 따라서 눈동자 움직임의 기록을 통해 쓰기 과정에서 발생하는 읽기의 의도와 의미를 추론해야 한다.

라. Key-logger와 Eye-tracker의 결합 가능성

키보드 입력과 눈동자 추적 장치를 결합한 연구 방법은 각자가 가지고 있는 고유의 영역과 공통 영역, 그리고 보완 영역을 가지고 있으므로 작문 연구를 총체적으로 수행할 수 있는 가능성을 열어준다. 앞서 밝혔듯 키보드 입력만으로는 멈춤 동안 발생하는 필자의 인지적 과정을 알 수 없으므

로 영상 분석이나 눈동자 움직임의 분석이 필요한 경우가 발생할 수 있다.

키보드 입력 기록은 작문의 인지 과정을 구성하는 계획하기, 전사하기, 수정하기의 심리적 과정에서 발생할 수 있는 모든 필자의 입력 기록을 저장한다. 이는 입력 속도, 입력의 정확도, 그리고 쓰기 과정을 분절적으로 이해할 수 있도록 지원해 준다. 또한 눈동자 움직임은 멈춤, 도약, 탐색 경로 등의 분석 자료를 생성함으로써 입력 기록만으로는 알 수 없는 쓰기 중 읽기의 유형과 양상의 자료를 제공한다. 이는 키보드 입력 기록에서 제공하는 시간적 지표와 눈동자 움직임 추적에서 제공하는 공간적 지표의 결합을 통해 작문의 과정에서 발생하는 시·공간적 연구의 결합을 가능하게 해주며, 두 가지 연구 도구의 공통 영역인 '멈춤'이라는 요인을 다면적으로 분석할 수 있는 속성을 지니고 있다.

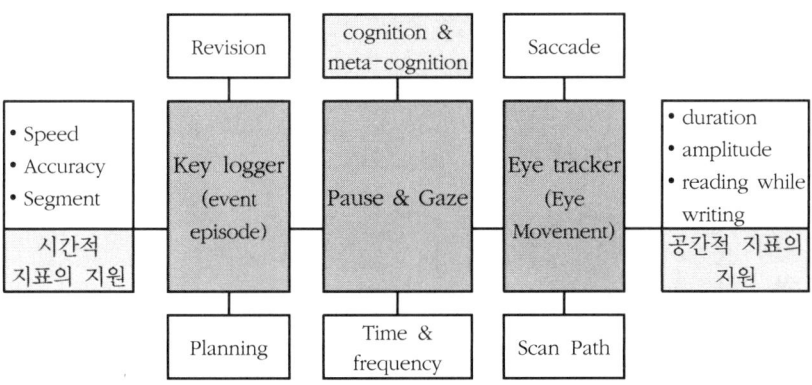

〈그림 4〉 작문 연구에서 Key-logger와 Eye-tracker의 결합

06

국어교육 연구 방법의 적용

국어 교육 연구 방법의 적용은 연구 내용을 중심으로 살펴볼 수도 있고 연구 방법을 중심으로 살펴볼 수도 있다.* 내용 중심으로 살펴본다면 국어교육사 연구, 국어과 교육과정에 대한 연구, 국어교육 철학에 관한 연구, 국어과 교육 방법 연구, 국어과 평가 방법 연구, 국어과 교재에 관한 연구 등 여러 가지가 있을 수 있다. 한편, 방법적 측면에서는 기술 연구와 실험 연구로 나눌 수 있는데 이 글에서는 방법적 측면의 분류를 중심으로 살펴보기로 한다.

---

* 이 외에도 인식론적 접근 방법에 따라 양적 연구와 질적 연구로 나누기도 하고, 연구 목적에 따라 기초 연구, 응용 연구, 실행 연구, 평가 연구 등으로 나눌 수 있으나 이 글에서는 방법적 측면에 따라 살펴보기로 한다.

06 국어교육 연구 방법의 적용

1. 국어과 기술적 연구

국어교육에서 말하는 기술적 연구란 국어교육 현상 내에 어떤 사상이 어떠한 상태로 존재하고 있는가를 관찰하여 사실 그대로 기술하고 해석하는 연구를 말한다. 여기에서 말하는 사상(事象)에는 국어교육 현상에 존재하는 구체적인 사실일 수도 있고 어떤 변인들끼리의 상호 관계성(關係性)일 수도 있다. 기술적 연구에서 중요한 것은 인위적으로 조건을 통제하는 실험 연구와는 달리 특정한 통제나 조작을 가하지 않은 상태에서 자연 상태 그대로를 정확히 관찰하여 기술한다는 점이다.

국어교육 연구 방법으로 활용할 수 있는 기술적 연구는 연구 진행 방법, 자료 수집 방법, 자료 분석 방법 등의 차이에 따라 사례 연구, 발달 연구, 담화 분석, 사고 구술, 메타 분석, 상관 연구, 내용 분석 연구, 단순 조사 연구 등으로 나눌 수 있다.

가. 국어과 사례 연구 방법론

사례 연구(case study)는 본래 인류학이나 사회학, 심리학 등에서 먼저 시작되었으나 교육 분야에서도 받아들여 활용하게 된 연구 방법이다. 오늘날에는 의학, 법학, 정치학, 경영학, 경제학, 사회 복지학 등 학문 전반에 걸쳐서 연구 방법의 하나로 폭넓게 활용되고 있다.

국어과에서도 교육 연구 방법론의 선택에서 그간 양적 연구에 많이 치중해 왔으나 이제 구체적인 사실을 발견하고 문제 해결의 열쇠를 찾아내기 위해 사례 연구 방법도 많이 활용해야 할 시점에 이르렀다.

이 글에서는 사례 연구의 개념, 사례 연구의 활용 방법, 사례 연구의 몇 가지 특징, 사례 연구의 절차, 사례 연구 활용 시 유의 사항 등을 국어교과를 중심으로 간단히 살펴보도록 하자.

(1) 사례 연구의 개념

사례 연구(case study)는 특정 개체를 대상으로 하여 그 개체의 특징이나 문제를 종합적이고 심층적으로 기술하고 분석하는 연구를 말한다. 이때 대상은 개인이나 사회 집단이 될 수 있으며 연구하고자 하는 특징은 부정적인 것일 수도 있고 긍정적인 것일 수도 있다. 따라서 국어교육에서 개인을 대상으로 할 경우 부정적인 것과 긍정적인 특징이 모두 연구 대상이 될 수 있는데, 가령 국어 수업에 지나치게 문제가 있는 교사를 대상으로 연구를 진행하거나 국어 학습에 지나치게 장애를 보이는 학습자를 대상으로 사례 연구를 실시했다면 이것은 부정적 측면을 대상으로 한 사례 연구가 된다. 반대로 유난히 국어 수업을 잘하는 교사를 중심으로 사례 연구를 실시했거나, 국어 성적에 높은 학업 성취도를 보이는 학생을 중심으로 사례 연구를 실시했다면 이것은 긍정적 특징 중심의 국어과 사례 연구가 될 것이다.

(2) 사례 연구의 활용 방법

위에서 언급한 것처럼 사례 연구는 긍정적인 특징과 부정적인 특징, 그리고 개인과 집단을 모두 대상으로 하기 때문에 각 측면에 관련된 가설을 세우는 데 유용한 기초 자료로 활용할 수 있다. 또한 사례 연구 자료는 일반적인 법칙을 도출하는 데 도움을 주는 중요한 보조 자료 역할을 할 수도 있다. 그렇기 때문에 사례 연구의 일반화 문제는 늘 가장 중요한 문제로 부각되는데 이러한 문제를 조금이라도 줄인다는 측면에서 연구 대상을 선정할 때에 아주 예외적인 대상을 선정하거나 대표적인 시범 사례를 선정하는 경우가 많다. 이런 관점에서 본다면 사례 연구의 대상으로서, 별다른 특징이 없이 어중간한 위치에 분포한 국어 교사는 아주 수업을 잘하거나 아주 수업을 못 하는 국어 교사에 비해 좋은 연구 대상은 못 된다고 할 수 있다.

(3) 사례 연구의 특징

사례 연구는 질적 연구 방법의 하나로 종단적 연구의 대표적인 방법이라 할 수 있는데 대략 다음과 같은 특징을 가진다. 먼저 사례 연구는 증거 자료를 바탕으로 사례를 기술하고 해석하기 때문에 귀납적 추리 방법에 따라 진행된다. 그러나 일반적인 원리나 보편적 사실을 이끌어내지는 않으며 개체의 특성이나 문제를 구체적으로 기술하고 분석만 할 뿐이다. 이 때문에 사례 연구의 결과는 늘 일반화의 한계를 안게 된다. 또한 사례 연구에서는 양적 연구와는 달리 서론 부분에서 선행 연구에 대한 고찰이나 이론적 배경을 따로 다룰 필요가 없다.

(4) 사례 연구의 절차

사례 연구는 연구의 성격에 따라 조금씩 달라질 수는 있지만 일반적으로 다음과 같은 절차에 따라 진행된다.

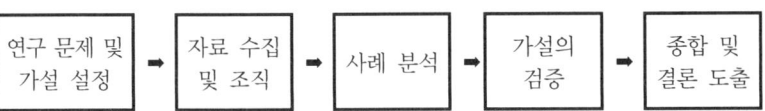

사례 연구에서는 제일 먼저 연구 문제 및 가설을 설정한다. 구체적으로 어떤 개체를 대상으로 할 것인지, 그 개체의 어떤 특성이나 문제를 기술하고 분석할 것인지를 먼저 결정해야 한다. 이 때 연구 문제는 연구자가 관심을 가지고 있는 것 중에서 연구의 가치가 있는 것을 선택하도록 한다. 또한 연구 문제는 명료하게 진술할 수 있어야 하며 구체적인 진술이 가능해야 한다. 연구 문제를 명료화하는 것은 연구의 성공을 위해 반드시 다져야 할 기초 단계이며 곧바로 가설의 설정과 관련된다. 가설은 연구 문제를 중심으로 여러 개의 잠정적 가설을 설정할 수 있다. 가령 수업 잘하는 국어 교사(대상)를 대상으로 그가 사용하는 수업 대화(특성)의 모습을 구체적으로 밝히고자 한다면, '수업 잘하는 국어 교사는 학생 수준에 맞는 언어를 구사할 것이다.', '수업 잘하는 국어 교사는 그렇지 않은 교사보다 시청각 자료를 많이 활용할 것이다.', '수업 잘하는 국어 교사는 학생 흥미 고양을 위한 방안을 가지고 있을 것이다.' 라는 등의 가설을 설정할 수 있다.

자료의 수집 및 조직 단계는 사례 연구에서 가장 많은 노력과 시간이 소요되는 단계 중 하나라 할 수 있다. 이 단계에서는 결정된 연구 문제를 기술하고 분석하는 데 필요하다고 생각되는 모든 자료를 수집하도록 한다. 관련 자료가 모두 수집되어야 자료로서의 타당성을 얻을 수 있기 때문이다. 특히 인적 사항과 관련된 자료를 최대한 상세하게 수집하고 수집한 모든 자료는 일자와 출처를 밝히도록 한다. 이때 동원할 수 있는 자료 수집의 대표적인 방법은 면접, 관찰, 표준화된 검사지 사용 등이며 대상자의 생육사, 일기, 생활 기록부, 자기 보고서, 교무 수첩, 편지글, 건강 기록부, 공책, 국어 수업 지도안, 관련 메모 등이 모두 해당된다. 또한 이웃, 친척, 동료, 상급자의 평가도 수집해야 할 자료가 된다. 한 개인은 그 개인의 성격, 행동 특성, 잠재력, 흥미, 기호, 건강 상태, 장래 희망, 성취 수준, 열정, 학력, 대인 관계, 사회 활동, 가정환경 등을 모두 포함해야 한다. 그래야 자료의 신뢰성을 획득할 수 있기 때문이다.

자료의 분석 단계에서는 연구 대상인 개체가 지닌 문제를 종합적으로 진단하고 분석해야 하는데 지나치게 외적 자료에 의존해서 피상적으로 해석해서는 안 되며 심층적인 면을 드러내 본질적인 특징이나 문제를 찾아내도록 하여야 한다. 그러기 위해서는 자료를 수집하고 나서 분석하는 것이 아니라 수집하면서 분석하고 분석하면서도 여전히 수집하는 방법을 선택해야 한다.

가설의 검증 단계에서는 앞서 세웠던 잠정적 가설들을 하나씩 검증하기 위해서 행동을 관찰하고 각종 자료를 통해 질문하고 또 조사를 실시한다. 가령 '수업 잘하는 국어 교사는 학생 수준에 맞는 언어를 정말 구사하는지', '수업 잘하는 국어 교사는 그렇지 않은 교사보다 시청각 자료를 정말 많이 활용하는지', '수업 잘하는 국어 교사는 학생 흥미 고양을 위한 방안을 실제로 가지고 있는지' 그리고 '이유는 무엇인지'를 검증해 보는 것이다.

결론 도출 단계에서는 최종 분석을 실시하고 사례 기록을 요약하고 정리한다. 대개의 경우 사례 연구는 이 단계에서 끝나지만 문제 해결 방안까지 찾고자 하는 사례 연구라면 해결 방안의 효과를 평가한 후 추후 연구까지 연장하여 진행할 수 있다.[1]

---

[1] 추후 연구가 필요한 대상은 대개 부정적인 문제를 대상으로 사례 연구를 시행한 경우에 해당한다. 가령 특수 아동의 성격 변화를 유도하는 과정을 사례 연구로 실시하였을 경우 연구 기간 중에 변화가 일어나지 않았다면 추후 새로운 가설을 설정하여 추후 연구가 진행될 수 있다.

(5) 사례 연구 활용 시 유의 사항

사례 연구를 실시할 때는 다음과 같은 점에 유의해야 한다. 먼저 연구자가 연구 현장의 처음 시점에서 참여자와 충분히 공감대를 형성한 후에 연구를 시작하는 게 좋다. 또, 연구자 자신의 편견과 특성이 연구 결과에 영향을 미치지 않도록 해야 한다. 다음으로 연구자는 사례 연구 보고서를 작성할 때 참여자가 누구인지 알 수 없도록 익명성을 보장해야 한다. 끝으로 내용은 간결하고 정확하며 객관적으로 기록하여 누가 보아도 동일하게 해석될 수 있도록 기록해야 한다.

(6) 국어 교과에서 이루어진 사례 연구의 예

최근 국어 교과에서 이루어진 사례 연구의 예를 몇 가지 소개하면 다음과 같다. 사례 연구는 질적 연구 방법으로서 연구의 시간과 노력이 많이 들고 현상이 일어나고 있는 현장에서 연구를 진행해야 하기 때문에 어려움이 많이 있지만 앞으로 국어 교과에서도 많은 현장 사례 연구가 진행되어야 할 것이다.

> 정혜승(2002), "제 7차 국어과 교육과정 실행 사례 연구"
> 한국교육과정평가원(2002), "국어과 교육 내실화 방안 연구: 좋은 수업 사례에 대한 질적 접근"
> 김선정(2006), "고등학생들의 글쓰기 사례 연구 – 자기 표현적 글쓰기와 협동하기를 통한 쓰기를 중심으로 –"
> 김민진(2006), "유치원과 초등학교 국어과 연계 교육에 대한 사례 연구"

위에서 볼 수 있는 몇 가지 예처럼, 교육과정의 실행 사례 연구는 더 세부적인 영역으로 나누어 추가적인 연구가 가능할 것이다. 가령 개정 교육과정에 대한 국어과 읽기 분야 실행 사례 연구라든가, 쓰기 분야 및 평가 분야에 대한 사례 연구가 가능할 것이다. 국어과 좋은 수업 사례 연구는 한국교육과정평가원 주관으로 이주섭(2002)에 의해 연구가 진행된 바 있는데, 앞으로 국어 수업에 장애를 겪고 있는 교사에 대한 사례 연구도 가능할 것이다. 글쓰기 사례 연구는 다른 영역도 얼마든지 연구가 가능할 것이며 유치원 및 초등학교, 중학교를 대상으로도 연구가 가능할 것이다.

나. 국어과 발달 연구 방법

국어과 발달 연구는 주로 시간의 경과에 따른 유기체의 변화 또는 국어 교육 현상의 변화에 관심을 두고 수행하는 연구이다. 국어과 발달 연구는 국어교육 현상 안에 존재하는 발달이나 변화의 경향과 속도 그리고 유형, 그리고 변화에 작용하는 여러 변인들을 탐구하거나, 선행하는 사상과 후속되는 사상 간의 관계성을 규명하는 데 연구의 목적이 있다. 연구의 목적이 여기에 있기 때문에 국어과 발달 연구는 선행하는 사상과 후속되는 사상 간의 관계성을 규명하는 데 활용된다. 프로이드의 성(性)심리 발달 연구, 피아제의 인지 발달 연구, 콜버그의 도덕성 발달 연구 등은 국어교육 외에서 이루어진 발달 연구의 대표적인 예들이다.

발달 연구는 원칙적으로 연구 대상에 대하여 장기간에 걸친 계속적인 관찰이나 조사를 통하여 수행된다. 이러한 접근 방법을 따르는 연구를 국어과 종단 연구라 한다. 발달 연구의 대상은 신체, 운동 기능, 지능, 사고, 언어, 사회성, 도덕성, 정서 등 인간의 모든 특성이 해당된다. 그러나 국어과 종단 연구의 경우, 시간적인 제약이나 연구 대상의 중도 탈락 문제 등으로 인하여 실제로 연구를 수행하기가 어려운 경우가 발생하기 때문에 어느 한 시점에서 다른 발달 단계에 있는 연구 대상을 표집하여 연구를 수행하기도 한다. 이를 국어과 횡단 연구라 한다. 가령, 국어과 독서 능력의 발달 추세가 어떠한가를 알아보고자 할 때, 한 시점에서 여러 연령층의 사람들을 연구 대상으로 표집하여 독서 능력을 측정하고 각 연령의 평균적 독서 능력을 비교 분석함으로써 독서 능력 발달의 경향성을 파악하는 경우에 국어과 횡단 연구가 된다.

발달 연구에서 어느 연구 방법을 선택할 때는 그 연구법이 연구 목적에 적합한 것인가를 먼저 고려해야 하며 연구 대상을 표집할 때는 그 대상의 사회·문화적 변인들이 서로 비슷한지를 살펴야 한다. 아울러 사용할 측정 도구의 일관성 유지에 신경을 써야 한다.

(1) 국어과 종단 연구 방법

국어과 종단 연구(longitudinal study)는 동일한 연구 대상을 비교적 장기간에 걸쳐 추적하여 관찰하는 연구 방법이다. 이러한 연구를 통해서 초기 행동과 후기 행동과의 관계성을 밝혀낼 수 있으며 개인과 집단의 성장 과정이나 변화의 모습을 파악할 수 있게 된다. 확실히 종단적 연구는 연령 변화에 따른 한 개인의 변화 과정을 보여주는 가장 이상적인 연구 방법이다. 그러나 측정 대상의 사회·문화적인 변동 요인이 상존(常存)하고 개인적으로도 취업, 퇴직, 사망, 결혼과 이혼 등의 문제로 인해 연구의 제약 요인이 많이 발생하게 된다. 뿐만 아니라 비슷한 검사 도구로 반복 측정하는 데서 오는 측정 결과의 부정확성과 연구 대상자의 중도 탈락 등의 문제가 발생할 수 있는 단점이 있다. 그렇기 때문에 이러한 문제 극복을 위한 최대한의 노력들이 있어야 한다. 아울러 연구 기간 내내 연구 방법이나 도구의 일관성도 잘 유지시켜야 한다.

(2) 국어과 횡단 연구 방법

국어과 횡단 연구(cross sectional study)는 종단적 연구의 시간, 노력,

비용의 문제점을 보완하기 위한 연구 방법으로, 동시적으로 여러 연령층의 대상들을 택해서 필요한 발달 특징을 알아보는 방법이다. 이 방법은 종단 연구에 비해 적은 경비와 노력을 투입하여 짧은 기간 내에 필요한 정보를 얻을 수 있는 장점이 있으나, 개인의 성장과 발달 과정에 대한 세부적인 참모습을 알 수 없다는 단점이 있다(이종승, 1989). 그 외에 각 연령층을 표집할 때 표집이 그 연령층을 대표하는지, 비교적 동질적 배경의 집단인지를 먼저 고려하여야 한다. 횡단 연구는 일반적인 발달 특징을 알아내는 것 외에도 변성기와 같이 성장과 발달이 급속하게 일어나는 시기를 파악하는 데에도 도움을 주며, 각 개인 간 비교 연구도 가능하게 한다.

(3) 국어과 발달 연구 사례

국어과 발달 연구 사례는 많지 않다. 따라서 다른 영역의 사례와 함께 국어 발달 연구 사례를 몇 가지 제시하면 다음과 같다.

이수연(1998), "항상성 개념 이해에 대한 횡단적 연구"
이시혁(2002), "다층 모형을 이용한 발달 연구의 횡단적 접근"
정희옥(2003), "자아 존중감 발달에 관한 횡단 연구"
김선옥(2005), "유아의 읽기에 영향을 미치는 변인 연구: 단기 종단적 연구"
양정호(2005), "사교육비 지출에 대한 종단적 연구"
김준호 외(2006), "패널 연구를 통해 본 종단적 연구의 방법론적 고찰"

위에서 보는 바와 같이 국어과에서는 국어과의 주요 개념에 대한 횡단적 연구나 국어과 수업 모형, 그리고 국어과에 관련 태도 변화에 대한 종단적 연구 등을 앞으로 고려해 볼 필요가 있으며 나아가 쓰기나 말하기 및 듣기, 언어 지식, 문학 영역에 대한 발달 연구 방법을 국어과에서도 시도해 볼 필요가 있다.

다. 국어과 담화 분석법

담화 분석(discourse analysis)이란 문장(sentence), 혹은 절(clause) 이상의 언어 구조를 연구하는 행위로서 일련의 회화나 문자화된 텍스트 같은 더욱 더 큰 언어 단위를 연구하는 것을 말한다.[2] 따라서 담화 분석에서는 사회적 문맥에서의 언어 사용 특히 화자간의 상호 작용이나 대화를 주요 분석 대상으로 삼게 된다.

국어과 담화 분석에서는 언어학자들이 말하는 언어의 구조 연구보다는 언어의 기능과 사회적 역할에 관심을 둔다. 즉 담화 분석에서는 화자가 사용하는 약속, 주장, 기술(describing), 감명, 협박, 설득, 위협, 험담, 논의, 불평, 암송, 저주, 항의, 설명 등의 무한한 언어 기능에 대해 관심을 기울이며, 동시에 같은 기능 내에서도 사회적 역할에 따라 나타나는 언어의 모습 즉 교사투의 언어 혹은 의사투의 언어 등등의 무한한 언어적 상호 작용에 관심을 갖는 것이다.[3]

국어과 담화 분석은 어떤 학문적 기반을 가지고 분석하느냐에 따라 언어학 및 사회 언어학적 담화 분석, 대화 분석, 기호적 분석, 비평적 언어학과 사회 기호학적 분석, 사회 인지적 분석, 문화 장르적 분석 방법 등으로 나눌 수 있다.

이 중에서 국어 교과에서 주로 관심을 기울이는 영역은 교실 수업 현장에서 나타나는 수업 대화 분석이다. 대화 분석은 '민족 방법론자들'라 불리는 한 무리의 사회학자들에 의해 개발된 방법이다. 민족 방법론은 사회학에서 사용하던 해석적 접근 방법으로서, 일상생활 속에서 의도한 목적을 표현해

---

[2] '담화 분석'이라는 용어에 대해서는 약간의 논란이 있다. '회화 분석'이라는 말이 옳다고 주장하는 학자도 있으며 총체적으로 '텍스트 분석'이라는 말을 사용해야 한다고 주장하는 학자도 있다.
[3] 교사는 집에 오거나 학교를 벗어난 사회 공간에서도 교사의 말투를 보이는데 이것은 사회적 역할에 따른 언어의 영향이다. 이것은 다른 역할을 부여받은 사회 구성원의 경우에도 동일하게 나타나는 현상이다.

내기 위한 의도와 그 의도를 달성하기 위해 사용한 방법에 초점을 둔다. 민족방법론자들 중에 사람들이 만들어 내는 대화와 그 대화를 만들어내고 해석하는 데 사용하는 특별한 방법에 관심을 갖는다. 대화 분석에서는 다른 유형에도 관심을 갖기는 하지만 전화 대화와 같이 주로 동등한 사람들 사이의 비형식적인 대화를 주로 다루어 왔다. 국어 교과에서는 주로 교실 상황에서 발생하는 교사와 학습자간 수업 대화에 관심을 갖는다.

국어 수업이 이루어지는 교실 대화 상황은 대화 권력의 불평등이 상존하는 공간이다. 이것은 교사가 학생보다 훨씬 큰 대화의 권력과 지배력을 가지고 있다는 것인데, 교실 수업 대화에서 국어 교사는 주제를 결정하고 학생의 발언이 주제에 부합되는가를 판단하고, 정답인가 아닌가를 결정하며 학생의 발언 시간과 발언 시기도 결정하게 된다.[4]

그러므로 교실에서 국어 교사가 사용하는 수업 대화는 근본적으로 불평등의 관계에서 출발한다고 할 수 있다. 하지만 국어 수업 대화 분석 연구에서는 그 수업 대화의 특징이 불평등한 가운데서도 구체적으로 어떤 모습을 보이고 있는지 밝히고자 하며, 나아가 국어 교사의 대화가 갖는 독특한 기능은 무엇인지 풍부한 자료 분석을 통해 분석하고자 하는 것이다.

라. 국어과 사고 구술법

사고 구술 방법은 원래 심리학에서 사용하던 연구 기법의 하나였다. 심리학자들은 인간의 머릿속에서 일어나는 일에 관심을 가지고 있었으나 머릿속 일을 직접 볼 수가 없었기 때문에 볼 수 있는 방법을 찾게 되었고 그 방법으로 제시된 것이 머릿속 생각을 큰 소리로 소리내어 말하는 방법이었다. 이것이 사고 구술법(think aloud method)이다. 심리학에서는 소

---

[4] 이러한 현상은 의사와 환자, 판사와 피고인, 간수와 수감자 사이에도 나타나는 현상이다.

리내어 말한 자료를 분석하여 사고 과정을 추론하는 자료로 활용해 왔다. 이 때 소리내어 말한 자료를 '프로토콜(protocols)'이라고 부르기 때문에 사고 구술 방법을 '프로토콜(protocols) 분석법'이라 부르기도 한다.

국어교육에서 사고 구술법은 국어교육 방법과 국어교육 연구 방법으로 모두 활용될 수 있다. 다음에서 두 측면에 대해 각각 살펴보자.

(1) 국어교육의 방법으로서 사고 구술법

사고 구술법을 국어교육의 한 방법으로 사용할 때는 국어과 읽기 교육, 쓰기 교육, 국어과 평가 등에서 활용할 수 있다.

읽기 교육에서는 읽기 행위 자체를 학습자들에게 시범보일 필요가 있을 때 교사가 독해 전략을 어떻게 사용하는지를 학습자들에게 사고 구술법으로 직접 보여줄 수가 있게 된다. 마치 수영 선수에게 수영하는 방법을 직접 시범 보이듯이 두뇌에서 이루어지는 독서 전략도 직접 말을 통해 시범 보이는 것이다. 이러한 독서 방법은 수준이 낮은 학습자에게는 매우 유익한 독서 지도 방법이 된다.

쓰기 교육에서는 글쓰는 과정에서 이루어지는 사고 과정을 추론하거나 쓰기 지도 과정에서 학생들이 범하는 오류를 찾아내 지도하는 데 유용하게 활용할 수 있다.

평가 시에는 학생들의 읽기와 쓰기 과정에서 보여주는 사고 과정을 기록하여 평가하게 되는데 사고 과정을 기록한 프로토콜 자료를 면밀히 분석하여 평가하게 된다. 다만 분석 작업 자체가 쉽지 않은 문제이기 때문에 전문가들만이 평가에 참여할 수 있다는 단점이 있다.[5]

---

[5] 이 외에도 사고 구술법은 자유 회상 과제에서 지적되었던 기억의 재구성 문제나 이해자의 인출 전략 등의 문제가 있다는 지적이 있으나 김성일에 의하면, 자유 회상 과제가 이전에 기억된 일화의 내용을 보고하는 방법인데 반해 사고 구술법은 이해되는 과정의 내용을 직접 측정하므로 이전에 보았던 문단의 내용에 대한 재구성이나 왜곡은 그리 심각한 문제가 되지 않는다고 한다(1998: 175).

(2) 국어교육 연구 방법으로서 사고 구술법

국어교육 연구 방법으로서 사고 구술법을 바라볼 때는 국어교육 현상에 대한 사실 발견이나 관계성 확인 등을 초점을 두어야 한다. 그리고 그 연구 방법도 객관적이고 체계적인 절차를 거쳐야 함은 두말할 필요가 없다.

지금까지 국어교육 연구 방법으로서 사고 구술법은 읽기 과정 연구, 쓰기 과정 연구, 읽기 평가 방법 연구, 독해력 신장 방안 연구, 부진아 연구 등에 주로 활용되어 왔으며 점차 그 연구 영역을 넓혀 가고 있다.

장진호(2001)는 사고 구술법을 통해 읽기 과정에서 나타나는 양상을 분석하여 제시하였으며 전명제(2002)는 쓰기 능력이 우수한 학생과 열등한 학생 간에 나타나는 사고 과정의 차이를 밝혀낸 바 있다.

한편 평가 방법으로서 사고 구술법을 활용한 연구자가 있는데 이재승(2002)과 김규선(2000), 심영택(1999) 등이 그들이다. 이재승은 사고 구술의 적용 범위를 대학생에게 한정하지 말고 초,중,고로 적용해야 함을 밝히면서 사고 구술법이 쓰기 평가 방법으로 매우 유용한 방법임을 밝히고 있다. 김규선은 읽기 대안 평가 방법으로 사고 구술법 평가 방법을 제시하고 있으며 심영택은 피험자에게 사고 구술 대신 '사고 기술(記述)'을 실시할 것을 제시하고 있다.[6]

이 외에도 구조화된 사고 구술 자료를 통해 사고 구술 지도를 실시하여 독해력 향상을 꾀한 연구도 있으며 읽기 부진 학생과 읽기 우수 학생의 읽기 과정을 비교 분석한 연구도 이루어졌으나, 읽기 텍스트의 성격에 따른 부진아의 특성은 아직 밝혀지지 않고 있다.

일반적으로 사고 구술 방법을 활용하여 국어교육 연구를 진행할 때 연

---

6) 사고 기술법은 사고한 내용을 말로 표현하는 대신, 글로 표현하는 방법이다. 그러나 많은 학자들은 사고 기술법도 사고 구술법이 가진 문제점을 그대로 가지고 있으면서 사고의 진행 속도와 쓰기 속도 차이에서 오는 또 하나의 문제점을 지닌 것으로 비판하고 있다.

구자는 다음과 같은 사항을 참고할 필요가 있다.

먼저 사고 구술 방법은 저학년 학생으로 갈수록 어렵게 느껴지기 때문에 사전에 충분히 연습한 후에 연구에 적용하여야 한다. 또한 학생들이 평가받고 있다는 생각을 갖지 않도록 평가가 아님을 분명히 인지시킬 필요가 있다. 그렇지 않으면 사고 구술 내용의 왜곡 현상 현상이 나타날 수 있기 때문이다. 또한 학생이 교사를 신뢰할 수 있을 때 실시해야 자연스런 사고 과정을 얻어낼 수 있기 때문에 실시 전에 먼저 수용적 분위기, 편안한 분위기를 만드는 것이 필요하다.

아울러 사고 구술법을 국어교육 연구에 적용할 때 지침으로 삼아야 할 것들이 몇 가지 있다.[7)]

- 연구자는 피험자들의 글 이해 처리 과정에 대한 직접적인 설명을 원하는 것이 아니라 중개자의 역할을 원한다는 것을 명시해 주어야 한다.
- 연구자는 피험자에게 작동 기억에 있는 내용들을 자유롭게 말하게 하거나 특정한 유형의 정보를 중점적으로 말하도록 선택하여 요구할 수 있다.
- 연구자는 피험자에게 연구자의 흥미나 관심사에 대한 특정 정보를 제공하지 말아야 한다.
- 사고 구술 지침들은 피험자에게 자기 보고의 정확성이 중요하다는 점을 명확히 인식시켜야 한다.
- 사고 구술에 참여하는 피험자들의 능력에는 개별적인 차이가 있기 때문에 그들의 인지적 원천은 다르게 관리되어야 한다.

(3) 국어교육에서 이루어진 사고 구술법 연구 사례

국어교육에서 사고 구술법을 활용한 연구는 많지 않지만 앞으로 더 많

---

7) 이 지침은 에릭슨과 사이몬(1993)이 제시한 것들이다.

이 확대될 것으로 보인다. 이미 이루어진 연구 사례를 소개하면 다음과 같다.

> 김규선·김일영(2000), "사고 구술 형성 평가 연구"
> 장진호(2001), "사고 구술을 통한 읽기 과정 연구"
> 김영희(2005), "서사적 텍스트에 나타난 사고 구술 양상 비교 연구"
> 김정은(2006), "사고 구술을 활용한 읽기 지도 방법 연구"

위 논문 중에서 김규선·김일영의 논문을 제외하고는 모두 석사 학위 논문이다. 논문에서 보는 바와 같이 평가 영역, 읽기 과정 연구, 양상 비교, 읽기 지도 방법 연구 등으로 범위가 확대되고 있는 것을 볼 수 있다. 앞으로 평가의 다른 영역이나 다른 텍스트의 양상 비교, 읽기뿐만이 아닌 다른 영역에서도 사고 구술을 활용한 지도 방법 연구가 가능할 것이다.

마. 국어과 메타 분석법

(1) 메타 분석의 개념과 특징

특정 분야의 문헌을 종합하기 위한 방법에는 여러 가지가 있을 수 있다. 그 중에 가장 널리 사용되고 있는 것이 메타 분석 방법이다.[8] 메타 분석 방법은 현재까지 가장 널리 알려진 분석 방법이며 가장 융통성 있는 대안이 되고 있다(Glass & Smith, 1981). 1976년 AERA의 회장 연설에서 Glass는 사회 과학 분야의 연구 평론 사상 기념비적인 주장을 한 바 있다. 그는 연설에서, 이제 연구자들은 주관적인 연구 결과 평론을 그만두고 체계적이고 계량적인 형식을 갖춘 방식으로 전환할 것을 제안하였다. 이를 메타 분석(meta-analysis)이라고 불렀는데, 이 메타 분석 방법은 계량적이거나

---

[8] 메타 분석법은 '통합 연구' 혹은 '연구 종합'이라고도 불린다.

준 계량적인 용어를 사용하여 연구 성과와 특징을 기술하거나 관련을 짓는다.

 메타 분석의 가장 큰 특징 가운데 하나는 연구 성과를 기술하는 데 '효과의 크기(effect size)'라는 통계치를 사용한다는 점이다. 메타 분석에서 가장 흔하게 사용하는 통계치는 'Glass의 효과 크기'이다. Glass의 효과 크기란 실험 집단의 성과 점수와 통제 집단의 성과 점수 간의 차이를 계산하여 표준 편차로 나눈 값이다. 즉 실험 집단의 평균 점수로부터 통제 집단의 성과 점수를 뺀 후에 다시 이 차이 값을 표준 편차로 나눈 값이다. 가령, 실험 집단의 평균이 700, 표준편차가 100이고, 통제 집단의 평균이 660, 표준편차가 100이라면 (700-660)/100=0.4가 된다. 즉 실험 처치의 효과가 0.4가 되는 것이다. 이 때 0.4라는 효과의 크기는 처치 집단의 평균 점수가 통제 집단의 평균 점수보다 0.4 표준편차 단위만큼 높다는 것을 의미한다. Cohen(1977)에 의하면 0.2 정도의 효과 크기는 작은 편이고, 0.5 정도는 중간, 0.8 정도는 큰 편으로 보고 있다.

 그러나 기존 연구물에 대한 전통적인 종합 방식은 좀 차이가 있었다. 전통적인 연구 종합의 방식은 기존에 이루어진 모든 연구 결과물을 동등한 자격으로 보고 누가적으로 기록하는 방식을 취했다. 즉 가장 많은 표를 얻은 쪽이 선거에서 승리하듯이 가장 많은 연구 범주를 차지하는 연구 범주가 승리하게 되는 방식이다.

 하지만 이러한 방식은 몇 가지 문제를 내포하고 있었다. 먼저 선거에서 모든 표를 동일한 하나의 표로 인정하듯이 모든 연구를 동등한 연구로 간주했다는 점이 바로 가장 큰 문제였다. 즉 어떤 연구는 다른 연구에 비해 훨씬 비중이 있고 가치 있는 연구일 수도 있고 역으로 그렇지 않은 연구가 있을 수 있다. 그런데 이런 연구 결과들을 동일하게 취급한다면 문제가 되는 것이다. 두 번째 문제는 기존에 이루어진 연구가 다른 조건에서는 다른 결과를 초래할 수 있다는 점이다. 즉 연구 결과를 모두 신뢰할 수는 없다는 점이 문제가 될 수 있다는 것이다. 그런데 모든 연구 결과를 신뢰할 수 있는 것으로 단정짓고 그 결과를 바탕으로 분석 작업을 했다면 결과 자체의 신뢰도도 신빙성이 없게 되는 것이다. 그러나 이런 문제점에도 불구하고 메타 연구는 가장 문제점이 적은 연구 통합 방법으로 알려져 왔다.

(2) 메타 분석의 절차

메타 분석은 기존에 진행된 연구 결과에 대한 통계적 분석만을 하는 것은 아니다. 그 이전에 거쳐야 많은 일들이 있는 것이다. 먼저 가설을 설정한 다음 통합 연구를 위한 연구 논문을 표집하고 선정하며 자료를 코딩하거나 연구의 특성을 밝혀낸다. 그 다음에는 연구 결과를 통계적으로 분석하여 통합하고 분석된 자료를 해석한 후에 결과를 작성하게 된다. 이것을 표로 정리하면 다음과 같다.

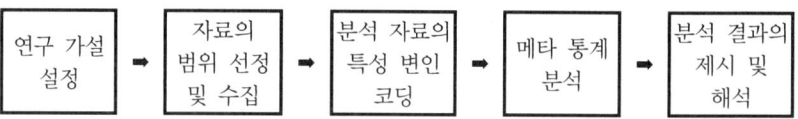

메타 분석에서 가설을 형성하기 위해서는 우선 관련 기존 연구를 정리한 후에 전체 연구 속에서 독립 변인과 종속 변인을 선정하고 그들 간의 관계를 예측하도록 한다. 관계를 예측할 때는 가능한 한 많은 독립 변인과 종속 변인의 목록을 만든 후에 이들 중에서 이론적으로 중요한 변인 간 관계를 선정하면 된다.

통합 연구의 성패는 자료의 선정과 수집에 달려 있다고 해도 과언이 아닐 만큼 자료의 선정과 수집은 중요한 문제가 된다. 요즘은 자료의 데이터 베이스가 잘 준비되어 있어 국어교육 연구 관련 논문을 수집하는데 많은 도움을 주고 있기는 하지만 데이터 베이스에 누락된 논문이 없도록 치밀하게 자료를 수집해야 한다. 또한 자료 중에 국어교육 관련 학위 논문을 요약하여 학회지에 발표한 경우와 같이 이중으로 처리되는 논문은 검토를 통해 중복되지 않도록 할 필요가 있다.

연구 논문의 수집이 끝나면 연구의 특성들을 파악한 후에 메타 분석에 영향을 미칠 만한 변인이나 특성들을 코딩하는 작업을 실시한다. 코딩 작업은 코딩 작업자마다 약간씩 달라질 수 있는 가능성이 있으므로 일정한 준거가 명시된 코딩 매뉴얼을 만들어 활용하도록 하고 실제 코딩 작업에서는 각각의 코딩 내용들을 세분화하여 코딩표를 개발하도록 한다.

메타 통계 분석 단계에서는 수집된 국어교육 관련 연구 자료들이 메타 통계 분석이 요구하는 기본 전제를 충족하고 있는지를 검토한 후에 각각의 선행 연구 결과들이 제시하고 있는 다양한 통계값들로부터 메타 분석이 가능한 통계값으로 변환을 시킨다. 그런 연후에 통계값들을 대상으로 국어과 메타 분석을 실시해야 한다.

마지막 단계에서는 결과 제시의 유형을 선택하고 앞에서 언급한 바 있는 효과의 크기를 해석해 낸다. 효과의 크기는 표준화 효과 크기와 상관 계수의 효과 크기, 승산비의 효과 크기를 해석하면 된다.

(3) 국어과에서 이루어진 메타 분석의 사례

다른 영역에서 이루어진 메타 분석 연구는 현재 많은 편이지만 국어 교과에서 이루어진 메타 분석 연구의 사례도 많지 않다. 따라서 범위를 좀더 넓혀서 교과 교육적 입장에서 이루어진 메타 분석 연구의 몇 가지 사례까지 제시하고자 한다.

남가영(2003), "메타 언어적 활동에 관한 국어교육적 연구"
서 혁(2005), "국어과 메타 평가 체제 연구"

양소영(2006), "국어과 내적 통합에 관한 메타 연구"

- 참고 -
최호성(2000), "수준별 교육과정 운영에 관한 국내외 연구 성과의 메타 분석"
이원이(2002), "학습 전략 프로그램의 효과에 관한 메타 분석"
김선정(2002), "메타 분석을 통한 학습 전략의 효과 연구"
최지연(2004), "메타 분석을 통한 초등 실과 수업 전략의 효과에 연구"

위에서 보는 것처럼 일반 교육학적 입장에서 이루어진 연구는 어느 정도 존재하나 현재 메타 연구 방법으로 국어교육적 입장에서 연구가 이루어진 것은 많지 않다. 위에서 양소영(2006)의 논문은 학위 논문으로 제출된 것이다. 따라서 읽기, 쓰기, 듣기, 말하기, 국어과 평가, 국어과 교육과정, 국어 교과서 관련 메타 연구를 추가적으로 생각해 볼 수 있겠다. 특히 국어과 수업 전략의 효과나 연구 성과에 대한 많은 메타 검증이 필요할 것으로 보인다.

바. 국어과 상관 연구 방법

(1) 국어과 상관 연구의 개념

국어과 상관 연구는 국어교육 관련 사건과 사건 간 혹은 현상과 현상 간에 존재하는 관계성을 탐구하는 연구를 말한다. 다시 말해서 국어교육 현상에 내재하고 있는 변인들 간의 일반적인 관계를 규명하는 연구이다. 따라서 국어과 상관 연구는 하나의 독립된 연구 방법으로 간주하기보다는 수집된 자료를 분석하고 해석하는 방법이 주로 상관 분석에 기초를 두기 때문에 국어과 상관 연구라고 불리는 것이다.

다음은 국어과 상관 연구의 한 사례를 제시한 것이다.

* 학생 가정의 심리적 독서 환경과 자녀의 독서 자아 개념 간에는 어떤 관계성이 있는가?
* 국어 성적과 영어 성적 간에는 어떤 상관 관계가 있는가?

국어과 상관 연구에서도 일반 상관 연구와 마찬가지로 상관의 정도와 상관의 방향은 주로 상관 계수로 나타내는데, 상관 계수에 따라 통계적으로 유의한가 그리고 정적(正的) 상관인가 부적(負的) 상관인가를 판별할 수 있게 된다. 상관 연구에서 나타나는 상관은 대개 단순한 상호적 상관 관계이거나 인과적 상관 관계 중의 하나가 된다.

(2) 국어과 상관 연구의 절차

국어과 상관 연구는 약간의 변동은 있을 수 있으나 대개 다음의 절차에 따라 진행되는 것이 일반적이다.

① 연구 문제 설정하기
경험적 혹은 이론적 검토를 통해 국어교육 현상 내에서 어떠한 변인 간의 관계성을 연구할 것인지 결정한다. 즉 연구에서 다루어야 할 변인들을 선정하고 관계성에 대한 연구 문제를 설정한다.
② 연구 가설 설정하기
국어교육과 관련하여 더욱 심층적인 이론을 탐색하고 변인간의 관계성을 진술하는 연구 가설을 설정한다. 그리고 그 관계성을 공변 관계로 해석할 것인가 아니면 인과 관계로 해석할 것인가를 이론적으로 규명한다.
③ 측정 도구 선정 및 제작
국어과 상관 연구의 변인들을 명확하게 정의하고 그 변인이 지칭하는 속성을 정확하게 측정할 수 있는 도구를 선정하거나 제작한다.
④ 측정 자료 수집
측정 도구를 사용하여 연구 대상들로부터 각 변인에 관한 측정

자료를 수집한다.
⑤ 상관 관계 분석하기
국어교육 현상 내에 존재하는 변인들 간의 단순 상관을 분석한다. 만약 인과 관계적인 분석과 해석이 가능한 연구 가설인 동시에 독립 변인이 여러 개가 있는 경우에는 각 종속변인과 독립 변인들 간에 다중상관(多重相關)을 구하고 회귀 분석을 수행한다.
⑥ 결과 정리 및 보고서 작성
분석 결과를 정리하여 보고서를 작성한다.

국어과 상관 분석의 방법은 단순 상관 분석과 인과 관계 분석 모두 다양한 방법이 있으므로 수집된 자료의 특성에 맞는 방법을 선택하여야 하며 가설을 검증하는 데에 가장 적절한 방법을 선택하여 사용하여야 한다.

(3) 국어과 상관 연구 사례

국어교과에서 이루진 상관 연구 많이 이루어지고 있는 상황이다. 그 중에 몇 가지 사례만 제시하면 다음과 같다.

> 김학례(1991), "국어 독해 학습의 주관식 평가와 객관식 평가 결과의 상관율 연구"
> 권혁석(1998), "국어과 영어의 상관 관계 분석을 통한 영어 독해력 향상 방안"
> 박기석(2002), "국문학 연구와 국어 교육의 상관성"
> 양왕용(2006), "문학 교수-학습 방법과 문학 이론의 상관성"

위에서 보는 것처럼 주관식과 객관식 평가의 상관성을 살피는 연구도 있고 다른 교과와의 상관성을 살펴보는 연구도 찾아볼 수 있다. 또 국문학 연구와 국어교육의 상관성을 살피거나 문학 이론과 실제 수업의 상관성을 규명하는 연구도 진행되고 있다. 그러나 국어교육 연구에서 상관성을 살피거나 관계성을 탐구해야 할 영역은 수없이 많다. 진지한 탐구를 통해 국어교육 현상 간에 존재하는 상관성과 인과 관계를 밝혀 내려는 노력이 더욱 요구된다고 하겠다.

사. 국어과 내용 분석 연구 방법

(1) 국어과 내용 분석 연구의 개념 및 특징

국어과 내용 분석법은 메시지의 특정한 특성을 주관적, 체계적으로 분석해서 누가, 왜, 무엇을, 어떻게, 누구에게 전달해서 어떠한 효과를 가져 왔는가를 추리하는 국어과 문헌 연구 방법의 하나라고 할 수 있다. 국어과 담화 분석이 구두 언어적 실체를 주 연구 대상으로 하지만 국어과 내용 분석법은 문자 언어 자료를 주 연구 대상으로 한다는 점에서 차이가 있다.

국어과 내용 분석 연구 방법은 대중 매체의 전달 내용을 분석하는 데서 유래한 것이지만 점차 사회 과학 전반에 적용되어 사용되기 시작하여 오늘날에는 역사적 기록물이나 전기물, 연설문, 편지글, 문학 작품, 교과서, 작문의 결과물, 사람들 사이의 대화 내용, 교육 프로그램 등 모든 대상에 확대되어 적용되고 있다.

국어과 내용 분석 연구법은 몇 가지 특징이 있다. 먼저 방법론적 측면에서 볼 때 객관성과 체계성 그리고 수량화 등을 중요시 한다. 또 연구 범위의 측면에서 볼 때 매체의 전달 내용만을 분석하는 것이 아니라 전달 과정까지 분석의 대상으로 삼는다. 아울러 내용의 전달 과정에서 사회적으로 어떠한 영향력을 행사하였는지까지 분석하게 되며, 분석 단위의 측면에서 볼 때, 대중 매체의 내용 분석과정에서 사용하게 되는 개개 언어의 특성도 중요시 한다.

(2) 국어과 내용 분석의 방법 및 절차

국어과 내용 분석 연구 방법이란 주로 문자로 표현된 의사 소통의 내용을 객관적이고 체계적으로 수량화하여 기술하기 위한 연구 방법의 하나이다.

국어과 내용 분석 연구는 문학 작품 분석, 쓰기의 결과물 분석, 각종 국어교육 관련 프로그램 분석, 국어 교과서 분석 등에 사용될 수 있다. 국어교육 연구에서 내용 분석의 방법을 사용할 때는 분석의 목적을 분명히 하고, 분석의 기준을 정확히 세우며 분석 방법을 체계적이고 명시적으로 드러내야 한다. 또 분석 목적에 적합한 자료를 수집하는 일도 중요하다.

국어과에서 사용할 수 있는 내용 분석은 일반적으로 다음의 절차를 따른다.

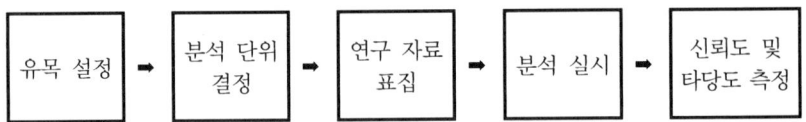

국어과 내용 분석 연구에서 가장 먼저 시행해야 할 일은 유목 설정 작업이다. 여기서 말하는 유목이란 분석하고자 하는 내용의 전집을 분석하는 기준 또는 그 분석 항목을 말한다. 국어과에서 내용 분석 연구를 한다 함은 분석하려는 대상의 모집단을 정의해 놓고 나서 이 모집단에서 뽑은 내용을 의미 있게 유목화시킨다는 뜻이다. 가령 〈구운몽〉의 내용을 분석한다고 한다면, 〈구운몽〉의 분석 기준이 되는 주제, 서사 유형, 주인공의 성격 등을 분석 유목이라고 할 수 있다.

유목화 작업을 할 때는 다음 사항에 유의해야 한다. 유목은 연구 문제 및 목적에 부합하여야 하며, 내용을 망라한 것이어야 하고 유목은 상호

배타적일 뿐만 아니라 상호 독립적으로 설정되어야 한다. 또한 같은 차원의 유목은 단일 기준에 의하여 분류되도록 만들어야 한다.

다음 단계에서 내용 분석 연구에서는 분석 단위를 결정해야 한다. 분석 단위는 출현 빈도를 중심으로 한 기록 단위 분석과 맥락을 고려한 맥락 단위 분석 방법이 있다. 기록 단위 분석은 단어나 기호, 주제 또는 주장, 문장 또는 문단, 기사 또는 아이템, 지면이나 공간 그리고 시간, 인물과 집단, 사물과 기구 등의 출현 빈도를 중심으로 분석하는 방법이다. 맥락 단위 분석은 단순히 출현 빈도만으로 분석할 수 없어 맥락까지 고려해야 할 경우에 분석 단위로 활용한다. 문맥 단위 분석은 기록 단위 분석에 비해 시간과 노력이 많이 들지만 기록 단위 분석의 문제점을 보완해 주는 기능을 하기 때문에 두 가지를 모두 시행하는 경우가 많다.

셋째 단계는 연구 자료 표집 단계이다. 연구 자료의 표집은 실제적인 국어과 내용 분석 연구에서 매우 중요한 단계이다. 잘못된 표집으로 인해 연구의 결론이 바뀔 수도 있기 때문이다. 이 단계에서는 먼저 전집의 범위를 정하고 그에 따른 표집 단위를 규정하고 표집 사례 수를 결정한다. 그리고 어떤 방법으로 표집할 것인지 그 방법을 결정해야 한다. 가령 국어과에서 제작하는 독서 신문의 내용을 개인 단위와 학교 단위 그리고 교육청 단위로 그 내용 비교를 하고자 한다면, 사설 기관의 독서 신문을 제외한 나머지가 전집이 되고, 표집 단위 및 사례수의 측면에서 교육청별로 개인 작품 1편, 교육청별 학교 단위 작품 1편, 교육청 단위 작품 1편을 수집하기로 하고 수집 방법은 개인이 직접 교육청 도서관을 활용하여 수집하기로 했다면 위의 절차를 따른 것이라 할 수 있다.

네 번째 단계는 분석을 시행하는 단계이다. 분석은 양적 분석과 질적 분석을 시행할 수 있는데 연구 목적이나 분석 단위에 따라 방법을 결정한다. 구체적인 분석 작업에서 분석 내용을 집계할 때는 존재의 유무, 빈도, 강도, 시간의 길이, 공간의 크기 등을 중심으로 집계의 틀을 만들어 사용

할 수 있다.[9]

마지막 단계에서는 분석 내용이 얼마나 믿을 만한 자료인지 얼마나 근거가 적절한지를 확인해 본 후에 연구를 마친다.

(3) 국어과 내용 분석 연구의 사례

국어과에서 이루어진 내용 분석 사례 관련 논문을 몇 편 소개하면 다음과 같다. 다음 논문들은 학위 논문이라기보다 일반 소논문에 해당하는 것들이다.

> 문영애(2002), "초등학교 국어과 교과서에 나타난 통일 관련 내용 분석과 효율적인 교수 학습 방안"
> 이재기(2002), "중등학교 국어과 교과서에 나타난 통일 교육 관련 내용 분석과 효율적인 교수 학습 방안"
> 한국교육과정평가원(2004), "국어과 교육 내용 적정성 분석 및 평가"
> 이용숙(2005), "제 7차 중학교 국어과 교과서와 미국 교과서의 내용 구성 체계 비교 분석"

위에서 보는 것처럼 국어과 내용 분석은 주로 교육과정이나 교과를 중심으로 연구가 이루어진 것을 볼 수 있다. 이것은 다른 교과에서도 나타나는 현상으로 내용 분석 연구는 주로 관련 교육 과정 연구나 교과서 체제 및 구성에 대한 내용 분석이 먼저 이루어지고 있다. 그 다음에는 구체적인 주제를 선정하여 그 주제에 따른 내용 분석 연구를 진행하고 있다. 국어 교과에서도 앞으로 특정 주제 중심 내용 분석 연구나 장르 중심 내용 분석 연구를 고려해 볼 수 있겠다.

---

9) 시간의 경우 방송 매체에서 하나의 내용이 얼마나 길게 제시되고 있는가의 문제이고 공간의 크기는 인쇄 매체에서 하나의 내용이 얼마나 큰 범위로 제시하고 있느냐의 문제이다.

아. 국어과 단순 조사 연구 방법

(1) 국어과 단순 조사 연구 방법의 개념

국어과 조사 연구(survey research)는 국어교육 연구자들이 행하는 가장 기초적인 연구 형태의 하나이다. 따라서 국어과 조사연구는 표집을 통해서 사회학적 변인과 심리학적 변인의 상대적 영향력, 분포 및 상호 관계성을 밝히며, 질문이나 면접과 같은 직접적인 접촉을 통해서 특정 문제의 속성이나 행동, 태도를 연구하여 전집에 대한 정보를 수집한다.

국어과에서 활용하는 단순 조사 연구 방법은 국어과 교육과 관련된 제반 현상이나 사건에 대하여 자연 상태 그대로 조사하여 있는 그대로를 해석하는 국어과 연구 방법 중 하나이다. 가령 국어교육과 관련한 흥미도 조사나 태도 조사, 의견 및 가치관 조사, 국어 수업과 관련한 행동 및 상태 조사 등을 하거나 국어교육과 관련한 물리적·심리적 환경 조사 등이 이에 해당될 수 있다.

국어과 단순 조사 연구 방법에는 조사 영역과 대상에 따라 학교 조사, 사회 조사, 여론 조사 등의 방법이 있을 수 있다. 가령 국어에 대한 학교 내 관심도 조사, 민족 언어에 대한 사회 구성원 의식 조사, 국어교육 정책에 대한 여론 조사 등이 그러한 예가 될 수 있다.

국어과에서 실시하는 단순한 여론 조사는 짧은 시간에 많은 대상의 정보를 얻을 수 있다는 장점이 있으며 대부분 후속되는 심층 연구의 기초 자료로서 역할을 한다. 그렇기 때문에 단순 조사를 과학적 연구의 범위에 넣을 수 없다고 보는 학자도 있다.

국어과에서 단순 조사 연구 방법을 사용할 때는 먼저 조사의 목적과 영역을 정하고 조사 계획을 수립한다. 다음으로 조사 계획에 따라 조사를 실시하여 그 결과를 정리하여 분석한다. 그리고 최종적으로 분석한 결과를 보고서로 작성하면 된다.

(2) 국어과 단순 조사 연구 방법의 종류

국어과 단순 조사 연구 방법은 조사목적과 조사 방법에 따라 종류를 살펴볼 수 있다. 먼저 조사 목적의 측면에서 살펴보면 국어교육 현상 내의 사실 발견을 위한 조사, 가설 검증을 위한 조사, 규칙을 만들기 위한 조사 등으로 나눌 수 있다.

국어교육 현상 내의 사실 발견을 위한 조사는 어떤 집단의 특성이나 사건, 현상에 대하여 있는 그대로의 사실을 알아보기 위하여 실시하는 조사 방법으로 실태 조사라고도 한다. 가정 환경 조사, 학교 조사, 지역 사회 조사 등을 그 예로 들 수 있다. 가설 검증을 위한 조사는 인과 관계를 설명하기 위한 방법으로 이론적 근거에 의하여 변인들 간에 어떤 관계가 가정되었을 때 이것을 실증적으로 연구하여 긍정이나 부정에 이르는 연구를 말한다. 끝으로 규준을 만들기 위한 연구는 국어교육과 관련하여 어떤 조건이나 상태를 만들기 위한 조사 연구에 해당한다.

자료 수집 방법에 따른 국어과 단순 조사 연구 방법에는 면접 조사, 우편 조사, 전화 조사 등의 방법이 있다. 조사 통계를 위한 면접은 훈련된 면접자가 동원되는 것이 일반적이며, 우편 조사는 응답자에게 질문지를 배부하는 것이 일반적이다. 최근 전화 조사도 많이 이루어지고 있는데 전화 조사는 개인 면접보다 값이 싸며 빠르고 정보 입수가 쉬운 장점이 있어 많이 애용되고 있다.

(3) 국어과 단순 조사 연구 방법의 연구 절차

국어과 단순 조사 연구의 연구 절차는 조사 내용이나 조사 대상에 따라 약간씩 달라질 수 있으나 일반적으로 다음의 절차에 따라 연구가 진행된다.

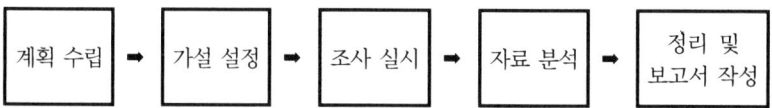

연구 계획을 수립하는 단계에서는 조사 연구의 목적을 서술하고 조사 영역을 선정한다. 다음으로 가설 설정 단계에서는 연구 문제가 될 만한 가설을 설정하고 조사 연구의 대상과 자료 수집 방법 및 절차, 구체적인 표집 방법, 질문지 작성 방법, 면접자 훈련 방법, 조사 일정 등을 정한다. 조사 실시 단계에서는 예비 조사를 먼저 실시하는 것이 일반적이며 자료 분석 단계에서는 수집된 자료를 유목화하고 코딩을 실시한다. 마지막으로 결과를 정리하여 연구 보고서를 작성하면 된다.

(4) 국어과 단순 조사 연구 사례

국어과 교육 연구에서는 기초 연구 자료로서 많은 조사 연구 자료가 필요하다. 그런데 일부 연구 자료는 시간과 노력이 많이 소요되므로 특정 기관에 의해 조사 연구가 진행되기도 하지만, 여전히 개인 연구자의 몫으로 남겨진 국어과 조사 연구 영역도 많이 존재한다. 다음은 국어교육 관련 단순 조사 연구 사례를 몇 가지 제시한 것이다.

최성용(1999), "초등학교 1학년 제 7차 실험용 교과서 어휘 조사 연구"
최용기(2000), "교과서 문장 조사 연구"
국립국어연구원(2001), "20세기 전반기 어휘 조사"
김진곤(2005), "고등학교 국어과 수행평가 실태 조사 연구"
이경화(2007), "국어 교과서 개발을 위한 기초 문식성 지도 실태와 인식 조사"

위의 연구 결과를 잘 살펴보면 조사 연구의 기초 자료의 성격이 금방 드러난다. 그러나 그 기초 자료를 얻는 데는 많은 품이 필요하다. 위에서 제시한 연구는 기초 의식 조사나 실태 조사, 어휘 조사, 문장 조사 등을 중심으로 진행되었는데 국어과 교육 연구의 다른 영역에 대한 조사 연구도 많이 진행되어야 한다.

2. 국어과 실험 연구

가. 의미와 특징

국어과에서 활용하는 실험 연구는 연구 문제에 대한 답을 얻을 때 자연 상태에서 얻는 것이 아니라 인위적으로 조건을 조작하여 그에 따른 결과를 수집하는 연구 방법이다. 가령 교과 독서 지도의 효과에 대한 연구를 진행하기 위하여 연구 대상이 된 학급에는 교과 독서 지도를 실시하고 나머지 한 반에는 전통적인 방법으로 수업을 진행하면서 일정 기간이 지난 후에 연구 대상반의 독서 능력이나 태도의 변화를 살펴보았다고 하자. 이 때 연구 대상반에 교과 독서 지도 방법을 실시하는 것을 '실험 처치' 또는 '독립 변인을 조작한다.'라고 말한다. 그리고 조작의 결과 나타난 현상은 종속 변인이 되는 것이다. 이처럼 실험 연구는 독립 변인과 종속 변인 간의 인과성을 밝히는 데 매우 유용한 연구 방법이라 할 수 있다.

실험 연구는 몇 가지 특징을 갖는다. 실험 연구는 변인간 인과 관계 규명에 초점을 두며 일정 기간 동안 실험 처치를 하게 된다. 실험 처치 기간 동안 한 개 이상의 독립 변인과 한 개 이상의 종속 변인을 탐구하게 되며 이러한 변인들은 이론적 검토나 체계적이고 경험적인 분석을 통해 선정되는 게 일반적이다. 또한 변인 간 가설을 설정하여 연구를 진행하며 관찰이나 측정은 실험을 진행하거나 실험이 끝난 후에 이루어지게 된다.

나. 국어과 실험 연구의 유형

국어과 실험 연구는 크게 두 유형으로 나눌 수 있다. 현장에서 실험하는 연구와 실험실에서 실험하는 연구가 그것이다.

국어과 현장 실험 연구는 일상생활과 관련된 현장에서 비교적 장기간 걸쳐 진행되는 실험 연구를 말한다. 현장 실험 연구는 현장성과 장기성(長期性) 때문에 실험 기간 중에 독립 변인을 통제하는 것이 애로 사항으로 대두되는 경우가 많다. 다시 말해 실험하고자 하는 독립 변인 외에 다른 요인들이 영향을 줄 가능성이 많다는 것이다. 또한 연구 대상자의 중도 탈락 가능성도 많고 인간을 대상으로 할 경우 윤리적 문제도 야기할 수 있다. 그러나 이러한 어려움에도 불구하고 잘 설계되고 잘 수행된 국어과 현장 실험 연구는 현장성이 매우 높으며 일반화 가능성이 매우 높다.

실험실 실험 연구는 비교적 단기간에 실험을 마칠 수 있는 연구로 실험실 외의 다른 영향을 통제하며 연구를 진행할 수 있기 때문에 인과 관계를 밝히는 데 매우 유리하나 실험실이라는 특성상 일반화에 한계가 있다는 단점이 있다. 국어과에서는 국어 발음에 관련한 실험실 연구나 독해 과정에 대한 심리적 연구 등을 실험에서 진행할 수 있다.

다. 국어과 실험 연구의 절차

국어과 실험 연구는 기본적으로 다음의 절차에 따라 진행된다.

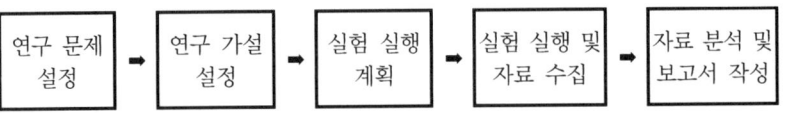

먼저 국어교육 현상 내에서 연구 문제를 설정한다. 연구 문제가 설정되면 문헌 연구를 통하여 연구 가설을 설정한다. 연구 가설이 설정되면 실험의 실행 계획을 작성하게 되는데 이 과정에서 구체적인 실험 설계 방법을 정하고 연구 대상을 선정하며 측정 도구도 준비한다. 또 실험 처치를 위한 각종 도구나 프로그램을 구안하고 이것을 적용해 줄 실험자를 선정하여 사전 훈련을 진행해야 한다.[10] 이것이 끝나면 실험을 진행한 후 자료를 모은다. 자료 수집이 끝나면 모아진 자료를 분석하여 연구 보고서를 최종적으로 작성하면 된다.

라. 국어과 실험 연구의 설계 방법

국어과 실험 연구에서 가장 어려운 문제는 변인을 온전히 통제하는 일이다. 변인 통제를 위해 국어과 실험 연구에서 가장 많이 사용하고 있는 실험 설계 방법 네 가지 유형에 대해 살펴보면 다음과 같다.

---

10) 실험자는 예외가 있기는 하지만 통상 국어 교사가 된다.

(1) 단일 집단을 대상으로 한 하나의 실험 처치

O_1: 사전 검사, O_2: 사후 검사, X: 일정 기간 동안의 실험 처치

실험 집단　　　O_1　　　　X　　　　O_2

위의 실험 설계는 단일한 집단을 대상으로 실험을 실시한 경우에 해당한다. 그러나 $O_2 - O_1$ 가 유의미한 차이가 있다 하더라도 실험 처치 요인 X 이외에도 다른 요인이 개입될 여지가 많은 실험 설계라 할 수 있다. 즉, 실험 처치 외에 실험 대상의 성숙 때문이거나 실험 처치 외의 경험 그리고 관찰 기준 차이, 집단 선정 오류, 실험에 참가한 피험자의 의식적 노력 등의 다른 요인 때문에 유의미(有意味)한 효과가 나타날 수도 있다는 점을 배제할 수 없다는 것이다. 그래서 이러한 실험 설계는 잘 사용하지 않는다.

(2) 두 집단을 대상으로 한 하나의 실험 처치

실험 집단	O_1	X	O_2
통제 집단	O_3		O_4

실험 집단과 통제 집단으로 나누는 위와 같은 실험 처치는 국어과 실험 연구에서 가장 일반적인 실험 처치 방법이고 가장 기본적인 실험 처치 방법이기 때문에 가장 많이 활용되는 실험 설계 방법이다.

　이 실험 설계 방법은 동질적인 두 집단을 선정하여 한 집단은 실험 처치를 하고 나머지 한 집단은 비교 집단으로서 실험 처치를 하지 않는 것이다. 이렇게 해서 실험 외적 요인이 개입되는 것을 모두 차단할 수 있게 된다.

(3) 세 집단을 대상으로 한 두 개의 실험 처치

실험 집단1	O_1	X_1	O_2
실험 집단2	O_3	X_2	O_4
통제 집단	O_5		O_6

위에서처럼 세 집단을 대상으로 하여 실험을 설계할 수도 있다. 이 경우 두 실험 집단을 선정하여 각각 다른 두 가지 실험 처치를 하고 각각의 결과를 통제 집단과 비교하는 방식을 취한다.

(4) 세 집단을 대상으로 한 세 가지 실험 처치

실험 집단1	O_1	X_1	O_2
실험 집단2	O_3	X_2	O_4
실험 집단3	O_5	X_3	O_6

위에서처럼 세 집단에 대해 세 가지 실험 처치를 실시하고 각 집단은 서로에 대해 비교 집단 역할을 수행하게 하는 실험 설계도 가능하다.

마. 국어과 실험 연구의 사례

국어과 실험 연구는 현장 실험 연구의 형태로 가장 많이 이루어지고 있다. 이른바 현장 연구의 많은 영역은 실험 연구의 형태로 진행되는 것들이다. 즉 실험 처치를 시행한 반과 그렇지 않은 반 사이에 어떤 차이가 발생하는지 실험을 통해 검증하는 연구 형태를 띠는 것들이다. 국어과에서 이루어지는 실험 연구의 몇 가지 사례를 들면 아래와 같다.

차옥희(2003), "국어과 교사용 지도서의 학습 지도안 개선 방안 연구"
정혜승(2002), "국어과 교육과정 실행 연구"
송재익(2003), "한자말 글과 토박이말 글의 비교 실험"

국어과 현장에서 이루어지는 현장 실험 연구는 많은 경우 '~프로그램 개발 연구'라든가 '~방안 연구'의 형태를 취하고 있다. 현장에서 실질적으로 이러한 유형을 필요로 하고 있기 때문이다. 또한 현장 실험 연구는 현장의 국어 교사들에게 많은 면에서 유리하다. 현장에 있기 때문이다. 그렇기 때문에 앞으로도 수많은 방안이나 프로그램 개발 연구가 진행될 수 있고 이전과 마찬가지로 실제로 가장 많은 연구 논문이 제출될 것으로 예상된다.

07

국어교육과 현장 연구

국어교육이 실행되는 국면은 학교의 교실과 밀접한 관련이 있으므로 국어교육 연구에서는 이러한 현장 연구가 높은 위상을 차지한다고 할 수 있다. 특히 국어교사가 국어교육 연구의 주체가 되는 실행 연구는 국어교육이 전개되는 구체적인 현상을 이해하고 교육적 의사결정을 내리는 데 중요한 정보를 제공한다는 점에서 의의가 크다. 그런 만큼 현장 연구는 더욱 체계적인 방법으로 수행될 필요가 있으나, 실제적으로는 그렇지 못한 실정이다. 따라서 이 장에서는 현장 연구에 대한 국어교사의 이해를 돕기 위하여 국어교육 현장 연구에 대한 개요를 살펴보고 국어과 현장 연구를 수행하는 원리와 절차에 대해 알아보고자 한다. 물론 현장 연구는 국어교사가 주체가 되는 연구이기는 하지만, 전문적인 국어교육 연구자도 현장 연구 방법에 대해서 이해할 필요가 있다.

07 국어교육과 현장 연구

1. 국어과 현장 연구의 의의

일반적으로 연구란 사상이나 사건을 유목적적으로 분석하여 체계적인 지식을 얻어내는 행위라고 정의한다. 이미 축적되어 있는 자료나 새롭게 관찰한 사실에서 어떤 규칙을 발견하거나 의미 있는 관계를 찾으려는 노력의 통칭이라 할 수 있다.

이런 맥락에서 현장 연구는 교육 활동에 참여하고 있는 교사가 교육 현장에서 발견할 수 있는 다양한 사상이나 사건 혹은 개선을 요하는 과제들을 분석 관찰함으로써 체계적인 지식이나 원리를 찾아내는 일이다. 특히 학교라는 현장에서 자신들의 활동의 가치와 정당한 방향을 정립하기 위한 노력으로 이루어진다는 점과 현장의 당면 문제에 대한 고민의 산물이라는 점에서 현장연구의 의의를 찾을 수 있다. 이런 측면에서 현장연구는 이론적 탐구를 현장에 접목하고 실천력을 담보할 수 있는 적극적인 교수 활동이라 할 수 있다.

특히 국어과 현장 연구는 국어교육의 바람직한 방향을 찾고 효과적인 국어교육이 이루어질 수 있도록 돕고자 하는 연구이며, 과학적인 절차를 통해서 국어교육에 관한 새로운 지식을 찾아내고 국어교육 현장의 문제들을 개선하고자 하는 교육 활동의 한 분야라고 할 수 있다.

 이러한 현장 연구의 의의와 가치에도 불구하고 국어과 현장 연구가 현장의 개선에 기여하지 못하고 용도 폐기 되는 이유는 무엇인가? 많은 이유가 있겠지만 '국어'를 '교수-학습하는' '현장'의 연구라는 중요한 세 가지 축을 균형 있게 유지하지 못하기 때문이라고 할 수 있다. 현장은 역동성 있는 개인이 개별적 능력과 관심 하에 다양한 요구를 분출하는 곳이며 끊임없는 변화를 요구 받는 곳이다. 게다가 현대와 같은 광속의 변화의 시대에서 교사들은 환경의 변화를 인식하고, 지식을 주입하는 전달자에서 수업 방식과 자료를 개발해 내는 교수 개발자, 학습 지원자가 되어야 한다.

 국어과 현장 연구는 국어과 교수 학습 활동을 통해 사고력을 신장하고 언어 사용을 효율적으로 하게 함으로써 궁극적으로 바람직한 인간을 양성하는 국어과 교육의 목표를 가장 잘 달성할 수 있는 방법을 탐구하는 데 모아져야 한다. 그러기 위해서는 국어 교과의 전문연구자들에 의해 연구된 내용이나 방법론을 현장에 접목하고 이에 대한 실천적 방안을 찾아내는 노력이 무엇보다 필요하다. 실천은 이론을 담보하고 이론은 실천을 전제로 할 때 가치가 있다. 그럼에도 현장연구가 이론과 실천의 두 가지 축을 상호 보완적으로 조정하지 못하고 있다.

 연구는 상식과는 다른 과학적 사고와 방법론 아래서 이루어진다. 과학의 가장 큰 특징은 객관성(objectivity) 경험적 증명 가능성(Verifiability), 끊임없는 자체 수정(self-correction)을 인정하다는 점이다. 이러한 세 가지의 본질에서 현장의 연구가 이루어질 때 국어과 현장 연구는 현장의 개선이라는 본래의 목표를 달성할 수 있을 것이다.

2. 국어과 현장 연구의 방향

　국어교육은 무엇을 반성해야 하는가? 해방 이후 반세기 동안 국어교육이 현실의 삶을 얼마나 혹은 어떻게 바꾸었는가? 세계 최저 수준의 문맹률을 자랑하는 것으로 국어교육의 역할과 책임은 다했다고 할 수 있는가? 그렇다면 오늘날의 문식성(literacy) 개념[1]에 상응하는 능력들을 적절하게 발달시키는 데 국어교육이 기여하고 있는가?

　청소년을 포함한 국민 대중들의 말하기와 듣기, 읽기와 쓰기 능력의 발달에 학교 교육, 특히 국어과 교육이 기여한 바가 큰지에 대해서는 심도있는 연구가 필요하겠지만 일선의 교사와 연구자들은 문맹을 깨친 정도를 제외하고는 능숙한 독자와 필자, 그리고 청자와 화자를 찾기 힘들다고 말한다. 입시 교육으로 총칭되는 암기와 회상, 결과 중심 교육의 폐해가 아직도 교육계를 짓누르고 있는 것이 엄연한 현실이기 때문이다. 이는 심각한 문제를 야기한다. 학문의 세계, 혹은 교과의 세계에도 엄혹한 생태계의 법칙이 적용된다. 주변 환경에 유효적절하게 대응하지 못하면 그것의 입지는 좁아지는 것이고 점차 설 땅을 잃는다. 존재는 왕성한 생존능력을 보였을 때, 유의미한 자기분화의 가능성을 지녔을 때만 자기 영역을 유지하고 확장하게 된다. 예를 들어, 7차 교육과정에 이르기까지 개별 교과의 이수 단위시간이 어떻게 변화해 왔는지 확인하면 이를 쉽게 알 수 있다. 가령, 중학교 국어과의 경우 5-4-4 단위로 6차에 비해 축소되었다. 교과의 이기주의를 말하고자 함이 아니다. 교과가 제 기능을 다하지 못하면, 그리고 언어 공동체 구성원의 삶과 문화를 존속시키고 새롭게 창조하는 데에 국어교육이 자기역할을 찾지 못하면, 결국 교과는 축소 운영될 수밖

---

[1] 본래의 의미는 모국어로 읽고 쓸 줄 아는 능력을 가리킨다. 하지만 근래에는 읽고, 보고, 쓰고, 듣고, 말하는 능력은 물론이고 정보를 수집하고 활용하는 능력으로까지 그 의미의 폭을 확대해 가고 있다.(최현섭 외, 2006 : 19)

에 없다. 교과교육이 개별교과의 이해관계에만 집착해서는 안 된다면 교육이라는 것은 국가사회의 거대한 컨텍스트, 곧 맥락 안에서 사유되어져야 한다. 공교육이라는 거대 담론의 틀에서 교과 교육 연구가 자리매김 되어야 한다.

공교육 혁신은 국가경쟁력을 규정짓는 핵심 과업으로 자리매김되고 있다. 정권이 바뀔 때마다 사회적 의제로 부각되었고 이를 추동할 기구[2]를 만들어 인적, 물적 역량을 투입하고 사회운동으로 여론을 환기하고자 하는 수많은 노력이 있어 왔다. 그러나 뚜렷한 성과를 거두었는지 그 평가는 회의적이다. 오늘의 교육현실을 규정하는 역사적 배경이 깊고, 교육을 둘러싼 이해당사자들의 입장 차이가 매우 복잡하게 얽혀 있어, 정부가 나선다고 쉽게 풀릴 수 없는 것이 냉혹한 현실이다.

사회가 민주화되어 일사불란하게 정부의 통제가 먹혀드는 시대가 적어도 아니라면 개별 집단과 계층을 하나의 정책으로 아우르기란 무척 힘들기 마련이다. 이해당사자들을 설득하고 정부정책을 따르도록 하기엔 너무도 많은 시간과 에너지가 소비되어야 한다. 그나마 쉽지 않다. 그렇다면 무엇을 해야 하는가? 교육에 직접 종사하는 내부역량을 강화하기 위한 주체들의 연구와 노력이 필요하다. 개별 교과는 고유한 특성과 교육적 책무가 있다. 교육의 이념과 목표를 구현할 구체적인 전망을 가지고 실천 전략을 수립해야 한다.

국어교육의 개혁과 변화를 위해서 국어교육의 이념, 목표, 교육과정의 내용, 교과서, 교수-학습의 방법과 평가 등에 이르는 국어교육의 교육과정 체계를 세우고 이를 토대로 학교교육과 국어과 수업을 바꾸는 것이 국어과 교사와 국어교육 연구자에게 주어진 핵심 과업이다. 우선 국어교

---

[2] 문민정부 시절에는 교육개혁위원회, 국민의 정부에서는 새교육공동체위원회, 그리고 참여정부에서는 교육혁신위원회로 이름을 달리한 대통령직속기관을 만들어 교육개혁을 추진하였다.

육을 교실이라는 한정된 공간에 머물게 하지 않고 사회문화적, 세계사적 안목과 전망을 가지고 새롭게 통찰하려는 의지와 능력이 절실하다. 그동안 국어교육이 입시교육이라는 굴레에 갇혀 국어교육 본래의 철학과 이념 또는 전망을 애써 무시해왔는지에 대한 반성과 성찰이 필요하다. 국어가 우리 삶의 조건과 내용을 규정하고 사회 구성원들의 의식과 정신을 통합하고 반영한다는 인식이 있어야겠고, 이를 위한 중요한 매체가 된다는 점에도 유의해야 한다. 국어가 우리 사회의 단순한 의사소통의 도구가 아니라 역사와 문화를 형성하는 주요 매개고리이면서 문화자체의 핵심이라는 점을 분명히 해야 한다.

인문학의 위기가 학문과 교과 교육에 어떤 영향을 미치고 있는지, 그리고 이를 해소하기 위해 국어과 교사와 연구자들은 무엇을 어떻게 해야 하는지 책임 있는 자세로 대응해야 한다. 인간의 존엄과 숭고한 가치를 상실했을 때 인류가 감당해야 하는 몫이 무엇인지 성찰이 있다면 국어과 교육과 그 연구가 가치로운 세상을 일구는 데에 어떤 역할을 해야 하는지 명백해진다. 연구는 사회적 소용이 있어야 할 것이고, 뒷받침하는 철학과 실천으로 구현되는 상호유기적인 관계틀에서 이루어져야 한다. 아울러 미시적인 측면에서 국어과 교사와 연구자들이 현장의 경험을 소중히 다루고 옹호할 필요가 있다. Kutz는 아주 오래 전 연구에 임하는 연구자들의 마음가짐을 다음과 같이 제시한 바 있다.

1. 우리는 우리들 자신의 일상적인 교실 경험들로부터 제기되는 자연스러운 질문들과 함께 우리의 연구를 시작해야 한다.
2. 우리는 우리들의 자연스러운 탐구의 수단들-꼼꼼한 기록, 일지 작성, 작은 대화도 놓치지 않는 녹음, 학습자들의 국어능력을 입증하는 결과물들의 보관에 의문을 제기함으로써 연구를 시작해야 한다.

3. 우리는 다른 연구자들과의 공식적인 연결망을 통해서뿐만 아니라, 우리 자신의 교실에서 우리의 학습자들과 함께 공동체를 창조할 수 있다.

  교과교육의 최고 전문가는 현장의 교사들이다. 현장을 이해하고 현장의 주·객관적인 조건들을 속속들이 파악하고 있는 교사야말로 현장에 대한 새로운 아이디어를 산출할 수 있는 최고의 위치에 있다. 인간의 성장과 발달, 그리고 환경과의 관계는 일률적으로 치환될 수 없고, 한 가지로 단순화시킬 수 없는 오묘한 세계이다. 한 가지 원리가 모든 사람에게 적용되지 않을 가능성이 매우 높다. 저마다의 성정이 다르고 살아온 환경이 다르며 생각하는 방법과 가치도 다르다. 그래서 똑같은 교육 투입이 있어도 그 결과는 사람마다 다르다. 만약 동일한 결과를 낳게 하고자 한다면 오히려 역작용이 있을 가능성이 높다. 실로 현장은 간단치가 않다. 이런 현장의 실제를 제대로 이해하고 해석할 수 있는 사람은 바로 교사들이다. 문제를 진단하고 올바른 해결책을 제시하며 새로운 전망을 세울 수 있는 최적의 조건을 교사들은 적극적으로 활용해야 한다. 이를 위하여 먼저 교사들로 하여금 자신의 조건에 터하여 연구할 수 있도록 고무시켜야 한다. 낱낱의 사례는 교육현상에 접근하고 이해하는 데 중요한 데이터가 될 것이다. 그리고 그들의 연구는 체계적으로 분류되어 일회적이고 단편적이며 개인적인 차원에서가 아닌 종합적이고 체계적인 방법으로 문제를 해결하는 데 기여할 것이다. 그들이 직면한 도전과 문제가 개인적인 차원에서 비롯되고 심화되고 있는지, 아니면 구조적이고 제도적인 차원의 문제 때문에 비롯된 것인지, 교사의 심성과 자질, 교육과정, 교과서, 학교의 문화, 학부모, 학생 차원에서 비롯된 것인지 규명해 나가야 한다.

  현장은 국어교육의 발전에 주요 열쇠를 쥐고 있다. 실제 교육 현장에서 얻는 지혜와 변화무쌍한 가변성의 세계를 텍스트로 변환시켜 현장의 실체를 정확하게 해석하고 이해하도록 하는 교사들의 열정이 국어교육, 나아가 교육 전체의 변화를 이끌어낼 수 있다. 그들은 연구의 대상이 아니라 연구의 주체이다. 현장연구는 오롯이 교사들의 소중한 실천과 창의적인 영감을 끌어내는 주요한 통로이다.

3. 국어과 현장 연구의 영역

국어교육학의 연구영역에 대한 연구는 지금까지 다양하게 모색되어 오지 못했다. 다만 국어교육학의 몇몇 연구자들을 중심으로 그 연구 영역에 대한 개괄적인 탐색이 이루어져 왔다. 국어교육학 연구영역을 범주화하고 체계화하는 것은 국어교육의 질적 도약을 위해 기반을 마련하는 데에 의미가 있다. 국어교육학이 학문적 정체성을 띠기 위해서라면 국어교육학을 구성하는 하위 영역의 내용을 확인하는 것이 국어교육학의 정립뿐만 아니라 인접학문들과의 연관성을 이해하고 밝히는 데에도 도움이 된다. 아울러 국어교육활동 프로그램을 현장들이 개발하고 실제 교단에서 적용하는 데 도움이 될 것이다.

가. 국어과 교육과정의 체제

국가 수준의 교육과정은 교과서를 개발하거나 지역 및 단위학교 수준의 교육과정을 편성하는 데 준거가 되고 실제 교사들이 교실에서 교수-학습을 전개하는 데 필수적인 지침이 된다. 그러나 교육과정의 철학과 목표, 체제 등을 면밀히 검토하고 이를 바탕삼아 수업을 전개하는 교사는 그리

많지 않은 것이 현실이다. 이 괴리는 교사들의 무관심과 교육과정에 대한 이해가 부족해서라기보다는 교육과정과 교과서, 그리고 수업과의 유기적인 활용이 부족한 탓이 더 클 것이다. 이를 극복하고 교육과정이 녹아 있는 교과서와 수업을 설계하는 데 현장의 교사들이 경험을 공유하고 실천을 축적하여 새로운 교육과정을 수립하고 지역 및 개별학교 단위의 교육과정을 편성 운영해야 한다. 이런 연구역량이 곧 교육과정을 정교화하고 실제 수업과의 조화로운 만남을 촉진할 것이다.

나. 국어교과서 체제

교과서는 개발자들만의 몫이 아니다. 교과서는 전범의 지위를 누리되 무비판적으로 수용되어서는 안된다. 오류와 한계가 발견되면 언제든지 수정되어야 한다. 최근의 교육과정은 이를 적극 허용하고 있다. 특히 2007년 개정 교육과정부터는 검인정 교과서 체제로 바뀌었기 때문에 더욱 현장의 다양한 이해와 요구를 반영하는 교과서가 개발되어야 한다. 교과서의 내용과 형식이 학생들의 기호와 발달 수준을 고려하는지 현장에서 냉철하게 검토되어야 한다. 예컨대, 학년별로 권장되어야 할 어휘 수준은 어느 정도인지, 전수 조사가 불가하다면 표집 조사를 통해 교과서에 수록한 텍스트와 학습 수준을 결정할 구체적이고 체계적인 데이터를 확보하는 연구는 정말 시급한 형편이다. 현장의 연구가 이러한 문제를 해소하는 데 기여할 것이다.

다. 국어과 교수-학습의 실제

현장에서는 지금도 끊임없이 교수-학습 방법이 개발되고, 기존의 방법을 응용하여 새로운 사태에 적용하는 노력이 쉼없이 지속되고 있다. 일반 교육학의 교수-학습 이론을 원용하여 국어과에 창의적으로 적용하고 이를 검증하는 과정은 80년대와 90년대 초까지는 교사들의 자생적인 소모임 활동으로, 이후 90년대 중후반부터 2000년대를 넘어오면서 각종 사이버상의 자료들을 수집하고 열람할 수 있는 인터넷을 바탕으로 이루어지고 있다. 교과 영역별, 단원별, 학습자별, 환경별, 매체별로 세부적인 접근이 필요하다.

라. 듣기/말하기/읽기/쓰기/문법/문학

5차 국어과 교육과정 이후 국어과 교육의 내용 영역은 6개의 영역으로 구성되어 있다. 이는 2007년 2월에 개정된 국어과 교육과정에서도 역시 마찬가지이다. 각 영역은 고유한 언어기능과 지식으로 차별화되어 있지만 현장연구를 통해 세분화된 형태로 각각의 영역을 더욱 깊이 천착해 들어갈 수 있다. 국어교육의 실천과 관련하여 각 영역은 다음과 같이 연구 분야를 세분화할 수 있다.

① 각각의 영역에 대한 이론적 고찰
② 목표와 내용 구성
③ 교수-학습 전략
④ 평가 및 피드백

마. 국어교육의 새로운 지평

1) 미디어 환경에 대응하는 국어교육

최근의 학습자들은 기성세대들이 사용하는 언어 환경과는 사뭇 다른 세계에서 의사소통을 전개한다. 흔히 전자말이라 불리우는 그들의 소통 방식은 기존의 문법 체계를 벗어나기 일쑤다. 부정적으로 본다면 국어 질서를 교란시켜 사회통합을 저해하고, 언어규범을 파괴한다. 하지만 긍정적으로 본다면 의사소통의 효율성을 높이고 환경적응력이 아주 빠르다. 전자말은 특히 청소년들의 의식과 문화를 지배하는 하나의 경향으로 자리잡았다. 현장의 연구자들과 교과서 개발자, 교육연구자들은 이같은 새로운 현장을 어떻게 해석하고 받아들일 것인지 심각하게 고민하고 어디까지 수용하고 어디부터 배척할 것인지 논의하고 연구해야 할 과업이다.

2) 독서 및 논술 능력 발달을 추구하는 국어교육

학교교육에서 논술이라는 테마가 지금처럼 강조되고 중요시 된 적은 없다. 대학의 요구에서 시작된 사회적, 또는 교육적 흐름은 글쓰기 교육의 일대 혁신을 가져왔지만 아울러 독서와 논술이 입시교육의 한 방편으로 전락한 부분도 없지 않다. 현장의 국어과 교사들은 독서와 논술의 다양한 가능성과 가치, 그것의 기본 정신은 살리되 왜곡되는 현상은 바로잡아야 한다. 학습자들에게 또 하나의 부담으로 작용하지 않도록, 실용적인 목적뿐만 아니라 학습자의 정서와 학습발달을 궁극적으로 돕는 독서와 논술이 되도록 연구가 진행되어야 한다.

3) 다문화사회로의 전환과 국어교육의 저변 확대

국어과 교육이 학교에서만 이루어져야 한다는 고정 관념은 자칫 국어과 교육의 발전과 진화에 역행한다. 100만 명이 넘는 외국인이 한국에 거주하고 있고, 농촌지역을 중심으로 다문화가정이 증가하고 있다. 국어과 교육의 수요층이 기존의 대상과 여러 점에서 다르다. 문화가 다르고 언어가 다르며 사고 체계가 다르다. 이들이 한국의 언어와 문화를 능동적으로 수용하도록 국어과 교육의 기능과 역할이 새롭게 모색되어야 한다.

4) 통일시대를 열어가는 국어교육

통일은 여전히 한국사회의 국가적 과업이다. 만약 통일이 순식간에 오는 것일 아니라면 통일시대를 대비하는 국어교육의 연구와 실천이 지속적으로 추진되어야 한다. 남과 북의 언어는 시간이 흐를수록 그 차이가 더해지고 있다. 어휘와 문법, 문장 등 실제 언어사용에서 현격한 차이를 극복할 연구와 실천이 분단사회의 국어과 교사들의 주요한 책무이다.

4. 국어과 현장 연구의 원리와 절차

현장 연구는 일반적으로 교사들이 연구의 주체가 되어 현장의 문제를 접근하는 것이다. 교사가 교수 학습의 장면에서 그들 스스로 고민하고 해결을 원하는 주제에 대하여 연구하고 싶어진다. 대체로 처음에는 이것을 어떻게 해야 하나? '내가 무슨 생각을 하는거야'와 같은 단순한 질문을 시작하게 되고, 이를 수업 장면이나 교실 장면에서 그들의 가정을 증명할 만한 증거를 찾게 되고 이 결과를 평가하게 된다.

사실상 모든 교사는 현장 연구가다. 연구하지 않고 가르치는 경우는 없기 때문이다. 좁은 의미의 현장 연구와의 차이는 이것을 과학적으로 증거 자료를 모으고 계획하고 조직해서 이를 평가하느냐의 차이일 뿐이다.

현장 연구는 교사가 전문가임을 증명하는 방법이다. 이러한 현장 연구 과정을 거침으로써 교사는 좀더 전문가다워지고 현장의 문제에 민감해질 수 있다. 간혹 현장 연구가 점수화되기도 하지만, 실제적으로 현장 연구는 좋은 수업을 위해 수시로 진행되는 일상의 과정이라 할 수 있다.

특히 이론적인 부분과 현장 접목적인 부분에서 대학의 교수와 현장간의 합동 연구, 혹은 공동 연구 등은 현장의 변화에 가장 중요한 디딤돌을 제공하게 된다. 단순히 교수와 공부하는 교사간의 상하 관계식의 연구가 아니라 개발된 국어교육의 내용분야가 학교 현장을 얼마나 변화시킬 수 있는지를 검증하는 것 역시 현장 연구의 몫이다.

국어과 현장연구는 국어가 현장에서 과제를 발견하고 그것을 해결하기 위해 행해지는 연구로 연구의 초점은 새로운 이론을 개발하는 것보다는 기존의 이론이나 방법론을 실제 교육현장에 적용하는 데 있다. 따라서 연구 결과는 실제 현장에서 실천적 적용을 통해 얻은 구체적인 사실이어야 하며, 연구 추진 과정에서 현장의 상황을 수용하면서 역동적으로 행해져야 한다. 따라서 현장연구는 과학적인 바탕에 근거를 두고 추진되어야 하지만 무엇보다 윤리성이 침해되어서는 안되며 특히 학생 개인의 인권이나 교육의 기회 균등을 항상 고려해야 한다. 이러한 일반적인 원리를 바탕으로 국어과 현장 연구의 절차는 대체로 다음과 같다.

1) 문제 상황을 인식한다.
2) 특정한 연구 주제를 만들어 낸다.
3) 연구 대상과 설정한다.
4) 연구 방법을 결정하고 가설을 탐구한다.
5) 가설을 설정한다.
6) 연구를 시작하고 데이터를 모은다
7) 데이터를 살피고 분석하고 결론을 이끌어 낸다
8) 연구의 결과에 따라 결심하고 이를 실천한다.

5. 현장연구의 실제

가. 연구 주제

연구에 있어 가장 중요한 것은 연구의 주제 설정이다. 연구 주제를 통해 연구전체를 파악할 수 있다. 무엇보다 연구 주제는 참신성, 현실성, 가능성, 가치성이 있어야 한다. 특히 이를 문자로 기술할 때는 독립 변인과 종속 변인이 명확히 나타나도록 간단, 명료하게 진술한다. 흔히 종속 변인은 연구의 결과에 해당하며 독립 변인은 투입 변인이라고도 할 수 있다. 따라서 연구주제를 설정할 때는 가능한 적용하려는 방법(독립 변인)과 기대되는 결과(종속 변인)를 포함하여 진술하는 것이 연구 목적과 방법을 쉽게 판단하게 할 수 있다.

※ 연구주제의 예
　논술능력 신장을 위한 대중매체 활용
　　(종속 변인)　　　　(독립 변인)
⇒ 대중매체 활용을 통한 논술능력 신장
　　(독립 변인)　　　　(종속 변인)

나. 연구의 문제 및 가설 설정

연구문제는 연구 주제의 하위 차원의 것이며, "무엇을 연구할 것이냐"의 "무엇"에 해당되는 것으로 가능하면 좁혀서 생각한다. 연구 문제를 통해 연구의 내용과 범위를 결정하게 되며 제기된 연구 목적 달성을 위한 지도라고 할 수 있다.

연구문제를 확정하고 관련 문헌을 고찰한 다음 이를 구체적으로 검증하기 위하여 가설을 설정하는데, 실천형이나 실험형 연구에서 가설을 설정한다. 가설은 연구문제에 대한 연구자의 잠정적 결론이며 이러한 가설이 있으므로 연구가 성립된다고 할 수 있다. 교육 현장의 문제점을 파악하고 연구 대상을 선정했다면, 연구의 결과를 추리해 보아야 한다. 즉 가설을 세우는 것이다. '아마도 ~가 될 것이다', '~하면 ~이 되지 않을까?' 하는 가설은 연구의 진행을 분명하게 해 준다.

가설은 크게 연구 가설과 통계적 가설로 나뉘는데, 연구 가설은 어느 한 연구분야와 관련된 이론으로부터 논리적으로 변인간의 관계를 추리한 진술문이며, 통계적 가설은 연구의 대상을 전집의 특성에 대하여 추측한 것으로, 표집에서 나온 통계치가 모수치를 대치할 수 있느냐에 관한 검증을 말한다. 통계적 가설은 영가설과 상대적 가설로 나눌 수 있는데, 영가설은 둘 이상의 모수치간에 차이가 없다는 가설형태를 말하고, 상대적 가설은 자기가 관심 있는 가설이 모수치간에 차이가 있다는 가설을 의미한다.

다. 실태 분석

현장 연구를 위해서는 연구 대상자를 중심으로 현재의 문제 상황을 객관적으로 확인하는 실태분석이 매우 중요하다. 실태분석을 통해 문제가 발견되고 주제가 설정되며 실행 목표나 실천 과제가 구체화 된다. 실태 분석을 할 때는 연구 대상의 모든 실태를 조사 분석할 것이 아니라 연구문제와 관련된 문제 상황만을 분석하여야 한다. 실태조사는 질문지법, 데이터 분석법, 면접법 등을 이용할 수 있으며, 분석은 수치화하고 통계 처리를 통해 간략하고 명료하게 제시한다. 실태 분석은 연구문제 발견뿐만 아니라 연구결과를 검증하는 데도 중요한 자료가 되므로 조사, 분석, 결과 해석의 과정을 과학적으로 접근해야 한다.

라. 검사(측정) 도구

연구 결과가 일반화되고 신뢰도와 타당도를 높이기 위해서는 검사 도구를 적절한 것으로 사용해야 한다. 가능하면 표준화된 도구를 사용하는 것이 좋으나, 없는 경우에는 연구자 자신이 타당도와 신뢰도 있는 도구를 제작하여야 한다. 만약 연구자가 도구를 직접 제작해야 할 경우 검사 문항의 1.5배 정도를 표집 집단에게 예비조사를 실시한 후 신뢰도 검증과 전문가의 자문을 통한 타당도를 검증한 후에 도구로 결정하여 사용할 수 있다.

마. 연구(가설)의 실행과 검증

현장 연구에서는 가설의 실행을 연구의 문제, 운영의 실제, 연구의 실행 등 다양한 표현으로 하고 있으며, 이는 실제 연구를 실행한 내용과 과정을 체계적으로 기술해 가는 본론의 단계다. 연구를 실행하면서 적용하였거나 실천한 모든 것들은 사실 그대로를 체계 있게 제시하되 실행 가설별로 실천한 내용의 양과 질이 균형을 이룰 수 있도록 안배하는 것이 좋다. 현장연구에서의 가설 검증 결과는 때에 따라서는 연구자의 의도와는 전혀 다른 결과로 나타날 수도 있으며, 검증 과정에서 예기치 못한 변수가 나타날 수도 있다. 물론 가설 설정부터 철저하게 접근하여 이러한 오류를 차단하는 것이 연구에서 중요하겠지만, 현장의 역동성으로 인해 가설이 부정되는 결과가 나올 경우에도 이를 사실대로 기록하는 것이 연구자의 양심이며 현장의 발전을 가져오는 연구가 될 것이다.

바. 연구의 결과 및 해석

분석은 결과에 해당되고, 분석된 결과를 의미 있게 설명해 주는 것은 해석이라 하며, 결론은 종합적 정리라고 할 수 있다. 연구 결과는 연구의 목적과 더불어 연구 전체를 설명하는 가장 중요한 부분이다. 연구결과는 가설 또는 목적별로 기술함을 원칙으로 하고, 가설의 긍정 또는 부정을 밝혀 긍정, 부정된 이유를 살핀다. 연구주제, 연구문제, 연구목적, 가설과 직접적인 관련이 없는 자료는 제시하지 않는다. 결과 해석 등에 객관적인 자료로 뒷받침을 받을 수 없는 표현, 감성적이거나 애매한 표현 등은 삼가야 한다.

해석 없이 결과만을 제시하는 것은 책임있는 연구가 이루어졌다고 평가할 수 없다. 결과가 나타난 이유, 선행연구와의 비교, 현장에서의 적용 가능성, 향후 이론 개발 등의 공헌성 등을 구체적으로 언급하도록 한다.

08

국어과 평가 영역의 연구 방법론 및 적용

국어교육에서 평가 영역은 연구에 대한 관심이 적고 연구 성과가 충분히 축적되지 못한 분야라고 할 수 있다. 전통적으로 인문학적 연구 방법이 국어교육 연구를 주도해 온 경향이 있어 국어과 평가에 대한 관심이 크지 않았다. 그러나 국어과 평가를 다루는 데 필요한 양적 연구 방법을 체계화하지 못함으로써 국어과 평가에 대한 연구를 활성화하는 데 어려움이 있었다. 국어과 평가 영역은 학생들의 학업 성취 수준을 측정하고 해석하고 이해하는 데에, 그리고 이러한 정보를 바탕으로 하여 교육적인 의사결정을 내리는 데에 중요한 역할을 하므로 연구 방법을 체계화하는 것은 매우 중요하다고 할 수 있다. 따라서 이 장에서는 국어과 평가 영역의 연구 방법을 조망하고 그것을 구체적으로 적용하는 방안에 대해서 살펴보고자 한다.

국어과 평가 영역의 연구 방법론 및 적용

1. 들어가며

　국어교육 연구에서는 최근 들어 평가 관련 주제를 다룬 연구들이 매우 폭넓게 수행되고 있다. 국어교육에서 평가와 관련한 연구가 이처럼 활성화된 배경에는 국어교육에 수행평가(performance assessment)를 적극적으로 도입함으로써 직접 평가에 관한 연구 논의가 풍부해졌기 때문이다. 수행평가라는 직접 평가의 대안적 평가 방식은 1990년대 초반부터 국내에 적극적으로 소개되고, 사고력 중심의 5차 교육과정과 맞물려 전 교과 영역의 평가에서 활용되기 시작하면서(박인기 외, 1993). 국어 교과의 평가에서도 수행평가가 본격적으로 도입되기에 이르렀다.
　흔히 알려진 바와 같이, 수행평가는 "학생 스스로가 자신의 지식이나 기능을 나타낼 수 있도록 산출물을 만들거나, 행동으로 나타내거나, 답을 작성하도록 하는 평가 방식"이다(백순근 외, 1996). 수행평가는 오랫동안 국어 평가 형식을 주도해 왔던 객관식 문항에 기반 한 간접 평가의 한계를 극복하면서 학생들의 실제적이고 총체적인 국어 능력을 측정하는데 유의한 평가 방법에 해당한다. 따라서 학생들의 실제적인 국어 능력을 평가하기 위해서는 직접 평가(direct assessment)와 간접 평가(indirect assessment)에 대한 균형 있는 접근이 요구된다.

간접 평가는 학생들의 국어 능력을 구성하는 지식이나 기능, 전략들을 대표하는 객관식 문항을 구성하고, 반응 결과를 양적으로 수치화하여 산출하는 평가 방법을 뜻한다. 직접 평가는 학생들에게 평가하고자 하는 읽기 교육 목표의 관련 영역을 수행 과제의 형태로 제시하고, 이에 학생들이 관련 읽기 관련 지식, 기능, 전략 등을 활용하여 실제적인 수행 결과물을 산출하고 이를 평가하는 방법이다.

이 두 평가 방법은 개별적인 특징을 지닌다. 객관식 지필 검사로 대표되는 간접 평가 방법은 계획된 시간 내에 다수의 학생들을 대상으로 하여 실시할 수 있기 때문에 평가의 경제성 측면에서 매우 효과적이다. 또한 문항과 관련한 점수를 토대로 관련 지식이나 기능, 전략의 수준을 명확히 확인할 수 있고, 이를 등급화하거나 서열화하는데에 효과적이다. 그러나 간접 지식에 대한 평가이므로 수행 과정 속에서의 실제적인 국어 능력을 평가할 수 없으며 기능과 전략의 운용 국면을 탐색할 수 없다는 한계를 지닌다. 직접 평가는 이러한 한계를 극복하는데 유의한 반면, 간접 평가에 비해 시행의 수월성이나 효율성이 떨어진다. 또한 직접 평가는 객관적이고 타당한 평가 과제 개발 및 준거 설정, 평가 과정에서 평가자의 신뢰도를 확보하는 방법 등에 어려움이 나타난다.

직접 평가의 이와 같은 특징 때문에, 직접 평가에 대한 실제적인 요구 수준과는 달리 국어교육 현장에서 직접 평가를 본격적으로 적용하는 데 한계가 있다. 이에 국어교육 평가에서 간접 평가와 함께 직접 평가의 운용을 보다 확대하여 학생들의 국어 능력을 정확하게 평가하기 위해서는, 객관적인 국어 평가 도구의 개발, 평가 기준 혹은 준거 개발, 평가자 훈련 등을 통한 신뢰도 확보에 대한 연구가 이루어질 필요가 있다. 여기서는 국어과 평가 개선을 위한 최근의 국어과 평가 영역의 연구 동향을 살펴보고, 관련 연구 방법론과 적용의 실제 등을 다루고자 한다.

2. 국어과 평가 영역 연구의 동향

국어과 평가 관련 연구는 화법과 독서, 작문 영역 등에서 평가 기준 설정이나 평가 방법의 탐색, 평가자 특성 분석과 신뢰도 확보 방안에 대한 논의들을 중심으로 하여 이루어져 왔다. 국어과 평가와 관련한 초기의 연구들은 기존의 간접 평가의 한계를 넘어서는 형태의 수행평가 방안에 대한 탐색적 논의를 중심으로 이루어졌다. 특히, 수행평가를 중심으로 한 읽기와 쓰기 평가의 적용 방안에 대한 논의들이 1990년대 후반부터 이루어지기 시작하였다.

김봉순(1999)은 수행평가가 본격화 되었던 7차 교육과정 시기에 쓰기 평가를 중심으로 한 수행평가 적용 방안에 대한 논의를 전개하였다. 이 연구에서는 쓰기 능력 교육의 주요 특성을 살펴 평가의 전제를 설정하고 쓰기 능력 평가에 대한 수행평가 방안을 구체화하였다. 또한 천경록(1999)은 읽기 수행평가와 관련하여 수행평가의 개념과 적용 모형, 평가 도구 개발 및 적용상의 주의점 등을 제안하였다. 이들 연구들은 국어과의 간접 평가 시행의 한계를 진단하면서 학생들의 읽기나 쓰기와 같은 수행 과정에서의 능력을 직접적으로 평가할 수 있는 방안인 수행평가의 실시 방안을 논의하였다는데 의의가 있다.

이후 수행평가가 국어 평가에 안착되기 시작하면서, 국어 능력에 대한 수행평가의 새로운 접근 방법인 생태학적 평가에 대한 논의도 모색되었다. 생태학적 평가는 학습자를 능동적인 지식 구성자로 보고 학습자마다 학습 능력이나 속도, 관심사에서 개인차가 존재한다는 점을 인정하며, 획일적인 평가보다는 좀 더 다원화되고 개별화된 평가를 통해 학습자의 성장과 발달을 도모하는 것을 중시한다. 생태학적 읽기 평가는 지식, 기능, 태도의 영역을 포괄하며 형식적, 비형식적 평가를 모두 포함하는 형태의 평가 방안이다. 원진숙(1999)은 쓰기 포트폴리오 평가 모형을 도입하여 기존의 양적인 평가에 제한되었던 쓰기 수행평가의 문제를 극복하고 학습자의 본래적인 쓰기 발달을 도울 수 있는 생태학적 쓰기 평가 방안을 탐색하였다. 이후, 신헌재(2004, 2010)는 생태학적 관점에 따른 국어과 평가 원리로서 저학년 읽기 평가 방안과 쓰기 평가 방안에 대한 탐색을 시도하였다. 특히 교과서 기반의 학습지, 관찰 기록지와 평가 모형 등을 구안하고 학생들의 발달을 지속적으로 관찰할 수 있는 누가 기록표나 루브릭 등을 제안하였다.

　이러한 연구들은 총체적으로 국어과의 수행평가의 방향을 제안하고 있다는 데 그 의미를 찾을 수 있다. 이후 연구들은 간접 평가에서 직접 평가로의 전환에 대한 기존 연구의 방향성을 인정하면서, 직접 평가의 문제를 개선하고 적용을 확대할 수 있도록 하는 평가 과제 및 평가 기준 개발, 평가자 관련 신뢰도 확보에 대한 구체화된 연구들이 진행되어 왔다. 특히, 2000년대 중반 이후로 국어교육 연구자들이 평가에 대한 전문성이 향상되고 신뢰도를 추정할 수 있는 다양한 형태의 통계 방법들을 활용하기 시작하면서 이후 평가 관련 연구들은 더욱 정밀한 양상을 띠게 되었다.

3. 평가 기준 설정에 관한 연구

　국어과 평가 영역의 연구들이 정밀해지기 시작하면서, 능력의 구인에 대한 세부적인 탐색들이 이루어지게 되었다. 수행평가에서 실제적으로 측정하고자 하는 능력이란 무엇인지를 밝히고 이러한 능력 구인들을 기반으로 하여 평가 기준을 설정하는 연구들이 이루어지기 시작하였다. 김정자(1992)는 글쓰기 목적에 따라 설득적인 글, 설명적인 글, 표출적인 글로 분류한 다음, 내용, 조직, 표현을 설정하고 개별적인 평가 기준을 구체화하였다(표1 참조). 이 중 설득적 글의 평가 기준을 적용하여 평가자간의 신뢰성을 검증하였다.

〈표 1〉 김정자(1992)의 쓰기 평가 준거

글의 유형	내용	조직	표현
설득적인 글	주제, 근거의 타당성	단락의 구분, 자연스러운 연결	평이성, 명확성
설명적인 글	주제, 정보의 정확함 및 풍부함	단락의 연결, 자연스러운 연결, 기억을 용이하게 하는 구조	평이성, 명확성
표출적인 글	주제, 내용의 진실성(독창성)	단락의 구분, 자연스러운 연결	단어 및 문장 구조의 다양성, 독창적인 표현

쓰기 평가 준거 설정에 관한 연구는 박영민(2000)에서도 이루어졌다. 이 연구는 기존의 쓰기 수행평가의 신뢰도를 향상하기 위한 방안으로 평가 준거를 세부적으로 설정하고자 하였다. 특히 수업 전개를 통해 구성된 활동철의 쓰기 자료를 질적 분석하여 평가 준거를 설정하고 통계적으로 검증하고자 하였다. 김정자(1992)의 쓰기 평가 준거는 내용, 조직, 표현의 공통 범주에 대한 글 유형별 특징이 세분화되었던 반면에 박영민(2000)의 평가 준거는 〈표 2〉에 제시된 바와 같이, 쓰기의 과정별 단계와 이에 대한 포트폴리오 활동에 기반 한 평가 준거를 수립하였다는 데에 차이를 보인다.

박영민(2000)은 쓰기 수행평가 준거 설정을 위해 경기 성남시 여자 고등학교 1학년 대상의 쓰기 수업 과정에서 산출된 24명의 학생 활동철에 대한 자료를 질적으로 분석하여 쓰기 능력을 변별하는 세부 특징을 추출하고 이를 평가 준거로 설정하였다. 이렇게 추출된 활동철을 다시 평가한 뒤 통계 처리하여 평가자간 신뢰도를 검증하였다. 이때 활용된 신뢰도 계수는 크론바하 α와 ICC이다.

<표 2> 박영민(2000)의 쓰기 평가 준거

준거의 구분	내용
내용 생성 관련 준거	-무엇을 쓸 것인지 목표는 분명하게 결정되었는가? -쓰기 계획은 예상 독자에 맞게 설정되었는가? -내용 생성 활동은 원리에 맞게 수행하였는가? -내용 생성은 다양하며 쓰기 목표에 부합하였는가? -내용 생성 활동 과정에서 수정하기가 활발한가?
초고쓰기 관련 준거	-작성된 초고는 쓰기 목표에 맞게 작성되었는가? -초고는 내용 생성 결과를 바탕으로 이루어졌는가? -초고의 내용 전개는 일관성과 통일성이 있는가? -초고의 표현과 단어 선택은 적절한가? -초고 작성 과정에서 수정하기가 활발히 수행되었는가?
고쳐쓰기 관련 준거	-고쳐쓰기는 고쳐쓰기 목표를 인식하고 수행하였는가? -고쳐 쓴 글은 쓰기 목표에 적절히 부합하는가? -고쳐 쓴 글은 예상독자의 조건을 충족시키는가? -초고의 내용을 일관성과 통일성이 있도록 고쳤는가? -초고의 부적절한 표현과 단어를 적절하게 고쳤는가? -고쳐쓰기 과정에서 수정하기는 활발하였는가?
자기 평가 보고서 관련 준거	-평가활동에 적극적으로 참여하였는가? -평가 활동의 내용을 명확하게 정리할 수 있는가? -평가 활동을 통해 자기글의 장단점을 파악하였는가? -평가활동을 바탕으로 고쳐쓰기 목표를 설정하였는가? -초고를 다시 읽고 고쳐쓰기 목표를 내면화하였는가?
활동철 관련 준거	-활동철의 목표를 설정하고 있는가? -활동철을 체계적으로 관리하였는가? -활동철 평가에 적극적으로 참여하였는가?

평가 준거 설정과 관련한 김정자(1992)와 박영민(2000)의 연구를 통해 일반적인 평가 준거 설정에 관한 연구 절차를 살펴보면 다음과 같다.

> ① 선행 연구 및 학생 글 자료를 통한 쓰기 능력 요인 추출
> ② 글의 유형 및 쓰기 과정에 따른 세부 평가 준거 구성
> ③ 설정한 평가 준거 기반의 쓰기 평가 시행
> ④ 신뢰도 측정을 통한 쓰기 평가 준거의 타당성 검토
> ⑤ 최종 쓰기 평가 준거 선정

그러나 이들 쓰기 평가 기준과 관련한 연구들은 평가 기준 신뢰성에 근거한 기준의 타당성을 점검하였으나 이는 대개 연구자의 개별적인 직관에 의존하고 있다는 한계를 보인다. 이후 서수현(2003)은 쓰기 평가 기준 설정을 위해 중학교 국어 교과서에 수록된 네 편의 글을 통해 설명문, 논설문, 수필, 소설의 기초 평가 준거를 추출하고 이에 대한 국어 교사 32명의 설문 조사를 실시하여 각 글 유형에 따른 평가 범주, 배점, 평가 항목을 설정하였다.

이들 논의를 토대로 서수현(2008)은 쓰기 평가 준거를 내용, 조직, 표현의 공통 범주를 나누고 다시 이에 대한 각 평가 기초 문항을 선정한 뒤, Likert 척도로 쓰기 평가 준거(안)에 대한 기초 문항을 설득적 쓰기, 정보 전달적 쓰기, 정서 표현적 쓰기, 친교적 쓰기, 특정한 목적이 없는 일반적 쓰기로 나누어 구성하였다.

〈그림 1〉 서수현(2008)의 쓰기 평가 준거의 설정 관련 연구 절차

이 연구에서는 쓰기 평가 준거 설정을 위해 평가에서 측정하고자 하는

심리적 특성인 구인을 탐색하는 방안으로 요인 분석을 실시하였다. 요인 분석은 수많은 측정 변수들 가운데 이론적인 개념을 나타내는 부분을 추출하는 분석 방법이다. 요인 분석을 사용한 목적은 관찰된 평가 자료에서 신뢰롭게 해석 가능한 잠재 요인의 수를 파악하고 그 본질적 속성과 상대적 중요도를 평정할 수 있기 때문이다. 요인 분석 모형으로는 주성분 분석 방법을 선택하였다. 이 모형은 서로 상관관계가 높은 변수를 조합하여 새로운 변수를 만들어 내는 기법으로 많은 양의 자료를 요약 정리할 수 있다. 또한 이 연구에서는 탐색적 요인분석을 통해 쓰기 평가 준거의 개별항목 적합도를 분석하고 이들 준거를 통해 공통 준거를 도출하고자 하였다.

서울 지역 교사 30명을 대상으로 한 예비 검사를 시행한 후, 본검사에서는 학교급별, 지역 규모별 2단계 유층 표집 조사를 통해 초등학교와 중등학교 국어교사 총 530명을 대상으로 하여 평가 준거에 대한 타당도 설문 조사를 실시하였다. 이후 수집 자료를 통해 평가 준거 설정으로 위해 SPSS와 AMOS 프로그램을 활용하여 탐색적 요인 분석과 구조 방정식 모형을 통한 확인적 요인 분석을 〈그림 2〉의 절차에 따라 실시하였다.

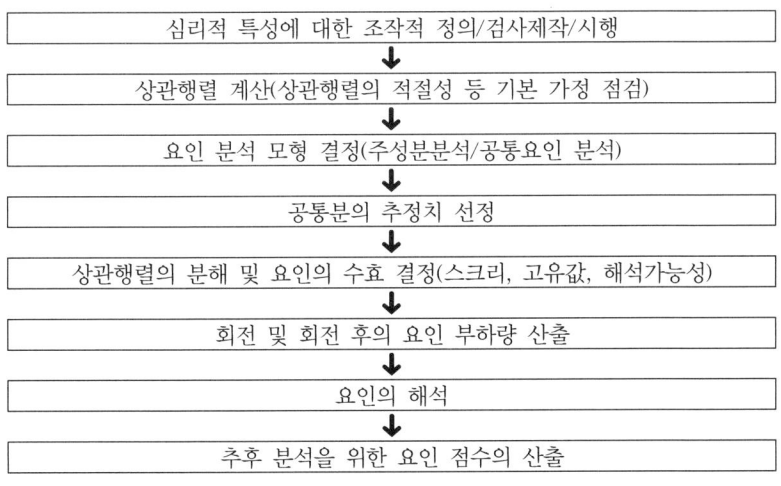

〈그림 2〉 요인분석의 절차(성태제, 2007)

요인명	요인적재량					Cronbach's alpha
	요인 1	요인 2	요인 3	요인 4	요인 5	
문항 6 문항 7 문항 8 문항 10 문항 11 문항 12 문항 13	.699 .554 .647 .688 .706 .602 .625					.882
문항 1 문항 2 문항 3 문항 4 문항 5 문항 28 문항 29 문항 36		.802 .852 .794 .654 .649 .635 .559 .546				.904
문항 30 문항 32 문항 34 문항 38 문항 39			.616 .503 .557 .527 .535			.849
문항 14 문항 15 문항 16 문항 18 문항 33				.632 .701 .662 .553 .503		.871
문항 19 문항 20 문항 21 문항 22 문항 23 문항 24 문항 25					.564 .660 .667 .539 .586 .568 .627	.921

〈그림 3〉 설득적 글에 대한 탐색적 요인 분석과 신뢰도 추정(서수현, 2008: 89)

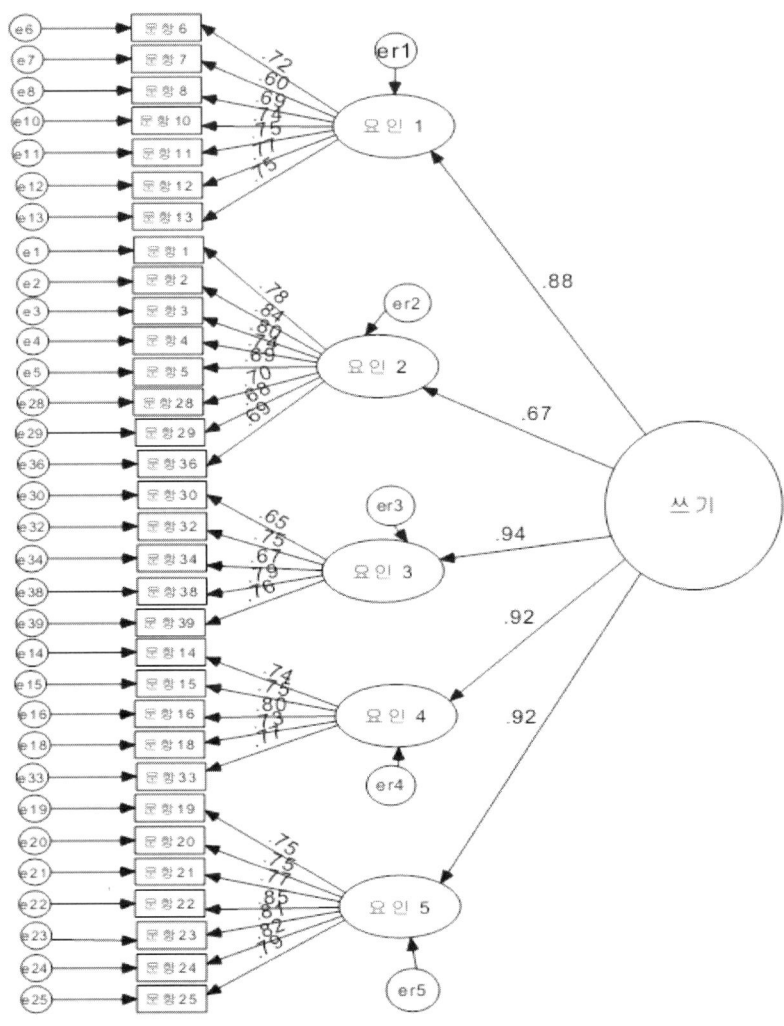

〈그림 4〉 설득적 쓰기 평가 준거 모형(서수현, 2008:94)

이 연구의 결과를 설득적 글을 중심으로 살펴보면 다음과 같다. 〈그림 3〉의 탐색적 요인 분석 결과에 따라 설정된 설득적 쓰기의 준거는 주제의 적절성과 주장과 근거의 타당성, 표현의 적절성, 구조의 체계성, 독자에 대한 고려가 설정되었다. 검증 결과, 주제의 적절성(요인 1), 주장과 근거의 타당성(요인 2), 표현의 명료성(요인 3), 구조의 체계성(요인 4), 독자에 대한 고려(요인 5)로 구성된다. 이 연구에서는 AMOS를 활용한 설득적 쓰기 평가의 준거 모형 설정하고 확인적 요인 분석을 실시하였다. 모형 적합도 검증을 통해 준거 모형의 유의성을 판정하였다. 특히, 모형 검증 결과를 통해 요인 간의 상관분석에 따라 주제의 적절성과 독자에 대한 고려 간의 높은 상관관계가 있음을 밝혔다.[1]

평가 준거 설정과 관련한 또 다른 연구로 최숙기(2011)의 요약문 평가 준거 개발과 관련한 연구를 살펴볼 수 있다. 이 연구는 고전검사이론의 한계를 극복한 문항반응이론 기반의 Rasch 모형을 적용하여 평가 준거의 타당도를 검증하고 준거를 개발하였다는 데에 의의가 있다.[2] 이 연구에서는 이 평가 도구를 활용하여 제시된 설명문 텍스트에 대하여 고등학생들이 작성한 40편의 요약문을 실제 19명의 현직 국어교사들에게 평가하도록 하였고, 이 결과를 바탕으로 하여 평가 준거 및 척도 수준에서의 타당성을 분석하였다.

---

[1] 서수현(2008)의 평가 준거 설정 대상인 글의 유형은 설득적인 글 외에도 정보 전달, 정서 표현, 친교, 목적 없는 유형의 글로 나누어져 있으나 본 논의에서는 설득적인 글에 한정하여 연구 결과를 소개하고자 한다.
[2] 기존의 국어과 평가 준거와 관련한 연구들은 기존의 고전검사이론에 근거하여 신뢰도를 확인하거나 탐색적 혹은 확인적 요인분석에 근거하여 심리학적 특성을 검토함으로써 평가 준거의 신뢰도와 타당도를 검증하였다. 그러나 많은 연구자들이 측정 도구 타당화를 위해서는 고전검사이론을 극복한 Rasch모형을 사용할 것을 제안하였다(Embretson & Reise, 2000; VanderVen & Ellis, 2000; Higgins, 2007). Rasch모형은 적은 문항으로도 안정적으로 문항난이도와 피험자 능력의 모수치를 측정할 수 있다는 장점이 있을 뿐 아니라, 문항의 특성뿐만 아니라 반응범주 수의 적절성에 대한 정보까지도 총체적으로 제공하여 줄 수 있다.

<표 3> 최숙기(2011)의 연구 절차

요약문 평가 과제 및 준거 개발	설명문에 대한 학생 요약하기 수행평가실시	평가 준거를 활용한 요약하기 평가 실시
◦ 1-5점 척도로 내용, 조직, 표현, 단어 선택, 형식 및 어법에 대한 평가 준거를 개발	◦ 인간의 언어적 특징을 주제로 한 설명문 텍스트 (총2,241자의 분량) ◦ 40분 이내에 제시된 요약 과제글을 읽고 요약하기 과제를 수행	◦ 19명의 현직 교사를 대상으로 하여 40편의 요약문을 평가

최종 요약하기 평가 준거 도출	Rasch 모형을 적용한 요약문 평가 준거 타당성 검증	평가 결과 입력 및 국면 설정
- 각 영역별 준거 평가 타당도 분석(일관성, 엄격성 중심 적합도 검증) - 평가 영역별 편향 분석 - 평가 척도 범주 타당도 분석	FACETS ver 3.66.1(Linacre, 2004)을 활용하여 분석 실시	평가자로서의 국어교사, 국어교사의 성별, 경력, 요약문 평가 요인, 평가 대상으로서의 중학생이라는 5국면 설정

이 연구는 〈표 3〉과 같이 요약하기 평가 준거 개발을 위하여 경기도 소재 고등학교 3개 학급에서 표집 한 학생 글 120편 중 40편을 무선으로 선정하였다. 그런 다음, 50분 수업 시간 동안에 요약하기 과제에 관한 간략한 교사의 설명 하에 학생들은 40분 이내에 제시된 요약 과제글을 읽고 요약하기 과제를 수행하였다. 학생들에게 제시된 요약 과제글은 읽고 요약하여 요약하는 글을 쓰도록 하였으며, 총 2,241자의 분량이었다.

요약하기 과제는 설명문을 읽고 요약문을 쓰도록 안내하되, 요약문을 쓰기 전 요약하는데 도움을 줄 수 있는 세부 정보를 메모할 수 있으며, 글에서 전달하고자 하는 중심생각이 무엇인지를 떠올리며 요약문을 쓸 수 있도록 과제 지시문을 통해 명시적으로 제시하였다. 그리고 요약문은 2문단 수준으로 구성할 수 있도록 제시하였다. 이렇게 수집한 학생 요약문은 필체나 학생 성별 변인에 대한 주관적 영향 요인을 통제하기 위하여 워드 프로세서로 입력하여 평가하였다. 입력 과정에서 의미의 오해를 초래할 수 있는 띄어쓰기는 부분적으로 수정하였지만, 맞춤법 오류는 평가 기준에 포함되어 있는 요소이므로 수정하지 않았다.

국어교사들에게 평가를 위해 요약문의 평가 기준표를 제공하였다. 요약문 평가의 하위 요인은 내용, 조직, 표현, 단어 선택, 형식 및 어법으로 구성되었다. 특히, 내용과 조직, 표현, 단어 선택 요인에서 요약하기의 일반 규칙들이 평가 준거로 구체적으로 제시되어 있다. 평가 기준에는 1점, 4점, 7점에 해당하는 평가 기준을 제시하였으나, 1점부터 7점 사이에서 자유롭게 점수를 부여할 수 있게 하였다.

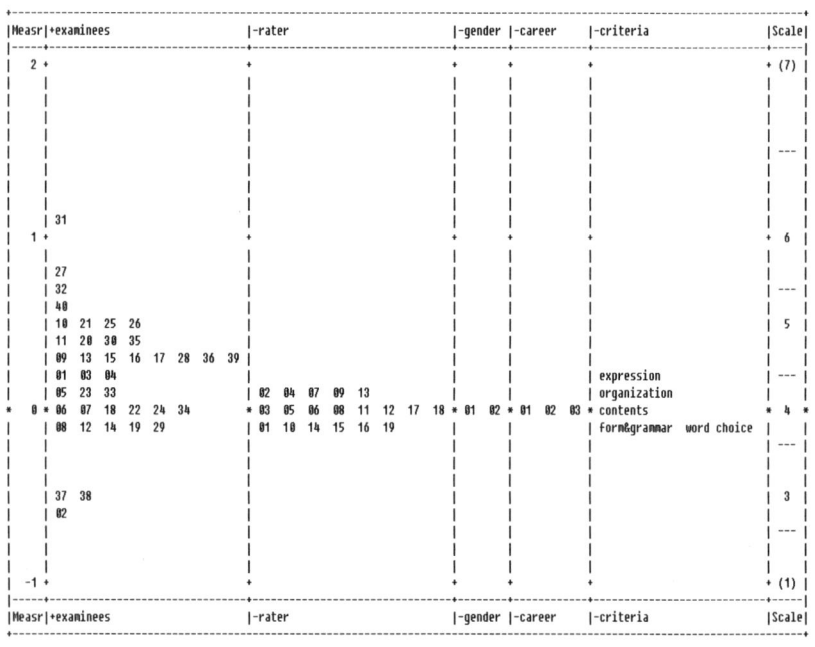

〈그림 5〉 학생×국어교사×성별×경력×평가 요인의 분포도(최숙기, 2011)

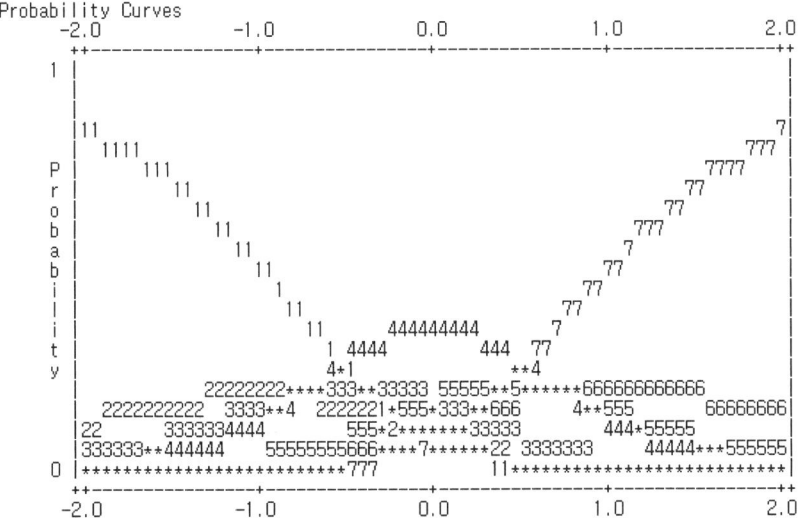

〈그림 6〉 요약문 척도 반응범주별 확률 곡선(최숙기, 2011)

연구 결과에 따르면, 요약문 평가 준거를 적용하였을 때 19명의 국어교사의 엄격성 수준은 유의한 차이를 보였지만, 평가 일관성은 유지하고 있는 것으로 나타났다(엄격성 분포: −0.13 logit(SE= .05)∼0.12 logit(SE= 0.5)). 또한 요약문 평가 준거의 요인과 관련하여 표현 요인은 1.32 logit으로 부적합, 형식 및 어법은 0.67 logit으로 과적합으로 나타났다. 요약문 평가 척도 설정과 관련하여 요약문 평가 척도인 7점 척도가 요약문 능력을 변별하는데 있어 적절하지 않은 척도로 나타났다. 1점, 4점, 7점 척도 등급에 대해서는 큰 문제가 발생하지 않았지만 2점과 3점, 5점과 6점 간에 나타나는 척도가 구체적으로 변별되지 않는 것으로 나타났다.

4. 평가자 신뢰도에 관한 연구

가. 일반화 가능도 이론을 적용한 평가자 신뢰도 관련 연구

수행평가의 신뢰도 확보의 문제는 기존의 평가 방식을 개선하는 데 크게 기여할 수 있을 것이다. 이에 많은 연구자들이 보다 객관적이고 타당한 평가 과제 및 준거를 개발함과 동시에 평가자 신뢰도를 확보할 수 있는 다양한 방안에 대해 논의하고자 하였다. 평가자 신뢰도 확보 방안에 대한 연구는 최근 들어 문항 반응 이론(Item response theory)에 근거한 측정 모형이 널리 소개되면서 이를 활용한 연구들이 폭넓게 이루어지고 있는 실정이다. 특히 평가자 특성 분석 및 신뢰도 확보 방안에 대한 세부적인 연구들이 이루어지고 있다. 대표적인 연구로 조재윤(2008)을 들 수 있다.

조재윤(2008)은 일반화 가능도 이론을 적용하여 과제 조건과 채점자 영향 요인을 고려한 평가 신뢰도 확보에 대한 탐색적 연구를 수행하였다. 이 연구는 기존의 국어과 평가 연구에서 흔히 사용되지 않은 일반화 가능도라는 IRT 기반의 평가 모형을 적용한 연구로 평가 연구의 새로운 방향을 제시하여 주었다는 데 의의가 있다. 이 연구에서는 일반화가능도 이론을 이용하여 말하기 평가의 오차 요인을 분석하고 평가를 실시하기 위한 최적화된 조건을 탐색하였다.

일반화가능도 이론은 고전검사 이론의 신뢰도 추정 방법으로 구하지 못하는 평가의 오차 요인을 찾을 수 있다. 이 이론은 실제 평가 조건에 대한 분산분석을 통하여 어떠한 오차 요인이 있는지를 밝혀준다. 그리고 일반화가능도 이론의 결정 연구를 통하여 신뢰가 있는 값(일반화가능도 계수는 .7 ~ .8 또는 의존도 계수는 .6 ~ .8)을 얻기 위하여 어떻게 측정해야 하는지 최적화된 평가 조건을 제시하여 준다.

일반화 가능도를 통해서 도출된 검사 결과에 따라 최적화된 평가 조건이 파악된다면 평가 시행시 적합한 과제의 횟수, 평가자의 수 등을 설정할 수 있어 평가의 신뢰도를 확보하는 데 매우 유의미한 정보를 제공하여 줄 수 있다.

과정	내용	기간
1단계	• 평가 기준에 대한 논의 • 훈련 전 사전 채점 실시	2007. 4. 4
2단계	• 말하기 능력, 말하기 평가의 조건과 채점 방법 • 평가 기준에 대한 토의, 평가 기준 설정 • 말하기 표본에 따른 예비 채점 실시	2007. 4. 11
3단계	• 1차 말하기 사전 채점과 결과 분석 및 토의 평가 기준 검토 및 설정 • 말하기 사후 채점과 채점자 간 신뢰도 분석	2007. 4. 18
4단계	• 2차 말하기 사전 채점과 결과 분석 및 토의 평가 기준 검토 및 설정 • 말하기 사후 채점과 채점자 간 신뢰도 분석	2007. 5. 2
5단계	• 3차 말하기 사전 채점과 결과 분석 및 토의 평가 기준 검토 및 설정 • 말하기 사후 채점과 채점자 간 신뢰도 분석	2007. 6. 20
6단계	• 신뢰도 분석 - 채점자 내 신뢰도 분석 - 채점자 간 신뢰도 분석	2007. 7. 18~

〈그림 7〉 채점자 훈련 절차(조재윤, 2008:80)

번	이름	생성 및 조직 (4, 3, 2, 1, 0점)	표현 (4, 3, 2, 1, 0점)	태도 (2, 1, 0점)	총점 (10점)
1					
2					
…					

〈그림 8〉 정보를 전달하는 말하기 채점 기록표(조재윤, 2008:84)

이 연구는 초등학교 5학년 학생들의 말하기 수행에 대하여 직접 평가와 반직접 평가를 함께 실시한 후, 일반화가능도 이론의 GENOVA 프로그램을 활용하여 평가의 오차 요인과 최적화된 조건을 탐색하였다. 일반화가능도 이론의 일반화 연구(G study) 결과, 초등학교 5학년 학생들의 말하기 수행평가에 영향을 미치는 오차의 요인은 과제와 채점자였다. 일반화가능도 이론의 결정 연구(D study) 결과, 말하기 평가의 일반화가능도 계수를 .7 이상으로 높이려면 채점자를 2명으로 할 경우에는 과제 수를 14개로 늘려야 하거나, 과제 수를 7개로 할 경우에는 채점자가 적어도 5명으로 선정하여야 할 것을 제안하였다. 또한 의존도 계수를 .6 이상으로 높이려면 채점자를 2명으로 할 경우에는 과제의 수를 11개로 늘려야 하거나, 과제의 수를 7개로 할 경우에는 채점자는 적어도 4명 이상이어야 함을 밝혔다.

분산성분	자유도	제곱합	평균 제곱	분산추정치	분산추정치 백분율
P	32	224.88889	7.02778	0.4086174	10.4%
T	2	42.13131	21.06566	0.2498422	6.36%
R	1	7.29293	7.29293	0.0343396	0.88%
PT	64	292.86869	4.57607	0.3413826	8.69%
PR	32	28.04040	0.87626	(0.0)	0%
TR	2	2.49495	1.24747	(0.0)	0%
PTR	64	249.17172	3.89331	2.8933081	73.67%
전체	197	846.88889		3.9274899	100.00%

〈그림 9〉 일반화 연구 p × t × r 설계에 대한 분산분석표(조재윤, 2008:103)

번호	피험자 무한대	과제 무한대	채점자 무한대	전집 점수	관찰점수 기대치	상대오차	절대오차	일반화 가능도 (g)계수	의존도 (Φ)계수
①	33	3	2	.40862	1.17130	.76268	.86313	.13594	.34886
②	33	5	5	.40862	.63263	.22401	.28085	.64591	.59266
③	33	6	4	.40862	.62774	.21912	.26934	.65094	.60272
④	33	6	5	.40862	.59529	.18667	.23518	.68642	.63470
⑤	33	7	5	.40862	.56862	.16001	.20257	.71861	.66857
⑥	33	8	3	.40862	.61351	.20489	.24757	.66603	.62271
⑦	33	8	4	.40862	.57296	.16434	.20415	.71317	.66684
⑧	33	9	3	.40862	.59075	.18213	.22133	.69170	.64865
⑨	33	9	4	.40862	.55470	.14608	.18242	.73665	.69135
⑩	33	10	2	.40862	.63742	.22880	.27096	.64105	.60128
⑪	33	10	3	.40862	.57253	.16392	.20035	.71370	.67100
⑫	33	14	2	.40862	.57205	.16343	.19845	.71431	.67310
⑬	33	19	1	.40862	.63150	.22288	.27037	.64706	.60181
⑭	33	25	1	.40862	.57801	.16939	.21372	.70694	.65658

〈그림 10〉 결정 연구 p × T × R 설계에 대한 분산분석표(조재윤, 2008:103)

또한 말하기 평가에서 적정한(0.7) 일반화가능도 계수를 얻기 위해서는 채점자 수에 따른 적절한 과제 수를 제안하고 이를 통해 말하기 평가는 한두 번 만에 끝내는 것이 아니라 지속적이 과정 평가나 포트폴리오 평가와 같은 방식으로 실시해야 함을 제시하였다.

일반화 가능도를 활용한 평가자 신뢰도 확보와 관련한 또 다른 연구로 조재윤(2009)이 있다. 이 연구는 일반화가능도 이론을 이용한 쓰기 평가의 오차원 분석 및 신뢰도 추정을 수행한 연구이다. 연구 수행을 위해 서울 소재 6학년 1개 반을 대상으로 하여(남 18명, 여 13명) 쓰기 평가를 총 6차례에 걸쳐 실시하였다. 채점자 훈련을 실시하여 초등학교 현직 교사 1명과 연구자 총 2명의 채점자를 선정하였다. 채점자간의 훈련을 통해 내용 생성, 조직, 표현에 대한 평가 요소를 설정하고 1-3점에 따른 점수

등급을 마련하였다. 세부 평가 기준을 제시하고 정보 전달하는 글쓰기(면담 기록)와 정서 표현하는 글쓰기(시)를 평가하도록 하였다. 수집된 6학년 학생들의 자료는 GENOVA 프로그램을 활용하여 분석하였다.

이 연구의 일반화 연구 연구의 설계는 'p × t × r × c 설계'(피험자 × 과제 × 채점자 × 평가기준)로 설정하였다. 허용 가능한 관찰 전집인 쓰기 과제, 채점자, 평가 기준을 설정하고 이에 대한 오차 분석을 실시하고자 하였다. 다음으로 결정 연구의 설계를 앞서 설명한 세 관찰 전집의 변동에 따른 신뢰도를 분석하고자 하였다. 일반화 연구 결과 산출된 분산성분의 절대적 또는 상대적 크기에 따라 일반화 가능도 계수 또는 의존도 지수를 추출하고 평가 상황과 조건에 대한 안정적 점수 제공을 위한 평가 조건을 탐색하는 연구이다. 이를 통해 신뢰도 개선의 방향을 제안하여 줄 수 있는데, 이 연구의 결정 연구 설계는 'p × T × R × C 설계'(피험자 × 과제 × 채점자 × 평가기준)이다.

결정 연구에서는 〈그림 11〉과 같이, 측정 대상인 피험자를 제외한 모든 오차원 국면을 평가의 조건으로 설정하고 평가 기준을 1부터 5까지로 설정하였다. 이 연구에서는 1-5까지의 조건을 통해 수행평가를 실시하는 과제 수행의 횟수, 채점자의 수, 평가 기준의 수를 1-5까지로 조절할 수 있다는 것을 의미하는 것이다.

채점자 수에 따른 변화				평가 기준 수에 따른 변화				과제 수에 따른 변화			
피험자	과제	평가척도	채점자	일반화 가능도 계수	피험자	과제	평가척도	채점자	일반화 가능도 계수	피험자	과제	평가척도	채점자	일반화 가능도 계수
31	1	1	1	0.21921	31	1	1	1	0.21921	31	1	1	1	0.21921
31	1	1	2	0.28836	31	1	1	2	0.30274	31	1	1	2	0.32795
31	1	1	3	0.32224	31	1	1	3	0.34679	31	1	1	3	0.39292
31	1	1	4	0.34236	31	1	1	4	0.37400	31	1	1	4	0.43613
31	1	1	5	0.35568	31	1	1	5	0.39248	31	1	1	5	0.46693

〈그림 11〉 각 국면 수에 따른 일반화 가능도 계수 변화(조재윤, 2009: 347)

나. Rasch 모형을 적용한 평가자 신뢰도 관련 연구

평가자인 국어교사의 신뢰도를 확보하기 위해서는 우선 평가자의 평가 특성에 관한 연구들이 충분히 이루어질 필요가 있다. 국어교육에서 시행되는 수행평가의 결과를 보다 정확하고 객관적인 평가 자료로 활용하기 위해서는 평가자인 교사의 평가 전문성을 더욱 개발하여야 한다. 언어 수행평가(language performance assessments)에서 평가자의 영향력은 매우 크게 작용하며 특히 평가 결과의 신뢰도에 매우 유의한 영향을 미치기 때문이다. 따라서 많은 언어 수행평가와 관련한 연구들은 평가자의 주효과가 평가 결과에 얼마나 유의한 차이를 미치는 지를 분석하였다. 그 가운데 평가자의 엄격성과 관대성의 차이에 주목한 연구들이 많았다 (Engelhard, 1994; Engelhard & Myford, 2003; Lumley & McNamara, 1995).

글쓰기와 같은 수행 과제에 대한 평가는 채점자들의 판단에 의하여 점수가 부여되기 때문에 평가자들과 관련된 신뢰도는 측정의 일관성을 설명하는 주요한 지표로 작용한다. 이 가운데 평가자 내 신뢰도(intra-rater reliability)는 동일 평가자가 다수의 평가 대상에 대하여 평가를 실시하였을 때 평가 결과에 대해 나타나는 평가자의 일관성(raters' consistency)을 의미한다(성태제, 2002). 평가자의 일관성은 평가자의 엄격성이나 관대성이 얼마나 일정하게 지속되느냐의 문제로 인해 나타난다.

이 밖에도 평가자의 특성과 관련하여 평가자 편향성에 주목한 연구들도 평가자의 신뢰도를 확보하는 데에 있어 중요한 정보를 제공하여 준다. 특히, 평가자의 성별 변인에 의한 편향이나 피험자의 성별에 대한 인식에 따른 평가자 편향의 문제는 매우 다양한 방식으로 논의되어 왔다. 남학생과 여학생의 글에 대한 평가자들의 편향을 분석한 연구들은 평가자와 피험자의 성별간의 유의미한 편향(gender bias)이 나타났음을 보고하기도 하였다 (Engelhard, 2002; Engelhard & Myford, 2003; Myford & Wolfe, 2003).

박영민·최숙기(2010)과 최숙기·박영민(2011)의 연구들은 평가자인 국어 교사의 특성을 Rasch 모형을 적용하여 분석한 대표적인 연구에 해당한다. 특히, 평가자인 국어 교사의 성별, 경력별, 평가 요인별 세부 특징들을 국면으로 설정한 다음 이에 따른 평가자의 엄격성, 일관성, 편향 특성을 세부적으로 분석하여 일반적인 쓰기 수행평가 상황에서 발생하는 평가자의 신뢰도 수준을 측정하고 평가자의 특성을 밝혔다.

박영민·최숙기(2010)는 설명문 평가에 나타난 국어 교사의 평가 특성을 분석하였다. 국어교사의 설명문 쓰기 평가 점수 자료를 수집하기 위하여, 현직 국어교사 68명에게 중학생이 작성한 35편의 설명문과 평가 기준표, 채점표, 개인 기록표를 제공한 다음 특별한 평가자 훈련을 거치지 않고 개별적인 평가를 수행하였다. 국어 교사들은 평가 기준에 따라 5점 척도로 내용, 조직, 표현, 단어 선택, 형식 및 어법 점수를 각각 부여하였다. 이 연구에서는 평가지인 국어교사, 국어교사의 성별, 경력, 설명문 평가 요인, 평가대상으로서의 중학생 등 총 5개 국면을 설정한 다음 국어 교사의 엄격성과 일관성을 분석하고, 평가자인 국어 교사의 성과 경력에 따른 평가 특성, 평가 요인별 평가 특성을 Rasch 모형을 적용하여 FACETS 프로그램을 활용하여 분석하였다.

최숙기·박영민(2011)에서는 논설문 평가에 나타난 국어 교사의 평가 특성을 분석하되, 각 국면이 상호작용하여 어떤 편향성을 보이는지에 대한 분석을 추가하여 실시하였다. 수집한 자료는 FACETS ver 3.66.1(Linacre, 2004)을 이용하여 분석하였다. 분석은 국어교사의 쓰기 평가 특성 중에서 엄격성과 일관성을 중심으로 수행되었으며, 평가 기준표의 하위 요인이 단일한 차원을 측정하는지에 대한 적합도 분석도 수행되었다.

국어교사의 쓰기 평가에 나타난 편향 분석은 평가자인 국어교사와 학생 글에 대한 상호작용 분석, 국어교사와 평가 요인에 대한 상호작용 분석을 통해 확인하였다. 국어교사의 쓰기 평가에 나타난 편향 분석은 평가자인 국어교사와 학생 글에 대한 상호작용 분석과 국어교사와 쓰기 평가 요인에 대한 상호작용 분석을 통해 확인하였다. 분석 결과로 제시되는 t 값과 자유도 정보를 통해, 편향이 유의한지 검증하였다. 편향 분석은 특정 국면들 사이에 서로 상호작용이 있는지를 알아보는 분석이다.

〈표 4〉 국어교사와 학생 글의 최소 편향 및 최대 편향(최숙기·박영민, 2011:217)

평가자	피험자	Obsvd	Exp.	Bias	error	t	fit MS
3	26	24	16.2	-3.17	1.03	3.07	0.9
7	32	19	14.1	-1.57	0.56	2.82	0.3
8	35	23	15.9	-2.49	0.76	3.27	0.6
11	23	9	15.8	2.29	0.62	-3.72	0.4
13	26	21	15.2	-1.86	0.6	3.11	0.2
21	25	18	13.2	-1.55	0.56	2.79	0.4
29	3	9	16.1	2.36	0.62	-3.84	0.4
34	13	10	15	1.65	0.59	-2.8	0.6
38	19	24	16.6	-3.05	1.03	2.95	0.8
44	4	24	15.9	-3.25	1.03	3.16	0.8
45	18	19	14.1	-1.56	0.56	2.8	0.8
53	13	10	16.1	2	0.59	-3.41	0.7
60	11	12	17.2	1.71	0.57	-2.99	0.3
61	34	19	13.8	-1.68	0.56	3.02	0.2
62	32	22	15.8	-2.05	0.65	3.14	0.4
67	6	15	10	-1.64	0.58	2.85	0.7
65	1	7	14.6	2.82	0.78	-3.63	0.8
65	2	6	14.5	3.56	1.05	-3.41	0.9
65	9	23	7	-5.75	0.76	7.56	1.7
65	10	5	14.9	4.77	1.67	-2.85	0.1
65	11	8	18.2	3.44	0.67	-5.14	0.5
65	12	7	18.8	4.14	0.78	-5.33	0.6
65	14	20	11.9	-2.59	0.57	4.56	0.5
65	17	7	13.7	2.49	0.78	-3.21	0.8
65	20	24	13.7	-3.98	1.03	3.86	0.8
65	22	14	8.7	-1.8	0.58	3.12	1.1
65	25	21	10.4	-3.45	0.6	5.79	1

65	26	6	12.8	3	1.05	-2.87	0.9
65	27	24	11.3	-4.79	1.03	4.65	0.9
65	29	16	8.5	-2.55	0.57	4.49	0.2
65	33	21	14.8	-1.99	0.6	3.33	0.4
65	34	22	10.7	-3.74	0.65	5.74	0.4
65	35	6	14.1	3.44	1.05	-3.29	0.9

68명의 국어교사가 35편의 중학생 논설문을 평가할 때 국어교사와 학생 글, 국어교사와 평가 요인 간에 편향적 채점 경향을 보이는지에 대한 분석은, 일반적으로 국어교사들의 쓰기 평가에서 발생할 수 있는 편향의 문제를 이해하고 개선하는 데 중요한 정보를 제공하여 줄 수 있다. 이 연구에서는 평가자로 참여한 국어교사 68명과 중학생 논설문 35편 사이에 존재하는 상호작용의 효과를 분석하였다. 분석 결과에 따르면, 2,380개의 상호작용 가운데 131개에서 유의미한 편향이 발견되었다. 이 중 81개의 편향은 국어교사가 예측 점수보다 더 높은 점수를 부여한 것(즉, 관대한 것으로)으로 나타났고, 나머지 50개의 편향은 국어교사가 예측점수보다 더 낮은 점수를 부여한 것(즉, 엄격한 것으로)으로 나타났다.

박종임·박영민(2011)은 평가자의 신뢰도를 결정짓는 요인으로 평가자의 일관성 요인에 주목하면서 평가자 채점 분량 증가에 따른 일관성 변화 양상을 Rasch 모형을 적용하여 분석하였다. 이 연구에서는 중학생 서사문 40편을 채점한 국어교사 19명의 채점 결과를 분석하여, 채점 분량이 증가함에 따라 채점 일관성이 어떻게 변하는지를 살펴보고자 하였다. 이 연구에서는 현직 국어교사 19명을 대상으로 서사문 채점 과정에서 수집한 자료를 활용하였고, 국어교사 19명의 채점 자료를 모두 분석 자료로 삼았다. 표본으로 선정된 국어교사의 경력은 1~5년, 6~10년, 11~20년, 20년 이상으로 구분하였고, 이들의 근무 학교급은 중학교와 고등학교로 구분하였다. 이를 통해 총 6개 평가 국면(피험자, 평가자, 성별, 경력, 학교급, 평가 요인)으로 분류하여 평가자 엄격성과 일관성을 탐색하였다.

이 연구에서는 '최근에 자신이 겪은 일 중에서 가장 기억에 남는 일을 떠올려 보고, 자유롭게 써 보자'는 쓰기 과제에 따라 작성된 중학생의 개인적 서사문 40편을 채점하도록 하였다. 글의 유형을 서사문으로 한정한 이유는 학교 현장에서 쓰기 평가를 실시할 때, 많은 교사들이 자신의 경험을 쓰게 하는 개인적 서사문을 널리 사용하기 때문이다. 이 연구에서 사용된 쓰기 평가 기준은 Spendel & Culham(1996)이 제시한 6특성 평가 기준과 Culham(2010)의 서사문 평가 기준을 함께 고려하여 중학생의 개인적 서사문 평가에 적합하도록 수정한 것이다.

〈표 5〉 서사문 쓰기 평가 준거(박종임·박영민, 2011)

채점 범주	채점 기준
내용	○ 7점: 자신의 경험에 근거하여 독창적이고 명확한 내용을 충분하게 제시하고 있다. 글에 드러난 주요 사건이나 인물, 배경이 구체적으로 서술되었고, 독자의 흥미를 끈다. ○ 4점: 자신의 경험에 근거한 내용을 서술하고 있지만 독창적이지 않고 일상적인 내용이다. 글에 드러난 주요 사건이 없고, 인물이나 배경도 구체적으로 서술되어 있지 않아서 독자의 흥미를 끌기 어렵다. ○ 1점: 글에 중심 사건이 없고, 충분한 내용이 서술되어 있지 않기 때문에, 독자가 전체적인 사건의 전개나 인물 및 배경을 파악하기 어렵다.
조직	○ 7점: 자신의 경험이 더욱 의미 있게 전달될 수 있도록 이야기의 순서와 배열이 유기적으로 잘 조직되어 있고, 독자가 자연스럽게 필자의 이야기에 빠져들게 된다. ○ 4점: 자신의 경험을 자연스럽게 배열하고 있어서 독자가 이야기의 전개를 이해하는 데에 문제는 없지만, 이야기의 순서와 배열이 유기적이지 않다. ○ 1점: 이야기의 순서와 배열이 유기적이지 않으며 독자가 이야기 전개를 이해하는데 어려움이 있다.

표현 (어조 및 태도)	○ 7점: 글쓴이의 생각, 감정, 반응들이 생생하게 잘 표현되었고, 독자가 쉽게 이해할 수 있도록 표현되었으며 독창성이나 개성이 잘 나타난다. 필자의 주체적인 목소리도 잘 드러난다. ○ 4점: 글쓴이의 생각, 감정, 반응들이 생생하게 잘 표현되었고, 독자가 쉽게 이해할 수 있도록 표현되었으나 독창성이나 개성이 다소 떨어진다. 필자의 주체적인 목소리도 잘 드러나지 않는다. ○ 1점: 글쓴이의 생각, 감정, 반응들이 생생하게 잘 표현되지 않았고, 내용만을 기계적으로 나열하여 글의 생동감이 떨어지며 표현이 독창적이지 않다. 독자가 쉽게 이해할 수 있도록 표현되지 않았다.
단어 선택	○ 7점: 내용을 정확히, 흥미롭게, 자연스럽게 전달할 수 있는 단어가 선택되었다. ○ 4점: 대체적으로 단어 선택이 내용 전달에 무리가 없으나 부적절한 단어들이 포함되어 있다. ○ 1점: 내용을 전달하는 단어가 매우 제한적이며 단어의 선택이 풍부하지 못하다.
형식 및 어법	○ 7점: 1인칭 시점이 일정하며, 표준적이며 모범적인 쓰기 형식이 잘 드러나 있다(시제, 어법, 구두점, 철자, 단락 구분 등). ○ 4점: 1인칭 시점이 부분적으로 일정하며, 제한된 범위에서만 글의 표준적 형식이 확인된다. ○ 1점: 1인칭 시점이 일정하지 않고, 철자, 구두점, 문법에서 잘못된 것이 많아 내용을 파악하며 읽는 것이 어렵다.

이 연구의 결과를 살펴보면, 대부분의 국어교사는 적절한 일관성을 보여주지 못했고, 지속적으로 과적합 또는 부적합 양상을 보이거나, 이 두 가지 채점 경향이 반복적으로 변화하는 양상을 보였다. 글 분량은 채점자의 엄격성에 큰 영향을 미친다. 채점해야 하는 글의 길이가 길고 분량이 많은 경우에는 채점 분량에 따라서 채점자 일관성을 분석하여, 지속적으로 적절한 일관성을 보여주지 못한 채점자는 평가에서 제외하거나, 채점자 훈련을 제공할 필요가 있을 것이다.

다음으로 일관성의 문제가 나타난 교사들에 대한 면담 조사를 실시한 결과, 채점 기준의 내면화 여부, 더욱 세부적인 채점 항목 재설정 여부, 서사문 채점 경험, 채점 척도의 올바른 활용, 채점 영역에 대한 이해 정도,

서사문 내용에 대한 주관적 선호도, 서사문 채점에 대한 주관적 선호도 등에 따라서 채점 일관성이 영향을 받는 것으로 나타났다.

〈표 6〉 채점 분량 증가에 따른 채점 일관성 변화(박종임·박영민, 2011)

채점분량\채점자	1-5	1-10	1-15	1-20	1-25	1-30	1-35	1-40
1	1.89	1.3	1.39	1.34	1.33	1.24	1.21	1.18
2	0.56	0.55	0.52	0.5	0.52	0.54	0.54	0.57
3	1.12	0.78	0.93	0.88	0.86	0.78	0.86	0.86
4	0.35	0.34	0.46	0.47	0.49	0.54	0.55	0.56
5	1.07	1.38	1.11	1.03	0.92	0.95	0.88	0.83
6	0.54	0.72	0.67	0.68	0.72	0.69	0.65	0.66
7	0.36	0.46	0.48	0.47	0.55	0.52	0.56	0.55
8	1.49	1.53	1.54	1.5	1.43	1.5	1.47	1.51
9	1.23	1.58	1.5	1.4	1.41	1.4	1.43	1.42
10	0.54	0.61	0.51	0.48	0.47	0.5	0.49	0.5
11	1.92	1.82	1.83	2.09	2.01	2.07	2.02	2
12	0.48	0.51	0.48	0.52	0.45	0.44	0.46	0.49
13	0.98	1.17	1.21	1.36	1.33	1.26	1.34	1.3
14	0.58	1.25	1.25	1.2	1.39	1.35	1.34	1.34
15	1.32	1.33	1.32	1.35	1.38	1.33	1.29	1.31
16	0.74	0.64	0.58	0.57	0.54	0.57	0.63	0.63
17	0.81	0.62	0.8	0.7	0.69	0.69	0.68	0.76
18	1.72	1.31	1.31	1.3	1.36	1.54	1.54	1.5
19	1.2	1.03	1.03	1.04	1.01	0.98	0.95	0.94

5. 평가 방법에 관한 연구

평가 신뢰도를 향상하는 방안에는 특정 평가 방안을 선택하여 평가하는 것이 바람직하다. 흔히 수행평가에서 사용되는 평가 방법으로 총체적 평가(holistic assessment), 분석적 평가(analytic asessment), 주요 특성 평가(primary trait assessment) 등이 있다. 평가 방법에 따라 평가자의 평가 경향성에 차이가 발생할 수 있다.

일반적으로 총체적 평가는 학생 필자의 글을 총체적인 관점에서 평가하는 것을 말한다. 세부적인 평가 기준을 설정하지 않고 글을 전체적으로 평가하는 만큼, 평가 결과의 신뢰성이 떨어질 수 있다는 문제가 있다. 이를 방지하기 위해, 평가 기준을 나름대로 구체화해야 하며, 평가자 훈련을 통해 평가자간 신뢰도를 확보하여야 한다. 상대적으로 비용과 시간이 적게 든다는 장점이 있으나, 학생 필자와 관련된 의미 있는 정보를 충분히 이끌어내기 어렵다는 단점도 있다.

이에 반해, 분석적 평가는 세밀한 평가 기준을 세워두고 학생 필자의 글을 평가하는 것을 말한다. 세부적인 평가 기준을 세운 만큼, 평가 신뢰도가 높다는 장점이 있으며, 학생 필자의 구체적인 정보를 얻을 수 있다는 장점이 있다. 그러나 세밀한 평가 기준을 작성하는 것이 용이하지 않고, 평가 시행 과정에서도 비용과 시간이 많이 소요된다는 단점이 있다. 교수-학습의 과정에서, 또는 발달적 평가관을 지향하는 상황이라면, 분석적 평가가 더 타당하다.

주요 특성 평가는 총체적 평가나 분석적 평가의 한계를 극복하기 위해 등장한 대안적 형태의 평가 방법이다. 분석적 평가와 같이 세부 평가 요인을 선정하고 각각 배점을 두어 평가하도록 하되, 평가 세부 항목을 총체적인 관점에서 기술하도록 함으로써 엄격한 의미에서의 분석적 평가는 아니며 총체적 평가의 장점을 반영한 평가 방법이라 할 수 있다.

평가 방법에 따른 신뢰도 차이를 밝혀 타당한 평가 방법을 선정하기 위한 논의로 김라연(2007)과 조재윤(2006), 오택환(2010), 박영민·최숙기(2010a, 2010b) 등의 연구가 있다. 김라연(2007)과 조재윤(2006)은 평가 신뢰도 향상을 위하여 평가 방법인 총체적 평가와 분석적 평가를 각각 적용하고 평가자의 신뢰도를 비교·검증하였다. 김라연(2007)은 고등학교 2학년 학생들이 핵무기 개발의 필요성 여부에 대해 작성한 논설문 가운데 1300자에서 1800자 범위의 글 중 5편을 선별하였다. 피험자인 평가자(교사, 대학생, 고등학생 집단)들은 동일한 논설문 5편에 대해 한 달의 시차를 두고 먼저 인상평가를 실시한 뒤 이후 분석적 평가를 실시하였다.

	시기	실험 처치	대상	사용된 자료
1차 평가	10월 25일	총체적 평가 (인상 평가)	교사 집단	논설문 5편
			대학생 집단	
			고등학생 집단	
2차 평가	11월 29일	분석적 평가	교사 집단	논설문 3편 (1차 시기 자료 중)
			대학생 집단	
			고등학생 집단	

〈그림 12〉 김라연(2007)의 연구 절차

이후 기억 효과를 소거하기 위해 1차 시기 자료 중 3편만을 평가 대상으로 하여 분석적 평가를 실시하였다. 이에 따라 두 평가 방법에 대한 점수 차이 분석과 상관 분석을 평가 집단인 교사, 대학생, 고등학생으로 나누어 분석하였다.

		인상 평가	분석적 평가
인상 평가	Pearson 상관계수	1.000	.384
	유의확률 (양쪽)	.	.064
분석적 평가	Pearson 상관계수		1.000
	유의확률 (양쪽)		.

〈그림 13〉 교사 집단의 인상 평가와 분석 평가 간의 상관관계(김라연, 2007:116)

교사 집단의 경우 두 평가 방법 간의 낮은 상관을 보여주었다. 이들 두 평가 방법에 따른 차이가 극명하게 나타났다. 이들 차이를 분석하기 위해 인상 평가와 분석적 평가의 하위 항목(주장의 성격, 주장의 근거, 내용의 구성, 독자 고려)간의 상관 분석을 실시하였다. 이때 내용 구성에서 .593의 상관계수가 나타났는데 이를 통해 인상 평가 시 내용 구성을 중심으로 한 총체적인 평가가 이루어짐을 밝혔다. 이 연구의 결과에서는 동일한 글에 대해 동일한 평가자가 인상 평가와 분석적 평가를 실시하였을 경우 교사 집단과 대학생 집단 간의 경우 매우 낮은 상관이 발생하였다. 이를 통해, 인상 평가와 분석 평가에서 평가 대상이 다르다는 결론을 제시하였다.

조재윤(2006)은 말하기 평가의 총체적 평가와 분석적 평가 방법 간의 총점 차이를 분석하고 평가 방법 간의 신뢰도를 비교하였다. 1차와 2차 평가를 실시하고 30명의 자료를 SPSS를 통해 평가 방법 간 총점 차이를 분석하고 신뢰도를 추정하여 비교하였다. 통계 처리는 총체적 평가와 분석적 평가에 따른 평균과 표준 편차, Pearson 상관계수 분석을 포함하여 시행하였다.

〈그림 14〉와 같이, 분석적 평가와 총체적 평가의 두 평가 방법에 따른 점수 차이는 크게 나타나지 않았으나, 분석적 평가의 점수가 총체적 평가의 점수보다 더 낮은 것으로 나타났다. 그러나 이들 점수간의 통계적인 차이는 유의하지 않은 것으로 나타났다. 실제로 이 연구에서 나머지 말하기 수행에 대한 총체적 평가와 분석적 평가의 평가 방법 간의 신뢰도는 학생 1명에 제한하여 정적 상관이 나타났고 나머지 3명의 경우 두 평가 방법 간의 부적 상관이 나타났다. 이는 말하기 평가 요소와 기준에 대한 평가자간의 사전 협의가 부재하였거나 요소와 기준에 대한 내면화가 부족했기 때문으로 해석할 수 있다.

평가 방법	N	Min	Max	Mean	SD
총체적	30	14.00	20.00	17.1667	1.5555
분석적	30	14.00	20.00	16.6333	1.6078

		총체적	분석적
총체적	Pearson 상관계수	1.000	-.168
	유의확률 (양쪽)	.	.376
	N	30	30
분석적	Pearson 상관계수	-.168	1.000
	유의확률 (양쪽)	.376	.
	N	30	30

〈그림 14〉 총체적 평가와 분석적 평가의 기술통계 및 상관 분석(조재윤, 2006)

이러한 평가 결과는 교사들의 평가자 연수와 훈련에 대한 필요성이 제기한다. 그리고 평가자내 신뢰도와 평가자간 신뢰도를 확보하도록 하기 위한 지속적인 연수와 훈련 방안에 대한 구체화된 방안을 마련하여야 할 것을 제안하고 있다.

학생	성별	말하기 시간	말하기 주제
A	여	2분 33초	학생들의 머리를 자율화해야 한다.
B	여	38초	초등학생이 휴대폰을 가지고 다녀도 된다.
C	여	1분	아파트에서는 애완견을 키우지 말아야한다.
D	여	1분 58초	학생들의 머리를 규제하지 말아야 한다.

총체적 평가	말하기 전체에 대하여 평가 요소를 중심으로 평가자가 총체적으로 평가	
평가 요소	발표 준비, 발표 내용 이해, 발표 내용 조직, 표현력, 다른 의견을 가진 사람들에 대한 판단, 다른 사람의 관심을 끄는 능력, 발표 태도	
발표자	발표 특징	점수 (20점 만점)
A		

분석적 평가	말하기 능력을 하위 요소로 나누어 각각 요소 범주별로 평가		
발표자	평가 요소	점수	총점
A	준비도(발표 준비가 잘 되었는가?)	2, 1, 0	
	이해력(발표 내용(주제)을 잘 이해하고 있는가?)	3, 2, 1, 0	
	조직력(발표 내용을 잘 조직하였는가?)	3, 2, 1, 0	
	표현력(자신의 의견을 제대로 표현하였는가?)	3, 2, 1, 0	
	판단력(다른 의견을 가진 사람들을 고려하고 있는가? 주어진 시간 안에 적절히 발표하는가?)	3, 2, 1, 0	
	의사소통 능력(다른 사람의 관심을 갖도록 하면서 설득력 있게 발표하는가?)	3, 2, 1, 0	
	태도(다른 사람들 앞에서 발표 태도는 바람직한가?)	3, 2, 1, 0	

〈그림 15〉 말하기 수행 과제와 총체적 평가와 분석적 평가틀(조재윤, 2006)

오택환(2010)은 쓰기 수행평가 과정에서 동료평가를 실시하고 이에 대한 신뢰도를 분석하는 연구를 수행하였다. 평가자는 교사가 아니라 학생으로 설정하였고 쓰기 과제는 자기 소개서 쓰기를 제시하였다. 고등학교 2학년 남학생 1학급을 대상으로 하여 연구를 수행하였다. 〈그림 16〉은 자기 소개서 쓰기와 동료평가 절차를 제시한 것이며 하단은 자기 소개서 쓰기 평가 준거를 제시한 것이다. 이 연구에서는 쓰기 수행평가에서 동료평가 신뢰도를 추정하는 방법을 사용하였다. 동료평가 신뢰도 추정을 위하여 채점자간 신뢰도를 파악하는 방법을 적용하였다. 이 연구에서는 동료평가의 초기와 중기 시간의 경과에 따른 Pearson 적률 상관계수를 구하여 동료평가의 신뢰도를 추정하였다. 이 연구에서는 총 3차에 걸쳐 학생들의 상, 중, 하 집단(평가 점수에 기준한)의 평가 결과간의 상관도는 향상하는 것으로 나타나 지속적인 평가 훈련을 통한 신뢰도가 반복적으로 향상되는 결과를 확인할 수 있었다.

차시	자기소개서 쓰기	쓰기 과정	쓰기 평가
1	수업 안내(모둠편성)		
2	1. 자신의 장점(특성 혹은 능력)과 보안·발전시켜야 할 단점(특성/ 능력)	초고 쓰기	
3		검토 하기	-돌려읽기 -동료 피드백
4		고쳐 쓰기	
5		발표 하기	-동료 반응, -동료평가
6	2. 학업 이외의 활동 영역에서 가장 소중했던 경험을 소개, 자신의 성장에 준 도움 요소	초고 쓰기	
7		검토 하기	-돌려읽기 -동료 피드백
8		고쳐 쓰기	
9		발표 하기	-동료 반응, -동료평가
10	3. 재학 중 가장 관심을 기울인 사회문제와 이의 해결을 위한 기울인 노력	초고 쓰기	
11		검토 하기	-돌려읽기 -동료 피드백
12		고쳐 쓰기	
13		발표 하기	-동료 반응, -동료평가
14	4. 전공 선택에 영향을 미친 중요한 일을 설명	초고 쓰기	
15		검토 하기	-돌려읽기 -동료 피드백
16		고쳐 쓰기	
17		발표 하기	-동료 반응, -동료평가
18	강평 및 마무리		

구분	평가 내용	평가 대상자					
		예)					
내용 (40점)	• 중심 내용의 전개	32					
	-제시문의 요구 사항 준수	8					
	-각 항목 구체적 사례 제시	8					
	-필자의 개성과 특성 제시 여부	10					
	-경험(사례) 소개의 사실성 참신성	6					
조직 (40점)	• 문단 구성 조직 능력	34					
	-각 항목 논의 전개의 일관성 유지	8					
	-논의 전개의 논리적 비약	10					
	-문단의 흐름이 체계적이고 조직적	8					
	-문단 전체의 긴밀성 유지	8					
표현 (20점)	• 표현의 적절성	19					
	-매끄럽고 자연스러운 문장 표현	5					
	-적절한 단락 구성과 형식	5					
	-효율적인 어휘 사용	5					
	-맞춤법, 띄어쓰기 등 어법	4					
총점		85					

(40점) 우수 10, 보통 8, 미흡 6 (20점) 우수 5, 보통 4, 미흡 3

〈그림 16〉 자기 소개서에 대한 쓰기 수행평가 절차 및 평가 기준(오택환, 2010)

박영민·최숙기(2010b, 2010c)의 연구는 기존의 평가 준거에 근거한 평가 방법이 지닌 평가 수준 설정의 문제를 해결하기 위하여 평가 예시문 혹은 모범문을 활용한 쓰기 평가 방안에 대한 연구를 수행하였다. 이들 연구는 학생들이 작성한 설명문이나 논설문을 평가할 때 우리나라 국어교사들이 부여할 것으로 예상되는 평균 점수를 추정하고 이를 바탕으로 하여 평가 예시문을 선정하여 평가 자료로 활용할 수 있도록 하는 방안을 탐색하는 데에 목적이 있다.

현재의 수행 평가는 평가를 시행하는 각 학교나 교실 단위의 학생들에 따른 상대적인 점수가 결정된다. 또한 평가자인 교사의 개별 속성에 따라 동일한 글에 대해서도 그 수준이 다르게 채점될 가능성이 높다. 이러한 특징 때문에 A라는 학생의 글에 대한 표준화된 객관적인 점수를 산정하기란 매우 어려운 일이다. 평가 예시문은 특정 글쓰기 과제에 대하여 산출한 학생 글의 표준 점수를 산출하는 기준으로서 제시된 실제 학생 글이라 할 수 있다. 평가 예시문의 용도는 추상적인 평가 기준에 근거한 채점이 아니라 내용이 상 수준이고, 형식이 중, 표현이 상인 학생의 실제 글을 제시함으로써 글의 실제적 수준과 해당 점수 기준을 샘플 글을 제시하여 산정하도록 하는 것이다.

평가 예시문을 선정하기 위해서 우선 국어교사를 표본 집단으로 선정하여 모평균을 추정할 때에는 추리 통계의 방법을 적용해야 한다. 추리 통계는 표본의 통계치를 통해 모집단의 특성을 추정하는 데 활용되므로, 표본으로 선정된 국어교사들의 평가 점수를 바탕으로 하여 우리나라 전체 국어교사의 평균 점수를 추정할 수 있다. 우리나라의 전체 국어교사들이 임의로 선정된 학생 글에 대해서 평균적으로 몇 점을 부여할 것인지를 알고자 할 때에도 표본 통계치를 통한 추정 방법을 활용한다. 국어교사 일부를 표본 집단으로 선정하여 임의 수집된 학생 글을 평가하게 하고, 그 점수를 통계적으로 처리하여 모집단으로 정의된 우리나라 국어교사의 평균 점수를 추정하는 것이다(박영민·최숙기, 2010b).

이 연구에서는 국어교사 69명이 채점한 점수의 평균을 각 학생 논설문이나 설명문의 점수로 새롭게 지정하여 통계치를 계산하였다. 새롭게 지정된 점수를 자료로 하여 학생 논설문 35편의 평균과 표준편차를 구한 다음, 이를 바탕으로 하여 우리나라 국어교사들이 부여할 것으로 기대되는 모평균을 추정하였다. 평가 점수 분포에서 의미 있는 지점을 점유하고 있는 것으로 판단되는 최저 점수, 최고 점수, 평균 점수를 얻은 학생 논설문, 상위 30%와 하위 30%의 평균에 해당하는 학생 논설문을 찾고, 이 글의 모평균을 제시하고자 한다. 최저 점수, 최고 점수, 평균점수, 상위 30%와 하위 30%의 평균 점수를 보이는 학생 글은 평가 점수분포에서 의미 있는 지점에 해당하므로 평가 예시문으로 제시될 것이다. 이러한 분석에는 SPSS for Windows 15.0 판을 활용하였으며, 간략한 수식 계산에는 MS Excel 2007을 활용하였다.

기준	글 번호	평균	표준편차	모평균 추정 범위
최저점	09	8.14	3.47	$7.44 \leq m \leq 8.84$
하위 30%의 평균	31	10.81	2.99	$10.11 \leq m \leq 11.51$
전체평균	26	14.32	3.44	$13.62 \leq m \leq 15.02$
상위 30%의 평균	21	18.51	3.85	$17.81 \leq m \leq 19.21$
최고점	12	20.30	4.39	$19.60 \leq m \leq 21.00$

〈그림 17〉 학생 논설문 글의 모형균 추정(박영민·최숙기, 2010b:452)

기준	글 번호	평가기준	최솟값	최대값	평균	표준편차
최저점	09	내용	1.00	5.00	1.73	0.88
		조직	1.00	5.00	1.43	0.83
		표현	1.00	5.00	1.69	0.86
		형식 및 어법	1.00	4.00	1.47	0.69
		단어 선택	1.00	5.00	1.79	0.88
		총점	5.00	23.00	8.14	3.46

하위 30%의 평균	31	내용	1.00	4.00	2.14	0.75
		조직	1.00	5.00	2.11	0.89
		표현	1.00	4.00	1.98	0.77
		형식 및 어법	1.00	4.00	2.08	0.78
		단어 선택	1.00	4.00	2.44	0.86
		총점	5.00	18.00	10.81	2.98
전체 평균	26	내용	1.00	5.00	2.85	0.89
		조직	1.00	5.00	2.66	0.86
		표현	1.00	5.00	2.81	0.62
		형식 및 어법	1.00	5.00	2.94	0.78
		단어 선택	1.00	5.00	3.16	0.78
		총점	3.00	24.00	14.31	3.43
상위 30%의 평균	21	내용	2.00	5.00	3.81	0.89
		조직	2.00	5.00	3.86	0.88
		표현	2.00	5.00	3.42	0.86
		형식 및 어법	2.00	5.00	3.65	0.93
		단어 선택	2.00	5.00	3.75	0.94
		총점	10.00	25.00	18.50	3.84
최고점	12	내용	2.00	5.00	4.15	0.833
		조직	1.00	5.00	4.20	0.88
		표현	1.00	5.00	3.82	0.98
		형식 및 어법	1.00	5.00	4.02	1.04
		단어 선택	1.00	5.00	4.13	1.05
		총점	6.00	25.00	20.30	4.38

〈그림 18〉 논설문 평가 예시문 하위 요인별 점수(박영민·최숙기, 2010a:456)

6. 향후 국어과 평가 연구의 과제

　국어교육에서 평가 관련 연구가 활발해 지면서 보다 정교하고 객관적인 평가 도구 개발과 평가 방안을 구축하기 위한 현실적 노력들이 이어지고 있다. 교육의 효율성은 평가를 통한 교수 효과의 지속적인 점검을 통해 달성된다. 국어 평가 연구를 통한 평가 방법의 개선의 노력은 궁극적으로 국어교육의 발전에 기여할 수 있을 것이다.

향후 국어과 영역에서 다루어야 할 평가 관련 연구 과제를 살펴보면 다음과 같다.

첫째, 수행 평가의 신뢰도 확보를 위한 교사 평가 전문성 신장을 위한 평가 연수 및 훈련 프로그램 구축 방안과 이에 대한 신뢰도 추정 연구를 실시할 필요가 있다. 수행 평가를 성공적으로 학교 현장에 안착시키고 기존의 간접 평가로 대별되는 선다형 문항 기반의 객관식 평가를 극복하기 위해서는 수행 평가의 신뢰도와 타당도를 확보할 수 있는 방안을 마련할 필요가 있다. 특히, 평가자인 국어교사의 평가 전문성의 문제는 이를 해결하는 데 가장 필수적인 요건이라 하겠다.

둘째, 학교 현장이나 연구 장면에서 손쉽게 활용할 수 있도록 하기 위한 신뢰도 추정 방안에 대한 실제적 연구가 이루어져야 한다. 수행 평가에 참여한 교사들 간의 신뢰도나 교사의 내적 신뢰도를 손쉽게 측정하고 이를 판단할 있도록 하는 보다 실용적이고 활용도가 높은 신뢰도 추정 방안을 제공하여 줄 필요가 있다. 이를 위해서는 현재 연구들에서 사용되는 다양한 신뢰도 추정 방안의 효과성과 접근성을 비교하여 보고 가장 타당한 신뢰도 추정 방안에 대한 정보를 학교 현장에 보급할 필요가 있다.

셋째, 객관적이고 타당한 평가 방법에 대한 모색이 필요하다. 현재의 평가 연구들은 기존의 총체적, 분석적, 주요 특성 기반에 따른 평가 방법 등에 대한 학문적 탐색에 머물러 왔다. 그러나 학교 현장에서는 보다 객관적이고 표준화된 형태로 학생들의 국어 능력을 평가할 수 있도록 하는 평가 과제를 구축하고, 이를 평가하고 그 결과를 해석하여 학생들에게 올바른 교육적 처치를 내릴 수 있도록 하는 평가 정보를 제공하여 줄 필요가 있다. 이를 위해서는 교육과정을 기반으로 하여 학생들의 국어 능력을 점검하고 측정할 수 있도록 하는 다양한 형태의 과제 개발, 평가 준거 및 도구 개발, 해석 자료 개발 등에 대한 실제적인 연구 등이 이루어져야 하겠다.

09

국어교육과
메타 분석 연구

지금까지 국어교육과 관련하여 수많은 연구물들이 축적되어 왔다. 이렇게 축적된 연구물들을 좀 더 과학적인 방법으로 요약하고 종합함으로써 중요한 교육적 정보와 새로운 시각을 이끌어낼 수 있는 방법이 바로 메타분석 방법이다. 최근 국어교육 연구에서 이러한 메타분석 방법에 대한 관심이 점점 증가하고 있다. 따라서 이 장에서는 메타분석 방법을 활용한 연구들을 살펴보고, 메타분석의 개념과 특징 및 메타분석을 위한 일반적인 절차와 통계분석에 대해 알아보고자 한다.

09 국어교육과 메타 분석 연구

1. 메타분석의 역사적 개관

 선행 연구 결과들을 종합하고 분석하는데 양적인 접근 방법의 적용은 인문, 사회과학 영역에 있는 연구자들에게 많은 관심을 받고 있다. 실제로 양적 연구 방법론의 관점에서 한 시점까지 축적된 연구 문헌들을 종합, 정리하려는 노력은 오래 전부터 계속되어 왔다. Pearson(1904)은 장티푸스 예방 접종의 효과에 대해 11개의 연구를 종합하기 위하여 평균 상관계수 연구를 수행하였고, Fisher(1932)는 처음으로 농업분야에서 유의수준을 통계적으로 종합하는 기법을 제시하였다. Underwood(1957)는 기억과 방해의 관계를 알기 위해 16개의 연구들을 통합하였다. 이 실험에서는 재생해야 할 항목목록의 수와 정확하게 재생한 백분율을 그림으로 제시함으로써 메타 분석적 접근을 시도했다.
 1970년대에는 Glass(1976)가 '메타 분석(Meta-analysis)'이라는 용어를 처음 사용하였고, 이후 메타분석에 대한 관심이 더욱 증가하였다. Smith & Glass(1977)는 심리치료에 대한 결과들을 통합하기 위하여 375편의 선행연구들을 수집하고, 표준화점수를 산출함으로써 '메타분석(Meta-analysis)'방법을 제시하였다. 1976년 이후 메타분석은 많은 연구자들에게 인식되고 사용되기 시작한 반면에, 메타분석에 대한 비판이 제기되기도 하였다. 예를 들어, 서로 다른 측정기법을 활용한 연구물 비교의 비논리성, 질 낮은 연구물의 결합, 연구물 선택의 편향(bias)문제, 독립성 문제 등이 메타분석에 대한 비판으로 제기되었다. 이에 대해 Glass, McGaw, & Smith(1981)는 서로 다른 표본 크기에 대해 가중치를 적용함으로써 그 차이를 반영하고 서로 다른 형태 및 유목으로 보고된 결과물에 대해서는 연구주제에 맞는 유목변수(categorical variable)를 찾아 그에 맞는 유목별 분석을 하면, 특정 처치나 정책이 어떤 유형이나 대상에 효과가 있는지 종합적으로 고려할 수 있다고 하였다. 또한 메타분석에서 연구의 질을 어떻게 포함해서 연구들을 종합할 수 있는지보다는 개별연구의 질을 어떻게 평가하며, 그 평가 결과를 어떻게 정당화할 수 있느냐가 더 중요한 문제임을 주장하였다. 이외 연구물 선택의 편향과 독립성 가정 위반 문제에 대한 다양한 검증과 검토의 방법 등에 대해 논의하였다.

메타분석은 80년대에 들어오면서 의학, 사회과학, 교육학, 경영학 등의 분야에서 널리 활용되기 시작하였으며, 그 방법 또한 표준화되어가는 경향을 보였다. Hedges & Olkin(1985)은 'Statistical Methods for Meta-analysis'를 출판하여 메타분석의 통계적 방법론의 기틀을 마련하였다. Cooper & Hedges(1994)는 메타분석을 이용한 연구물 중에 주요한 메타연구들을 선별하여 'Handbook of Research Synthesis'를 출판하였다.

초기 메타분석에서는 연구 결과의 통계적 유의도를 분석하는 수준이었으나 차차 보다 세련된 측정 기법과 분석 기법이 적용되면서, 메타분석을 통한 연구 결과들이 다양한 분야에서 정책과 실천에 광범위하게 영향을 미치고 있다.

2. 메타분석의 개념 및 특징

메타분석은 상이한 상황과 맥락 속에서 수행된 다양한 연구들을 하나의 일관되고 체계적인 틀 속에서 통합하여 분석해봄으로써 연구결과의 누적을 단순화시킬 수 있는 경제적 연구 방법이다(황정규, 1988). 메타분석 이전 단계의 전통적인 연구 통합 방법으로 화술적 방법(narrative method), 평균법(average method), 투표식 방법(voting method)이 있다.

화술적 방법은 연구 결과들을 연도에 따라 이야기체로 기술해 놓은 방법으로 문헌 검토를 하면서 일련의 연구들 가운데 의미 있는 정보를 추출해 나가는 기법이다. 이러한 문헌 연구에서는 연구주제와 관련되면서도 쟁점으로 부각되는 연구결과들을 연구자가 주관적으로 나열하는 것이 일반적이다. 즉, 결론을 도출해 내기 위해 연구물들을 검토하는 연구자들은 다분히 자의적 기준에 근거해서 연구 설계가 빈약하다고 제거하고, 실험 처치 방법이 적절하지 않다고 제거해 버린다. 따라서 화술적 방법은 대상 연구물 선택에서부터 분석과정에 이르기까지 그 과정이 주관적이며, 기존 연구결과를 과학적으로 이해하는 데 많은 한계를 지닌다.

평균법은 특정한 연구 주제와 관련된 선행 연구물들을 통계적으로 처리하기 위하여 전체적인 평균치들을 계산하는 방법이다. 그러나 평균법 또한 중앙 집중치들을 측정하는 과정에서 실험치 효과의 실제 측정값들에 관한 정보를 상실할 수 있다는 단점이 있다.

투표식 방법은 단순히 각 연구 결과의 통계적 의의 여부만을 따져 연구결과를 종합하는 방법이다. 즉, 통계적으로 유의한 결과를 보이는 연구물을 정적으로 유의하거나 부적으로 유의하거나 어느 한 쪽으로도 유의하지 않은 연구로 구분하여, 세 가지 유목 중 기존 연구 결과들이 가장 많은 유목을 계산하여 그 결과를 종합하는 방법이다. 이 방법은 가치 있는 기술적 정보를 상실한다는 점, 표집의 크기가 다른 연구 결과들을 동등하게 평가함으로써 실제와 반대의 결론에 도달할 가능성이 있다는 점에 문제가 있다.

선행연구의 결과를 종합하는 전통적인 방법은 연구의 종합에 객관성을 확보하지 못했으며 연구 결과의 종합 및 비교라는 성격을 띠기 힘들었다. 따라서 좀 더 신뢰할 수 있고 객관적인 방법으로 연구 결과를 개관하고 종합하는 방법이 요구되었고, 이에 따라 나온 것이 메타분석법이다. 메타분석은 연구자들의 주관적 판단에 의해 연구를 제한시킬 가능성을 방지함으로써 연구를 종합할 때 객관성을 확보할 수 있다. 메타분석은 두 개 이상의 독립적인 연구들을 종합하는 통계적 방법으로, 개관, 종합, 병합, 요약 등 다양한 용어 등으로 불리기도 한다.

메타분석의 개념과 관련하여, Glass(1976)는 경험과학적 자료를 수집하여 분석하는 수준을 제1차 분석(primary analysis), 제2차 분석(secondary analysis), 메타분석의 세 가지 수준으로 구별하였다. 제1차 분석은 분석에서 얻은 원자료(raw data)를 직접 분석하는 것이며, 대부분의 연구는 여기에 속한다. 제2차 분석은 제1차 분석에서 재분석하는 경우로, 보다 세련된 통계적 방법을 적용함으로써 연구주제 또는 문제를 해결하거나 새로운 연구 문제에 대한 해답을 얻기 위한 분석이다. 메타분석은 '분석의 분석'으로 연구 결과들을 통합할 목적으로 많은 수의 개별적 연구 결과를 통계적으로 분석하는 이론 및 방법이라 할 수 있다.

이러한 메타분석이 지닌 특징에 대해 오성삼(2002)은 다음과 같이 세 가지로 살펴보았다.

첫째, 메타분석은 수량적이다. 단순한 자료들을 나열해 놓은 것이 아니라 다른 방법에 의존해서는 거의 파악하기 어려울 정도의 수많은 연구 결과들을 함축성 있게 분류하여 모종의 의미를 추출하기 위하여 계량적, 통계적 방법을 사용한다는 것이다. 메타분석은 그 통합하는 과정에서 원

자료를 그대로 사용하는 대신에 요약통계(summary statistics)를 사용하고 있다.

둘째, 메타분석은 Glass가 제시한 '효과의 크기(effect size)'를 계산하여 총체적인 결론을 도출하기 위해 서로 상이한 연구들이 한데 모아진다는 데에 있다. 따라서 많은 수의 연구 결과들을 통합할 때 어떤 종류의 연구 결과가 기대하는 결과와 대다수의 연구 결과 간에 차이가 있다는 이유로 인해 분석대상에서 제외되지 않는다는 점이다. 즉 서로 상이한 연구 결과라 할지라도 전체적인 결론을 도출해 내기 위해 분석대상이 될 수 있다. 따라서 선험적, 비경험적 기준 혹은 주관적 판단에 따라 연구의 질을 미리 결정하거나 포함시킬 연구와 포함시키지 않을 연구를 사전에 결정하지 않는다.

셋째, 메타분석을 통해 일반적인 결론을 도출해 낸다. 메타분석에 포함되는 연구들은 그 양도 많을 뿐 아니라 연구의 특징도 다양하다. 어떤 한 분야의 연구 결과에 대해 일정수의 연구 결과들이 긍정적인 효과를 산출해 낸다고 하더라도 그 효과크기가 각기 다른 경우에 서로 상이한 방향이나 서로 다른 효과크기들에 대해 일반적 결론을 찾기 위해서는 각각의 단편적인 연구들 사이에 존재하는 작은 차이는 무시되어도 무방하다는 전제 하에서 일반화는 가능하다고 볼 수 있다.

하나의 연구 결과는 작은 표본의 크기, 한정된 대상자, 연구 실행과정에서의 여러 한계 등 다양한 요인에 의해 영향을 받기 때문에 매우 미약하다. 다시 말해, 많은 학생들에 근거한 실험계획이 탁월한 연구라도 한정된 실험조건 하에서 진행되어 그 한 편의 연구 결과를 일반화시키기는 어렵다. 그러나 실험 조건과 진행 방법에 차이가 있는 독립적인 연구들을 메타분석한 결과는 통계적 검정력이 높은 결과를 제시함으로써 일반화시킬 수 있다. 또한 메타분석은 다양한 결과 영역의 각 효과를 양적으로 요약함으로써 혼합된 결과에 대한 더 정확한 정보를 산출해 낼 수 있다. 메타

분석은 측정과 표집오차를 막을 수 있는 수많은 방법을 포함하고 있으며, 증가하고 있는 경험적 연구의 종합을 시도함으로써 표집오차를 최소화할 수 있다.

　일반적으로 널리 활용되는 연구 방법이나 통계적 분석이 제한점을 지니고 있듯이 메타분석 또한 몇 가지 제한점을 지니고 있다. 메타분석의 결과는 다른 연구와 마찬가지로 그 결과가 연구 배경, 대상, 중재 및 조사 상황이 비슷한 조건에서만 일반화될 수 있다. 또한 메타분석은 숫자가 아닌 자료를 합성하는 데 사용되기 어렵다. 즉 가치 있는 질적 정보를 종합하는 데 어려움이 있다. 취약한 연구들, 예를 들어 적절하지 않은 도구사용과 연구 설계, 수행문제 등으로 제한적인 추론근거를 제공하는 연구를 포함한 메타분석은 신뢰성 있는 결과를 얻지 못할 것이다. 따라서 메타분석가들은 이를 방지하기 위해 분석에 포함시킬 연구 설계와 중재의 종류에 대한 기준을 명확히 해야 한다.

3. 메타분석의 절차

가. 메타분석의 선행조건

　특정 연구 주제에 대한 선행 연구 결과들이 메타분석에서 활용되기 위해서는 다음과 같은 조건을 갖추고 있어야 한다(오성삼, 2002).
　첫째, 메타분석을 실행하기 위해서는 충분한 선행 연구결과물이 있어야 하며 이러한 연구결과물들을 수집하는 데 어려움이 없어야 한다. 이는 표본수의 부족으로 인해 검증력이 약화될 수 있기 때문이다.

둘째, 메타분석에 활용될 선행 연구는 통제집단과 실험집단이 존재하는 실험연구이어야 한다. 예를 들어 사례 연구나 면접에 의한 기술적 연구들의 경우 메타분석 대상에서 제외된다.

셋째, 메타분석을 실행하기 위해서는 효과 크기(effect size)를 구할 수 있는 통계자료가 선행 연구 결과에 제시되어 있어야 한다. 효과 크기는 선행 연구물에 실험집단과 통제집단의 평균, 표준편차, 사례 수, 유의도 수준 등과 같은 통계량이 제시되어 있을 경우에 구할 수 있다. 그러나 이러한 통계량이 제시되어 있지 않더라도, t값, F값, 상관계수(r) 등이 제시되어 있는 경우에는 통계적인 변환공식에 의해 각종 통계치의 결과들을 효과 크기로 변환할 수 있다.

나. 메타 분석의 일반 절차

메타분석을 위해 거쳐야 할 여러 단계들이 있는데 일반적으로 다음과 같은 다섯 단계에 걸쳐 수행하게 된다.

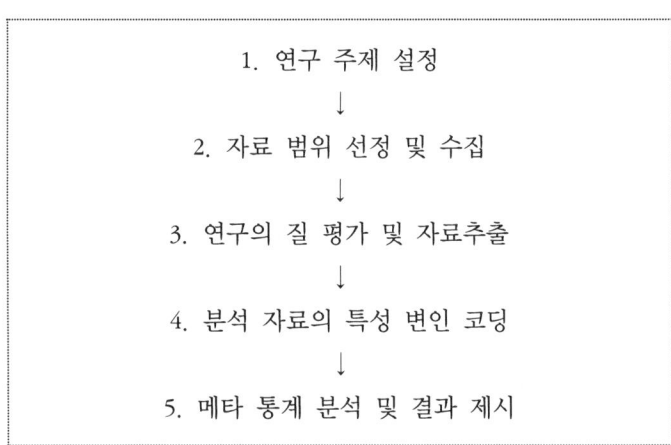

1. 연구 주제 설정
   ↓
2. 자료 범위 선정 및 수집
   ↓
3. 연구의 질 평가 및 자료추출
   ↓
4. 분석 자료의 특성 변인 코딩
   ↓
5. 메타 통계 분석 및 결과 제시

첫 번째, 메타 분석에서는 연구 주제를 명확히 설정하고 연구 목적과 가설들을 자세히 명시해야 한다. 연구의 목적은 구체적이고 명확해야 하며, 중재의 종류, 비교집단에 관한 내용 등이 포함되어야 한다. 이와 함께 해당 주제와 관련된 연구의 수가 너무 많아 메타분석을 실행하기 힘들 정도는 아닌지, 연구간 이질성이 너무 심해서 연구결과들을 결합하는 것이 무의미한 것은 아닌지 등에 대해서 생각해야 한다.

두 번째, 자료 범위 선정 및 수집에서는 우선 연구주제에 적합한 연구들을 찾기 위해 연구 선정기준을 자세히 정의해야 한다. 여기에는 연구 설계의 형태, 피험자의 특성, 연구기간 등이 포함된다. 종합적 연구 결과를 얻기 위해서는 주제와 관련이 있는 연구들을 가능한 한 많이 찾아내는 것이 중요하며, 설정된 기준에 해당하는 연구들을 모두 찾아내도록 노력해야 한다. 이를 위해 관련 있는 전자 데이터베이스를 확인하고, 검색조건(주제어와 검색연산자)을 만들어야 한다. 전자 문헌 데이터베이스에서의 주제어 검색은 어떠한 문헌 검색 전략에서든 핵심적인 요소가 된다. 주요 용어들은 관심 있는 연구대상, 중재, 비교 그리고 결과변수와 종종 관련되어 있다. 이들을 효과적으로 검색하기 위해 각 데이터베이스에 맞는 연산자나 와일드카드 등을 조합하여 사용해야 한다. 그리고 적어도 2명이 문헌을 검색하고 선정기준의 적합성을 검토해야 한다. 또한 표집편향이 생기지 않도록 유의해야 한다. 예를 들어, 저널 편집자들은 부정적인 연구보다는 긍정적인 연구(통계적으로 유의한 차이를 보인 연구)를 더 선호하기 때문에 긍정적인 연구들은 출판될 가능성이 높게 된다. 따라서 메타분석을 위한 문헌탐색 시 긍정적인 결과를 보인 연구들이 더 많이 파악되어 결과적으로 메타분석결과가 왜곡되는 출판 편향(Publication bias)[1]이 생

---

[1] 출판 편향이 존재하는지의 여부를 확인할 수 있는 방법 중 가장 자주 사용되는 방법은 깔때기 그림(funnel plot)을 그려보는 방법이다. 이 방법은 X-축에는 각 연구에서 추정된 처리효과를 Y-축에는 해당 연구의 정밀성을 나타내는 척도를 사용해 산점도를 그린 것

긴다. 전자 데이터베이스 탐색 시에는 선정 기준을 만족시키는 출판논문들을 빠트리지 않기 위해 적어도 두 개 이상의 데이터베이스를 동시에 탐색하는 것이 중요하다. 그러나 메타분석으로 찾아낸 관련 연구들은 단지 부분적 결과에만 접근한다(〈그림 1〉 참고).

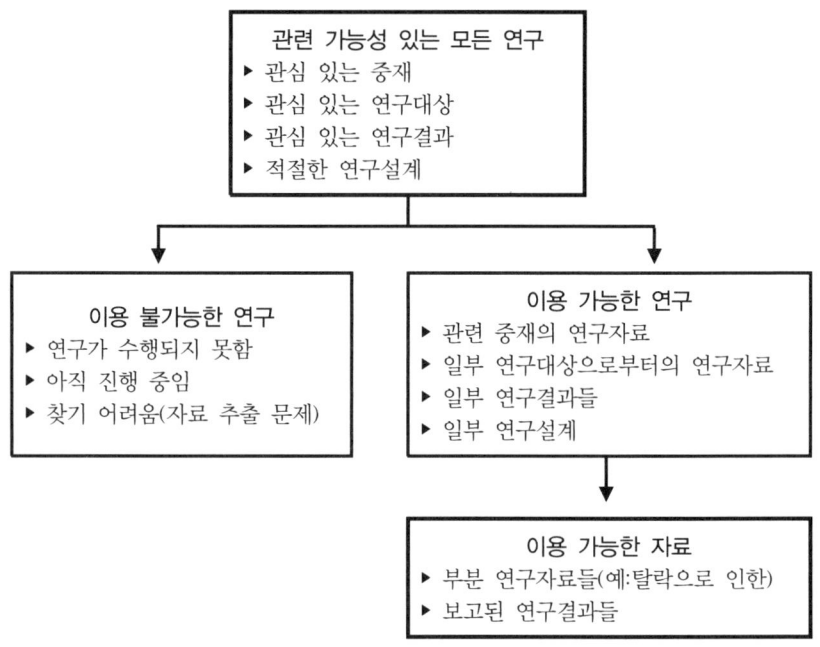

〈그림 1〉 표집의 문제

이다. 만일 출판 편향이 존재하는 경우라면 깔때기 그림의 점들은 어느 한 쪽으로 치우치게 되어 비대칭적인 형태의 산점도가 그려지게 되는데, 주로 그림의 왼쪽 아랫부분에 빈공간이 생기게 된다. 왜냐하면 이 부분은 바로 정밀성이 낮으면서 처리효과의 크기도 작은 연구들에 해당하는 점들이 위치하는 부분인데, 처리효과의 크기가 작은 경우 이를 발견해 낼 수 있기에는 너무 적은 표본수를 사용한 연구들은 주로 부정적인 결과들을 보였을 것이고, 따라서 해당 연구결과들은 발표되지 않았을 가능성이 높아 메타분석을 위한 문헌탐색에서도 발견되지 않았을 것이기 때문이다(이준영, 2008).

세 번째, 선택된 논문에 대한 질 평가가 이루어진다. 메타분석에서 연구의 질 평가란 선택한 논문에 대한 내적 타당도(해당 연구 결과가 원래 연구하고자 했던 상황을 얼마나 정확히 반영하는지에 관한 정도)와 외적 타당도(해당 연구 결과가 다른 상황에까지 얼마나 정확히 일반화될 수 있는지에 관한 정도)를 평가하는 것을 의미한다(이준영, 2008). 연구의 질을 평가하기 위한 방법으로는 두 가지가 있다. 하나는 복합적인 형태의 점수화된 평가도구를 사용하는 척도적 접근방법(scale approach)이고 다른 하나는 연구특성을 개별적으로 평가하는 항목별 접근방법(component approach)이다.

네 번째, 각 연구 결과의 분석과 주요 특성들, 예를 들어 연구의 내적타당도, 연구보고서의 출판여부, 피험자의 성, 피험자의 연령, 측정방법, 실험처치 정보, 종속변인을 코딩한다. 이 때 코딩 내용을 세분화하여 자의적으로 해석되지 않도록 하는 것이 중요하다.

다섯 번째, 적절한 통계적 방법을 사용해 연구결과들을 결합한다. 자료의 결합은 각 연구의 개별 자료를 사용할 수도 있고, 각 연구의 해당 변수에 대한 요약 자료를 사용할 수도 있다. 요약자료를 사용해 처리 간 효과 차이에 대한 메타분석을 하기 위해서는 처리효과 차이에 대한 동일한 형태의 측정값과 해당 처리효과에 대한 표준오차(또는 분산)에 대한 정보가 필요하다. 메타분석에서 각 연구의 효과 차이를 결합할 때 사용하는 주개념은 각 연구의 표본수 크기에 근거한 가중평균을 사용하는 것이다. 이는 소규모 연구는 대규모 연구에 비해 우연한 차이로 인한 영향을 더 많이 받기 때문에 결합시 대규모 연구에 상대적으로 더 많은 가중치를 부여하고자 하는 것이다.

메타분석 연구를 실시할 때 무엇보다 중요한 것은 연구들의 선정기준 및 제외 기준을 명확히 기록해 두는 것이다. 또한 이 선정 기준들을 적용한 문헌탐색 대상 자료원과 사용된 탐색 전략들을 명시해 주어야 하고 선택된 연구들의 질을 평가하는 데 사용된 기준들을 자세히 기술해 주어야 한다. 이를 통해 독자들이 메타분석의 결과에 기초한 근거의 한계를 깨닫게 해 주고, 해당 결과로부터 유도된 추론의 신뢰성 등을 평가할 수 있도록 해 주어야 한다.

4. 메타 통계 분석 방법

메타분석에서 사용하는 통계방법에는 통계적 유의도 검증방법(statistical significant test statistics)과 상관계수, 그리고 표준화 평균차를 사용하는 효과크기(effect size)계산방법을 이용하는 방법이 일반적으로 사용된다. 이 중에서 효과크기를 이용하는 방법이 가장 통계적으로 타당한 방법으로 이용되어 왔다.

가. 통계적 유의도 검증방법

이 방법은 공통의 연구 문제를 다룬 일련의 연구 결과들에 대한 연구의 유의도 수준을 통합했을 때 전체적으로 일정 유의도 수준에서 영가설을 긍정할 것인가를 밝혀내는 것이다. 연구 결과의 확률을 통합하는 방법에는 Fisher의 log 통합 방법, Winer의 t 통합방법, Stouffer의 표준점수 Z의 통합 방법이 있다.

나. 평균 상관계수

두 변인간의 관계를 독립적으로 조사하여 얻은 여러 상관 연구의 결과를 종합할 때는 평균 상관계수를 산출하게 된다. 상관계수를 종합할 때 대개 적률 상관계수 r을 사용한다. 상관계수의 평균을 계산할 때 r을 그대로 사용하여 평균한 값이나 r제곱을 하여 구한 값, 또는 각각의 r을 Fisher의 Z계수로 전환시켜 평균한 값 사이에 별로 큰 차가 없다. 상관연구의 결과를 종합할 때 상관계수를 산출한 변인의 특성이 어떠한가를 고려할 필요가 있다. 연속 변인이 아니고 비연속 변인인 경우에는 평균 상관계수를 계산하기 보다는 집단 간의 평균을 비교하여 평균 효과크기를 산출하는 것이 보다 타당할 것이다(강홍숙, 2006).

다. 효과크기

동일한 주제의 연구들이라 할지라도 서로 일치하지 않는 측정도구를 가진 경우에는 그 결과들을 종합하기 위한 비교 가능한 측정치가 필요하다. 비교 가능한 측정치를 얻기 위해 효과크기(effect size)라고 하는 지표를 사용한다. 효과크기는 변수들 간 관계의 강도(크기)와 방향의 단위이다. 메타분석에서 효과크기는 각 연구마다 계산되고 표본수에 의해 가중된 후 전체 효과를 산출하기 위해 평균을 낸다. 이러한 효과크기를 통해 두 집단 간에 얼마만큼의 차이가 있는지 또는 실험의 효과가 어느 정도 되는지 알 수 있다.

(1) 효과 크기 계산

Glass(1978)는 통제집단의 표준편차를 사용하여 효과 크기를 계산할 것을 제안하였다. 효가 크기 계산 공식은 〈그림 2〉와 같다.

$$ES = \frac{\overline{X_1} - \overline{X_2}}{SDc}$$

(실험집단의 평균($\overline{X_1}$)
비교집단의 평균($\overline{X_2}$)
통제집단의 표준편차 (SDc))

〈그림 2〉 Glass(1978)의 효과크기 계산 공식

Glass는 통제집단이 1개이고, 실험집단이 2개 이상인 연구에서 효과 크기를 산출할 때 실험집단의 표준편차를 사용하여 효과 크기를 산출하면 효과 크기를 산출할 때마다 효과 크기의 값이 달라지기 때문에 집단마다 동일한 효과 크기를 산출하기 위해서는 통제집단의 표준편차를 사용해야 한다고 가정한다.

그러나 대부분의 실험연구에서는 비교 대상이 되는 집단들의 모집단을 등분산이라고 가정하고 있기 때문에 정확한 모집단의 표준편차를 추정하기 위해서는 두 집단의 모집단에 관한 통합분산 추정치로부터 표준편차를 구하는 것이 바람직하다(Hedges & Olkin, 1985). Hedges & Olkin(1985)의 효과 크기 계산 공식은 〈그림 3〉과 같다.

$$g = \frac{\overline{X_e} - \overline{X_c}}{s}$$

$$s = \sqrt{\frac{(n^e-1)(s^e)^2 + (n^c-1)(s^c)^2}{n^e + n^c - 2}}$$

Hedges와 Olkin(1985)의 효과 크기: g
실험집단의 평균: $\overline{X_e}$
통제집단의 평균: $\overline{X_c}$
실험집단의 사례수: n^e
통제집단의 사례수: n^c
실험집단의 표준편차: s^e
통제집단의 표준편차: s^c
통합분산 추정치: s

〈그림 3〉 Hedges & Olkin(1985)의 효과크기 계산 공식

효과크기를 계산하기 위해 실험집단과 통제집단의 사례수, 평균, 표준편차가 제시되어야 하나 그렇지 않은 선행 연구물이라도 t값, F값, 상관계수가 제시되어 있을 경우 효과크기를 구할 수 있다(Lipsey와 Wilson, 2001).

(2) 효과 크기 해석

효과 크기를 해석하는 방법에는 일반적으로 3가지가 있다. Cohen(1977)이 제안한 효과크기 해석 방법과 효과 크기의 확률적 해석 방법, 효과크기의 95% 신뢰구간 해석 방법이 그것이다.

Cohen이 제안한 효과크기 해석방법은 표준화 효과크기를 해석하는 기준으로, 인문 사회분야의 메타분석에서 다음과 같이 설명된다. 효과크기 d=0.2를 '작은효과크기'로, 효과크기 d=0.5를 '보통의 효과크기'로, 효과크기 d=0.8을 '큰 효과크기'로 설명하는 것이다. d의 수치크기를 보아 효과크기의 정도를 가늠할 수 있다. 어떤 경우는 효과크기 자체가 의미를 가질 수도 있다. 예를 들어, 효과크기가 0이라면 양적으로 효과가 없다는 것을 나타내며 마이너스 값인 경우 처지를 받지 않은 집단이 더 나은 결과를 보인다는 것을 나타낸다.

확률적 해석방법은 효과크기의 개념이 표준화점수 Z점수 개념과 동일하다는 가정 하에 효과 크기를 비중복계수로 환산하여 효과를 설명하는 것이다. 효과크기는 실험집단의 평균점(중간점)이 통제집단 내에서 어느 정도의 위치인가를 파악하는 것이라 할 수 있다. 즉 평균이 0이고 표준편차가 1인 표준정규분포상의 표준점수(Z점수)를 구하는 것이기 때문에, 이를 U3지수(비중복 백분위 지수)로 표현하여 효과크기를 해석할 수 있다. 표준화된 평균 차의 효과크기 개념은 Z척도상의 점수와 동일하게 해석할 수 있기 때문에 Z분포표를 이용하여 효과크기를 백분위(%)로 변환하여 나타낸다. 구체적으로 효과크기에 상응하는 z점수를 찾아 이에 0.50을 합하여 백분율로 표시한 것이다. Cohen(1977)의 지수는 표준정규 분포표에서 효과크기를 z점수로 보고 z점수까지의 누적 면적에 해당하는 값을 찾아, 이 값을 백분위로 나타낸 것이다. 여기서 U3 정도가 높은 집단인 높은 평균을 갖는 집단의 50분위 수의 위치에 해당하는 것을, 영향의 정도가 적거나 없는 집단인 낮은 평균을 갖는 집단의 경우로 변환하면 어떤 백분위 위치에 해당하는가를 알게 해 주는 것이다. 이것은 표준정규분포표에서 보여주는 것처럼, 평균에 해당하는 z=0값을 0.50으로 보았을 때 z점수에 해당하는 값을 찾아 백분위로 나타낸 것과 같은 것이다(손현동, 2004).

셋째, 효과 크기의 95%신뢰구간 해석 방법은 효과크기의 95%신뢰구간을 구한 후 신뢰구간에 0이 포함되어 있는지를 통하여 유의성을 확인하는 방법이다. 표본자료에 근거하여 관심 집단으로부터 전체 표본의 95%에서 모집단을 포함하는 신뢰구간을 계산할 수 있다. 신뢰구간은 표본의 크기와 표본 내 변이 정도에 근거한 표준오차로부터 계산된다. 신뢰구간이 0의 값을 포함할 때 그 추정값은 통계적으로 유의하지 않다.

(3) 효과 크기의 통합

효과 크기들을 통합하여 평균 효과를 추정하는 데 두 가지 주요한 접근법인 모수효과 모형(fixed effect model)과 랜덤효과 모형(random effect model)이 있다. 이 두 가지 모형은 효과 크기들의 동변량성 여부에 따라 통계적인 분석 방법이 결정된다.

여러 연구로부터 효과크기의 통합추정량을 제시하는 데 있어 '각 연구의 모수는 고정(fixed)되었다'고 보는 관점과 '연구마다 모수가 임의로 변한다(random)'고 보는 관점에 따라 모수효과 모형과 랜덤효과 모형으로 구분된다. 효과크기를 통합하는 데 모수효과 모형의 가정은 각 연구의 모수는 고정된 것으로 보기 때문에 이 모형으로부터 추론의 결과는 메타분석의 대상인 연구들에 국한된다. 그러나 연구마다 모수가 임의로 변한다고 가정하는 랜덤효과 모형은 메타분석의 대상 연구들이 모집단 연구들로부터 랜덤하게 추출된 표본연구라 가정하므로 랜덤효과 모형으로부터 추론의 결과는 모집단으로 일반화시킬 수 있다. 메타분석에서 연구들이 단일 모집단 효과크기 추정값을 생성할 것이라 믿는다면, 모수효과 모형이 적절하다. 이러한 모수 효과모형과 비교하였을 때 랜덤 효과모형은 더 많은 변이자료를 취한다. 만일 표본 특성, 중재, 비교 상태의 관점에서 다양한 연구를 포함한다면, 그리고 이러한 특성의 일부 또는 전부가 중요하다고 생각한다면, 모수효과모형의 가정은 지지할 수 없으며 랜덤 효과모형이 더 적절하다.

모수효과 모형은 관련 연구 논문들의 특성과 중재변인 등 변량의 출처에 대한 규명이 가능하다는 가정에서 출발하므로 모수 효과 모형에서는 연구 논문의 독립변수로 인해 발생되는 변량에 초점을 맞추어 분석을 시도한다. 아래 그림과 같이 변량분석에서 총 변량(Q_T)은 집단 간 변량(Q_B)과 집단 내 변량(Q_W)으로 구분할 수 있다. 여기서 집단 간 변량이란 집단 평균값 사이에 존재하는 변량을 의미하며 집단 내 변량은 집단들에 내재되어 있는 변량을 의미한다. 독립변수에 의한 범주가 통계적으로 유의한 것으로 판명되면 각 범주별 효과 크기의 평균값들이 서로 다르다는 결론을 내리게 된다. 만약 집단 간 변량이 통계적으로 유의하다면 범주 변수가 효과 크기 분포에서 변량을 초과하는 원인이 되는 것으로 결론을 내릴 수 있다(박일수, 2005).

$$Q_T = Q_B + Q_W$$
$$(Q_W = Q_{W1} + Q_{W2} + \cdots + Q_{Wn})$$

Q_T : 총 변량
Q_B : 집단 간 변량
Q_W : 집단 내 변량

〈그림 4〉 모수 효과 모형의 가중치 변량분석에서의 총 변량

랜덤효과모형에서는 변량의 발생을 분석 대상이 되는 개체들의 표집오차에 기인한다는 가정에서 출발한다. 이 모형에서는 표집오차 이외에 또 다른 랜덤 오차 요인을 분석 모형에 포함시켜야 한다. 랜덤 효과 모형에서의 효과 크기 변량은 효과 크기들의 표준오차와 랜덤 효과 변량으로 구성된다. 이들 두 변량의 합을 V_i^*로 표시하면 총변량은 그림과 같다(박일수, 2005).

$$V_i^* = V_B + V_i$$

V_B : 랜덤 또는 연구간 변량
V_i : 측정대상의 표본오차 변량

〈그림 5〉 랜덤 효과 모형에서의 변량

따라서 랜덤 효과 모형에서는 평균효과 크기, 신뢰구간, 유의도 검정, 동질성 검정 통계량 Q 등의 값을 계산할 때에 이들 값들로부터 새로 포함시킨 랜덤 효과 변량의 값을 빼주어야 한다. 따라서 기존의 역변량 가중치 $1/V_i$는 $1/V_i^*$의 값을 가지고 다시 계산하게 된다. 랜덤 효과 변량을 추정하는 공식은 그림과 같다(박일수, 2005).

$$v_B = \frac{Q_r - k - l}{\Sigma w - \left(\frac{\Sigma w^2}{\Sigma w}\right)}$$

Q_r : 동질성 검정 통계량
k : 효과 크기의 관측치의 개수
w : 각각의 효과 크기에 대한 역변량 가중치

〈그림 6〉 랜덤 효과 변량을 추정하는 공식

위 그림의 공식에 의하면 랜덤 효과 변량의 값이 추정되면 역변량 가중치가 다시 계산되고 모수 효과 모형에서 산출된 평균 효과 크기 값도 다시 계산된다. 랜덤 효과 모형에서의 신뢰구간은 모수 효과 모형에 비하여 다소 넓게 형성된다. 이는 랜덤 효과 변량이 표본오차 변량에 더해지기 때문에 모집단의 평균값을 추정하는 데 불확실성이 커지는 데서 기인한다.

5. 국어교육과 관련된 메타분석 연구 사례

인문, 사회과학 영역에서는 메타분석법을 활용한 연구가 활발히 이루어지고 있으나 국어과에서 이루어진 메타분석 연구는 많지 않다. 현재 출판된 메타분석 연구들을 살펴보면 다음과 같다.

읽기 영역에서는 윤준채(2009, 2011)의 연구가 있다. 윤준채(2009)는 메타 분석 방법을 적용하여 읽기 이해에 대한 요약하기 전략 지도의 전반적인 효과와 그것에 영향을 주는 중재 변인을 탐색하였다. 메타분석을 위해 검색된 선행 연구물 약 70여개가 수집되었고 몇 가지 기준에 의해 선별되었다. 이 연구에 적용된 기준으로는 요약하기 집단은 통제 집단과 비교되어야 하고, 효과의 크기를 추정할 수 있는 통계량이 제시되어야 한다. 또한 1990년 이후에 발표된 연구물이어야 하고, 종속 변수는 읽기 이해(자유 회상)를 포함해야 한다. 이후 최종 검토 단계에서는 10개의 연구물만이 분석의 대상으로 선택되었다. 이 연구에서는 두 가지의 통계적인 검증이 이루어졌다. 첫 번째는 요약하기 활동이 학생들의 읽기 이해에 미치는 전반적인 영향을 검토하기 위해 평균 효과의 크기에 대한 검증이 이루어졌다. 두 번째는 요약하기 활동이 읽기 이해에 대한 효과성에 영향을 주는 중재변인(독립 변수와 종속 변수 간의 관계에 영향을 주는 변인), 즉 처치의 길이(단기 대 장기), 참여자들의 특성(일반 학생 대 장애 학생), 처치 유형(단일 대 복합), 참여자들의 학년(초등 대 중등)의 효과성을 파악하기 위해 Q 분석(Hedges & Olkin, 1985)이 수행되었다. 아래 〈표 1〉과 〈표 2〉는 분석 결과를 제시한 것이다.

〈표 1〉 요약하기 전략의 평균 효과 크기와 기술 통계량

종속 변수	효과 크기의 수 (참가자의 수)	효과 크기	표준오차	95% 신뢰구간
읽기 이해	14(680)	.92	.08	.76, 1.08

〈표 2〉 중재 변인에 따른 요약하기 전략의 평균 효과 크기

중재 변인	효과 크기의 수	효과 크기	표준오차	95% 신뢰구간
• 처치 길이[$X^2(1)=.01, P\rangle.05$]				
1주 이하	4	.91	.15	.63, 1.20
2주 이상	10	.93	.01	.73, 1.12
• 처치 유형[$X^2(1)=1.91, P\rangle.05$]				
단일 처치	4	.78	.13	.53, 1.03
복합 처치	10	1.01	.10	.81, 1.22
• 학년[$X^2(1)=.03, P\rangle.05$]				
초등학년	7	.93	.11	.72, 1.14
중등학년	7	.91	.65	.66, 1.15
• 학생 특성[$X^2(1)=2.14, P\rangle.05$]				
장애(부진아)	5	1.24	.24	.78, 1.70
일반	9	.88	.09	.71, 1.05

윤준채(2011)는 이야기 구조 전략, 요약하기 전략, 질문 생성 전략, 정보의 시각화 전략에 초점을 맞추어, 이러한 읽기 전략이 독자들의 읽기 이해에 미치는 영향을 거시적인 안목에서 검토하였다. 읽기 전략에 대한 효과를 연구한 6개의 연구물을 분석 대상으로 하여 종합적으로 검토하였다. 메타분석은 읽기 전략이 읽기 이해에 미치는 영향에 대한 주효과 분석과 중재 변인 분석을 중심으로 수행되었다.

〈표 3〉 읽기 전략의 평균 효과 크기

읽기 전략	연구물 개수	효과 크기	백분위수
정보의 시각화 전략	16	.29	61
	18	.48	68
이야기 구조 전략	20	.82	79
질문 생성 전략	23	.88	81
	26	.69	76
요약하기 전략	14	.92	82

〈표 4〉 중재 변인에 따른 읽기 전략의 평균 효과 크기

읽기 전략	중재 변인		효과 크기	백분위수
정보의 시각화 전략	학년	초등학생	.32	63
		중등학생	.29	62
		4~8학년	.91	81
		9~12학년	.16	56
		대학생	.47, .77	68
	검사 시기	즉시 검사	.32	63
		2~7일	.29	61
		8일 이상	.47	68
	학습 형태	개별 학습	.79	79
		협동 학습	.96	83

이야기 구조 전략	학년	3학년 이하	.72	76
		4학년 이상	.90	81
	처치 형태	단순 처치	.60	73
		복합 처치	1.52	94
질문 생성 전략	학습 형태	개별 학습	.68	75
		협동 학습	.73	77
	검사 유형	객관식	.95	83
		단답형	.85	80
		요약 검사	.85	80
요약하기 전략	학년	초등학생	.93	82
		중등학생	.91	81
	처치 길이	2주 미만	.91	81
		2주 이상	.93	82

쓰기 영역에서는, Graham(2006)이 학생들의 쓰기 수행과 지속성에서 쓰기 전략 지도의 전반적인 영향력을 관찰하기 위해 메타분석을 실시하였다. 이 연구는 쓰기 수행에 대한 사후검사, 지속성, 일반화 측정에서 전략 지도의 효과성을 표준화 하는 것, 연구 특성과 연구 결과간의 관계를 탐색하는 것 등을 시도하였다. 즉, 연구 결과가 학생 유형(학습 장애, 미숙한 필자, 평균적인 필자, 또는 능숙한 필자), 학년(초등 또는 중등), 장르(서사 또는 설명), 인지적 과정(계획하기, 수정/편집하기, 또는 둘 다), 교수자(대학원 보조원/연구자 또는 교사), 그리고 교수의 유형(자기 조절 전략 개발 또는 다른 접근법)과 관련이 있는지에 대한 탐색을 포함하였다.

검토에서는 단일 주제 설계 연구뿐만 아니라 집단 비교를 포함하는 경험적인 연구(전략 교수 대 통제)도 포함되었다. 집단 연구는 실제 실험(예, 처치에 대한 임의의 과제)과 통제 조건을 포함한 유사 실험(처치에 대한 임의의 과제가 쓰이지 않음) 둘 다를 포함한다. 39개의 연구가 이 검토에 포함되었다(예, 앞서 설명된 기준을 충족한). 이들 중 20개가 집단 비교를 포함하였고, 나머지 19개는 단일 주제 설계 연구였다. 연구에 포함된 학생들은 2학년부터 12학년 범위였으며 학습 장애를 가진 어린이뿐만 아니라 부진한, 평균적인, 능숙한 필자를 포함하였다. 선별된 자료는 7가지 변인으로 코딩되었다. 7가지 변인에는 연구설계(집단과 단일 주제 설계), 학생 유형(학습 장애, 미숙한 필자, 평균적인 필자, 능숙한 필자), 학년(초등과 중등), 장르(서사와 설명), 인지 과정(계획하기, 수정하기, 또는 둘 다), 교수자(연구 보조원/ 연구자 그리고 교사), 그리고 교수 모형(자기조절 전략개발 교수 또는 다른 것)이 포함되었다. 집단 비교를 포함하는 전략 지도 연구에서, 효과 크기는 전략 지도 집단의 사후 검사 평균에서 통제 집단의 사후 검사 평균을 빼고 통제 집단의 표준 편차로 나눔으로써 계산되었다. 단일 주제 설계 연구에서, 효과 크기는 Scruggs and Mastriopieri(2001)에 의해 권장된 데이터(PND) 지점을 겹치기 하는 백분율을 (the percentage of overlapping data points) 사용하여 계산되었는데, 이것은 "기준조건에서 극단의 값을 넘어서는 주어진 처치 조건에서의 데이터 지점의 비율"을 말한다. PND 점수의 해석으로는 90% 이상 점수는 매우 효과적인 처치를, 70%와 90%사이의 점수는 효과가 의심스러움을, 50%이하의 점수는 효과가 없음을 나타낸다. PND 측정 기준이 사용되었기 때문에, 단일 주제 연구에서 수집된 모든 변인에 대한 효과크기 계산은 가능하지 않았다. PND는 각 평가 지점이 제공되었을 때에만 계산이 가능하다. 복합적인 측정이 단독 참여 연구에서 수집되었을 때, 그런 데이터는 보통 가장 결정적인 변인에만 제공되었다(보통 하나나 그 이상 그래프 형식에서).

 이외, 메타 분석의 연구로 Graham & Perin(2007)의 'Writing Next'가 있다. 이 연구에서는 쓰기 능력을 향상 시키기 위한 효과적인 요소로 11가지[2]를 제시하고 있다. 이 연구는 4~12학년에 해당하는 학생들에게 수행된 실험 및 준실험적 쓰기 중재 연구에 대한 메타 분석이다. 이 연구는 학생들의 쓰기 질에 강력하게 긍정적인 영향을 주는 것으로써 먼저 정리되어 앞쪽에 제시되어 있다. 이어서 중간 정도의 긍정적인 영향을 주는 것들, 작은 수준에서 긍정적 영향을 주는 것들, 그리고 작은 수준에서 부정적 영향을 주는 것들의 순서로 제시되어 있다. 실험 또는 준실험 연구에 대한 효과크기들은 처치 집단의 평균 사후 측정 점수에서 통제집단의 평균 사후 측정 점수를 뺀 후에 양쪽 집단의 사후 측정 점수에 대하여 공동으로 계산된 표준편차의 차이로 나누어서 계산되었다.

6. 국어교육에서 메타분석 연구의 활용

메타분석은 연구결과를 양적으로 종합하는 데 있어 현재까지 개발된 최선의 방법이다. 더 나은 대안이 나타나기까지 이 방법을 이용하여 양적 근거를 종합할 수 있다. 이러한 메타분석은 경험적 근거에 대한 이해 등이 향상되고 연구물이 축적되어감에 따라 국어교육 개발에 대한 근거를 제공하는 데 크게 기여할 것이다.

앞으로 국어교육에서도 기존 연구를 양적으로 통합하고 질적으로 종합하는 노력을 통하여 학술적으로 검증된 지식을 축적하는 노력이 필요하다. 또한 이러한 검증된 연구결과를 체계적으로 공유하는 노력도 필요하다. 이를 통해 국어교육의 몇 가지 주요문제를 메타분석 방법으로 처리하

---

[2] 쓰기 전략, 요약, 협력적 쓰기, 특정한 쓰기 목표, 컴퓨터 쓰기, 문장 결합, 쓰기 전 활동, 탐구 활동, 과정적 쓰기 지도, 시범보이기 지도, 내용 학습을 위한 쓰기

여 신뢰할 만한 강력한 결론을 이끌어 낼 수 있다. 이를 위해서는 메타분석의 중요성을 인식하고 더욱 체계적인 과학적 메타분석을 요구하고 이를 지원하는 태도가 전제되어야 할 것이다.

10

SPSS 분석 도구의
이해와 활용

이 장의 목적은 공부를 하는 대학원생 및 현장 연구를 담당하는 교사들이 SPSS를 보다 정확하게 알고 쓸 수 있도록 안내하는 데 있다. 물론 SPSS에 속해 있는 모든 통계 분석 방법을 자세히 다루기 위해서는 훨씬 많은 공간이 필요할 것이다(어쩌면 천 페이지 분량의 원고로도 부족할지 모른다). 하지만 교육연구에서 가장 유용한, 그리고 가장 많이 쓰이는 t 검증(t-test)에 대해 간략히 소개를 하는 것은 가능할 것으로 보인다. 따라서 여기에서는 SPSS를 처음 접하는 사람들을 위해 간단히 SPSS의 메뉴와 환경을 소개하고, t 검증의 원리와 SPSS를 활용한 분석 방법을 설명하고자 한다.

SPSS 분석 도구의 이해와 활용

1. 들어가기에 앞서

많은 인문과학과 사회과학을 공부하는 학생들은 통계학을 싫어한다. 왜냐하면 수학적으로 매우 복잡하고 어렵기 때문이다. 특히 국어과와 같이 수학적 학문배경과 관련이 거의 없는 학문 영역에 속해있는 이가 복잡한 통계 공식을 이해하는 것은 매우 어려운 일이다. 게다가 통계프로그램을 활용하려면 컴퓨터에 대한 어느 정도의 지식 또한 필요하다. 그렇다고 마냥 이를 도외시 할 수만은 없는 노릇이다. 왜냐하면 우리가 하는 연구가 교육 분야에 속해 있기 때문이다. 교육연구는 더 나은 교육을 모색하는 노력과 고민의 산물이다. 그리고 이 과정에서 필연적으로 수반되는 것이 합리적인 판단이다. 예를 들어, 어떤 교육 목표에 따른 내용과 방법을 결정할 때 우리는 '무엇을 어떻게 가르치는 것이 더 효과적인가'라는 매우 핵심적이고 본질적인 질문과 맞닥뜨리게 된다. 그리고 이에 대한 답을 찾은 과정에서 통계 검증은 우리가 합리적인 판단을 내릴 수 있는 객관적인 근거를 제공한다. 교육 연구를 하는 이들이 통계를 어느 정도 이해하고 활용해야 할 필요성은 여기에 있다.

다행인 것은 앞서 말한 두가지 어려움에 대해 혜택받은 이들임에 틀림이 없다는 점이다. 불과 2~30여년 전만 해도 컴퓨터 소프트웨어가 데이터로부터 통계적 결과를 내게 하기 위해 끔찍하게 복잡한 명령어들을 입력해야 했지만, 오늘날 윈도우나 MacOS 기반에서 단순히 마우스 버튼을 몇 번 누르는 것으로 대부분의 것들이 해결된다. 그러한 통계적 계산을 위한 프로그램 중 대표적으로 쓰는 것이 바로 SPSS(statistical package for the social science)이다.

SPSS는 제목에서 알 수 있듯이 사회과학 분야에서 얻은 각종 자료를 컴퓨터를 이용해 쉽고 편리하게 분석하는 통계 전문 프로그램이다. 데이터 입력과 관리, 집계, 통계 분석 등의 작업을 수행하며, 분석 결과를 일목요연한 표와 그래프로 보여 준다. SPSS를 통해 분석할 수 있는 통계 방법은 매우 다양하다. 교차분석, 상관분석, 회귀분석, 분산분석, 판별분석, 요인분석 등 복잡한 다변량 분석도 거뜬히 해낸다. 물론 일반적으로 많이 쓰는 엑셀(Excel)도 통계 관련 함수를 제공하고 있지만, 복잡한 통계를 활용하기에는 부족한 편이다[1].

안타까운 것은 지금까지 출간된 SPSS의 활용법에 관련된 많은 책들이 이론에 대해 언급하기 보다는 '통계적 검증(test)을 하기 위해 컴퓨터 프로그램상 어떤 순서를 따라야 하는가'에만 집중하고 있다는 사실이다. 어떠한 통계적 지식 없이 SPSS를 사용하는 것은 매우 위험할 수 있다. 왜냐하면 SPSS는 단순히 계산만을 도와주는 생각하지 않는 바보같은 도구이기 때문이다. 그것의 유용성은 100% 사용자들이 지금 무엇을 하고 있는지를 아는 지식에 달려 있다. 단순히 매뉴얼대로 따라하는 것은 SPSS의 아주 일부분만

---

[1] 전문 통계 패키지 중 가장 많이 쓰는 것이 SPSS와 SAS이다. 둘의 차이는 SAS가 직접 명령어를 입력하는 방식인데 반해 SPSS는 일반적인 윈도우 기반 프로그램의 인터페이스를 채용한 방식을 제공한다(즉, 마우스를 이용한 통계 분석이 가능하다). 따라서 SPSS는 통계 관련 지식이 있다면 사용법을 익히는데 그리 어렵지 않은 장점이 있다.

을 활용하는 것에(그것도 대부분 잘못된 방향으로) 그치고 말 것이다.

2. SPSS의 환경

가. 시작하기에 앞서

대부분 SPSS 강의나 책들은 예제들을 중심으로 실행 방법을 구체적으로 제시하고 있다(따라하기에 아주 적절하게 말이다). 실제 SPSS를 켜면 많은 메뉴들이 있다. 많은 책을 보고 강의를 들어봤지만, 대부분의 경우 각 메뉴의 용도와 방법을 설명하기 보다 '이렇게 따라하면 된다'는 방식으로 지도하고 있었다. 도대체 이 버튼은 어떤 역할을 하는 것인지, 이 결과(output)에서 이 부분은 무엇을 의미하는지 SPSS를 처음 접했을 때의 내 머릿속은 마치 다섯살짜리 어린아이와 같이 질문 투성이였다. 그러나 대부분의 사람들이 내게 주는 대답은 거의 그것은 단지 "무시"하는 옵션이거나, "무시해도 좋은" 결과 부분이라는 것, 즉 굳이 설명을 하자면 통계적으로 복잡하며 지금 상황에서는 큰 의미가 없는 부분이라는 등의 말들이었다. 그러니 자연히 이러한 설명에 대해 의문은 점점 더 커질 수밖에 없었다. 도대체 SPSS의 분석결과(output)는 왜 내가 무시해도 될 것들을 그렇게 많이 제시하는가? 사실 SPSS는 사용하는 사람의 실제 요구에 맞게 다양하게 통계적 검증을 할 수 있도록 많은 옵션들이 디자인되어 있다. 본 장에서는 각각의 옵션의 의미와 그것을 선택했을 때 어떻게 달라지는지, 그리고 무시한다면 왜 무시해야 하는지에 대해 최대한 자세히 기술하고자 한다.

나. SPSS의 버전

이 장은 우선 SPSS 18버전에 기초하여 작성되었다.[2] 하지만, 너무 버전의 숫자에 연연하지 말길 바란다. SPSS는 정기적으로 새로운 버전을 출시하여 많은 돈을 벌고, 또 그에 따라 새로운 버전의 SPSS에 관한 책들이 출간되는 훌륭한 시장을 형성하지만, 각 버전들 간에 우리가 주목할 만한 새로운 차이는 거의 없다고 해도 무방할 정도이다. 혹 새로운 기능이 나오더라도 교육연구 분야에서 활용될 가능성은 매우 희박하다. 왜냐하면 바뀌는 것이 대부분 메뉴의 디자인이나 분석결과(output) 상의 미세한 차이일 뿐이기 때문이다. 많은 연구자들이 이전 버전을 사용해 왔지만, 연구에 필요한 통계를 수행하는 데에는 아무런 어려움이 없었다. 그리고 이전 버전에 활용된 SPSS 관련 지식들은 가장 최신 버전인 18버전에서도 거의 유효하게 적용될 수 있다. 따라서 이 장의 내용은 18버전에 기초하여 작성되었지만, 아마 17버전 혹은 그 이전의 버전(아마 10버전까지)에서도 적용이 가능할 것이다. 왜냐하면 여기서는 주로 버전에 따라 변하지 않지만, 우리에게 유용한 내용에 초점을 맞출 것이기 때문이다. 그리고 18버전에서 특별히 달라진 것들 중 알아야 할 필요가 있다고 판단되는 부분들은 장 말미에 정리하도록 하겠다.

다. 시작하기

SPSS는 주로 두 개의 창을 사용한다. 하나는 **데이터 편집창**(data editor)이고(데이터를 입력하고 통계 분석을 수행하는 곳이다), 다른 하나는 **분**

---

[2] SPSS는 18버전에서 프로그램 명칭을 PASW(Predictive Analytics SoftWare)로 바꾸었다. 하지만 IBM이 인수하면서 2010년 1월부터 다시 SPSS라는 명칭을 쓰고 있다. 따라서 본고에서는 불필요한 혼란을 막기 위해 SPSS라는 명칭을 계속 사용하기로 한다.

석 결과를 보여주는 창(viewer)이다(통계 분석의 결과를 보여주는 곳이다). 이 외에도 SPSS 명령어를 직접 입력하여 편집할 수 있는 창(Syntax 창이라고 한다. 이에 대한 구체적인 설명은 '2-사. 명령문 편집 창'을 보라)과 같이 추가적으로 활성화시킬 수 있는 창도 존재한다. 대부분의 사람들은 이 Syntax 창을 불필요한 것으로 여긴다. 왜냐하면 대부분의 분석이 마우스로 몇 번 클릭하면 수행되기 때문이다. 하지만, Syntax 창에 명령어를 편집함으로써 다양한 추가적인 기능들을 수행할 수 있으며, 많은 경우 Syntax 창을 활용함으로써 시간을 절약할 수 있다. 그래서 실제 SPSS를 잘 활용하는 사람들은 대부분 Syntax 창을 잘 활용한다(필자도 이를 활용할 것을 권장하는 바이다).

일단, SPSS를 구동하면, 〈그림 1〉과 같은 시작 창이 나타날 것이다.[3] 이 창에는 선택할 수 있는 여러 가지 옵션이 제공된다. 만일 당신이 이미 열고자 하는 데이터 파일을 가지고 있다면, "Open an existing data source (기존의 데이터 소스 열기)" 메뉴 앞의 라디오 단추를 클릭하여 ◎에서 ◉로 활성화하여 선택하면 된다; 이는 기본 설정 옵션이다. 이 옵션 아래의 빈 공간에는 최근에 사용하였던 파일들의 목록이 제공되는데, 여기서 해당 파일을 마우스로 선택할 수 있다. 선택된 파일을 열기 위해서는 `OK`를 클릭하면 된다. 만일 당신이 열고자 하는 데이터 파일이 목록에 없다면 "More Files…(기타 파일…)"를 선택한 후 `OK`를 클릭하면 된다. 그렇게 하면 당신 컴퓨터 안의 파일을 찾을 수 있는 윈도우 탐색창이 열리게 되고 그 안에서 원하는 파일을 찾으면 된다(추가 설명은 '2-자. 파일 불러오기'를 참조하라). 이번에는 데이터 파일이 아닌 다른 종류의 파일 - 예를

---

3) 본 장의 예시 그림은 모두 SPSS의 영문판을 기초하였다. 물론 SPSS 18 버전은 영문과 한글을 모두 지원하지만, 이전 버전의 경우 영문판 SPSS 프로그램과 한글판 SPSS 프로그램이 따로 배포 되었었다. 이에 혹시 있을지 모를 SPSS 영문판 프로그램만 가지고 있는 사람들을 고려하여 영문 메뉴를 우선 표기하고 한글을 괄호로 병기 하였다는 점을 미리 밝힌다.

들면, 최근에 분석하였던 결과를 담고 있는 결과 파일(*viewer* document) - 을 열고자 할 경우를 살펴보자. 이를 위해서는 "Open another type of file(다른 파일 유형 열기)" 앞의 ◦를 클릭하여 선택하고(이렇게 하면 ◉와 같이 된다) 아래 빈 공간의 리스트에서 해당 파일을 선택하거나 아니면 "More Files...(기타 파일...)"를 선택하여 컴퓨터 안의 브라우저를 실행하여 찾으면 된다. 여기서 우리가 하려는 바와 같이 만일 새로운 분석을 시작하고자 한다면 새로운 데이터를 데이터 편집 창에 직접 입력해야 한다. 그러기 위해서는 우리는 "Type in data(데이터 입력)" 메뉴의 왼쪽에 있는 ◦를 클릭함으로써 선택하고 OK 를 누르면 된다. 이렇게 하면 각 셀들이 비어있는 데이터 편집창이 열리게 될 것이다.

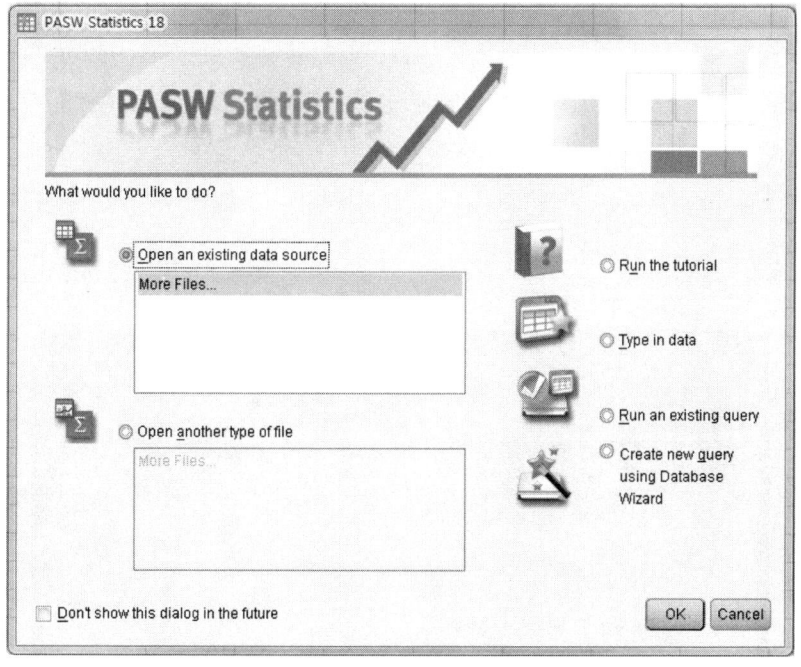

〈그림 1〉 SPSS의 시작 창

라. 데이터 편집 창(The data editor)

SPSS의 주된 창 중 하나가 바로 데이터를 입력하기 위한 **데이터 편집 창**(data editor)이다. SPSS를 활용한 통계 분석의 대부분 활동이 주로 여기서 이루어진다. 화면의 상단에는 여느 프로그램에서 쉽게 볼 수 있는 메뉴들이 위치하고 있다. 〈그림 2〉는 이 메뉴들과 데이터 편집창을 나타낸다. 화면 상단에 위치한 메뉴들(예를 들면, File Edit View)은 마우스의 화살표를 원하는 메뉴 위에 올려 놓은 채 왼쪽 버튼을 한 번만 클릭하면 활성화 된다. 하나의 메뉴를 클릭하면, 각종 기능들의 목록이 나타나는 상자가 나타나는데 마우스를 움직이면 화살표가 위치한 곳의 해당 기능이 자동으로 활성화되며, 마우스로 한번 더 클릭하면 해당 기능이 수행된다. 대부분의 경우 메뉴에서 어떤 기능을 선택하면 이를 수행하기 위해 하나의 새로운 창이 나타나는데, 편의상 이를 '대화 상자(dialog boxes)'라고 하기로 하자. 앞으로는 메뉴에서 해당 기능을 선택하는 것을 언급할 때, 메뉴 경로를 나타내는 이미지를 사용하고자 한다; 예를 들어, "File" 메뉴에 있는 "Save As…(다른 이름으로 저장)"을 선택하라고 말할 때, File Save As... 와 같은 그림을 보게 될 것이다.

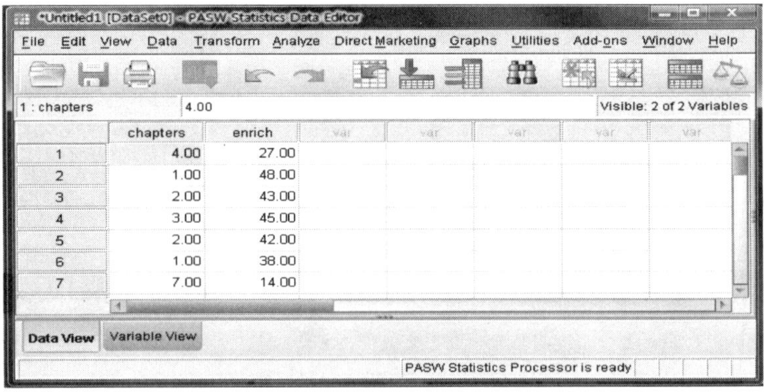

〈그림 2〉 SPSS 데이터 편집 창

데이터 편집 창은 두 가지 화면(view)로 구성되어 있다: 그 중 하나가 **데이터 보기 화면(data view)**이고, 다른 하나가 **변수 보기 화면(variable view)**이다. 데이터 보기 화면은 데이터 편집 창에 데이터를 입력하기 위한 곳이고, 변수 보기 화면은 데이터 편집 창에 있는 변수들의 다양한 특성들을 정의할 수 있는 곳이다. 데이터 편집창의 맨 밑에, "Data View (데이터 보기)"와 "Variable View(변수 보기)"의 두 개의 탭이 있는 것을 볼 수 있을 것이다(Data View Variable View). 두 가지 화면을 바꾸기 위해서는 단지 이 탭을 클릭하기만 하면 된다(밝게 강조된 탭이 현재 보여지는 화면을 의미한다). 이제부터 데이터 편집 창의 일반적인 모습, 즉 데이터 화면과 변수 보기 화면이 공유하는 부분을 먼저 살펴보도록 하자. 제일 먼저 살펴볼 곳은 상단의 메뉴들이다.

많은 컴퓨터 프로그램들의 메뉴를 보면 특정한 철자 밑에 밑줄이 그어져 있는 것을 볼 수 있다(한글판은 괄호로 특정 철자를 제공한다.): 이 밑줄이 그어진 철자는 해당 기능을 빠르게 수행하기 위한 키보드 상의 단축키를 의미한다. 이것들은 많은 기능들을 마우스 없이 즉시 선택할 수 있게 해 주는데, 이를 [Alt] 실제 활용해 보면 마우스로 화면을 배회하는 것보다 훨씬 시간을 절약해 주는 것을 경험할 수 있다. 각 메뉴들의 밑줄 그어진 철자들은 그 철자를 키와 동시에 눌렀을 때 해당 기능을 선택할 수 있음을 나타낸다. 따라서, 키보드만을 사용하여 "S̲ave As...(다른 이름으로 저장)"의 기능을 수행하려면, [Alt] 키와 [F] 키를 동시에 누른 후(이것이 F̲ile(파일) 메뉴를 활성화 한다), 이후 [Alt] 키를 누른 손을 떼지 않고 이어서 [A]키를 누르면 된다(이 A가 바로 "Sa̲ve As..."에서 밑줄이 그어진 철자이다).

각각의 메뉴들에 대한 간단한 안내와 그에 속한 몇몇 기능들을 소개하면 다음과 같다. 이들은 지극히 간단한 요약이며, 각 메뉴들에 대해 보다 자세한 것은 이후에 살펴볼 것이다.

- **File (파일)** 이 메뉴에서는 데이터나 그래프, 혹은 분석결과(output)를 저장할 수 있다. 마찬가지로 이전에 저장한 파일이나 그래프 혹은 분석결과를 열 수도 있다. 즉, 이 메뉴는 대부분 프로그램의 File 메뉴에 관습적으로 들어있는 기능들을 담고 있다.

- **Edit (편집)** 이 메뉴는 데이터를 편집하기 위한 편집 기능들을 담고 있다. 여느 프로그램과 마찬가지로 SPSS에도 데이터 편집창의 어느 한 부분에 있는 숫자들의 블록들을 다른 곳으로 잘라서(cut) 붙여넣을(paste) 수 있다(실수로 잘못된 위치에 많은 양의 숫자를 입력하였을 때, 이 기능이 매우 유용함을 실감할 수 있다). 또 다른 중요한 기능으로는 데이터 편집 창에 새로운 변수를 삽입할 수 있는 Insert Variable (변수 삽입, 즉 하나의 열을 추가한다)과 이미 존재하는 데이터의 행들 사이에 새로운 데이터의 행을 추가할 수 있는 Insert Cases (케이스 삽입)가 있다. 또한 이 메뉴에는 분석 결과에 사용될 글자 폰트를 바꾸는 등의 다양한 개인적 선호를 선택할 수 있는 Options... (옵션)이 있다.

- **View (보기)** 이 메뉴에서는 데이터 편집 창에 격자 선(grid line)을 넣을 것인지, 혹은 변수의 라벨(value label)을 보이게 할 것인지(변수의 라벨이 정확이 무엇인지에 대해서는 이후에 명확히 설명하겠다) 등과 같은 화면에 보이는 시스템 상의 세부사항들을 다룬다.

- **Data (데이터)** 이 메뉴는 데이터들을 편집하는 기능들을 담고 있다. 중요한 기능들을 몇 가지 예로 들자면 다음과 같다. Split File... (파일 분할)은 어떠한 변수를 기준으로 사례들을 그룹으로 묶음으로서 파일을 나누는 기능이고, Select Cases... (케이스 선택)은 여러 사례(case) 중 선택된 것들만 분석을 실행할 수 있게 하는 기능이다.

- Transform **(변환)** 현재 있는 변수들 중 하나를 조작하고자 할 경우 사용해야 하는 메뉴이다. 예를 들면, 특정한 변수에 입력되어 있는 어떤 값들을 다른 값으로 바꾸기 위해 recode(코딩 변경) 기능을 사용할 수 있다(즉, 어떠한 이유로 일괄적으로 한 행에 속한 어떤 숫자를 다른 숫자로 바꾸자 할 경우). compute(변수 계산) 기능은 기존의 데이터를 수식을 활용해 변환시킬 때 매우 유용한 기능이다(예를 들어, 두 개의 이미 존재하는 변수들의 평균을 내어 이것을 하나의 새로운 변수로 만들 수 있다).

- Analyze **(분석)** SPSS에서 가장 중요하면서도 재미있는 메뉴이다. 왜냐하면 모든 통계적 과정이 여기서 이루어지기 때문이다. 여기에서 이루어지는 통계적 기능들을 간단하게 안내하면 다음과 같다.

  - Descriptive Statistics ▶ **(기술 통계량)** 이 메뉴를 통해 기술 통계(평균, 중앙값, 최빈값 등) 및 빈도분석을 수행할 수 있다. 또한 교차분석(crosstabs)이라고 불리는 명령을 통해 chi-square, Fisher's exact test, 그리고 Cohen's kappa 검정을 수행할 수 있다.

  - Compare Means ▶ **(평균 비교)** 이 메뉴에서는 t 검정(t-tests), 즉 종속표본 t 검정과 독립표본 t 검정(이에 대해서는 다음 장에서 보다 자세하게 다루기로 한다), 그리고 일원 분산 분석(one-way independent ANOVA)을 수행할 수 있다.

  - General Linear Model ▶ **(일반선형모형)** 이 메뉴는 이원 분산 분석(two-way-unrelated, related or mixed)이나 반복 측정(repeated measures)을 통한 일원 분산 분석(one-way ANOVA) 그리고 다변량 분산 분석(MANOVA, multivariate analysis of variance) 등과 같이 보다 복잡한 ANOVA 분석을 제공하고 있다.

- ○ M̲i̲xed Models ▶ **(혼합모형)** 이 메뉴는 다층 선형 모형(MLMs, multilevel linear models)을 수행하기 위해 활용된다. 통계적으로는 유용하다고 하나, 매우 복잡하며 아직 실제로 교육 쪽의 연구에서 활용한 예는 보지 못했다.

- ○ C̲orrelate ▶ **(상관분석)** 이 메뉴를 통해 Pearson's R, Spearman/s rho(ρ) 그리고 Kendall/s tau(τ)등과 같은 이변량 상관분석(bivariate correlation)을 수행할 수 있다. 뿐만 아니라 편상관(partial correlations) 분석도 이곳에서 할 수 있다.

- ○ R̲egression ▶ **(회귀분석)** SPSS에는 다양한 회귀 분석 기술을 활용할 수 있다. 단순 회귀 분석(simple linear regression)에서 중다 회귀 분석(muliple linear regression), 그리고 로지스틱 회귀분석(logistic regression)과 같은 휠씬 복잡한 분석까지 가능하다.

- ○ L̲oglinear ▶ **(로그선형분석)** loglinear 분석이 가능한 곳이다.

- ○ D̲imension Reduction ▶ **(차원감소)** 요인 분석(factor analysis)을 수행할 수 있는 곳이다. 이전 버전까지는 "D̲ata Reduction(데이터 감소)"이라는 이름으로 되어 있었다.

- ○ S̲cale ▶ **(척도)** 신뢰도 분석(reliability analysis)을 할 수 있는 곳이다.

- ○ N̲onparametric Tests ▶ **(비모수검정)** 다양한 비모수적 검정(non-parametric statistics)을 제공한다: the chi-square goodness-of-fit statistic, the binomial test, the Mann-Whitney test, the Kruskal-Wallis test, Wilcoxon's test 그리고 Friedman's ANOVA 등

- • G̲raphs **(그래프)** SPSS는 몇 가지 그래프를 제공한다. 이 메뉴에서 제공하는

것들은 막대 그래프(bar charts), 히스토그램(histogram), 산포도 그래프(scatterplots), 상자 수염도(box-whisker plots), 파이 그래프(pie charts) 그리고 에러 바 그래프(error bar graphs) 등이 있다.

- Window **(창)** 이 메뉴는 창과 창을 바꾸는 기능을 제공한다. 분석 결과 창(output)을 보고 있는 중에 데이터 편집 창으로 전환하고자 한다면, 이 메뉴를 사용할 수 있다. 이를 위해 메뉴 안에 해당 창으로 바로가기 아이콘을 제공하고 있지만, 실제로 그다지 유용하게 쓰이는 편은 아니다.

- Utilities **(유틸리티)** 이 메뉴 안에는 Data File Comments... (데이터 파일 설명) 기능이 있는데, 현재의 데이터에 주석을 달 수 있게 해준다. 이 기능은 꽤 유용한데, 왜냐하면 현재의 데이터를 어디서 어떻게 어떤 방법으로 수집하였는지 등에 대해 메모를 할 수 있기 때문이다(관리하는 데이터의 종류가 많으면 많을수록 이 기능은 절대 필요한 기능이 된다).

- Add-ons (한글판에는 없는 메뉴임) SPSS가 추가로 판매하는 제품군들에 접근할 수 있는 메뉴이다. 예를 들어, SPSS는 연구에 필요한 표본 수(sample size)를 계산해 주는 Sample Power라는 프로그램을 가지고 있다. 그러나 대다수의 사람들이 이 메뉴를 원하지 않으며 필자 역시 그러하기 때문에 별도의 설명을 생략하기로 한다.

- Help **(도움말)** 이것은 별로 쓸모없는 메뉴이다. SPSS는 이 메뉴를 통해 시스템 자체나 통계 분석에 도움을 제공하는데, 통계 분석 도움 파일들은 대개 이해하기 꽤 어렵게 되어 있다(즉, 다시 말해 그 도움말은 통계를 가르치기 위해 제작된 것이 아니다). 만일 이것이 유용하다면 왜 시중에 그토록 많은 SPSS 관련 서적들이 있겠는가.

위의 메뉴 뿐 아니라 데이터 편집 창의 상단에는 일련의 아이콘들(icons)도 있다(〈그림 2〉를 참조하라). 이들 아이콘들은 특정한, 그리고 자주 쓰이는 기능들을 손쉽게 접근하기 위한 것들이다. 물론 모든 아이콘이 제공하는 기능들은 메뉴 시스템을 통해서도 실행할 수 있지만, 이들을 활용하는 것은 우리의 시간을 많이 절약해 줄 것이다. 다음은 주요 아이콘과 그들의 기능을 간단히 설명한 목록이다.

	이 아이콘은 이전에 저장한 파일을 바로 불러올 수 있게 해 준다(만일 당신이 데이터 편집 창에 있을 경우에는 데이터 파일을, 분석 결과(output) 창에 있을 경우에는 분석 결과 파일을 각각 열게 설정되어 있다).
	이 아이콘은 현재의 작업 내용을 파일로 저장할 수 있게 해 준다. 불러오기와 마찬가지로 현재 작업하고 있는 창에 맞는 파일 양식으로 설정한다. 만일 이전에 저장한 적이 없는 작업의 경우에는 '다른 이름으로 저장(Save Data As)'의 대화 상자를 실행할 것이다.
	이 아이콘은 현재 작업하고 있는 창의 내용을 출력할 수 있는 대화 상자를 실행시킨다. 프린터의 설정은 당신이 사용하는 프린터에 따라 정해진다. 기본값으로 SPSS는 출력 범위를 분석 결과 창의 모든 것들을 출력하도록 설정되어 있기 때문에 산림 환경을 보호하기 위해서는 분석 결과 중 선택한 것만 출력하게 설정할 필요가 있다(SPSS 팁 ③을 보라).
	이 아이콘을 클릭할 경우 최근에 사용하였던 12개의 대화 상자의 목록을 볼 수 있다. 이 목록에서 선택하면 바로 해당 대화 상자가 화면에 나타난다. 이 아이콘은 어떤 분석을 반복 수행할 때 유용하게 쓰일 수 있다.

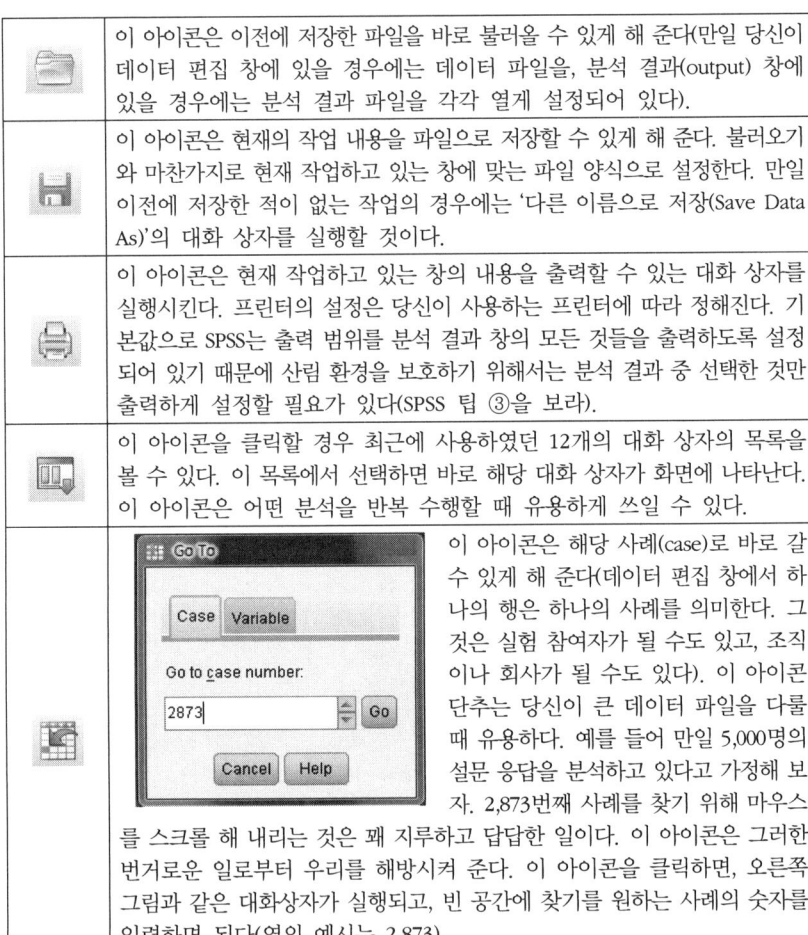

이 아이콘은 해당 사례(case)로 바로 갈 수 있게 해 준다(데이터 편집 창에서 하나의 행은 하나의 사례를 의미한다. 그것은 실험 참여자가 될 수도 있고, 조직이나 회사가 될 수도 있다). 이 아이콘 단추는 당신이 큰 데이터 파일을 다룰 때 유용하다. 예를 들어 만일 5,000명의 설문 응답을 분석하고 있다고 가정해 보자. 2,873번째 사례를 찾기 위해 마우스를 스크롤 해 내리는 것은 꽤 지루하고 답답한 일이다. 이 아이콘은 그러한 번거로운 일로부터 우리를 해방시켜 준다. 이 아이콘을 클릭하면, 오른쪽 그림과 같은 대화상자가 실행되고, 빈 공간에 찾기를 원하는 사례의 숫자를 입력하면 된다(옆의 예시는 2,873).

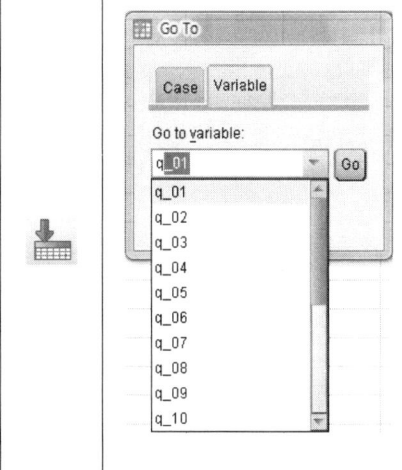

이 아이콘은 대상이 변수(variable, 즉, 데이터 편집 창의 한 열)라는 점을 빼고는 앞선 아이콘과 매우 유사한 기능을 한다. 이전과 마찬가지로 이 기능은 큰 데이터 파일을 가지고 작업할 경우 유용하다. 예를 들어, 30개의 변수(각 변수는 하나의 질문지를 의미한다)를 포함한 데이터가 있다고 가정해 보자. 우리는 이 아이콘을 활용하여 바로가기(Go To) 대화 상자를 열 수 있다. 단 이번 경우에는 변수를 찾는 것이라는 점을 유념하면 된다. 아래로 열리는 목록들은 이 데이터에 속해 있는 첫 번째부터 열 번째까지의 변수가 나온다. 물론, 목록 우측에 있는 스크롤 막대를 이용해서 다른 변수를 찾아갈 수도 있다.

이 아이콘을 클릭하면 대화 상자가 하나 열리는데, 여기에는 데이터 편집 창에 있는 변수들에 대해 각각 간단한 정보들을 요약하여 제공한다(아래에 있는 그림 참조). 예를 들어, 목록에 있는 첫 번째 변수를 선택하면, 우측 빈 공간에 변수의 이름(q_01), 변수 이름(How old are you?), 측정 척도(ordinal), 그리고 변수 값에 대한 설명(예를 들면, 숫자 1은 21-25세를 뜻함) 등의 정보가 제공된다.

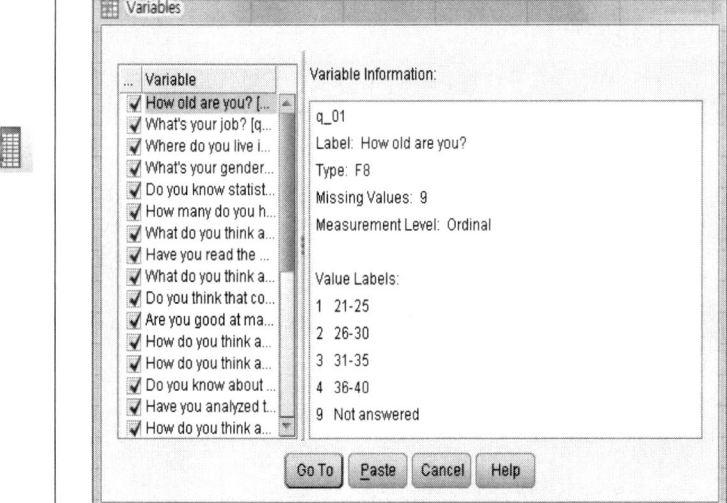

10_SPSS 분석 도구의 이해와 활용 · **303**

![binoculars icon]	이 아이콘은 옆집을 몰래 관찰할 수 있게 하는 기능을 제공하지 않는다(불행하게도). 대신에 이 아이콘은 당신의 데이터 파일이나 결과물 파일에서 특정한 단어나 숫자를 찾을 수 있게 도와준다. 만일 데이터 편집 창에서 이 아이콘을 실행시키면 현재 마우스 커서가 올려져 있는 해당 변수(열) 내에서 탐색을 할 것이다. 예를 들어, 실수로 1.01 대신에 10.1을 입력하여 분석에서 오류가 발생했다면, 이 아이콘을 활용하여 손쉽게 해결할 수 있다. 해당 변수 셀에 마우스 커서를 올려놓고 10.1을 찾은 후에 그것을 1.01으로 대체하면 된다. Find and Replace - Data View Column: q_04 Find: 10.1 ☑ Replace Replace with: 1.01 Show Options >> Find Next Replace Replace All Close Help
![insert row icon]	이 아이콘은 분석 결과 유의한 차이(SPSS에서는 결과 창에 유의한 차이 값에 '*'을 제공한다)를 만드는데 결정적으로 공헌한 값을 찾아주지 않는다(아쉽게도). 이 아이콘은 데이터 편집 창에 새로운 사례를 삽입하는 기능을 한다. 아이콘을 클릭하게 되면, 현재 데이터 창의 활성화되어 있는 지점에 새로운 열을 추가한다(그리고 이전에 있던 데이터들은 한 줄씩 아래로 밀려나게 된다).
![insert column icon]	이 아이콘은 현재 활성화 되어 있는 변수 열의 오른쪽에 새로운 변수 열을 만드는 기능을 한다(변수 열을 활성화시키기 위해서는 열의 맨 위에 있는 변수의 이름을 한 번 클릭하면 된다).
![split file icon]	이 아이콘은 Data ▦ Split File... (파일 분할)의 바로가기 기능을 수행한다. 종종 데이터의 사례들을 그룹별로 나누어 분석하기를 원할 때가 있다. SPSS에서 우리는 변수를 사용하여 그룹을 구분하여 입력할 수 있는다(자세한 설명은 '2.-라.-2) 변수보기 화면'을 참조하라). 예를 들어, 우리는 남녀를 구분하여 성별에 따른 분석을 시도하려고 한다면, 우리는 성별(gender)이라는 변수를 만들어 남자와 여자를 구분하는 숫자 코드를 입력할 수 있다(예를 들면, 1=여자, 2=남자). 이제 성별에 따른 평균을 각각 알고 싶다면, 컴퓨터에 성별이라는 변수를 기준으로 데이터를 나누라고 명령을 내리면 된다. 그렇게 하면 이후에 수행하는 모든 분석들은 남자와 여자를 따로 구분하여 결과를 제공한다. 이는 매우 유용하여 대부분의 분야에서 두루 활용되는 중요한 기능이기도 하다.

⚖️	이 아이콘은 Data ⚖ Weight Cases... (가중 케이스)의 바로가기이다. 이 기능은 빈도 데이터를 입력할 경우 반드시 필요한 기능으로, 조사 연구에서 유용하게 활용된다.
🏢	이 아이콘은 Data ▦ Select Cases... (케이스 선택)의 바로가기이다. 만일 데이터의 한 부분만을 분석하고자 할 경우, 이 아이콘은 그 진가를 발휘한다. 이 기능은 분석에 포함하기를 원하는 사례들을 구체적으로 한정할 수 있다.
A/1	이 아이콘을 클릭하여 활성화 시키면 해당 코드의 변수 값을 보이게 할 수 있다. 예를 들어 성별 변수의 설정에서 '1=female(여성), 2=male(남성)'로 설정한 경우, 데이터 화면에서 성별 변수에 입력한 '1'이나 '2'가 표시되지만, 이 아이콘을 클릭하게 되면 입력한 숫자들 대신에 감춰져 있던 'female(여성)'이나 'male(남성)'이라는 변수 설명이 해당 셀에 나타나게 된다.

1) 데이터 편집 창에 데이터 입력하기

처음 SPSS를 실행하면 '제목없음(Untitled 1)'이라는 이름이 달린 빈 데이터 편집 창이 열린다. SPSS에 새로운 데이터를 입력할 때, 우리는 반드시 논리적인 방식을 따라야 한다. SPSS는 기본적으로 각각의 행(row)들에는 하나의 대상(사람, 동물, 회사 등)에서 나오는 데이터들이 입력되고, 각각의 열(column)들이 해당 변수를 구분하는 행렬의 구조로 되어 있다. 독립 변수(independent variable)와 종속 변수(dependent variable)가 구별되지 않고 각각의 열로만 구분된다(물론 18버전에서는 변수 창의 끝에서 이들을 구분하여 체크하는 기능이 추가되었다. 하지만, 필자도 아직 그 기능을 유용하게 활용한 적은 없다. SPSS의 이전 버전에서는 변수들 간의 구분을 따로 하지 않았으며, 그렇게 하더라도 데이터 분석에 어려움을 겪어본 적은 없다). 중요한 점은 각 행들이 한 개체(개인, 실험용 동물, 식물, 꽃, 사업, 혹은 생물학적 샘플 등)를 대변한다는 점이다. 그러므로 한 사례에 대한 정보들은 반드시 가로로 입력해야 한다. 예를 들어, 우리가 칭찬이나 비난에 대한 감정적 반응(예를 들면 기쁨이나 분노 등)의 성별에 따른 차이에 관심 있다고 가정해 보자. 우리는 몇몇 사람에게

5분간 지속적으로 20회에 걸쳐 지속적으로 비난하고 그들이 경험한 감정적 반응을 1에서 10점 사이의 점수로 응답하게 할 수 있다. 또 반대의 경우를 제공하고 마찬가지로 측정할 수 있다. 내가 참여자라고 가정해 보자. 하나의 행에 다음과 같이 나의 정보를 차례로 입력할 것이다. 나의 이름, 성별, 비난에 대한 반응 점수, 칭찬에 대한 반응 점수: 택균, 남성, 8, 10. 나의 성별에 대한 정보를 담은 셀의 변수는 집단을 구분하는 변수(grouping variable)이다. 나는 남성의 집단이나 여성의 집단 둘 중 하나에 속할 수 있다(물론 동시에 속할 수는 없다). 이와 같이 이 변수는 두 집단을 구분하는 변수이다. SPSS에서는 집단을 구분할 때, 단어로 구분하기 보다는 숫자를 사용한다. 그 과정에서 우리는 각 집단에 숫자를 부여하는데, 이는 SPSS에게 어떤 숫자가 어떤 집단을 의미하는지 알려주는 역할을 한다. 따라서, 두 집단을 구분할 경우에는 하나의 열에 해당 사람이 어디에 속하는지를 숫자를 통해 입력해야 한다(자세한 것은 '2.-라.-1)-다) 부호화된 변수 만들기'를 보라). 예를 들어, 어떤 사람이 남자일 경우 0을, 여자일 경우 1을 입력해야 할 경우가 있을 것이다. 그럴 때 우리는 특정한 열에서의 모든 1은 그 사람이 여자임을 뜻하고, 또 모든 0은 그 사람이 남자임을 뜻한다는 사실을 SPSS에게 알려줄 필요가 있다. 이와 같이 그룹을 나누는 변수는 나중에 데이터 파일들을 구분하여 분석할 수 있게 해준다.

마지막으로 두 가지 감정적 반응에 대한 측정 결과들에 대한 변수 입력이다(우리의 경우 모든 참여자들은 기쁨이나 분노의 정도를 점수로 제공하였다). 이 경우는 한 참여자에 대한 두 번의 다른 측정 결과이므로 각각 별도의 열에 입력하여야 한다(한 열은 기쁨의 정도에 대한 측정 결과를, 또 다른 열은 분노의 정도에 대한 측정 결과를... 보다 도움이 되는 설명은 'SPSS 팁 ①'을 보라).

데이터 편집 창은 이처럼 각각 정보를 담고 있는 수많은 셀(cell)들로 구성된다. 그 중 한 셀이 활성화 되는데, 해당 셀은 주황색으로 강조되어 화면에 나타난다(〈그림 2〉를 참조). 키보드 상의 화살표 키(←, →, ↑, ↓)를 사용하여 데이터 편집 창의 한 셀에서 다른 셀로 이동이 가능하다. 혹은 마우스 포인터를 원하는 셀의 위치에 올려놓고 클릭하여 이동할 수도 있다. 데이터 편집 창에 숫자를 입력하는 것은 간단한다. 앞의 두 가지 방법을 활용하여 원하는 셀을 활성화 시킨 후에, 숫자를 입력하고, 당신이 이동하고자 하는 방향의 화살표 키를 누르면 입력이 완료된다. 한 행에 데이터들을 입력하고자 할 경우엔, 현재의 왼쪽 셀에 다음 정보를 입력해야 하므로 숫자를 입력한 후 '→'키를 누르면 된다(이 과정은 값을 입력한 후 현재의 왼쪽 셀로 이동하게 해준다). 단, 엔터키(Enter↵)를 누를 경우, 현재 셀의 아래 방향으로 이동한다.

데이터를 입력하기 위해서 해야할 첫 번째 단계는 '변수 보기 화면(Variable View)'을 활성화하여 사용할 변수들을 정의하는 것이다. 그 다음 단계가 '데이터 보기 화면(Data View)'으로 넘어와 데이터를 입력하는 일이다. 이 두 가지 단계를 간단한 예제를 통하여 보도록 하자.

SPSS 팁 ① 데이터 입력하기

SPSS 데이터 편집 창에서 변수들이 어떻게 입력되어야 하는가에 대해서는 아주 간단한 법칙이 적용된다: (1) 다른 대상으로부터 측정된 데이터는 다른 행에 입력하도록 한다. (2)같은 대상으로부터 측정된 다른 데이터들은 다른 열에 입력해야 한다. 이 법칙에 따르면 각 개인들(혹은 동물, 식물 혹은 기타 사회조직 등)은 각각의 다른 행로 나타난다. 그리고 각 개인들(혹은 동식물 등)에 속하는 데이터들은 각기 다른 열에 입력되는 것이다. 예를 들어, 당신이 연체동물 등을 연필로 쿡쿡 찌르는 횟수에 따라 그것이 얼마나 경련을 일으키는지를 정도를 결과로 보고자 한다고 가정하면, 연필로 찌르는 횟수의 수준이 각각 열에 입력될 것이다.
* 이 황금 법칙은 혼합 설계(mixed model)를 제외하고는 대부분 거의 지켜진다.

2) '변수 보기 화면(Variable View)'

데이터 편집 창에 어떠한 데이터를 입력하기 전에, 우리는 입력할 변수 항목들을 새롭게 정의할 필요가 있다. 새로운 변수 항목을 정의하는 것은 데이터 편집 창의 '변수 보기 화면(Variable View)'에서 가능하다. 이 화면을 활성화하려면 데이터 편집 창의 하단에 있는 '변수 보기'를 클릭하면 된다(Data View Variable View); 그렇게 하면 다음과 같이 데이터 편집 창의 내용이 달라진다(〈그림 3〉을 참조).

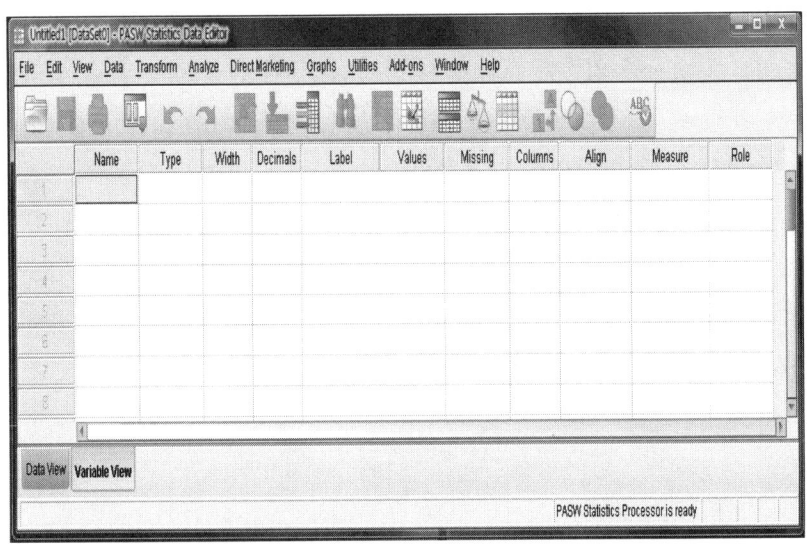

〈그림 3〉 데이터 편집 창의 '변수 보기 화면(Variable View)'

변수 보기 화면의 모든 행은 각각의 변수를 의미한다. 여기서 각 열에 해당하는 정보를 입력함으로써 각 변수의 특징을 정의할 수 있다. 입력하는 정보의 종류는 다음과 같다.

Name	이 열에서 각 변수의 이름을 입력할 수 있다. 여기서 입력하는 이름은 '데이터 보기 화면(Data View)'의 각 열의 맨 위에 표시되며, 이들은 데이터 보기 화면에서 변수를 구분하는 것을 돕는다. 입력의 길이에는 제한은 없지만, 너무 길게 입력할 경우 '데이터 보기 화면'에서 한 열이 차지하는 공간이 너무 넓어져서 분석을 수행하는데 어려움을 겪을 수 있다. 이름을 입력할 때에는 다음 두 가지만 주의하면 된다. 첫 번째는 특수문자(+, -, $, & 등)를 사용할 수 없다는 것이다. 그리고 더 중요한 것은 두 번째 제한인데, 바로 이름 중간에 스페이스(빈 공간)를 사용할 수 없다는 것이다(그래서 많은 사람들이 빈 공간 대신 밑줄('hard' space)을 활용한다. 예를 들면, Taek Kyun 대신에 Taek_kyun을 쓰는 식으로). 만일 이 두 가지 제한을 어기면 입력을 마치고 다른 셀로 이동하려고 할 때 '입력할 수 없는 문자가 포함되어 있습니다(Variable name contains an illegal character)'라는 에러 메시지를 볼 수 있다.
Type	데이터에는 여러 유형의 데이터가 있을 수 있다. 대부분의 경우 숫자 유형의 변수(numeric variables)을 사용할 것이다(이는 SPSS에게 해당 변수 항목에 숫자가 들어간다는 것을 알려준다). 혹은 문자유형의 변수(string variables)를 사용할 수도 있다. 그 경우에는 해당 변수에 문자가 입력되는데, 사람들의 이름을 입력할 경우에 주로 쓰인다. 또한 통화유형 변수(currency variables) - 예를 들면, $, £, ¥ 등-이나 날짜유형 변수(date variables) - 2011-02-14 등-을 지정하여 사용할 수도 있다.
Width	SPSS는 새로운 변수를 지정할 때 초기 값으로 숫자 유형(numeric variables)에 8 문자의 너비를 지정하여 제공한다. 하지만, 이 열의 셀에서 숫자를 입력함으로써 너비를 새롭게 지정할 수 있다. 일반적으로 8 문자 너비가 적절하지만, 소수점을 포함하여 보다 많은 자릿수의 계산을 수행하고자 할 경우에는 이 값을 크게 잡을 수도 있다.
Decimals	SPSS에서 숫자 변수를 입력할 때, 또 다른 초기 지정 값으로 소수점 2자리까지 설정되어 있다(만일 이 옵션을 수정하지 않는다면 '데이터 보기 화면'에서 해당 열에 입력하는 모든 숫자는 자동적으로 소수점 2자리까지 표기된다. SPSS를 처음 접하는 경우 이러한 현상에 당황할 수 있다). 만일 소수점 표기를 바꾸고자 한다면, 해당 셀에 직접 새로운 값을 입력하거나, ⬧를 사용하여 값을 증감할 수 있다.

Label	위에서 본 바와 같이 변수의 이름을 입력하는 데 몇 가지 특수문자를 사용하지 못하는 제한이 있으며, 길이도 그리 자유롭지 못하다(매우 길 경우를 생각해 보자. 하나의 열이 넓은 공간을 차지하거나 읽기 매우 불편할 것이다). 이러한 문제를 보완하기 위해 이 열에서는 해당 변수에 대해 보다 길고 자세하게 설명할 수 있다. 별로 중요하지 않게 보일 수 있겠지만, 장담하건대 이것을 입력하는 것은 매우 좋은 습관 중의 하나이다(자세한 것은 'SPSS 팁 ②'를 참조하라).
Values	이 열은 집단을 대표하는 숫자를 지정하는 곳이다(자세한 설명은 '2.-라.-2)-다) 부호화된 변수만들기'를 보라).
Missing	이 열은 결측 값에 해당하는 숫자를 지정하는 곳이다(자세한 설명은 '2.-라.-3) 결측값' 부분을 참조).
Columns	이 열에 입력하는 숫자는 해당 열에 얼마나 많은 문자를 보여줄 것인가의 넓이를 결정한다(이는 변수 자체의 입력과 관련된 결정을 하는 Width 와 다르다. 예를 들어, 변수의 너비(width)를 10문자로 지정하고 이 열(columns)에서 8문자를 설정한다면, 데이터 보기 화면에서 실제 입력된 10개의 문자 중 8문자만 보일 것이다). 열의 너비를 증가시키는 것이 좋을 때는 8문자가 넘는 문자유형의 변수(string variable)를 입력하거나('2.-라.-2)-가) 문자변수 만들기' 참조), 혹은 8문자가 넘는 이름을 갖는 대표 변수(coding variable)를 입력할 경우('2.-라.-2)-다) 부호화된 변수만들기' 참조)이다.
Align	이 열에서 데이터 보기 화면에서 셀 안의 데이터 정렬의 유형을 결정할 수 있다. 데이터 정렬 유형은 ≡ Left, ≡ Right, ≡ Center 중의 하나이다.
Measure	변수의 측정 수준을 정의할 수 있는 곳이다(Nominal, Ordinal or Scale -자세한 것은 아래의 부록 설명을 참조).
Role	18버전에 추가된 새로운 기능이다. 해당 변수가 독립변수인지 종속변수인지, 둘 다 해당되는지, 안되는지, 분할 구획을 나누는 역할을 하는지 등을 설정한다(↘ Input, ◎ Target, ◉ Both, ○ None, ▦ Partition, ▦ Split). 이전 버전에서는 없던 기능이며, 이 기능의 유용성을 필자도 아직 경험하지 못하였다. 기본 설정 값은 독립변수(input)이다(변수에 대한 설명은 아래 설명 참조).

SPSS 팁 ② 변수 이름 설명하기

왜 시간과 노력을 별도로 들여 변수의 이름을 길게 설명하여 입력하는 것이 좋은 생각일까? 도리어 시간을 낭비하는 것이 아닐까? 언뜻 보기에 그렇게 보일 수 있는 일이 왜 좋은 습관인지 간단히 살펴보도록 하자. 다음의 경우를 상상해 보라. 당신은 'SPSS를

> 공부하다가 답답하고 화가 나서 담배를 피워야 할 횟수'에 대한 변수를 만들었다. 아마 SPSS의 변수 이름에는 'cigarette'라고 입력할 것이다. 만일 당신이 이름에 대한 설명(label)을 입력하지 않는다면, SPSS는 모든 분석 결과물에 변수 이름을 사용할 것이다. 뭐 문제가 없을 수도 있겠지만, 한 3주가 지난 후에 다시 결과물을 본다면 어떻게 될까? 기억력이 아주 좋은 사람을 제외하고 대부분은 'cigarette이 도대체 뭘 의미하는 걸까? 흡연한 담배의 개피 수? 구매한 담배의 갑수?'등의 해석에 혼란을 겪게 될 것이다. 심지어 변수들이 많아지면 우리는 대부분 변수 이름에 약자를 활용한다. 그렇다면 'sgth43c'는 어떤가?
> 우리는 해당 변수에 적절한 설명을 덧붙이는 것으로 이후에 발생할 수 있는 많은 혼란들을 막을 수 있을 것이다. 변수의 이름에 설명을 다는 일은 매우 좋은 습관임에 틀림이 없다.

자 이제 '변수 보기 화면(data view)을 활용하여 몇 가지 변수항목들을 만들어 보자. 먼저 우리가 학생들의 남녀 합반 교실환경 적응에 관심이 있다고 가정하기로 한다. 남녀공학에 다니는 남학생 5명과 여학생 5명을 무작위로 선출하여 학급 친구의 수, 이성 형제의 유무, 그리고 얼마나 교실 환경에 불안함을 느끼는지 정도(점수가 높을수록 불안한 감정은 크다)를 측정하였다. 이 데이터들은 아래의 〈표 1〉과 같다.

〈표 1〉 학생들에 대한 데이터 표

이름	생년월일	성별	학급 친구의 수	이성형제 유무	불안정도
강용성	1995-02-18	남자	10	있음	10
오동권	1995-06-12	남자	4	없음	17
이현구	1995-08-14	남자	0	없음	21
염훈영	1995-04-05	남자	8	있음	13
김영욱	1995-12-20	남자	7	있음	13
오운경	1995-03-07	여자	9	없음	14
전원영	1995-02-22	여자	15	있음	9
김민영	1995-09-16	여자	11	없음	13
한우리	1995-11-22	여자	10	없음	14
최지혜	1995-05-20	여자	17	있음	7

<부록>

※ 변수

모든 실험에서 변수는 매우 중요하다. 가설을 검증하기 위해서는 변수를 측정해야 하기 때문이다. 변수의 종류와 측정 수준을 아는 것은 SPSS를 활용한 통계적 검정에서도 중요한 역할을 한다. 따라서 이에 대해 간단히 설명하고 넘어가기로 한다.

1. 독립 변수와 종속 변수

변수는 변할(혹은 다양할) 수 있는 어떤 것을 말한다; 이것은 사람들 사이에서 다양하게 존재할 수 있고(예를 들면 IQ, 행동빈도 등), 지역에 따라 다를 수 있다(예를 들면 실업률 등). 혹은 시간에 따라 변할 수도 있다(예, 분위기, 이익, 암세포의 숫자 등). 모든 가설들은 두 가지 변수로 표현될 수 있다: 예상되는 원인과 그에 따른 예상되는 결과. 예를 들어, "음주는 임신률을 감소시킨다"라는 과학적 진술을 빌려보자. 여기서 예상되는 원인은 '음주'이고 예상되는 결과는 임신률의 감소이다. 여기서 원인과 결과 모두 변수이다: 원인에 해당하는 변수는 음주량, 음주종류 등 될 수 있고, 결과에 해당하는 변수는 그에 따른 임신률의 감소량이다. 이러한 진술을 검증하기 위한 핵심은 이 두 변수를 측정하는 일이 될 것이다.

우리가 보통 원인이라고 생각하는 변수는 이른바 **독립 변수**(independent variable, 왜냐하면 다른 변수에 의해 영향을 받지 않기 때문이다)라고 한다. 한편, 우리가 결과 혹은 효과라고 생각하는 변수를 **종속 변수**(dependent variable, 이유는 원인(독립 변수)에 따라 달라지기 때문이다)라고 부른다. 이 용어들은 실제 실험자에 의해 대부분의 것이 조작 혹은 통제가 가능한 과학과 같은 실험실 연구와 밀접한 관련을 맺고 있다. 반면 사회문화적인 연구에서는 어떤 변수도 조작하거나 통제하기 힘들다. 또한 변수들 간의 관계에 있어 어느 것이 원인이고 결과인지를 밝히기도 애매한 것들이 많이 있다. 왜냐하면 모든 변수들이 복잡하게 얽혀있어서 대부분 종속되어 있기 때문이다. 그래서 독립변수와 종속변수 대신에 **예측변수**(predictor variable)와 **결과변수**(outcome variable)를 사용하기도 한다. 즉, 실험실 연구에서 원인에 해당하는 독립변수가 예측을 하고, 그 효과에 해당하는 종속변수가 결과에 대응되는 것이다. 이러한 용어는 사회문화 연구에서 하나의 결과에 관계되는 둘 이상의 예측 변수가 존재할 때 적합성을 갖는다.

주요 용어 정리 ①
연구를 하다보면 다음의 중요한 용어들을 마주치게 된다.
독립 변수(independent variable) : 어떠한 효과나 결과의 원인이 된다고 생각하는 변수. 이 용어는 보통 실험실 연구에서 연구자가 조작하는 변수에 해당됨.
종속 변수(dependent variable) : 독립 변수의 변화에 따라 영향을 받는다고 생각하는 변수. 보통 원인의 결과에 해당한다고 생각할 수 있음.
예측 변수(predictor variable) : 결과 변수를 예측한다고 생각하는 변수. 독립변수의 다른 표현이라고 볼 수 있음.
결과 변수(outcome variable) : 예측 변수의 변화에 따라 달라진다고 생각하는 변수. 종속 변수와 유사하다고 볼 수 있음.

---

2. 변수 측정의 수준(levels of measurement)

앞서 살펴본 바와 같이 변수는 형식 측면이나 복잡성의 수준 측면에서 매우 다양한 모습을 가질 수 있다. 무엇을 측정하는가와 그 측정 결과 산출되는 숫자가 무엇을 의미하는가의 관계가 바로 **변수 측정의 수준**(levels of measurement)이다. 거칠게 말하자면 변수는 범주형 또는 연속형일 수 있고, 또 다양한 측정의 수준을 가질 수 있다.

범주형 변수(categorical variable)는 몇 가지의 범주를 가진다. 우리에게 가장 익숙한 형태의 범주형 변수로 종(種, species) – 사람, 거미, 박쥐 등

-을 들 수 있다. 한 대상이 사람이거나 거미이거나 박쥐일 수 있다. 하지만 한 대상이 동시에 사람이면서 거미일 수는 없다(영화에 나오는 빨간색 슈트를 입은 수퍼 영웅을 제외하고 말이다). 범주형 변수는 이름이 대상 자체를 구분 짓는 변수이다. 그것의 가장 간단한 양식은 남성과 여성처럼 두 가지를 구분 짓는 **2범주 변수(binary variable)**일 것이다. 다른 2범주 양식의 예로는 살거나 죽거나, 차가 있거나 없거나, 혹은 예 / 아니오로 대답하는 질문 등을 들 수 있다. 모든 범주형 변수에서 한 대상은 그 중 한 범주에만 속할 수 있다.

두 대상이 어떤 측면에서 같은 이름(혹은 숫자)를 갖는 경우, 그 변수를 우리는 **명목 변수(nominal variable)**라고 한다. 이 변수의 명백한 특징은 측정 결과 산출되는 숫자에 대해 산술적인 계산은 무의미하다는 것이다(그것은 마치 사람과 짐승을 곱한다고 해서 사슴이 나오지 않는 것과 같다). 그러나 우리 일상에서 종종 숫자는 대상 범주를 대신하는 경우가 있다. 축구 경기에서 선수들의 등 번호가 갖는 의미가 그 한 예이다. 축구 경기에서 선수들의 등 번호는 그가 맡는 포지션을 나타내는데, 1번은 골키퍼, 2~5번은 수비수, 6~8번은 미드필더, 그리고 9~11번이 공격수를 의미한다(특히 9번은 대표적인 공격수인 스트라이커를 상징하는데 대표적인 예가 브라질의 호나우도, 아르헨티나의 가브리엘 바티스투타 등이 있다). 이러한 숫자들이 우리에게 알려주는 것은 해당 선수들의 포지션 밖에 없다. 우리는 해당 포지션 대신 상징하는 숫자를 쓸 수 있지만(골키퍼 대신 1번, 공격수 대신 9번), 9번이 1번보다 실력이 낮다고 판단하는 것은 바보 같은 생각이다. 마찬가지로 숫자가 범주를 나타내는 명목 척도 결과를 가지고 산술적 계산을 시도 하는 것도 이와 같은 행동이다. 따라서 명목 데이터는 오로지 빈도 분석에만 활용할 수 있다. 예를 들어, 전체 축구팀에서 9번과 10번의 후보 선수 빈도를 비교하는 것은 가능할 것이다.

지금까지 살펴 본 범주형 변수들에서는 순서를 고려하지 않았지만(예를 들어, 어떤 종류의 술이 임신률을 더 감소시키는가) 어떤 범주형 변수의 경우에는 순서를 가질 수 있다(예를 들어, 음주의 양과 임신률의 감소 관계). 범주형 변수가 순서를 가질 때, 그 변수를 우리는 **서열 변수(ordinal variable)라고 한다. 서열 데이터는 어떤 대상이 어디에 속하는가 뿐만 아**니라 그 대상이 속하는 범주의 서열에 대한 정보도 제공한다. 그러나 이 데이터들은 값의 차이에 대해서는 알려주지 않는다. 미스코리아 대회의 수상을 생각해 보자. 진, 선, 미는 해당 수상자들이 어느 지역 미용실 출신인지를 알려주지 않지만, 그들의 심사 결과(그 대회가 어떤 기준을 적용하여 수상자를 선발하는지 모르지만)가 각각 1등과 2등과 3등임을 알려준다. 이러한 범주들은 서열을 가지고 있다. 서열화 된 범주를 사용함으로서 우리는 누가 대회의 기준에 첫 번째이고 누가 두 번째인지를 알 수 있지만, 우리는 여전히 수상 대상자들 간의 실제 점수 차이는 알 수 없다. 예를 들어 압도적인 차이로 우승을 하였는지, 1점이라는 간소한 차이로 우승을 하였는지는 알 수 없다는 것이다. 따라서 서열 데이터는 명목 데이터보다 우리에게 좀 더 알려주는 바가 있지만, 둘 다 측정된 실제 점수 차이에 대해서는 말해주지 않는다.

범주형 변수 다음으로 살펴볼 변수 측정의 수준은 연속형 변수이다. **연속형 변수(continuous variable)**는 우리에게 각 대상의 측정 점수를 알려주며, 우리는 이를 통해 측정된 단위의 값을 알 수 있다. 연속형 변수에서 우리가 만나게 되는 첫 번째 유형은 **간격 변수(interval variable)**이다. 간격 데이터는 서열 데이터보다 훨씬 더 유용한 정보를 주며, 통계 검증에서 다루는 대부분의 데이터들은 이 수준에서 측정된 것들이다. 데이터가 간격이 있다는 말은 측정된 간격의 차이가 실제 대상의 차이를 반영한다는 이야기이다. 예를 들어, 강의 평가의 경우 대부분 5점 척도의 간격 척도를 사용하는데, 이 때 1점과 2점의 차이는 3점과 4점의 차이 혹은 4점과 5점의 차이와 동일하다. 마찬가지로 1점과 3점의 차이도 3점과 5점의 차이와 같다. 그러나 간격 척도로 보이는 것들이 실제로는 종종 서열 척도인 경우도 있다(부가설명 ①을 보라).

> **부가 설명 ① 자기-평가 데이터(Self-report data)**
>
> 많은 경우의 자기-평가 데이터들은 서열 척도인 경우가 많다. 만일 누군가 우리들에게 어떤 그림들의 아름다움을 10점 척도로 평가하도록 했다고 하자. 물론 평가에서 10점을 받은 그림이 2점 받은 그림보다 아름다운 것은 분명하다. 하지만 첫 번째 그림이 두 번째 그림보다 5배나 아름답다고 판단하는 것은 합리적일까? 또 누군가 두 사람이 동시에 한 그림에 8점을 주었을 때, 두 명 모두 실제 똑같은 정도로 아름다움을 느꼈다고 확신할 수 있을까? 아마도 아닐 것이다. 그들의 평가는 아름다움에 대한 각자의 주관적인 느낌을 토대로 이루어졌을 것이다. 이러한 이유로, 사람들에게 어떠한 주관적인 판단을 하도록 한 결과로 받은 데이터들(예를 들어, 어떤 대상에 대한 선호도나 확신 정도 또는 이해 정도 등)은 서열 척도로 간주하는 것이 이론상으로는 더 옳을 것이다. 물론 많은 사회 과학자들이 그렇게 하지는 않지만...

비율 변수(ratio variable)는 서열 데이터보다 한 단계 더 나아간 변수이다. 서열 데이터의 조건들(각 점수들의 차이가 동일한 간격)을 충족하면서 추가적으로 측정된 값의 비율도 의미를 갖는다. 즉 측정된 값의 차이들이 실제 동일해야 하며, 동시에 0이라는 점수가 의미를 가져야 한다(만일 강의 평가가 비율 척도로 측정된다면(그것이 정말 가능하기만 한다면) 우리는 4점을 받은 강사가 2점을 받은 강사보다 2배를 잘했다고 판단할 수 있을 것이다). 실제 비율 변수의 좋은 예는 반응 시간을 측정하는 경우이다. 반응 시간은 실제 같은 간격을 가지고 있을 뿐만 아니라(예를 들어 300ms와 350ms의 차이는 220ms와 270ms의 차이와 같으며, 466ms와 516ms의 차이와도 같다), 측정된 값의 거리를 나누어 비율로 환산하는 것도 가능하다: 200ms의 반응 시간은 100ms의 반응 시간보다 2배 길며, 400ms보다는 2배 짧다.

부가 설명 ② 연속형 변수와 불연속성

연속형 변수들은 분명히 연속성을 띠지만 동시에 불연속적일 수도 있다. 이것은 꽤 까다로운 문제이다. 왜냐하면 연속성과 불연속성 사이의 경계가 매우 모호할 수 있기 때문이다. 진정한 연속형 변수가 되려면 측정의 매우 정확한 수준까지 제공을 해야 하지만, 실제로는 종종 불연속적으로 기록될 때가 많다. 도대체 무슨 말인가? 앞서 살펴 본 연속형 변수인 강의 평가의 5점 척도를 보자. 이 경우 실제 측정의 범위는 1점에서 5점 사이지만, 우리는 대부분 1, 2, 3, 4, 5점만을 기록한다(다시 말해 4.32나 2.18의 점수를 기록하는 일은 거의 없다). 즉 실제로는 3.24점이라는 응답이 존재하지만 실제 기록될 수 있는 부분에서는 한계를 갖게 된다. 나이도 비슷한 예가 될 수 있다. 대부분의 경우 당신의 나이를 34살이라고 하는 대신에 33년 8개월 21일 17시간 33분 10.128초라고 응답하지는 않을 것이다.

주요 용어 정리 ②

변수는 크게 범주형과 연속형으로 나뉘며, 각 유형 안에서 다양한 변수의 측정 수준이 존재한다.

범주형(categorical) : 실제 대상을 몇 가지 범주로 나누는 유형
  2범주 변수(binary variable) : 두 가지 범주만 존재함(예, 남자/여자)
  명목 변수(nominal variable) : 두 가지 이상의 범주가 존재함(예, 황인/백인/흑인)
  서열 변수(ordinal variable) : 명목 변수와 같지만 범주들이 논리적인 서열을 가짐(예, 상/중/하로 나눌 경우)

연속형(continuous) : 실제 대상이 개별 점수를 얻게 되는 유형
  간격 변수(interval variable) : 측정된 점수의 동일한 간격이 실제 동일한 차이를 반영함(예, 6점과 8점의 차이가 13점과 15점의 차이와 같은 경우)
  비율 변수(ratio variable) : 간격 변수와 같지만, 추가적으로 점수 상의 비율이 의미를 가짐(예, 불안 지수가 16점인 사람은 실제 8점을 받은 사람보다 2배 더 불안을 느낀다고 볼 수 있는 경우)

가) 문자 변수 만들기

우리 데이터의 첫 번째 변수는 학생들의 이름이다. 이 변수는 이름으로 구성되어 있으므로 문자 변수가 된다. 문자 변수를 만들기 위한 단계는 다음과 같다:

1. 모니터의 화살표를(마우스를 사용하여) '이름(name)'이라고 되어있는 열의 첫 번째 비어있는 셀 위에 올려놓고 클릭한다.
2. '이름'이라고 써 넣는다.
3. 키보드의 '→'를 이용하여 셀의 오른쪽으로 이동한다(물론 마우스를 활용하여 다른 셀을 클릭할 수도 있지만, 이것은 매우 느린 방법 중의 하나이다).

이제 당신은 첫 번째 변수를 만드는데 성공하였다! 알아둘 것은 이름 (name) 행에 어떤 변수의 이름을 입력하면, SPSS는 자동적으로 그 변수의 기본 사항들을 초기값으로 설정하게 되어 있다(예를 들면 해당 변수는 숫자 변수이며, 소수점 2자리를 기본으로 설정하는 것과 같이). 문제는 우리가 숫자 변수를 만들 것이라는 SPSS의 예상이 항상 맞는 것이 아니라는 점이다. 우리는 사람들의 이름을 입력하려고 하는 이번 경우처럼 문자 변수를 만들고자 할 때에는 변수의 유형 설정을 바꾸어줘야 한다. 우선 키보드의 →키를 이용하여 Type (유형)이라고 되어 있는 열으로 이동해 보자. 해당 열의 첫 셀로 이동하면 그 셀은 Numeric (숫자)처럼 보이게 될 것이다. 이제 을 클릭하여 〈그림 3〉과 같은 대화 상자를 열어 보자. 대화 상자를 열면 SPSS가 초기 설정값으로 지정한 숫자 변수가 선택(Numeric)되어 있을 것이다(〈그림 3〉의 왼쪽 상자 참조). 이것을 문자 변수로 바꾸기 위해 String (문자)을 클릭하면 대화 상자가 〈그림 3〉의 오른쪽처럼 바뀔 것이다. 여기서 당신은 문자 변수에 최대 몇 글자까지 입력할 수 있는지를 정할 수 있다. 기본 설정은 8자로 되어 있는데, 이것은 우리의 경우 적절한 값이다. 왜냐하면 이름이 최대 4자를 넘는 경우는 거의 없기 때문이다(한글 1글자는 영어의 2글자로 취급함). 만일 다른 경우에 더 많은 글자를 입력할 필요가 있다면 이 값을 늘려주면 된다. 모든 변경이 완료되면, 다시 변수 보기 창으로 돌아가기 위해 [OK](확인)를 클릭하면 된다.

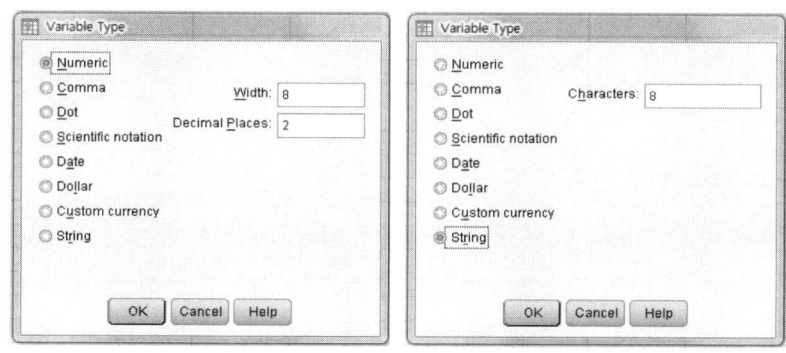

〈그림 3〉 SPSS에 문자 변수유형 설정하기.

이제 앞서 말한 바와 같이 좋은 습관('SPSS 팁 ②' 참조)의 일환으로 [Label] (설명) 열에 있는 셀로 이동하여 변수의 설명을 적도록 하자(예를 들면 '참여자들의 이름'). 그리고 나서 마지막으로, 변수의 측정 수준을 정할 차례이다. [Measure] 열의 셀로 이동하여 ▼을 클릭하여 펼쳐진 목록들 – 명목(nominal), 순서(ordinal), 척도(scale) – 가운데 하나를 선택하면 된다. 이번 경우에는 문자 변수이고, 사례의 이름을 나타내며, 어떠한 순서에 대한 정보를 제공하지 않으며, 다른 사례와 비교한 값을 제공하지 않으므로 ♣ Nominal (명목)을 선택하면 된다.

이렇게 이름에 대한 변수 항목을 설정하여 만들었으면, 데이터 편집 창의 하단에 있는 '데이터 보기(data view)'를 클릭하여 다시 데이터 보기 화면으로 돌아오자(Data View Variable View). 이전과 달라진 점이 있는가? 그렇다. 첫 번째 행의 제목이 'var(변수)'에서 '이름'으로 바뀌어져 있는 것을 확인할 수 있다. 데이터를 입력하기 위해, '이름' 행의 맨 위에 있는 빈 셀을 마우스로 선택하여 '강용성'이라고 이름을 적어 넣으면 된다. 이 셀에 입력을 마치기 위해 우리는 다른 셀로 이동할 필요가 있다. 그 다음에 다른 이름들을 현재의 아래 셀에 이어서 입력해야 하기 때문에, 센스있게 키보드의 ↓를 눌러 아래로 이동하자. 이렇게 하면 아래에 있는 다음 셀로 이동함과 동시에 현재의 윗 셀에 '강용성'이라는 단어가 보일 것이다. 나머지 '오동권', '이현구' 등의 이름들도 같은 방식으로 입력하면 된다.

나) 날짜 변수 만들기

우리 데이터 표의 두 번째 열의 내용은 날짜(정확하게 말하면 생년월일)이다. SPSS에 날짜 변수를 만드는 과정은 변수 유형에 대한 정의 부분만 제외하고는 앞에서 본 이름 변수를 만드는 과정과 동일하다. 먼저, 데이터 편집 창 하단의 탭을 활용하여 다시 '변수 보기(variable view)' 화면으로 이동하자(Data View Variable View). 먼저 만들어진 '이름'이라고 붙여진 행 다음의 첫 번째 셀(쉽게 말해, 두 번째 줄의 첫 번째 칸)을 클릭하여 '생년월일'이라고 입력한다. 그리고 나서 키보드의 → 키를 눌러 Type (유형) 행으로 이동하자(앞서 말한대로 변수의 이름을 입력하면 나머지 셀들은 SPSS의 기본 설정값으로 자동 입력). 현재 Numeric (숫자)로 보이는 셀의 ⋯를 클릭하여 〈그림 4〉의 대화상자를 연 후, 숫자 변수(Numeric)로 선택되어 있는 것을(〈그림 4〉의 왼쪽을 참조) 날짜 변수(Date)로 바꾸면 〈그림 4〉의 오른쪽 상자와 같이 화면이 바뀔 것이다. 그 다음에는 옆의 목록들 가운데 당신이 선호하는 양식을 선택하면 된다.; 한국에서는 주로 연도 다음에 월 그 다음에 날짜의 형식(예를 들면, 1980-12-28 혹은 1980/12/28)

을 가지만, 서양에서는 일, 월(혹은 월, 일), 연도 순으로 된 형식(예를 들면, 28-Dec-1980 혹은 12/28/1980)을 주로 사용한다. 날짜의 양식을 선택한 후에는, OK (확인)를 눌러 변수 보기 화면으로 다시 돌아오자. 끝으로 Label (설명) 열의 셀로 이동하여 '태어난 양력 날짜'라고 입력하면 날짜 변수 만들기가 완료된다.

이제 변수가 만들어졌으니, '데이터 보기(data view)' 탭을 선택하여 데이터 보기 화면으로 돌아가 보자(Data View Variable View). 그러면 두 번째 열의 제목이 '생년월일(혹은 birth_date)'라고 바뀌진 것을 확인할 수 있을 것이다. 아까와 마찬가지로 '생년월일' 열의 첫 번째 빈 셀로 이동하여 첫 번째 값인 '1995-02-18'를 적어 넣은 후, 키보드의 ↓ 키를 눌러 입력을 완료하자. 나머지 사람들의 생일 정보들도 같은 방식으로 아래의 셀들에 차례로 입력하면 된다.

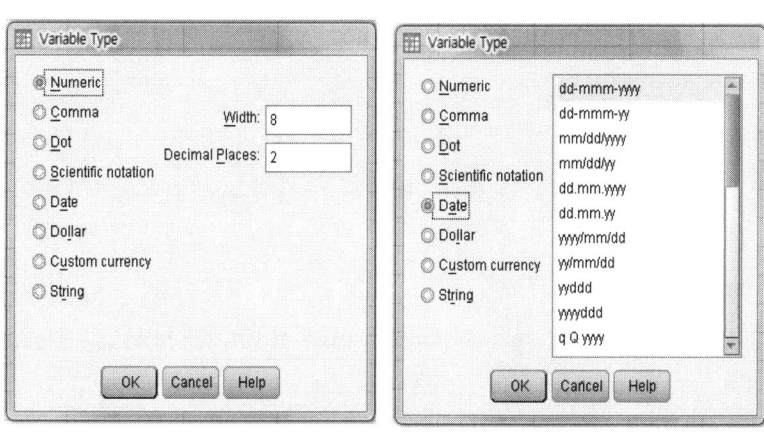

〈그림 4〉 SPSS에 날짜 변수 유형 설정하기

다) 부호화된 변수(coding variables) 만들기

부호화된 변수(coding variable or grouping variable)는 어떤 집단을 특정한 숫자로 대신하여 나타내는 변수를 말한다. 따라서 이 변수는 숫자 변수(numeric variable)에 속하지만, 이 숫자는 단지 이름에 불과할 뿐이다 (즉, 명목 변수이다). 실험 설계에서 종종 집단을 분류하는데 사용된다. 예를 들어 남자인가 여자인가, 처치집단인가 통제집단인가를 구분하는데 사용되거나 혹은 출신 지역을 구분하거나 속해있는 조직을 구분하는데도 사용된다.

실험 설계에서 부호화된 변수가 사용되는 구체적인 예를 살펴보도록 하자. 예를 들어, 실험 처치에 참여하는 실험 집단과 그렇지 않은 통제 집단으로 나눌 때, 우리는 실험 집단에 '1'이라는 숫자를, 그리고 통제 집단에는 '0'을 부여할 수 있다. 그리고 나서 SPSS의 데이터 편집 창에 데이터를 입력할 때 새로 '집단'이라는 변수 항목을 만들어서 실험 처치에 참여한 대상들에게는 모두 '1'이라는 값을, 그리고 통제 집단에 속하는 대상자들에게는 '0'이라는 값을 넣는다. 이러한 일련의 작업을 통해 우리는 SPSS로 하여금 '1'이라고 배정된 사례들을 하나의 집단으로, 마찬가지로 '0'이라고 배정된 사례들에 대해 또 하나의 집단으로 인식하게 할 수 있다. 실험 설계가 아닌 상황에서도 비슷한 방법으로 집단을 구별할 수 있다(우리의 경우에는 남학생들이 '1', 그리고 여학생들이 '0'이 될 것이다).

우리의 데이터에서는 한 사람이 남자인지 여자인지 구별하는 부호화된 변수가 필요하다. 이러한 부호화된 변수를 만들기 위해 우리가 할 일은 앞에서 살펴본 명목 변수인 '이름' 변수를 만드는 과정과 유사하다. 단, 추가적으로 SPSS에게 어떤 숫자가 어떤 집단을 나타내는지 알려주는 과정이 필요하다. 따라서 우선 '변수 보기' 화면으로 돌아가서(Data View Variable View) 이름(name) 열의 세 번째 셀로 이동하여 '성별'이라고 이름을 입력하자. 그리고 나서 Label (설명) 열로 이동하여 해당 변수의 설명을 기록하

는 것(좋은 습관)을 잊지 말라(예를 들면 '남학생인가 여학생인가?'). 그 다음으로는 집단에 해당하는 값을 정의하기 위해, Values (값) 열에 속한 행으로 이동하여 None (없음)의 를 클릭하면 아래 그림과 같이 해당 값을 정의하는 대화 상자가 열린다(〈그림 5〉를 참조).

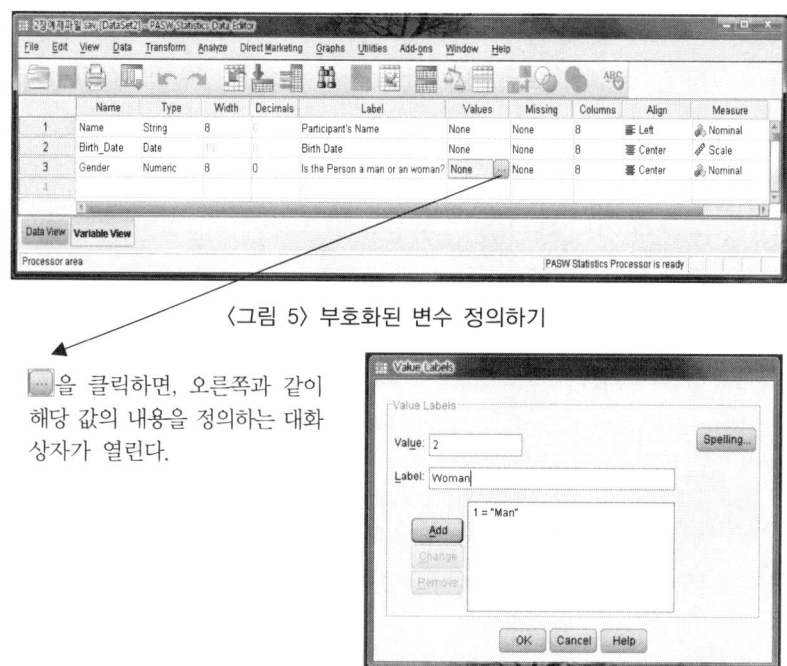

〈그림 5〉 부호화된 변수 정의하기

을 클릭하면, 오른쪽과 같이 해당 값의 내용을 정의하는 대화 상자가 열린다.

해당 값을 정의하는(Value Labels) 대화 상자가 열리면 여기서 각 집단의 대표 값을 지정하는데, 이는 간단하게 세 단계로 이루어진다. 첫 번째로 'Value(기준값)'라고 되어 있는 옆의 빈 칸을 마우스로 클릭한다(혹은 Alt 키와 U 키를 동시에 눌러도 된다). 그리고 예제(〈그림 5〉의 아래 상자 참조)에서 보는 바와 같이 해당 값을 입력하면 된다. 이 값들은 완벽히 임의적인 숫자들이다. 관습적으로 여기에 1, 2, 3, 4 등의 숫자를 쓰지만 실제 당신은 여기에 386, 486과 같은 값을 사용해도 상관이 없다. 두 번째 단계는 그 아래 있는 'Label(설명)'이라고 적혀 있는 옆의 빈 칸으로 마우스를 이동하여 클릭하여(혹은 Alt 키와 L 키를 동시에 눌러도 된다), 예제에서 보는 바와 같이(〈그림 5〉아래 상자 참조) 적절한 설명을 입력하는 것이다. 우리는 이미 숫자 1에 남성을, 그리고 숫자 2에 여성이라는 집단을 정의한 바 있기 때문에 1에 남성을, 2에 여성을 입력하였다. 마지막 세 번째 단계는 Add (추가)를 클릭하여 리스트에 해당 값에 대한 정의를 추가하는 것이다. 모든 변수 값에 대한 정의를 입력한 후에는 Spelling... (맞춤법)을 눌러 철자의 오류를 점검할 수 있다(특히 영어로 설명을 입력하였을 때, 나와 같이 영어에 취약한 사람들에게는 매우 유용한 기능이다). 모든 변수 값에 대한 정의를 완료한 후에는 OK (확인)를 눌러 대화 상자를 종료하면 된다. 혹시 OK (확인)를 눌러 대화 상자를 닫기 전에 실수로 마지막에 정의한 변수 값을 목록에 추가하는 것을 잊어버리더라도 걱정할 필요가 없다. SPSS는 친절하게 경고 메시지를 띄워주기 때문이다. 그러면 Cancel (취소)을 눌러 다시 대화상자로 돌아가서 Add (추가)를 눌러 완료를 하면 된다.

마지막으로 부호화된 변수는 항상 범주나 집단을 대표하기 때문에 측정의 수준은 명목척도(nominal)이다. 하지만 대상 범주들이 의미 있는 순서를 갖는다면 서열척도(ordinal)가 될 수도 있다. 이를 정하기 위해 Measure (측도) 행의 셀로 이동하여 마우스로 클릭하면 목록들이 펼쳐지는데 그 가운데 Nominal (명복)(각 집단들이 유의미한 순서를 가질 때는 Ordinal (순서))을 선택하면 된다.

부호화된 변수항 정의를 마쳤다면, 데이터 보기 화면으로 전환하여 해당 셀에 적절한 값들을 입력하면 된다(즉, 대상이 남성이면 1, 여성이면 2를 입력하면 된다). 우리는 데이터 보기 화면에서 입력된 숫자들을 보게 되지만, 원한다면 상단의 아이콘을 클릭하여 값에 대한 말로된 정의를 볼 수도 있다(〈그림 6〉 참조).

 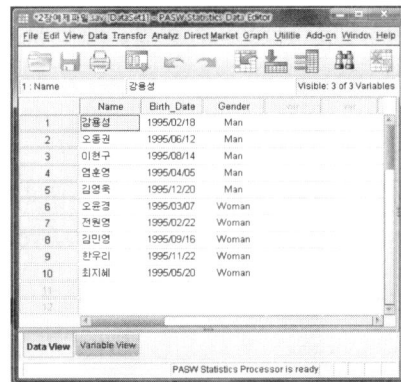

　　　을 누르지 않았을 때　　　　　　을 눌렀을 때

〈그림 6〉 데이터 보기 창에서 부호화된 변수의 해당 값에 대한 정의보기

　이 예제는 왜 실험 연구에서 참여자들 간에 측정된 값을 구분하기 위해 집단을 나타내는 변수(grouping variable)를 사용하는지를 명백하게 보여준다: 그 이유는 부호화된 변수를 사용하면 한 대상이 동시에 둘 이상의 집단에 속하는 것이 불가능하기 때문이다. 이는 집단 간 설계(between-group design)를 할 때 주로 사용된다(예를 들어, 실험 처지를 받은 대상은 절대로 통제 집단에 속할 수는 없다). 그러나 반복 측정 설계(repeated-measures design) 혹은 집단 내 설계(within-subject design)에서는 동일한 대상을 여러 상황에서 측정한 값들을 사용하기 때문에 오히려 이와 같은 부호화된 변수를 사용할 수 없다(왜냐하면 각 참여자들은 여러 번 측정을 반복하여 수행하여 측정되기 때문에 동일한 대상이 여러 실험 처치 상황에 속할 수 있기 때문이다).

라) 숫자 변수 만들기

숫자 변수는 만들기 매우 쉽다. 왜냐하면 SPSS가 처음 입력되는 모든 데이터를 이 변수로 가정하기 때문이다. 우리의 다음 변수는 '학급의 친구 수'이다. 이 변수 항목을 만들기 위해 데이터 편집 창의 하단에 있는 탭을 사용하여 변수 보기 화면으로 이동한다(`Data View` `Variable View`). 그리고 앞의 변수들과 마찬가지로, 이름(name) 열의 4번째 열에 있는 셀(바로 이전에 만든 변수 아래의 첫번째 셀)로 이동하여 '친구'라고 입력하자. 다음으로 키보드의 →키를 눌러 `Type` (유형) 열의 셀로 이동한다. 앞서 살펴본 바와 같이 SPSS는 새로 만들어진 모든 변수를 숫자 변수로 가정하기 때문에 `Numeric` (숫자)과 같이 보일 것이다. 우리는 숫자 변수를 만들 것이기 때문에 그냥 그대로 두면 된다.

주의할 것은 친구의 수는 소수점 이하의 자리가 필요 없다는 점이다(우리는 0.26명의 친구를 가질 수 없다). 따라서 SPSS에게 우리는 소수점 이하의 자리가 필요없다는 것을 알려주기 위해 `Decimals` (소수점 이하자리) 열의 셀로 이동하여 '0'이라고 입력하자(혹은 ▲를 사용하여 값을 2에서 0으로 바꿀 수도 있다).

다음으로 좋은 습관('SPSS 팁 ②' 참조)을 유지하기 위해 `Label` 행의 셀로 이동하여 '학급내의 친구 수'라고 입력하자. 마지막으로, 우리는 이 변수의 측정 수준을 결정하기 위해 `Measure` (측도) 열의 셀로 이동하여 펼쳐진 목록들 가운데 `Scale` (척도)을 선택하자(물론 이것도 자동적으로 설정되어 있겠지만, 확인할 필요는 있다).

모든 변수 항목에 대한 설정을 마쳤다면, 다시 하단의 탭을 사용하여 데이터 보기 화면으로 돌아오자(`Data View` `Variable View`). '친구'라고 이름 붙여진 셀이 하나 더 생긴 것을 확인할 수 있을 것이다. 첫 번째 행의 값에 '10'을 적은 다음 데이터 입력을 완료하기 위해 다른 셀로 이동할 필요가 있는데,

알다시피 우리는 계속해서 아래에 데이터들을 입력해야 하기 때문에 센스있게 키보드의 ↓키를 누르자. 이렇게 하면 아래의 다음 셀로 이동하고, 상단의 셀에는 '10'의 값이 입력되어 있을 것이다. 같은 방법으로 나머지 숫자들도 입력하면 된다.

3) 결측 값(missing values)

우리가 데이터를 수집할 때는 항상 빠짐없이 완벽한 정보를 수집하려고 노력하지만, 실제 정보를 수집해 보면 중간 중간 빠지는 데이터가 있게 마련이다. 이와 같이 빠지는 데이터를 결측 데이터(missing data)라고 한다. 결측 데이터가 생기는 이유는 다양하다: 질문지가 긴 경우 참여자가 실수로 질문을 놓쳐서 생길 수도 있고, 실험 과정에서는 기계의 결함으로 기록이 안 되었을 수도 있고, 매우 민감한 연구 문제의 경우 참여자가 응답하지 않을 권리를 행사한 결과 결측 데이터가 발생할 수도 있다. 하지만 한 참여자의 데이터 중 일부가 빠졌다고 반드시 그 참여자에 대한 데이터를 분석에서 제외할 필요는 없다(가끔 이것이 통계 분석에서 어려움을 야기하기도 하지만, 연구에 필요한 참여자를 구하기가 얼마나 어려운가를 생각해 보면 가급적 활용하는 것이 현명한 일이다). 대신에, 우리는 SPSS에게 빠진 데이터가 있음을 알려줄 필요가 있다. 결측 값(missing values)을 사용하는 기본 원리는 부호화된 변수(coding variable)의 그것과 매우 유사하다: 즉, 우리는 해당 변수의 위치에 결측 데이터가 발생했음을 나타내는 어떤 숫자를 지정하여 SPSS에게 알린다(알겠지만 결측 데이터를 표기하는 값을 결측 값이라고 한다). 그렇게 하면, 컴퓨터는 데이터 편집 창의 해당 셀의 정보를 분석에서 제외한다. 결측 값을 정할 때 유의할 점은 자연스럽게 발생할 수 있는 숫자를 결측 값으로 정하지 않아야 한다는 점이다. 예를 들어, 우리가 컴퓨터에게 결측 값으로 9를 알려줬는데, 어떤 참여자는 실제 해당 변수에서 9점을 받았다고 하자. 이 경우, 컴퓨터는 그 9가 진짜 데이터인지 결측 값인지를 구분하지 않고 일괄적으로 결측 값으로 처리할 것이다.

결측 값을 지정하는 방법은 매우 간단하다. 변수 보기 창에서 Missing (결측 값) 열의 셀로 이동하여 ▢을 마우스로 클릭하여 결측 값(missing values) 대화 상자를 연다(〈그림 7〉 참조).

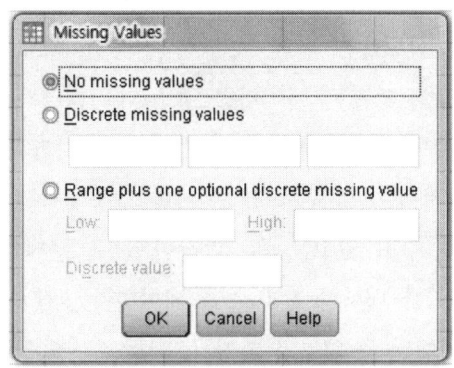

〈그림 7〉 결측 값 지정하기

들어가면 기본적으로 SPSS는 결측 값이 없다고 가정하기 때문에 지정된 결측 값이 없다. 데이터에 결측 데이터가 존재하여 결측 값을 지정하고자 할 때는 세 가지 방법이 있다. 첫 번째 방법은 불연속적인 값을 지정하는 방법이다('Discrete missing values(이산형 결측 값)'의 왼쪽에 있는 라디오 단추를 마우스로 클릭하면 된다). SPSS는 결측 값으로 3개까지 지정할 수 있도록 제공하는데, 이유는 우리가 각각의 결측 값에 다른 의미를 부여할 수도 있기 때문이다.

예를 들어, 우리는 8이라는 결측 값에 '적합하지 않는 응답', 9라는 결측 값에 '참여자가 답을 모르겠음', 그리고 99라는 결측 값에 '무응답'이라고 각각 의미를 부여할 수 있다. 물론 세 결측 값에 대해 컴퓨터는 동일하게 분석에서 제외하는 행동을 할 것이다. 하지만 이렇게 다른 의미를 갖는 결측 값을 활용하는 것은 나중에 참여자의 점수가 결측된 이유를 기억하기 위한 유용한 방법이 될 수 있다. 하지만 대개 하나의 결측 값을 지정하는 것으로 충분할 때가 많다. 결측 값을 정하는 것은 임의적이지만, 실제 측정 가능한 범위 밖의 숫자를 사용해야 한다. 예를 들어, 1~100점의 범위를 갖는 측정 변수에서 우리는 적절한 결측 값으로 666을 쓸 수 있다. 이유는 (1)실제 측정될 수 없는 값이고, (2)결측 값은 종종 통계 분석에서 어려움을 주기 때문에, 결측 값을 제공한 참여자들이 악마처럼 보일 때가 있기 때문이다! 두 번째 방법은 특정한 범위 내의 수를 모두 결측 값으로 지정하는 방법이다. 이 방법은 어떤 특정한 두 지점 사이의 값을 모두 제외할 필요가 있을 때 유용하다. 예를 들어, 5와 10사이의 점수들을 모두 분석에서 제외할 수 있다. 마지막 방법은 결측 값을 범위와 특정한 숫자 두 가지 방법을 혼용하여 쓰는 방법이다.

마. 출력 결과 창(The SPSS Viewer)

지금까지 데이터 편집 창에 대해 살펴보았다. SPSS에는 또 하나의 주요한 창이 있는데 바로 통계 분석한 결과를 보여주는 출력 결과 창(the SPSS Viewer)이다. 굳이 우리가 상관할 바는 아니지만, SPSS 출력 결과 창은 SPSS의 버전이 업그레이드 되면서 점차 발전한 곳 중의 하나이다. 예전에는 밋밋하고 단조로운 글자체와 시시한 모습의 그래프들로 분석 결과를 보여주는 모습이었지만, 점차 변화하여 오늘날에는 상당한 수준(우리들이 원하는 결과를 자유자재로 보여주는 수준)의 모습으로 발전하였다.

〈그림 8〉은 출력 결과 창의 기본 모습이다. 이 창은 크게 두 부분으로 나뉘는데 오른쪽의 넓은 공간이 분석의 결과물이 나오는 부분이다. SPSS는 각종 그래프나 통계 분석 결과를 이 곳에 보여준다. 이 곳에서 그래프의

간단한 편집도 가능한데, 편집하고자 하는 그래프 위에 마우스 포인터를 올려놓고 두 번 클릭하면 그래프를 편집할 수 있는 새로운 대화 상자가 열린다. 출력 결과 창의 왼쪽 작은 공간에는 분석 결과의 전체 구조를 보여주는 구조도가 나타난다. 이 구조도는 여러개의 통계 분석을 실시하였을 때 유용하게 사용되는데, 전체 분석 결과에서 특정한 통계 분석을 한 부분으로 쉽게 접근할 수 있도록 해주기 때문이다. 구조도는 SPSS에서 추가로 새로운 분석을 시행하거나 그래프를 만들 때마다 새롭게 추가된다.

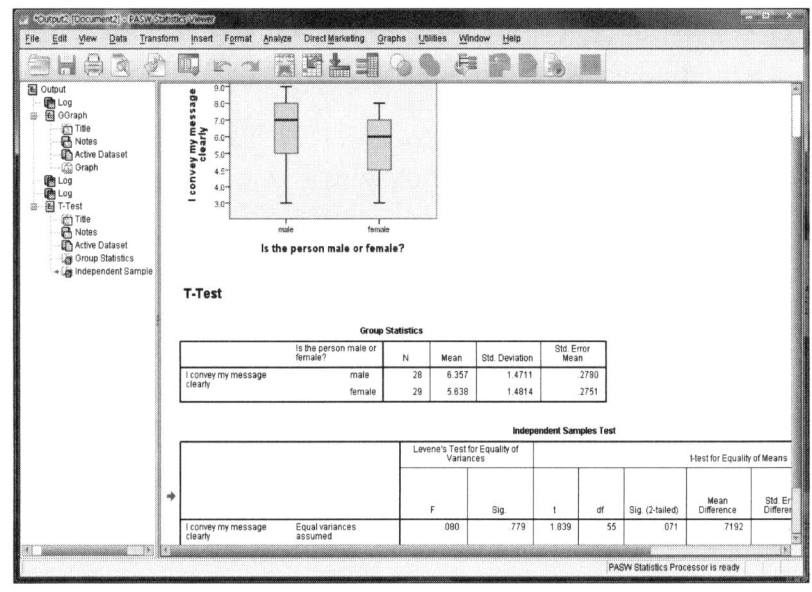

〈그림 8〉 결과 보기 창(the SPSS Viewer)

〈그림 8〉은 독립표본 t 검정(independent-samples t-test)의 분석 결과이다(가장 큰 굵은 글자의 제목에 나타나듯이). 그리고 독립표본 t 검정을 하기 위한 절차들이 각 분석 결과표의 위에 작은 제목으로 나타난다(통계 분석의 종류에 따라 하나의 분석의 과정에서 제공하는 분석 결과표는 매

우 많다). 여기에서는 집단에 대한 기술 통계 분석 결과와 독립표본 t 검정 분석 결과를 하위 분석 결과로 제공하고 있다. 기억할 점은 왼쪽의 구조도의 해당 분석을 클릭함으로서 하위 분석들 중에서 필요한 곳으로 바로 갈 수 있다는 것이다. 예를 들어, 위의 분석에서 독립표본 t 검정 분석 결과를 보고 싶을 경우 다음과 같이 하면 된다. 마우스 화살표를 왼쪽 구조도의 "Independent Samples Test"라고 적혀 있는 부분을 찾아 클릭해 보자. 그러면 오른쪽의 화면에서 해당 분석 부분이 강조되어 나타날 것이다('SPSS 팁 ③'을 참조).

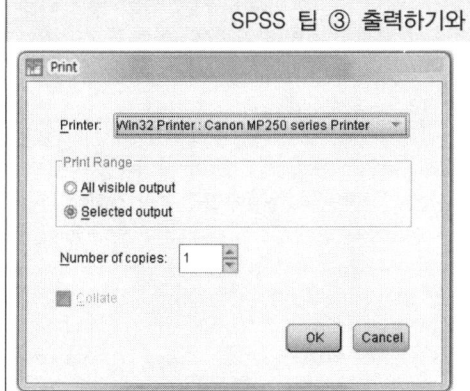

SPSS 팁 ③ 출력하기와 종이 아끼기

SPSS의 분석 결과의 모든 것을 대량으로 출력하지 않고, 결과 창의 분석 결과의 일부를 선택하여 출력함으로써 낭비되는 종이 자원을 아낄 수 있다. 앞서 살핀 바와 같이 우리는 SPSS 출력 결과 창의 구조도를 사용하여 분석 결과의 일부분을 선택하는 방법을 배웠다. 예를 들어, 분석 결과들 가운데 그래프만 출력하기를 원한다면, 구조도에서 "GGraph"를 클릭하여 선택할 수 있다. 그렇게 하면 분석 결과 창에서 해당 그래프가 강조되어 표시될 것이다. 그러면 출력하기 메뉴에서 해당 그래프만 출력하게 설정할 수가 있다.
하지만 큰 제목을 선택하는 것(예를 들면, "T-Test"와 같이)은 별 의미가 없다. 왜냐하면 그렇게 할 경우 거기에 해당하는 하위 분석 결과들도 모두 강조되어 선택되기 때문이다. 이 방법은 여러 하위 분석 과정들 가운데 특정 분석 결과를 출력하고자 할 때 유용하게 사용된다.

출력 결과 창에서도 상단의 메뉴 목록을 사용하지 않고 특정 기능을 바로 수행할 수 있는 아이콘들이 있다. 이 중에 몇 가지들은 데이터 편집 창의 아이콘과 기능이 같다. 따라서 여기에서는 출력 결과 창에서만 적용되는 것들만 추가로 설명하기로 한다.

🖨	데이터 편집 창에서와 마찬가지로 이 아이콘은 출력하기 메뉴를 바로 열 수 있게 해준다. 하지만, 이전의 데이터 편집 창과 달리 분석 결과를 출력하기 위한 출력 메뉴를 연다('SPSS 팁 ③'의 그림 참조).
	이 아이콘을 클릭하면 데이터 편집 창으로 바로 돌아간다!
	이 아이콘은 분석 결과 창에서 마지막으로 분석한 결과로 바로가게 해준다.
⬅	이 아이콘은 화면 좌측의 구조도에서 현재 활성화 되어 있는 항목을 구조도 상의 한 단계 위의 위치로 옮긴다. 예를 들어, 그림 2.10에서 'Independent Sample Test'라는 항목은 'T-Test' 항목의 하위 요소로 위치해 있는데, 만일 이 항목을 구조도 상에서 한 단계 위에 놓고 싶다면(즉, 이 항목을 'T-Test'와 같이 제목 수준으로 올리고자 한다면) 'Independent Sample Test'를 선택하고 이 아이콘을 클릭하면 된다.
➡	이 아이콘은 위 아이콘과 반대의 기능을 한다. 즉, 현재 항목을 구조도 상의 한 단계 아래의 위치로 옮긴다. 이 아이콘을 누르면 바로 앞의 제목 아래 하위 요소의 맨 마지막으로 현재 항목이 편입하게 된다. 예를 들어, 〈그림 8〉에서 'Graph' 항목 아래 있는 'Log' 항목을 선택하고 이 아이콘을 클릭하면 'GGraph'의 맨 마지막 하위 요소로 위치하게 된다.
➖	이 아이콘은 구조도 상의 한 제목의 하위 요소 전체를 숨기는 기능을 한다. 예를 들어, 〈그림 8〉에서 제목 'GGraph'를 선택하고 이 아이콘을 누르면, 'GGraph'의 하위요소들이 한꺼번에 사라진다. 동시에 오른편의 분석 결과를 보여주는 창에서 해당 분석 부분도 모습을 감춘다. 하지만, 그렇다고 해서 분석 결과 자체가 지워지는 것이 아니라 단지 모습을 감출 뿐이다. 이 아이콘은 여러 데이터 분석을 실시해서 복잡할 때, 즉 구조도를 간단하게 요약할 필요가 있을 때 유용하게 사용될 수 있다.
➕	이 아이콘은 감추어졌던 부분을 다시 펼쳐 보여주는 기능을 한다. SPSS는 기본적으로 모든 하위 구조들을 감추지 않고 보여주는 것을 초기 값으로 설정하고 있기 때문에 보통은 비활성화 되어 있다(즉, 사용할 일이 없다). 하지만, 필요에 따라 위 아이콘을 통해 일시적으로 감춘 항목이 있다면, 이 아이콘을 통해 다시 원상복구 할 수 있다.
	이 아이콘은 구조도 상의 특정한 항목에 대한 오른쪽의 분석 결과를 숨길 수 있게 해준다. 당신이 구조도 상의 특정한 항목을 선택하여 이 아이콘을 클릭하면, 오른쪽 분석 창에서 해당 부분이 자취를 감춘다. 중요한 것은 해당 부분이 삭제되는 것이 아니라 감춰지는 것이라는 점이다(눈치가 빠른 사람은 바로 아래 아이콘이 숨겨진 것을 다시 보여주는 기능을 할 것이라는 것을 예측할 수 있을 것이다). 이 아이콘은 앞서 살펴본 ➖ 아이콘과 유사한 기능을 하지만, 왼쪽 구조도에서는 영향을 미치지 않고, 한 제목의 하위 내용 전체가 아닌 특정 항목을 구체적으로 선택할 수 있다는 점에서 차이를 갖는다. 이 아이콘은 오른쪽에서 필요한 분석 결과들만을 편집해서 보고자 할 때 유용하게 사용될 수 있다.

	이 아이콘은 마치 눈이 안 좋은 사람을 위한 돋보기처럼 보이지만, 불행하게도 이것은 확대 기능과 거리가 있다. 이 아이콘은 바로 위의 것과 반대 기능을 한다. 만일 당신이 분석 결과의 일부분을 감췄다면, 이 아이콘을 클릭해서 다시 보이게 할 수 있다. 앞서 말한 바와 같이, SPSS는 초기 값으로 모든 항목에 대한 분석 결과를 보이게 설정하고 있기 때문에 아무 것도 손대지 않았을 때는 이 아이콘이 활성화되지 않는다. 즉, 위의 아이콘을 사용했을 경우에만 이 아이콘을 볼 수 있다.
	이 아이콘은 구조도에 새로운 머리 항목(Heading)을 넣는 기능을 한다. 예를 들어, 몇 가지 데이터 분석을 실시하였는데, 그 분석들이 하나의 연구 주제에 대한 것이라고 가정해 보자. 이 경우 이 아이콘을 활용하여 하나의 머리 항목을 삽입한 후, 이에 해당하는 분석들을 이 머리 항목의 하위로 옮겨 구조도를 깔끔하게 정리할 수 있다.
	위와 같이 구조도를 재편성하였을 때, 이 아이콘을 활용하여 새로운 머리 항목에 적절한 제목을 붙일 수 있다(예를 들면, 연구 가설1에 대한 분석들). 이렇게 붙은 제목은 오른쪽의 분석 결과에 반영되어 나타난다. 이는 분석 결과를 출력하였을 때, 내용을 보다 구분하기 쉽게 하는 이점을 제공한다.
	이 마지막 아이콘은 결과 분석 창에 글 상자를 넣는 기능을 한다. 이 글 상자에는 어떤 내용이라도 적어 넣을 수 있다. 위의 상황과 연결한다면 첫 번째 연구가 어떤 내용에 대한 분석들을 담고 있는지 설명하는 메모를 담을 수 있을 것이다.

바. SPSS 스마트뷰어(The SPSS Smartviewer)

무언가 발전한다는 것은 매우 좋은 일이다. 하지만 이따금 컴퓨터 프로그램에 있어 비약적인 발전은 사용자들에게 약간의 불편함을 수반하기도 한다. 예를 들어 마이크로소프트(Microsoft) 사의 오피스 프로그램이 2007 이상 버전에서 저장 파일방식을 바꾸어 많은 이전 버전의 사용자들에게 불편함을 가져온 일을 기억할 것이다. SPSS도 마찬가지의 어려움을 겪고 있다. SPSS 16 이전 버전들에서는 출력 결과 파일이 '.spo'의 확장자로 저장이 되었었는데, SPSS 17버전 이후부터는 '.spv'의 확장자 방식으로 바뀌었다. 따라서 SPSS 17버전 이상에서 저장한 출력 결과 파일을 SPSS 16버전 이하에서는 불러올 수 없게 된 것이다(마찬가지로 17버전 이상에서는

16버전 이하의 출력 결과 파일을 불러올 수 없다). 심지어 17버전 이상에서 16버전 이하의 양식인 '.spo'확장자로 저장할 수도 없게 하였다. 이것은 사용자로 하여금 미치고 팔짝 뛰게(?) 한다(왜냐하면 아직도 17버전 이하의 프로그램을 활용하는 곳이 많기 때문이다).

이를 보완하기 위한 방편으로 우리는 **스마트뷰어(Smartviewer)**를 설치하여 활용할 수 있다. SPSS 스마트뷰어의 모습은 아래와 같다(〈그림 9〉 참조). 화면이 SPSS 18버전의 모습과 약간 차이가 있기는 하지만 매우 유사하며 기능들도 거의 같다. 이 뷰어의 특징은 SPSS 17 이전 버전의 출력 결과 파일인 '.spo' 확장자 양식을 열 수 있게 해준다는 점이다. 단 제한점은 윈도우 운영체제(XP, 비스타, 7)에서만 설치할 수 있으며, 한글 지원이 안된다는 점이다. 프로그램을 다운 받을 수 있는 경로는 다음과 같다.

SPSS 스마트뷰어 다운 경로
http://support.spss.com/ProductsExt/SPSS/Documentation/Statistics/LegacyViewer/readme.html

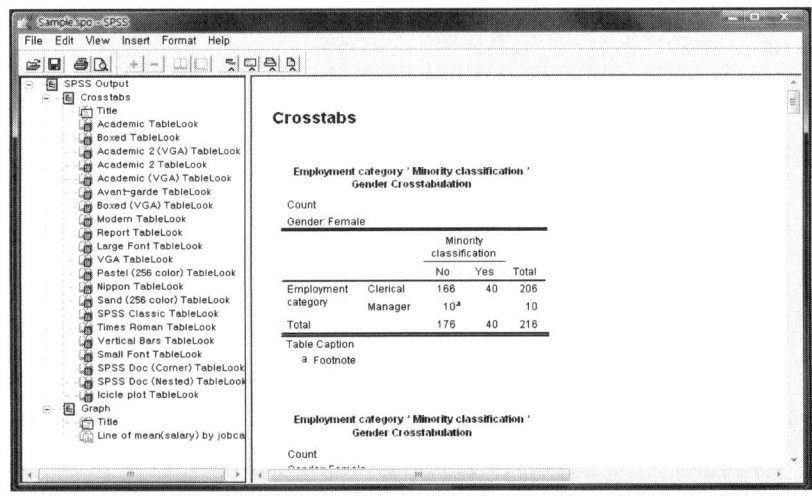

〈그림 9〉 SPSS 스마트 뷰어

사. 명령문 편집 창(Syntax Editor)

앞서 잠깐 언급한 바와 같이, SPSS에서 명령문(Syntax)을 사용하는 것은 종종 매우 유용할 때가 많다. 이는 SPSS에서 데이터를 조작하고 통계 분석을 수행하는 컴퓨터 명령어를 직접 입력하는 것을 말한다. 물론 SPSS는 마우스를 사용하여 대부분의 필요한 분석이나 조작을 할 수 있지만, 그럼에도 불구하고 SPSS 명령문은 유용하다. 그 이유는 다음과 같다. 첫째, SPSS를 활용할 때, 일반 대화 상자를 통해 수행 할 수 없지만 명령문을 통해서는 수행이 가능한 것들이 있기 때문이다(물론 이러한 것들은 대부분 심화된 것들이어서 전문가들 이외에는 쓰지 않는다.). SPSS 명령문을 권유하는 두 번째 이유는 우리에게 보다 실질적으로 도움이 되는 부분인데, 비슷한 분석을 반복하여 실행할 경우이다. 이 경우 매번 대화상자를 열어 해당 조건들을 마우스로 클릭하여 반복 수행하는 것보다 명령어를 활용하면 상당한 시간을 단축하여 분석을 실행할 수 있다. SPSS 명령문을 권유하는 마지막 이유는 분석의 전 과정을 기록할 수 있기 때문이다. 여러 분석을 실행하다 보면, 결과만으로 분석의 전 과정을 알기 어렵다. 또한 문제가 발생하였을 때, 어디서 문제가 생겼는지 기억을 더듬어 찾는 것은 매우 어렵다. 명령문은 따로 저장할 수 있기 때문에 문제가 발생하여 보다 잘 아는 사람에게 자문을 구하거나, 과정을 검토해 볼 때 매우 유용한 이점을 제공한다.

다행히 SPSS에서 명령문을 활용하는 것은 매우 쉬운데, 왜냐하면 SPSS의 대화 상자들 대부분이 Paste (붙여넣기) 단추를 제공하기 때문이다. 대화상자를 이용하여 어떤 구체적인 분석을 할 때, 최종적으로 OK (확인)를 눌러 분석을 실행하기 전에 이 단추를 누르면 해당 분석을 위한 명령어들을 명령문 편집 창(Syntax Editor)에 자동으로 붙여 넣어 준다. 명령문 편집 창을 여는 방법은 간단하다 SPSS 상단 메뉴로 File New ▶

⬚ Syntax(명령문)를 선택하면 〈그림 10〉(위쪽)과 같이 빈 명령문 편집 창이 열린다. 이 창에서 오른쪽 넓은 부분(명령어 입력 공간)에 SPSS 명령어를 직접 입력할 수 있다. 물론 SPSS 명령어 체계와 규칙은 꽤 복잡하기 때문에 이를 새로 익히는 것은 우리로 하여금 큰 좌절감을 맛보게 할 수 있다. 예를 들어, 모든 명령문을 입력하고 줄을 바꿀 때에는 마침표를 찍어야 한다(그러지 않으면 오류 메시지가 뜰 것이다. 이 오류 메시지는 명령문을 통해 분석을 실행하게 되면 출력 결과 창에 나타난다. 기억할 것은 오류 메시지에서 구체적으로 명령어의 몇 번째 줄에서 오류가 발생했는지 위치를 알려주기 때문에 명령어들 중 어디서 잘못되었는지는 쉽게 찾을 수 있다는 점이다).

다시 말하지만 모든 사람이 이것을 다 이해하고 사용해야할 의무는 없다. 다만 분명한 것은, SPSS 명령문을 이해하려는 노력이 당신만의 SPSS 분석을 만들어가는 시작점이 될 것이라는 점이다. 명령문 편집 창에 대한 설명을 계속하기로 하자. 명령문 편집 창은 왼쪽에 위치를 안내하는 부분이 있다(이 구조는 출력 결과 창과 비슷하다). 꽤 긴 명령문들을 가진 파일을 작업할 때, 이 위치 안내 기능은 유용하게 활용될 것이다. 명령문 입력을 마쳤다면, Run (실행)메뉴를 이용하여 명령문을 실행할 수 있다. Run ◉All (모두)을 선택하면 명령문 창의 모든 명령을 실행할 것이다(혹은 이 대신에 상단의 아이콘 중 ▶을 누를 수도 있다). 혹은 명령문 중 일부분을 수행하고자 한다면 명령문의 일부분을 마우스로 선택한 후(선택된 부분은 강조되어 화면에 나타날 것이다) Run ▶ Selection (선택 영역)(혹은 Ctrl 키와 R키를 동시에 눌러도 된다)을 선택하면 선택된 부분의 명령문만을 수행할 수도 있으며(마우스로 선택하지 않을 경우에는 현재 커서가 있는 줄의 명령문만 수행된다), Run ⇥ To End (끝까지)는 현재 커서 위치부터 명령문의 끝까지를 수행하게 한다. 또 한 가지 기억할 점은 SPSS에서는 몇 개의 데이터 파일을 동시에 열어 둘 수 있는데, 각 데이터 파일마다 명령문 창을 열지 않고(그렇게 되면 창이 많아져서 헷갈리기 쉽다) 같은 명령문 창을 공유할 수 있다는 점이다. 대신에 해당 명령문을 수행하기 전에 화면 상단의 메뉴 바의 끝에 있는 Active: DataSet1 (활성: 데이터 집합1)를 이용하여 명령문을 실행하고자 하는 데이터 파일을 선택하면 된다.

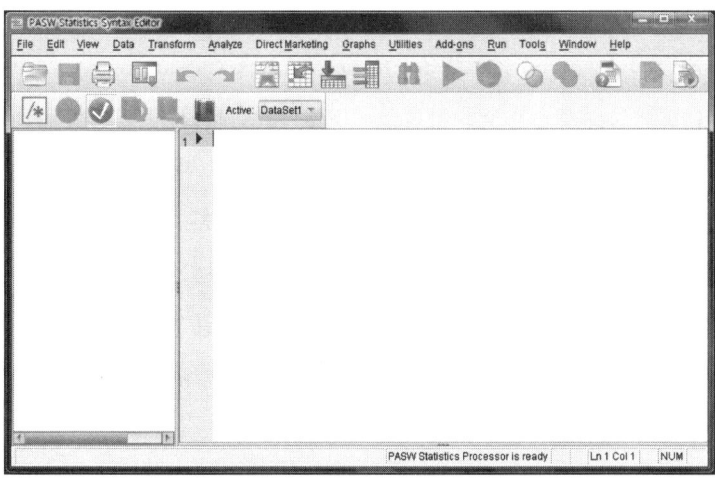

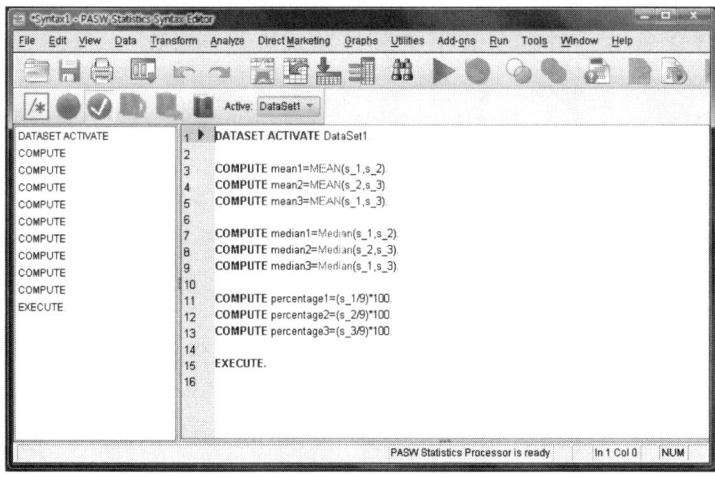

〈그림 10〉 새로운 명령문(Syntax) 창(위쪽)과 몇 가지 명령어가 입력된 명령문 창(아래쪽)

10_SPSS 분석 도구의 이해와 활용 · **337**

아. 파일로 저장하기

　컴퓨터를 사용해 대부분의 사람들이 파일을 저장하는 방법을 잘 알고 있지만, 💾 아이콘 사용에 대해 꼭 알아야 할 부분이 있어서 간략하게 기술하기로 한다. SPSS에서 파일을 저장하려면 간단하게 💾 아이콘을 사용하면 된다(혹은 상단의 메뉴에서 File Save (저장하기)나 File Save As... (다른 이름으로 저장하기)를 사용해도 된다). 만일 저장하려는 파일이 새로운 파일이면, 이 아이콘을 눌렀을 때 아래와 같이 'Save As...'의 대화 상자가 실행된다(〈그림 11〉 참조). 기억할 점은 현재 창의 내용만 저장된다는 것이다. 예를 들어, 데이터 편집 창과 이와 관련한 명령문 창, 그리고 출력 결과 창의 세 개의 창을 띄우고 작업을 하다가 어느 한 곳에서 저장하기를 누르면 이와 관련된 나머지 창들의 내용들도 자동 저장되는 것이 아니라 현재 활성화 되어 있는 창의 내용만 저장된다는 사실이다(이것을 잊으면 종종 낭패를 보기도 한다). 예를 들어, 현재 창이 데이터 편집 창이면 SPSS는 현재 데이터를, 출력 결과 창이면 출력 결과를 저장할 것이다.

　저장하기 대화 상자는 아래 그림과 같다. 여기서 먼저 할 일은 파일을 저장할 곳을 지정하는 일이다. SPSS는 데이터를 저장할 수 있는 여러 매체를 제안한다. 여기서 당신은 하드디스크(💿)나, CD 혹은 DVD(💿), 아니면 USB와 같이 외부 저장 매체(💿)를 마우스로 두 번 클릭하여 선택할 수 있다. 저장할 매체를 선택하면 대화 상자는 해당 매체 안에 사용 가능한 폴더들의 목록을 보여줄 것이다. 저장될 파일이 들어갈 폴더를 선택한 후에는 파일 이름을 만들어야 한다. 'File name(파일 이름)'이라고 쓰여져 있는 곳의 왼쪽의 빈 공간에 마우스를 클릭하면, 파일 이름을 입력할 수 있는 커서가 나타날 것이다. 기본적으로 모든 파일은 SPSS의 파일 형식으로 저장되게 설정되어 있다. 만일 데이터 파일이면 '.sav', 출력 결과 파일이면 '.spv', 그리고 명령문 파일이면 '.sps'의 확장자를 사용하도록 되어 있을 것이다. 하지만 데이터 파일의 경우 필요에 따라 마이크로소프트 엑셀(Microsoft Excel) 파일과 같은 다른 형식으로 저장하는 것도 가능하다. 'Save as type(저장 유형)' 오른쪽의 PASW Statistics (*.sav) 를 클릭하면 저장 가능한 파일 양식들의 목록이 펼쳐지는데 그 중 적절한 유형을 선택하면 된다. 한 번 저장한 적이 있는 파일은 아이콘을 클릭함으로써 덮어쓰기(업데이트)가 가능하다. 다시 강조하지만 아이콘은 데이터 편집 창과 결과 보기 창에 모두 있다. 하지만 이것을 눌렀을 때 저장되는 파일은 현재 활성화 되어 있는 창의 종류에 따라 결정된다는 사실을 잊지 말라!

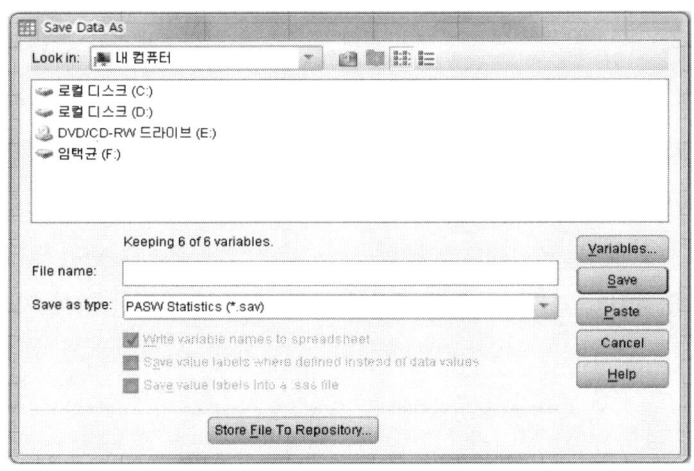

〈그림 11〉 데이터 저장하기 대화 상자

자. 파일 불러 오기

대부분 SPSS 작업을 할 때 새로 파일을 저장하는 것만큼 이전의 파일들을 불러오는 일이 빈번하다. 따라서 SPSS에서 데이터 파일을 불러오는 것을 아는 것은 매우 중요하다. 파일을 불러오기 위해서는 아이콘을 사용하면(혹은 File Open ▶ Data... (데이터)의 메뉴를 사용해도 된다) 〈그림 12〉와 같은 대화 상자를 열 수 있다. 먼저 할 일은 파일이 저장되어 있는 위치를 찾는 일이다. 여기에는 불러올 수 있는 형식의 파일만 목록으로 제공된다. 예를 들어, 데이터 편집 창에서 아이콘을 눌러 불러오기를 할 경우 기본 설정으로 파일 양식이 데이터 파일로 설정되어 있으므로 해당 폴더 안에 있는 데이터 파일들만 볼 수 있다(마찬가지로 출력 결과 창에서 아이콘을 통해 불러오기를 할 경우에는 출력 결과 파일 양식이 기본 설정으로 되어 있기 때문에 출력 결과 파일들만 볼 수 있다).

따라서 File Open ▶ Data... (데이터)메뉴를 통해 불러오기를 실행하면 데이터 파일이, File Open ▶ Output... (출력 결과) 메뉴로 불러오면 출력 결과 파일이, 그리고 File Open ▶ Syntax... (명령문)메뉴를 통해 불러오면 명령문 파일이 보일 것이다. 파일이 저장된 곳을 찾아 들어가서 원하는 파일을 선택한 후 Open (열기)을 누르거나 해당 파일(모양의 부분을)을 두 번 클릭하면 파일을 불러올 수 있다. 불러오는 파일의 양식(데이터 파일, 출력 결과 파일 혹은 명령문 파일)에 맞는 적절한 창이 열리면서 내용이 불러와질 것이다. 만일 데이터 편집 창에서 출력 결과 파일을 열고자 할 경우에는, 'File of type(파일 유형)' 오른 쪽에 있는 PASW Statistics (*.sav) 을 눌러 제시되는 목록들 가운데 적절한 양식을 선택하면 된다. 불러올 수 있는 양식들에는 출력 결과 파일(*.spv), 명령문 파일(*.sps), 엑셀 파일(*.xls), 문서 파일(*.dat, *.txt) 등이 있다.

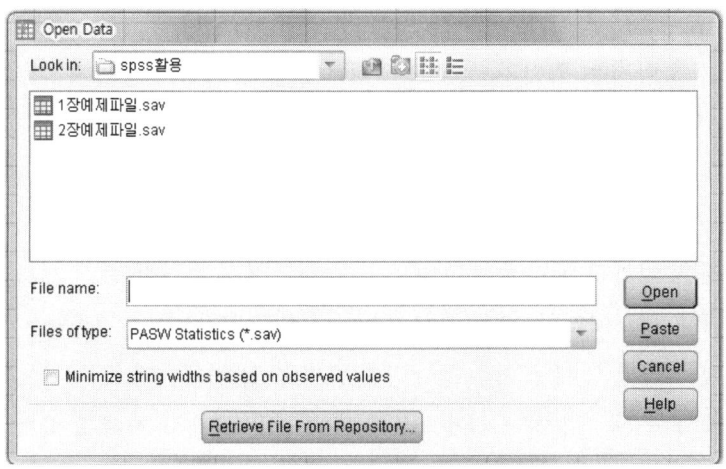

〈그림 12〉 파일 불러오기 대화 상자

3. t검정(t-test)의 이해와 활용[4]

연구를 하다보면 종종 두 집단의 사람들의 차이에 관심을 갖는 경우가 있다. 주로 실험 연구에서 이러한 상황이 자주 일어나는데, 이유인 즉, 어떠한 현상의 원인과 결과를 추론하기 위해 한 대상에게 원인으로 추정되는 조치를 취한 후, 그것이 결과에 영향을 미치는지를 알고 싶어 하기 때문이다. 교육 실험 연구도 마찬가지이다. 예를 들어, 우리가 무작위로 추첨한 두 집단을 대상으로 한 집단에게는 암기력이 좋아지는 알약을 개발하여 제공하고, 다른 한 집단에게는 그냥 아무 효과가 없는 밀가루 알약

---

[4] t-test를 우리말로 번역할 때 t검정과 t검증이 혼용되어 사용되는 경향이 있다. 실제 의미의 차이는 없지만 불필요한 혼용을 막기 위해서 여기서는 t-test라는 용어를 그대로 사용하고자 한다.

을 제공하였다고 가정해 보자(물론 두 번째 집단의 구성원들은 그것이 머리가 좋아지는 약이라고 믿고 있다). 만일 암기력이 좋아지는 알약을 먹은 집단이 밀가루 알약을 먹은 집단에 비해 암기 시험에서 보다 높은 점수를 획득했다면, 우리는 암기력이 좋아지는 알약이 암기 시험 점수의 향상에 영향을 주었다고 추론할 수 있을 것이다.

이것은 인과적 논리에 대한 매우 단순하면서도 강력한 증거 제시 방법이다. 따라서 어떠한 교육 프로그램이나 방법의 효과를 검증하는 교육 연구에서 널리 많이 쓰이는 통계적 검증법 중의 하나이기도 하다. 그러나 동시에 잘못된 가정이나 적용으로 인해 검증을 제대로 하지 못하는 경우가 많은 검증법이기도 하다. 본 장에서는 t-test는 언제 쓰이는지, t-test의 원리와 기본 가정은 어떠한지, 그리고 t-test의 종류와 각 검증의 실제를 통해 유의할 점은 어떤 것이 있는지 알아보기로 한다.

가. t-test에 들어가기에 앞서

1) 기본적인 개념들

t-test를 이해하기 위해서는 두 가지의 개념을 이해해야 한다. 첫째는 모집단(population)과 표집 집단(sample)이다. 보다 쉬운 이해를 위해 하나의 가정을 해보자. 우리는 대한민국의 직장에 다니는 미혼 남자들이 평균적으로 배우 김태희를 현재 여자 연예인 중에서 몇 번째로 좋아하는지를 알아보고자 한다. 이를 가장 정확하게 알기 위한 방법은 대한민국에 거주하는 모든 직장 미혼 남성을 대상으로 조사하여 응답을 받아서 평균을 내어 보는 것이다. 그러나 이를 실제 조사하려고 하면 많은 시간과 비용이 든다. 뿐만 아니라 조사하는 동안 연구 대상자의 처지 변화나(직장을 그만두거나 입사하거나, 혹은 새로이 결혼을 하거나 등의 이유로)

아니면 새로운 여자 연예인의 출현으로 인해 순위에 변동이 생기거나 하는 등의 다양한 이유가 개입되어 전체를 직접 모두 조사하는 것이 거의 불가능하다(좀 더 극단적인 예로는 전 세계의 생후 일주일 내의 신생아가 조사 대상이라고 생각하면 더 분명해진다). 이를 위해 우리는 전체 대상이 되는 집단에서 대표성을 갖는 소수의 대상을 선별하여 선택하여 소집단을 표집한다(표집방법은 무선표집, 구획표집 등 다양한데, 이들은 표집방법상에 차이가 있을 뿐 모두 뽑은 소집단이 전체 대상으로 일반화 할 수 있도록 하는 데에 목적을 두고 있다). 이는 마치 건축자가 실제 건축을 하기에 앞서 실제 건축을 잘 나타내는 모형 건축을 가지고 여러 가지 조건에서 실험을 하여 실제 상황을 예측하는 것에 비유할 수 있다. 그렇기 대부분의 모형 건축은 실제 건축을 잘 대표하여야 한다. 통계 검증에서 우리는 관심을 갖는 전체 대상(모집단)을 잘 추론할 수 있는 소집단을 표집하여 그 집단의 평균과 표준편차, 분산 등을 활용하여 여러 가지 통계분서을 수행한다.

t-test를 이해하기 위해 우리가 이해해야 할 두 번째 개념은 표집분포(sampling distribution)이다. 이 분포는 실제 존재하지 않는 가상의 분포이지만, 이것을 얼마나 잘 이해하는가가 t-test를 포함한 모든 통계를 이해하는데 있어 매우 중요한 역할을 한다(표집분포가 없다면, 어떤 통계검증도 할 수 없다는 말은 절대 과장이 아니다). 표집분포는 쉽게 말해 어떠한 전집에서 반복해서 표본을 선정하여 산출한 통계치들의 분포를 말한다. 보다 쉬운 이해를 위해 평균을 예를 들어보자. 1에서 5까지의 번호표가 2장씩 들어있는 주머니를 가정해 보자. 이 주머니에서 무작위로 2개의 번호표를 뽑을 경우 그 평균은 얼마로 기대할 수 있을까? 이를 예측하기 위해서는 모든 경우의 수를 산출해 보면 된다. 총 25가지의 조합이 가능한데, 이를 두 점수의 평균별로 분류하여 보면 1점이 나올 경우는 (1,1)의 한 가지 경우이다. 그리고 1.5점이 나올 경우는 (1,2), (2,1)의 두 가지 경

우이다. 이와 같은 방식으로 확률을 계산하면, 1점(1/25), 1.5점(2/25), 2점(3/25), 2.5점(4/25), 3점(5/25), 3.5점(4/25), 4점(3/25), 4.5점(2/25), 5점(1/25)가 각각 될 것이다. 이를 그림으로 나타내면 다음과 같다.

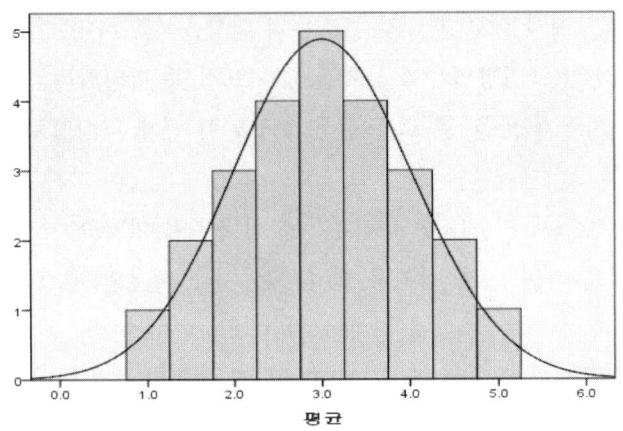

〈그림 13〉 복주머니 표본의 평균들이 나타내는 표집 분포

이를 통해 우리는 원래의 전체 복주머니에서 2장씩 무작위로 뽑을 경우, 그 표본의 평균이 2.5~3.5사이에 있을 가능성이 아주 높다는 것을 알 수 있다. 아울러 이런 방식으로 표본을 선정할 경우 평균이 5점이 되는 경우는 아주 가능성이 희박하다는 것을 알 수 있다. 물론 그 가능성이 아주 작을 뿐이지, 그럴 가능성이 전혀 없는 것은 아니다. 이와 같은 방식으로 모집단의 수와 표집의 수를 확장시켜 무한대로 반복하면 표본의 평균의 표집분포는 그림의 실선부분과 같이 평균을 중심으로 정상분포를 이루는 곡선에 근접해진다. 즉, 표집분포는 표본의 특정 통계치가 모집단으로부터 나올 확률을 알려준다.

t-test를 수행하는데 있어 표집 분포와 관련해서 기억해야 할 두 가지 특징이 있다. 첫째는 표집 분포의 평균은 모집단의 평균과 같다는 점이

다. 즉, 다시 말해 '표본의 평균이 얼마일까?'에 대한 가장 합리적인 답은 모집단의 평균이 된다. 그래서 우리는 보통 아무런 단서가 없을 때, 평균값을 기댓값으로 많이 활용한다. 예를 들어, '지구인 성인 남성의 평균 키가 178cm라고 할 때, 성인인 철수의 키는 얼마일까?'에 대해 우리는 보통 178cm로 추정한다. 물론 철수의 키가 다른 값일 수도 있지만, 아무런 단서가 없을 경우 철수가 그 값에 속할 확률이 가장 높기 때문이다. 반대로 실제 철수의 키가 10m라고 할 때, 우리는 철수가 지구인이 아닐 가능성이 높다고 판단한다(이는 후에 살펴보겠지만, t-test의 가설을 검증할 때, 매우 중요한 논리가 된다).

표집 분포와 관련해서 기억해야 할 두 번째 특징은 표본의 사례수가 적으면 적을수록 평균의 표집분포는 폭이 넓어져서 정상분포 곡선에서 멀어지며, 동일한 모집단에서 표본의 사례수를 크게 하면 크게 할수록 평균의 표집분포의 폭은 좁아진다. 예를 들어, 1,000개의 숫자에서 1개의 숫자를 무작위로 뽑을 경우, 모든 점수에 대한 기댓값은 1/1,000으로 동일할 것이다. 이는 어떤 점수이든지 모집단에서 우연히 나올 수 있다고 볼 수 있다. 반면, 1,000개의 숫자에서 999개의 숫자를 무작위로 뽑아 평균을 낼 경우, 대부분의 점수는 모집단의 평균인 500과 아주 근소한 차이를 보일 것이다. 그리고 이 경우에는 극단적인 값이 나올 확률이 0에 가깝다(이 때문에 많은 t-test에서 사례수가 많을 경우 작은 차이에도 유의하게 나오는 이유가 된다).[5]

---

[5] 이러한 표집분포의 특징을 수학적으로 정리한 것이 '중심 극한 정리'이다. 이에 대해서 본 장에서는 구체적으로 다루지 않도록 한다. 이를 이해하기 위해서는 일정한 수학적 지식이 요구되는데, 이는 우리가 t-test의 논리를 이해하는데 반드시 필요한 것은 아니기 때문이다. 본 고에서는 개념적으로 쉽게 설명할 부분만 짚고 넘어가기로 한다(이에 대해 좀 더 알고 싶으면 성태제, 1995; 임인재·김신영·박현정, 2007; David C. Howell, 2004; Andy Field, 2009 등의 통계책을 살펴보길 바란다).

2) t-test의 논리

자 이제 t-test의 논리를 살펴보도록 하자. t-test의 논리는 다음과 같이 요약할 수 있다.

- 두 표본의 데이터로부터 우리는 각각의 표본의 평균을 산출하여 가지고 있다. 두 표본의 평균 점수의 차이는 아주 근소할 수도 있고 많이 차이가 날 수도 있다.

- 만일 두 표본이 같은 모집단으로부터 나왔다면, 우리는 두 평균 점수가 대략 비슷할 것으로 기대할 수 있다. 왜냐하면 한 모집단에서 추출한 각 표본의 평균은 모집단의 평균과 비슷할 확률이 크기 때문이다(앞의 표집분포에 대한 논의를 참조하라). 한 모집단에서 산출한 표본의 평균 점수가 모집단의 평균과 큰 차이를 보이는 경우도 있지만 확률적으로 매우 드물다. 따라서 두 표본의 평균 점수가 매우 유사할 것이라는 이 기대는 우리의 연구가설을[6] 지지하는 입장이 된다.

- 이제 우리가 할 일은 우리가 실제 수집한 두 표본의 점수 차이와 위의 가정(영가설이 참이라는 가정, 즉 효과가 없다는 가정)하에서 얻을 것으로 기대되는 점수 차이를 비교하는 일이다. 우리는 표본 평균 간의 차이의 분포, 즉 표본 평균의 변산성을 재는 척도로 표준오차라는 개념을 사용한다[7]. 만일 표준 오차가 작으면, 다시 말해 표집 분포의 폭이 좁으면 한 모집단으로부터 산출되는 대부분의 표본들이 비슷한 평균 값들을 보일 것으로 기대할 수 있다 (앞의 표집 분포의 두 번째 특성을 참조). 반대로 표준 오차가 클

---

[6] t-test를 수행할 때 우리는 대부분 영가설을 가정한다. 즉, 두 표본의 평균은 차이가 없다는 가설인데, 이는 어떠한 실험적 처치가 대상자에게 효과를 가지지 못한다는 것을 가정한다. 그리고 우리의 목표는 통계적 검증을 통해 이 영가설을 기각함으로써 우리의 실험적 처치가 효과가 있다는 결론을 도출하는데 있다.

[7] 표준오차(standard error)는 표집 분포의 표준편차로, 표집을 여러 번 반복했을 경우 얻게 되는 기대 값의 분포, 즉 변산성을 반영한다.

경우에는 한 모집단으로부터 산출되는 표본들의 평균 간의 차이는 크게 나타날 것이다. 따라서 우리가 실제 수집한 두 표본의 점수 차이가 표준오차에 근거해 합리적으로 기대할 수 있는 점수 차이에 비해 크게 나온다면 우리는 아래의 두 가지 설명 중 하나를 가정할 수 있다.

> 1) 이 큰 차이는 하나의 전집에서 나올 수 있는 표본의 평균 분포 사이에서 확률은 적지만 우연히 나타날 수 있는 극단의 값이 나왔다고 판단하여 영가설을 채택하는, 즉 처치에 의한 효과는 없다고 결론을 내릴 수 있다.
>
> 2) 하나의 전집에서 산출된 표본의 평균 분포 사이에서 이 정도의 차이가 나올 확률이 너무 적으므로 차라리 각 분포의 평균이 나오기 수월한 서로 다른 두 전집에서 나왔다고 판단할 수 있다(표집 분포의 첫 번째 특성 참조). 이 경우, 영가설은 기각되면 최종적으로 처치에 의한 효과가 있다고 결론을 내릴 수 있다.

- 두 표본 평균 간의 차이가 크면 클수록 우리는 두 번째 설명에 대해 더 신뢰할 수 있다(즉 영가설을 기각할 수 있는 것이다). 즉, 영가설을 기각하는 이러한 결과는, 두 표본의 평균의 차이가 각 표본에 서로 다른 처치에 의해 기인한 것이라는 확신을 지지하게 된다.

3) t-test의 기본 가정

t-test의 기본 가정은 다음과 같다. 즉, t-test를 하기 위해서는 다음의 요건을 충족해야 한다.

- 표집 분포는 정상 분포를 이룰 것을 가정한다. 이 말은 표본의 원점수들 자체가 정상 분포를 이룬다는 말이 아니다. 점수들 간의 차이가 만들어내는 가상의 표집 분포가 정상 분포를 이룬다는 말이다. 좀 복잡하게 들리겠지만, 이유는 매우 간단하다. 우리가 표집 분포를 활용하여 검증을 하는데 표집 분포 자체가 정상 분포를 이루지

않으면, 그것을 기반으로 하는 모든 통계적 계산이 사상누각(沙上樓閣)이 되기 때문이다.[8] 사례 수가 많은 표본에서는 당연히 표집 분포가 정상 분포를 이루지만, 사례수가 적은 표본에서는 이야기가 달라진다(일반적으로 표본 수가 30이상인 경우에는 대부분의 표집 분포가 정상 분포를 이룬다). 따라서 30 이하의 사례수를 갖는 표본인 경우에는 통계 분석에 앞서 이를 검증할 필요가 있는데, 이를 위해 SPSS에서는 Kolomogorov-Smirnov test를 제공한다(자세한 방법은 Andy Field, 2009: 144-148을 참조하라).

- 모든 점수는 적어도 간격 척도(interval level)이상이어야 한다. 왜냐하면 t-test는 점수들 간의 산술적 계산을 통해 이루어지는데, 이는 점수가 간격 척도 이상이 되어야 가능하기 때문이다.

독립표본 t-test의 경우에는 서로 다른 두 집단의 차이를 검증하기 때문에 다음의 가정이 추가로 요구된다.

- 변량의 동질성이 충족되어야 한다. 이는 등분산 가정이라고도 하는데, 두 집단의 전집의 변량이 대체적으로 같아야 한다는 말이다. 왜냐하면 독립표본 t-test의 경우 평균간 차이의 표집분포를 활용하는데 이를 위해 두 변량을 결합시킨 통합 변량(pooled variance)을 추정하기 때문이다. 마치 수학에서 서로 다른 미지수 x와 y의 계수

---

[8] 따라서 모집단의 모수들에 대한 가정이나 추정치를 수반하는 통계 검증들은 이 가정이 필요하다. 이러한 통계 검증들을 모수적 검증(parametric test)라고 부르며, 이와 대조적으로 모수 추정이나 정확한 분포적 가정에 의존하지 않는 통계검증을 비모수적 검증(nonparametric test) 혹은 분포무관 검증(distribution-free test)라고 한다. 일부 통계학자들은 이 가정을 중요시 여기며 이에 따라 이 두 가지 검증을 엄격히 구분하여 적용할 것을 강조하지만, 대부분의 많은 연구자들은 모수검증이 가정의 위배에 별 영향을 받지 않는 막강한(robust) 것이라고 주장하고 있다. SPSS에서 다루는 대부분의 통계들은 모수적 검증이며, t-test도 모수적 검증 중의 하나이다. 본 장의 목적이 통계책을 하나 쓰는 것이 아니기 때문에 여기서는 우리에게 필요한 부분만 이해가 쉽게 언급하고자 한다(이에 대해 보다 자세히 알고 싶으면 David C. Howell, 2004의 20장; Andy Field, 2009의 5장을 참조하라).

간에 계산이 불가능하듯이 변량의 동질성이 충족되지 않으면 t-test 의 결과는 의미가 없게 된다. 따라서 독립표본 t-test를 하기에 앞서 이 가정이 충족되는지를 먼저 검증해야 한다. SPSS에서는 Levene's test를 제공하는데, 이는 t-test 안에 일부 과정으로 포함되어 자동으로 산출된다(이에 대해서는 나중에 실제를 통해 다시 언급하기로 하자).

- 두 표본으로부터 나온 점수들은 서로 독립적이어야 한다. 왜냐하면 각 점수들은 서로 다른 사람에게서 나온 것이기 때문이다.

t-test는 위와 같은 가정이 충족되어야 수행할 수 있다. 따라서 우리는 t-test를 하기에 앞서 우리의 자료들이 이러한 가정을 충족하는지 충분히 검토하여야 한다. 그렇지 않으면, 우리는 우리의 시간과 지적 노력은 잘못된 결론으로 이끌고 갈 수 있다.

나. t-test의 종류와 실제

1) t-test의 종류

t-test의 종류는 총 세 가지이다. 가장 단순한 형태의 t-test는 단일표본 t-test로서, 하나의 집단의 점수를 가지고 특정한 점수에 비교하는 방법이다. 즉, 모집단에서 추출된 하나의 집단의 평균 점수와 이론적으로 상정된 모집단의 평균 점수와 비교할 때 사용된다. 예를 들어, 우리 반 남학생의 키가 전국 평균과 차이가 있는가?(전국 동일 연령대의 남학생 평균 신장은 국가통계포털(KOSIS)과 같은 곳의 발표 자료를 통해 추측할 수 있다) 그러나 교육 분야에서 우리가 모집단에 대해 정보를 알 수 있는 경우는 극히 제한되어 있고 대부분은 모집단을 추정해야 하기 때문에 단일표본 t-test는 자주 쓰이지 않는다.

두 번째 종류는 종속표본 t-test(dependent samples t-test 혹은 paired-samples t-test)이다. 이는 한 집단을 두 조건하에서 반복 측정하여 두 점수간의 차이를 비교하는 방법이다. 예를 들어, 교육 상황에서는 어떤 교육적 처치(상담이나 보충수업 등)를 받기전과 후의 조건 하에서 점수를 각각 측정하여 비교하는 경우가 바로 이에 해당한다.

마지막은 독립표본 t-test(independent samples t-test)이다. 독립표본 t-test는 t-test 중 가장 많이 쓰이는 검증 중의 하나로 서로 다른 두 조건하에서 각각의 집단을 측정하여 얻은 두 점수간의 차이를 비교하는 방법이다. 예를 들어, 남학생들이 여학생에 비해 상호작용을 통한 수업(예를 들면 토론 수업)의 효과가 더 낮은지를 알고자 할 때 우리는 동일한 대상을 한번은 남자로 그리고나서 또 한번은 여자로 측정하는 것은 불가능하다. 이럴 경우 우리는 남학생 표본 집단과 여학생 표본 집단을 수집하여 독립표본 t-test를 수행할 필요가 있다.

교육 분야의 연구에서 보다 자주 활용되는 t-test는 앞서 언급한 바와 같이 종속표본 t-test와 독립표본 t-test이다. 이 두 방법은 앞의 남학생과 여학생 예처럼 연구 목적의 특성상 사용할 때가 구분되는 경우도 있지만, 단순히 프로그램 효과를 측정하는 경우에는 실험설계 방법에 따라 둘다 쓰일 수 있다. 따라서 두 방법의 장점과 단점을 아는 것은 중요하기 때문에 잠시 언급하기로 한다.

종속표본 t-test는 독립표본 t-test에 비해 다음과 같은 이점을 갖는다. 첫째, 집단 간의 독립성이나 변량의 동질성 문제로부터 자유롭다는 점이다. 쉽게 말해, 종속표본 t-test는 앞의 t-test의 기본 가정 중 2가지만 충족하면 된다는 점에서 독립표본에 비해 유리하다. 이는 종속표본 t-test가 동일한 참가자를 대상으로 두 번 측정한 결과의 차이를 비교하기 때문에 참가자 간의 차이값은 계산에 반영되지 않는데 기인한다. 종속표본 t-test

가 독립표본 t-test에 비해 갖는 두 번째 이점은 실험 설계 측면에 대한 것으로 점수 차이에 기인하는 변인을 통제하기 쉽다는 점이다. 두 집단을 동질하게 만드는 것만큼 처치하는 동안 각각의 집단들에게 따로 미치는 영향들을 통제하기란 쉽지 않다. 예를 들어, 어떤 교육프로그램을 진행하는 동안 한 집단에게만 학교 일정의 일환으로 학부모 상담이 이루어졌다고 가정하자. 이는 곧 가정에서의 학생지도의 변화를 불러 올 것이다. 그리고 이 변화는 우리 교육 프로그램을 통한 중재와는 상관없지만 결과에는 영향을 미칠 수 있다. 그러나 종속표본 t-test는 두 번의 측정에 동일한 참가자를 사용하기 때문에 외부에서 미치는 영향을 고르게 통제하는데 보다 용이한 점을 갖는다. 종속표본 t-test의 세 번째 이점은 동일한 검증력을 위해 독립표본 t-test의 경우 보다 적은 수의 참가자를 필요로 한다는 점이다. 예를 들어, 독립표본 t-test가 40명씩 2집단, 총 80명의 참가자가 필요할 때, 종속표본 t-test는 40명의 참가자만을 필요로 하게 된다. 조건에 맞는 참가자를 모집하는 것이 생각보다 어려운 일이라는 점을 감안하면 이것은 매우 실질적인 이점이다.

반면, 종속표본 t-test가 갖는 중요한 단점은 이월효과를 갖는다는 점이다. 이월효과는 선행 시행들이 후속 시행에서 참가자의 수행에 미치는 영향을 말한다. 이해를 돕기 위해 한 예를 들어보자. 어떤 지식에 대해 사전 검사를 하고 그에 대한 집중 강좌를 들은 후에 다시 동일한 검사를 사용해 재검사를 하는 계획을 세울 수 있다. 이 경우 참가자들은 두 번째 검사를 할 때 그 항목들에 더 익숙해지고, 심지어 두 검사 사이의 간격 동안 답을 찾아 볼 가능성도 있다. 이는 분명 우리의 프로그램(집중 강좌)과는 상관없이 차이를 만들어내는 요인으로 작용할 것이다. 따라서 잘못된 결론을 내지 않기 위해서는 종속표본 t-test를 수행하기 앞서 실험 설계 단계에서 이월효과를 충분히 통제할 수 있는 장치들을 고민할 필요가 있다.

2) t-test의 실제

이 장에서는 가장 많이 쓰이는 종속표본 t-test와 독립표본 t-test를 실제 예시를 통해 SPSS 분석 과정과 결과 해석에 대해 살펴보기로 한다.

가) 종속표본 t-test

종속표본 t-test는 동일한 대상이 두 가지 데이터를 제공할 경우 사용한다[9]. 교육 분야에서 종속표본 t-test를 사용하는 경우는 다음과 같다.

- 사전, 사후 검사를 통해 프로그램 효과를 알아보고자 할 경우
  (토론수업이 학습자의 학업 성취도를 향상시키는가?)

종속표본 t-test를 실제로 수행하기 위해 하나의 예를 가정하여 들어보자. 학교에서 체벌(학생들을 매로 때리는 행위)과 적당한 벌(예를 들면 사회봉사)을 부여하는 것이 학생의 학교 혐오감에 미치는 영향에 차이가 있는지에 대해 알아보고자 한다. 이를 위해 36명의 교칙을 위반한 참가자에게 한번은 체벌을 받은 후 학교 혐오감을 측정하고, 또 한 번은 벌을 받은 후에 학교 혐오감을 측정하여(물론 순서효과를 방지하기 위해 이 경우에는 두 측정의 역균형화(counterbalancing)를 유지해야 한다!)[10] 다음과 같은 데이터를 얻었다고 가정해 보자.[11]

---

9) 동일한 대상이 아니더라도 서로 상관되어 있는 두 집단(예를 들면, 형제나 쌍둥이 등)인 경우에도 종속 표본 t-test를 활용한다. 그러나 교육 분야에서는 그리 자주 쓰이는 않으므로 여기서는 언급하지 않도록 한다.
10) 동일한 참가자에 대해 두 번 측정을 하였기 때문에 순서에 따른 영향을 최소화해야 한다. 이를 역균형화(counterbalancing)라고 하는데 이를 위해 참여자 중 절반은 매로 맞는 상황을 사회봉사 상황보다 먼저 경험하게 하고, 나머지 절반은 반대의 순서로 경험하도록 계획할 수 있다.
11) 어떤 프로그램 효과를 보기 위한 사전 점수와 사후 점수를 비교하는 설계가 적절한 예가 되겠지만, 독립 표본 t-test와 비교하기 위한 목적으로 여기서는 다른 실험 설계를 예로 들었다는 점을 밝힌다.(사전·사후 점수의 비교 설계의 경우, 체벌에 사전, 벌에

	체벌_매	벌_사회봉사
1	30	40
2	35	35
3	45	50
4	40	55
5	50	65
6	35	55
7	55	50
8	25	35
9	30	30
10	45	50
11	40	60
12	50	39

〈그림 14〉 종속표본 t-test를 위한 체벌과 벌에 의한 학교 혐오감의 측정 원자료(일부)

위 그림은 얻은 데이터를 SPSS 창에 입력한 모습이다. 첫 번째 변수의 이름을 '체벌_매'로 설정하고 여기에는 매로 맞은 후에 측정한 학교 혐오감 점수가 입력하였다. 두 번째 변수 이름은 '벌_사회봉사'로 설정하고 여기에는 사회봉사를 수행한 후에 측정한 학교 혐오감 점수가 입력하였다. (전체 36명의 데이터를 다 넣기에는 지면이 부족하여 일부만을 넣었다).

종속표본 t-test를 수행하기 위해 먼저 할 일은 메뉴에서 Analyze Compare Means ▶ Paired-Samples T Test...(대음표본 t검정)를 선택하여 종속표본 t-test의 대화 상자를 활성화 시키는 것이다(〈그림 15〉 참조). 대화상자가 활성화되면 분석하고자 하는 변수들의 쌍을 선택해야 한다. 우리의 경우에는 단지 한 쌍의 변수(체벌_매 vs 벌_사회봉사)만 해당이 된다. 한 쌍의 변수를 선택하기 위해 첫 번째 변수(체벌_매)를 마우스로 클릭하고 나서 키보드의 Ctrl 키를 누른 상태에서 두 번째 변수(벌_사회봉사)를 마우스로

사후 점수를 각각 입력하면 된다.)

클릭하면 된다. 이 두 변수를 오른쪽의 Paired Variables 상자로 옮기기 위해서는 ▶를 마우스로 클릭하면 된다(물론 변수를 각각 선택한 후 ▶를 눌러 차례로 이동해도 되지만, Ctrl 키를 활용하는 것이 훨씬 빠르다). 만일 몇 개의 t-test를 수행하고 싶다면 같은 방법을 통해 다른 변수의 쌍을 추가할 수 있다. 우리의 경우에는 하나의 t-test를 수행하고자 하기 때문에 한 쌍만 이동하면 된다. 종속표본 t-test의 대화 상자의 우측 상단에 있는 Options (옵션) 버튼을 클릭하면 신뢰구간의 폭을 수정할 수 있는 또 다른 창이 열린다. 기본 값으로 95%의 신뢰 구간이 설정되어 있는 것을 볼 수 있으며, 만일 분석을 엄격하게 하고싶다면 99%의 신뢰 구간을 설정할 수 있다(하지만 그럴 경우 실제 효과를 검증하는데 손해를 감수해야 한다). 또한 이 창에서는 결측값을 어떻게 다룰 것인지 선택할 수 있다('SPSS ④'팁 참조). 모든 것을 결정한 후에는 OK (확인)를 클릭하여 분석을 실행한다.

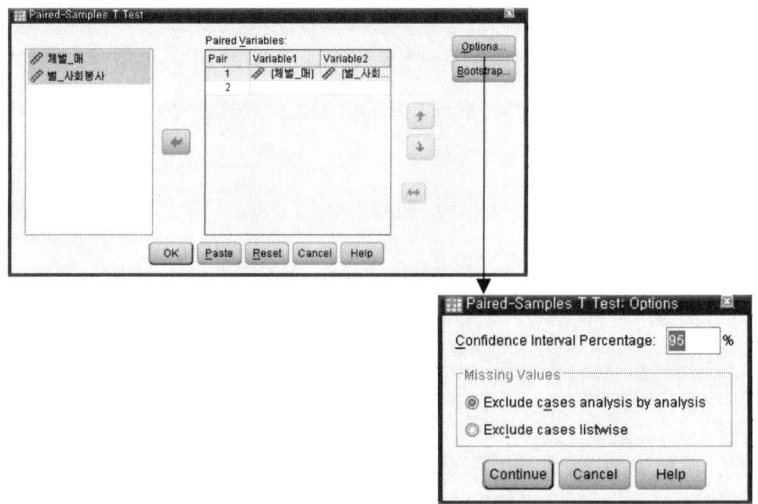

〈그림 15〉 종속표본 t-test의 대화상자

> **SPSS 팁 ④ 분석별 결측값 제외와 목록별 결측값 제외**
> **(pairwise, analysis by analysis / listwise)**
>
> SPSS를 통해 통계 분석을 할 때 Options... 창에서 이 메뉴를 자주 볼 수 있다. 이 메뉴를 통해 우리는 결측값이 발견되었을 때, 결측값이 분석에 포함되는 분석에서만 제외시킬 것인가(pairwise), 아니면 결측값이 포함된 사례 전체를 분석에서 제외시킬 것인가(listwise)를 결정할 수 있다. 예를 들어, 홍길동이라는 사람이 A, B, C 세 개의 변수 중 A 변수에 해당하는 측정값만 비어있을 때, 분석별 결측값 제외를 선택하면, B와 C만 활용하는 분석에서 홍길동을 제외하지 않지만, 목록별 결측값은 B와 C만 활용하는 분석에서도 홍길동을 제외한다. 우리의 분석에서는 변수가 2개 밖에 없기 때문에 둘 중 어느 것을 선택해도 결과가 똑같다. 하지만 여러 변수를 다루는 분석의 경우에는 한 사람에 대한 데이터를 얻기 어렵기 때문에 현명한 결정을 내려야 할 때가 종종 있다.

종속표본 t-test 분석을 실행하면 출력 결과 창(Output viewer)에 세 개의 표가 산출된다. 〈표 2〉는 두 조건에서의 통계치를 요약하여 보여준다. 각 셀에는 각각의 조건에서 평균(Mean), 참여자의 사례 수(N), 표본의 표준편차(Std. Deviation), 그리고 표준 오차(Std. Error Mean)가 순서대로 산출된다.

〈표 2〉 종속표본 t-test의 결과 1
Paired Samples Statistics

	Mean	N	Std.Deviation	Std.Error Mean
Pair 1 체벌_매	40.00	36	9.024	1.504
벌_사회봉사	47.00	36	10.709	1.785

〈표 3〉은 두 조건의 데이터들 간 Pearson의 상관계수를 보여준다. 유의도는 양방검증으로 제공된다. 우리의 경우에는 상당히 큰 상관 계수가 산출되었지만 이는 동일한 참가자로부터 나온 점수이기 때문에 큰 문제가 되지 않는다. 연구결과를 서술할 때는 이 부분을 보고하지 않는다.

〈표 3〉 종속표본 t-test의 결과 2

Paired Samples Correlations

	N	Correlation	Sig
Pair 1 체벌_매 & 벌_사회봉사	36	.545	.001

〈표 4〉 종속표본 t-test의 결과 3.

Paired Samples Test

	Paired Differences					t	df	Sig. (2-tailed)
	Mean	Std. Deviation	Std.Error Mean	95% Confidence Interval of the Difference				
				Lower	Upper			
Pair 1 체벌_매-벌_사회봉사	-7.000	9.523	1.587	-10.222	-3.778	-4.410	35	.000

〈표 4〉는 우리 분석의 결과에서 가장 중요한 표이다. 왜냐하면 우리의 관심사, 즉 두 조건하의 평균이 우연한 차이인지 아닌지를 알려주는 정보를 담고 있기 때문이다. 이 표에서는 두 평균 점수의 차이, 점수 차이의 분포의 표준편차와 표준오차를 차례로 보여준다. 무엇보다 주시해야 할 부분은 우측의 t값인데, 이 값은 평균차이를 표준오차로 나눈 값이다(t = -7/2.831 = -2.47). 이 경우 음수가 나온 이유는 '벌_사회봉사'의 평균이 '체벌_매'의 평균보다 크기 때문이다. 이 t값과 자유도(df : degrees of freedom)을 참조하여 유의확률(sig.)을 제시한다.[12] 유의확률은 영가설이 참일 때(즉, 이 평균들 사이에 실질적 차이가 없다고 가정할 때), 해당 t값을 얻을 확률을 의미한다. 우리의 경우에는 유의확률이 .000임을 확인할 수 있는데, 이는 다시 말해 그 가능성이 0.1%보다 작다는 것을 의미한다. 일반적으로 사회과학 연구에서는 유의확률이 .05보다 작으면 통계적

---

[12] 자유도는 통계분석 과정에서 매우 중요한 개념이지만, 우리가 결과표를 해석하는 데에는 크게 문제가 되지 않으므로 여기서는 설명을 생략하도록 한다.

으로 유의하다고 받아들여진다. 우리의 유의확률 .000이 .05보다 작으므로, 이 경우 t값은 유의하다. t값이 음수인 상태에서 유의하기 때문에 우리는 다음과 같은 결론을 내릴 수 있다.

학교 교칙을 어긴 학생에게 '벌_사회봉사'를 주는 것이 '체벌_매'를 주는 것 보다 더 큰 학교 혐오감을 불러 일으킨다[t(35)=-2.47, $p<.05$].

나) 독립표본 t-test

독립표본 t-test는 두 가지 조건이 있고 각 조건에 서로 다른 참가자들이 데이터를 제공할 경우 사용한다. 교육 분야에서 독립표본 t-test를 사용하는 경우는 다음과 같다.

- 두 교육방법의 효과의 차이를 비교하고자 하는 경우
  (이해 중심 교육 방법과 암기 중심 교육 방법 중 어느 것이 학업성취를 향상시키는가?)
- 실험 집단과 통제 집단을 통해 프로그램 효과를 알아보고 하는 경우
  (토론 수업을 받은 집단이 그렇지 않은 집단에 비해 학업성취가 높은가?)

독립표본 t-test를 실제로 수행하기 위해 앞의 예를 두 집단 설계로 바꾸어 보자(이는 단순히 새로운 사례를 떠올리기 귀찮아서가 아니다. 동일한 연구 주제가 실험 설계에 따라 다른 분석방법을 적용할 수 있음을 보여주기 위함이다). 학교에서 매로 체벌 받은 학생 집단을 1로, 벌로 사회봉사를 받은 학생 집단 2로 구분하여 데이터를 SPSS에 코딩하면 〈그림 16〉과 같다.

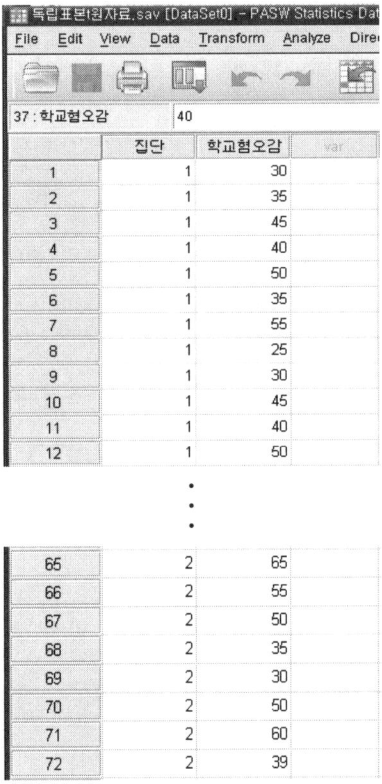

	집단	학교혐오감	var
1	1	30	
2	1	35	
3	1	45	
4	1	40	
5	1	50	
6	1	35	
7	1	55	
8	1	25	
9	1	30	
10	1	45	
11	1	40	
12	1	50	
⋮	⋮	⋮	
65	2	65	
66	2	55	
67	2	50	
68	2	35	
69	2	30	
70	2	50	
71	2	60	
72	2	39	

〈그림 16〉 독립표본 t-test를 위한 체벌과 벌에 의한 학교 혐오감의 측정 원자료(일부)

종속표본의 경우와 달라진 점은 변수이름과 사례수이다. 앞서 언급한 바와 같이 같은 검증을 하기 위해 독립표본은 종속표본보다 2배의 참여자를 요구하는 것을 확인할 수 있다. 첫 번째 변수의 이름을 집단으로 설정하고 여기에 각 집단을 구분할 수 있는 숫자를 입력하였다. 두 번째 변수 이름은 학교 혐오감으로 설정하고 측정한 학교 혐오감 점수가 입력하였다.

독립표본 t-test를 수행하기 위해 먼저 할 일은 메뉴에서 Analyze Compare Means ▸ Independent-Samples T Test... (독립표본 t검정)를 선택하여 독립표본 t-test의 대화 상자를 활성화 시키는 것이다(〈그림 17〉 참조). 그 다음에 좌측 박스의 변수 목록에서 종속 변수(학교혐오감)를 선택하여, ▶를 클릭하여 검정변수(Test Variables) 란으로 옮긴다. 만일 다른 종속변수들을 추가로 t-test를 수행하고 싶다면 같은 방법으로 목록에 있는 변수를 검정변수 란에 추가하여 함께 수행할 수 있다. 하지만 여러 독립변수에 대한 t-test 결과를 종합적으로 판단하게 될 경우에는 가족오류율(familywise type I error rate)이 증가하게 되어 검증 결과에 오류를 가져올 수 있다[13].

그 다음엔 집단 변수(Grouping Variable)를 선택해야 한다. 이를 위해 우측 목록에서 집단 변수를 선택하여 좌측 하단에 위치한 집단 변수란으로 옮기면 된다. 집단 변수를 선택하고 나면, Define Groups...(집단 정의) 단추가 이와 같이 활성화 된다. 이 단추를 클릭하여 집단 정의하기 대화창을 활성화시킨다. 우리가 집단을 대표하는 숫자를 무엇으로 사용하는지를 SPSS에게 알려주어야 한다. 이를 위해 대화창에는 숫자를 입력할 수 있는 두 개의 빈공간이 있다. 우리는 '체벌_매' 집단을 1, '벌_사회봉사'집단을 2로 설정하였으므로 이 숫자를 입력하면 된다. 또한 이렇게 하는 대신 분리점(Cut point)에 특정 숫자를 입력하여 그 숫자 이상을 한 집단, 미만을 한 집단으로 구분할 수 있다. 집단에 숫자를 부여한 뒤에는 Continue (계속) 버튼을 클릭하여 다시 독립표본 t-test 대화상자로 돌아온다. Options... (옵션) 단추는 종속표본 t-test의 경우와 동일하므로 필요한 경우 활용하여 신뢰구간이나 분석에서 결측값 처리 방법을 설정한다. 모든 것을 결정한 후에는 OK (확인)를 클릭하여 분석을 실행한다.

---

[13] 예를 들어 A, B, C 집단 간의 차이를 알아보기 위해 A-B, A-C, B-C의 조합으로 유의확률 .05수준(p<.05)에서 3번 t-test를 수행하여 결과를 종합하게 되면, 차이가 우연히 발생할 확률로 판단하는 영역인 .95가 실제로는 (.95)3=.95×.95×.95=.875로 낮아지게 된다. 따라서 둘 이상의 독립변인들의 평균 차이를 종합적으로 비교하고자 한다면 분산분석(ANOVA)를 활용해야 한다(이에 대한 보다 자세하게 알고 싶으면 문수백 · 변창진, 1997; 임인재 · 김신영 · 박현정, 2007; David C. Howell, 2004; Andy Field, 2009 등의 통계책에서 ANOVA 장을 살펴보길 바란다).

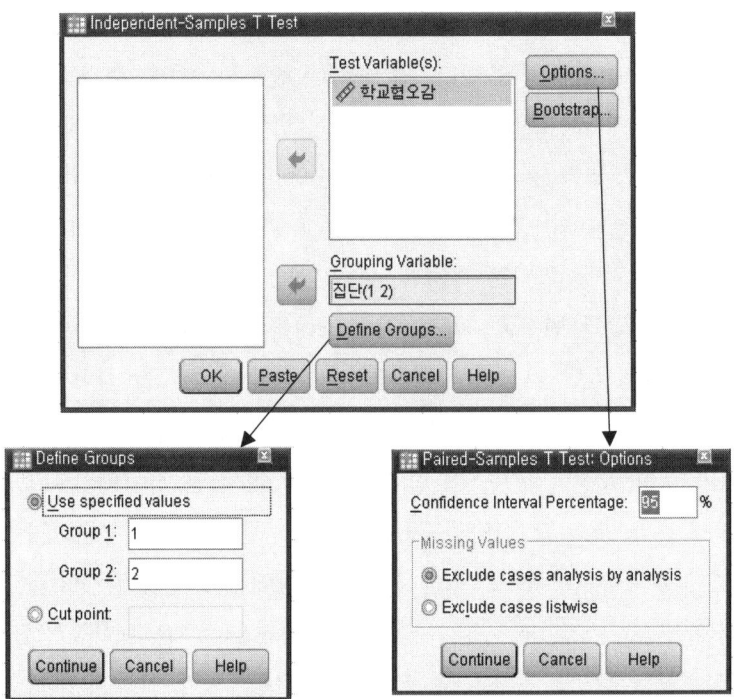

〈그림 17〉 독립표본 t-test의 대화상자

독립표본 t-test 분석을 실행하면 출력 결과 창((Output viewer)에 두 개의 표가 산출된다. 〈표 5〉는 두 집단의 통계치를 요약하여 보여준다. 이 표를 보면, 우리는 두 집단 모두 36명의 참가자로 구성되어 있음을 알 수 있다(N에 해당하는 열의 내용 참조). 체벌_매 집단의 학교혐오감 점수의 평균은 40, 표준편차는 9.02, 표준오차는 1.5이고, 벌_사회봉사 집단의 학교혐오감 점수 평균은 47, 표준편차는 10.71, 그리고 표준오차는 3.18이다.

〈표 5〉 독립표본 t-test의 결과 1
Group Statistics

집단	N	Mean	Std. Deviation	Std.Error Mean
학교혐오감 체벌_매	36	40.00	9.024	1.504
벌_사회봉사	36	47.00	10.709	1.785

〈표 6〉 독립표본 t-test의 결과 2.
Independent Samples Test

	Levene's Test for Equaliy of Variances		t-test for Equality of Means						
	F	Sig.	t	df	Sig. (2-tailed)	Mean Difference	Std. Error Difference	95% Confidence Interval of the Difference	
								Lower	Upper
학교혐오감 Equal variances assumed	2.487	.119	-2.999	70	.004	-7.000	2.334	-11.655	-2.345
Equal variances not assumed			-2.999	68.403	.004	-7.000	2.334	-11.657	-2.343

출력 결과 창에서 두 번째 표인 〈표 6〉은 주요 분석 내용을 담고 있다. 가장 먼저 눈에 띄는 것은 검증 통계량의 값을 담고 있는 두 개의 행이 있다는 점이다: 첫 번째 행은 '등분산이 가정됨(Equal variances assumed)'이라고 제목에 적혀있고 두 번째 행은 '등분산이 가정되지 않음(Equal variances not assumed)'라고 이름붙여져 있다. 우리는 앞서 독립표본 t-test의 기본 가정으로 두 집단의 변량의 동질성(등분산성)을 이야기 한 바 있다. 즉, 두 집단의 변량이 같을 것이라고 가정하였다. 하지만, 실제로는 상황에 따라 두 집단의 변량이 같지 않을 경우도 존재한다. 이 두 행은 이 가정의 충족 여부와 관련이 있다. 그렇다면 변량의 동질성 가정이 충족되는지 그렇지 않은지를 어떻게 알 수 있을까?

바로 두 번째 칸에서 제공하는 Levene's test가 그것을 알려준다. Levene's test는 t-test가 두 집단의 차이에 대한 가설을 검증하는 방식과 유사하게 두 집단의 변량이 같은지 여부를 검증한다(즉, 영가설은 '두 변량 간의 차이는 없다'이다). 그러므로 만일 Levene's test의 유의확률이 p ≤.05보다 작은 수준에서 유의하다면, 즉 영가설이 참일 확률이 너무 낮기 때문에 두 변량이 다르다고 결론을 내릴 수 있다. 그러나 만일 Levene's test의 결과가 유의하지 않다면(p>.05) 우리는 변량간의 차이가 없다는 영가설을 기각할 증거가 없기 때문에 변량이 동질하다는 가정을 믿을 수 있는 것이다. 우리 데이터의 경우, Levene's test는 유의하지 않다(왜냐하면, 유의확률(p)이 .119인데 이는 .05보다 크기 때문이다). 따라서 우리는 '등분산이 가정됨'으로 적혀있는 첫 번째 행의 t-test 분석 결과를 읽으면 된다. 만일 Levene's test의 결과가 유의하다면, '등분산이 가정되지 않음'이라고 적혀있는 두 번째 행의 분석 결과를 읽어야 한다.

t값은 평균의 차이를 평균간 차이의 표준오차(다시 말하면, 평균간 차이의 표집분포의 표준편차)로 직접 나누어서 손으로도 계산할 수 있지만 (t = -7/4.16 = -1.68), 그럴 필요가 없다. 왜냐하면 SPSS가 이 값을 정확하게 계산해 주기 때문이다(SPSS의 목적은 단순히 이러한 복잡한 계산들만 자동적으로 해주는데 있다). 우리는 이 t값의 유의확률이 .05보다 큰지 작은지에 관심이 있다. 우리의 경우 양방검증 p값이 .004로 .05보다 작다. 따라서 우리는 두 표본의 평균간에 유의한 차이가 있다고 결론을 내릴 수 있다. 실험 관점에서는 다음과 같이 결론을 내릴 수 있다.

> 학교 교칙을 어긴 학생에게 '벌_사회봉사'를 주는 것이 '체벌_매'를 주는 것 보다 더 큰 학교 혐오감을 불러 일으킨다[t(70)=-3, $p<.05$].

다) 효과 크기

t-test에 의한 평균의 차이 검증은 단순히 그 차이가 우연히 일어날 수 있는가, 아니면 다른 이유(실험적 처치)때문인가를 밝혀내는 일이다. 우리는 대부분의 연구에서 그 차이는 우연히 일어날 뿐만 아니라 그 차이

또한 의미 있는 것이기를 기대한다. 그러나 t-test의 결과는 이것을 확인시켜 주지는 못한다. 왜냐하면 참가자의 사례 수가 충분히 크면 아주 미미한, 그래서 거의 무의하다고 생각하는 차이조차 유의하게 나오기 때문이다.

이 점수의 실제적 차이를 표준화(standardization)하여 비교할 수 있는 지표는 없을까? 이러한 고민으로 효과 크기라는 통계치가 통계학자들에 의해 개발되었다. 효과크기는 평균이 얼마나 큰지, 또는 두 평균이 얼마나 차이가 있는지를 나타낼 수 있는 통계치이다. 대표적인 학자로 Cohen, Rosenthal과 같은 학자들이 있다. 효과 크기의 개념을 간단히 설명하면 다음과 같다.

예를 들어, 달이 하늘에 높이 떴을 때와 지평선 부근에 있을 때 우리 눈에 보이는 크기에 차이가 있다는 주장이 있다고 가정해 보자. 그리고 그 차이를 비율로 비교해보니 지평선 상에 있는 달이 중천에 있는 달보다 1.5배(혹은 50%)만큼 컸다. 이는 최소한 내가 보기에는 상당히 큰 차이로 여겨진다. 이것이 바로 효과 크기의 개념이다. 이와 같이 단순히 크기에 차이가 있다고 말하는 것보다 더 많은 정보를 제공해 준다. 교육 분야의 연구 경우에는 어떤 프로그램이 학생들의 학업성취를 향상시킨다는 주장을 할 때, 학업성취를 이전에 비해 얼마나 올렸는지도 비율로 알려주어야 한다는 것이다.

아쉬운 것은 SPSS가 효과크기를 자동적으로 계산해 주지 않는다는 점이다. 따라서 우리는 효과 크기를 따로 산출해서 제시해야 하는 번거로움이 있다. 효과 크기를 나타내는 방법은 여러 가지가 있으며,[14] 이들 중 어느 방법을 사용하든 상관이 없지만, 중요한 것은 t-test에서 유의한 결

---

14) 효과크기를 구하는 방법에 대해 알고 싶으면 David C. Howell(2004)이나 Andy Field(2009) 와 같은 통계책을 참조하라

과가 나왔을 때, 효과크기를 통해 실제적 유의도(practical significant)를 제시하는 것이 우리의 주장을 더욱 확실하게 설득시킬 근거가 된다는 점이다.

참고문헌

가경신(2005), 읽기 인지 변인과 읽기 능력과의 관계 연구, 박사학위논문, 공주대학교.
강성우 외 역, 제프리 E. 밀스 저(2007), 교사를 위한 실행 연구, 우리교육.
강홍숙(2006), 협동학습의 효과에 관한 메타연구, 박사학위 논문, 목포대학교
곽영순(2009), 질적 연구-철학과 예술 그리고 교육-, 교육과학사.
곽춘옥(2006), 초등학교 동화 감상 지도 방법에 관한 연구, 박사학위논문, 한국교원대학교.
권성우(1999), 모더니티와 타자의 현상학, 솔.
김경주(2004), 읽기 교수 학습 과정에 대한 연구, 박사학위논문, 서울대학교.
김남진·김용욱(2009), (특수)교육연구방법론, 청목출판사.
김대행(2005), 국어교육학의 연구 방법론, 한국어교육학회(편), 국어교육론 1, 한국문화사.
김라연(2007), 총체적 쓰기 평가와 분석적 쓰기 평가의 상관 연구 :고등학생의 논설문 평가를 중심으로, 이중언어학, 35, 103-126
김명순(1998), 텍스트 구조와 사전 지식이 내용 이해와 중요도 평정에 미치는 영향, 한국교원대학교 석사학위논문.
김명순(2003), 활동 중심 읽기 교육의 내용 연구, 한국교원대 박사학위논문.
김명순(2008), 학교 독서 문화의 진단과 이해, 국어교육학연구 제33집.
김명순(2010), 중등학교 학생과 교사의 독서 지도에 대한 인식 양상, 새국어교육 제86집.
김병성(2003), 교육연구방법, 학지사.
김봉순(1999). 쓰기 영역의 수행평가 방안, 국어교육, 100, 173-199.

김석우(1997), 교육 연구법, 학지사.
김석우·최태진(2007), 교육연구방법론, 학지사.
김영란(2005), 중학교 국어 교사의 교과서 사용에 관한 세 사례 연구, 국어교육학연구 제24집, pp.189-244.
김영천(2010), 질적연구방법론Ⅰ, 문음사.
김윤옥(2007), 상호주관성에 바탕을 둔 화법 교육 연구, 박사학위논문, 한국교원대학교.
김정자(1992), 쓰기 평가 방법 연구 : 평가기준의 설정과 그 적용을 중심으로, 석사학위논문, 서울대학교.
김정자(2001), 필자의 표현 태도 연구, 박사학위논문, 서울대학교.
김정자(2006), 쓰기 '과정'의 초점화를 통한 쓰기 지도 방안 -수정하기와 출판하기를 중심으로-, 국어교육학연구, 26, 129-159.
노만 페어클로프, 이원표 역(2003), 대중 매체 담화 분석, 한국문화사.
단국대특수교육원(1993), 사례 연구 방법, 단국대 출판부.
문수백(2003), 학위 논문 작성을 위한 연구 방법의 실제, 학지사.
문수백, 변창진(1999), 사회과학 연구를 위한 실험설계·분석의 이해와 활용, 서울: 학지사.
문화관광부(2007), 2007년 국민 독서 실태 조사, 한국출판연구소.
미카엘 스티브즈, 송영주 역(1993), 담화 분석, 한국 문화사.
민병곤(2004), 논증 교육의 내용 연구-6, 8, 10학년 학습자의 작문 및 토론 분석을 바탕으로-, 박사학위논문, 서울대학교.
박규홍 외(2002), 사고와 표현, 정림사.
박도순(2005), 교육연구방법론, 문음사.
박성현·조신섭·김성수(2004), 한글 SPSS, SPSS아카데미.
박영목(2003), 작문교육 연구 방법 동향, 청람어문교육, 26, 5-20.
박영목(2005a), 21세기 새로운 문식성 사회에 대비한 작문교육의 방향과 내용, 국어교육, 117, 439-467.
박영목(2005b), 작문 교육의 발전 방향, 한국어교육학회(편), 국어교육론 2,

　　　　한국문화사.
박영목(2008), 작문 교육론, 역락.
박영민(2000), 쓰기 수행평가의 평가준거 설정에 관한 연구, 석사학위논문, 한국교원대학교.
박영민(2003), 비평문 쓰기를 통한 작문 지도 방법 연구, 박사학위논문, 한국교원대학교.
박영민(2003), 의미 구성과 표현의 대응, 그리고 필자의 발달, 새국어교육, 66, 151-171.
박영민(2004), 문식성 발달 연구를 위한 학제적 방법론, 새국어교육, 67, 21-42.
박영민(2006a), 교원 양성 대학의 작문 교육 프로그램 구성 방안, 작문연구, 2, 85-110.
박영민(2006b), 중학생의 쓰기 동기에 영향을 미치는 요인, 국어교육학연구, 26, 337-369.
박영민(2007a), 예비 국어교사의 쓰기 동기에 영향을 미치는 요인, 새국어교육, 75, 163-192.
박영민(2007b), 작문 교육 연구의 새로운 방향, 국어교육, 123, 31-52.
박영민·최숙기(2009), 현직 국어교사와 예비 국어교사의 쓰기 평가 비교 연구, 교육과정평가연구, 12(1), 123-143.
박영민·최숙기(2010a), 예비 국어교사의 성별 및 학생 성별 인식에 따른 평가 차이 분석, 교육과정평가연구, 13(2), 239-258.
박영민·최숙기(2010b), 중학생 논설문 평가의 모평균 추정과 평가 예시문 선정, 국어교육, 131, pp. 437-461.
박영민·최숙기(2010c), 국어교사의 설명문 평가에 대한 모평균 추정과 평가 예시문 선정, 우리어문연구, 36, 293-326.
박영민·최숙기(2010d), Rasch 모형을 활용한 국어교사의 쓰기 평가 특성 분석 -중학생 설명문 쓰기 평가를 중심으로, 국어교육학연구, 37, 367-391.

박영민·최숙기(2010e), 글 유형에 따른 중학생 쓰기 평가 요인의 관계 분석, 한국어문교육 22, 7-33.
박인기 외(1993), 국어과 수행평가, 역락.
박일수(2005), 협동학습이 학업성취도 및 학습 태도에 미치는 효과에 관한 메타분석, 석사학위논문, 한국교원대학교.
박정진·윤준태(2004), 읽기 수업에서의 질문 들여다보기: 비판적·창의적 질문을 중심으로, 독서연구 12, pp.119-144.
박종임·박영민(2011), Rasch 모형을 활용한 국어교사의 채점 일관성 변화 양상 및 원인 분석 -중학생 서사문 채점을 중심으로, 우리어문연구, 39, 301-335.
박종훈(2007), 설명 화법의 언어 형식화 교수·학습 방안 연구, 서울대 박사학위 논문.
박진용(2006), 텍스트 의미 구조의 읽기 교수·학습 연구. 한국교원대학교 박사학위논문.
박태호(2000), 장르 중심 작문교육의 내용 체계와 교수 학습의 원리 연구, 박사학위논문, 한국교원대학교.
박태호·강병륜·임천택·이영숙(2005), 국어 표현에 대한 초등학생의 쓰기 특성 및 발달 고찰, 국어교육학연구, 23, 273-299.
백순근 외(1996), 수행평가의 이론과 실제, 대한교과서.
백순근(2004), 학위 논문 작성을 위한 교육 연구 및 통계 분석, 교육과학사.
서수현(2003), 쓰기 평가의 기준 설정에 관한 연구, 석사학위논문, 고려대학교.
서수현(2008), 요인 분석을 통한 쓰기 평가의 준거 설정에 대한 연구, 박사학위논문, 고려대학교.
서인석 외(2004), 인문계열 직업세계와 맞춤형 글쓰기, 영남대출판부.
서종학 외(2004), 예·체능계열 직업세계와 맞춤형 글쓰기, 영남대출판부.
서혁·박지윤(2009), 다문화가정 학생의 사회문화적 배경과 읽기 능력에 대한 사례 연구. 국어교육학연구 제36집. pp.393-423.

서현석(2004), 학생 소집단 대화의 구조와 전략 연구-초등학교 국어과 말하기·듣기 수업 상황을 중심으로, 박사학위논문, 한국교원대학교.
성태제(2005), 교육연구방법의 이해, 학지사.
성태제(2007), SPSS/AMOS를 이용한 알기 쉬운 통계분석, 서울: 학지사.
성태제(2008), 현대 기초통계학의 이해와 적용(개정 5판). 서울: 교육과학사.
성태제·시기자(2007), 연구방법론, 학지사.
손민호(2004), 연구 전통별로 살펴본 수업에서의 질적 연구의 동향과 과제, 교육과정연구 22권 3호, 한국교육과정학회, 149-180.
손현동(2004), 집단상담 프로그램이 학업성취도에 미치는 효과 메타분석, 석사학위논문, 한국교원대학교.
송인섭(1993), 교육 연구법, 상조사.
송혜향(1993), 메타 분석법, 청문각.
신종호(2003), 아동의 취학 전 언어 이해 능력과 학기 초 학업 성취와의 관계 연구, 교육심리연구 17. pp.223-239.
신헌재(2004), 국어과의 생태학적 평가 방안 연구 -초등학교 저학년 읽기 영역 평가를 중심으로, 학습자중심교과교육연구, 4(2), 33-63.
신헌재(2010), 생태학적 관점의 쓰기 평가 도구 개발 방안, 학습자중심교과교육연구, 10(1), 219-237.
신형기 외(2003), 글쓰기, 연세대출판부.
양정실(2006), 해석 텍스트 쓰기의 서사교육 방법 연구, 서울대 박사학위논문.
엄훈(2004), 교실 수업 공개와 참관을 통한 두 국어 교사의 변화와 성장의 체험, 국어교육학연구 제19집, pp.359-418.
엄훈(2006), 읽기 부진 개선을 위한 보충학습반 운영의 경험, 교육인류학연구 9(1), pp.57-97.
염은열(1999), 대상 인식과 내용 생성의 관계에 대한 표현교육론적 연구 - 기행가사를 중심으로-, 박사학위논문, 서울대학교.
오성삼(2002), 메타 분석의 이론과 실제, 건국대학교 출판부.

오택환(2007), 협동 작문이 쓰기 능력과 쓰기 태도에 미치는 효과, 박사학위논문, 고려대학교.
오택환(2010), 쓰기 수행평가에서 동료평가자간 신뢰도 분석, 국어교육연구, 47, 91-116.
원진숙(1995), 작문교육의 이론적 기초와 방법론 연구 -논술문의 지도와 평가를 중심으로-, 박사학위논문, 고려대학교.
원진숙(1999), 쓰기 영역 평가의 생태학적 접근- 대안적 평가 방법으로서의 포트폴리오를 중심으로, 한국어학, 10, 191-232.
유네스코 한국위원회(2002), 과학연구윤리, 도서출판 당대.
유동엽(2004), 논쟁의 불일치 조정 양상에 관한 연구, 박사학위논문, 서울대학교.
유택렬(2002), 연구학교와 운영, 교육과학사
윤영선(2000), 상관 연구, 교육 과학사.
윤준채(2007), 독자의 정의적 영역 발달—초등학생의 여가 및 학습 읽기 태도를 중심으로, 독서연구 17호, pp.229-259.
윤준채(2009), 요약하기 전략 지도가 독해에 미치는 영향:메타 분석적 접근, 새국어교육, 81, 213-229.
윤준채(2011), 읽기 전략의 효과에 대한 검토-메타분석 연구를 중심으로, 독서연구, 25, 85-106.
윤준채·이형래(2007), 문식성 교육 연구 방법론, 국어교육학연구 제30집, pp.357-378.
윤택림(2004), 문화와 역사 연구를 위한 질적연구방법론, 아르케.
윤희원(2001), 국어교육학 발전을 위한 연구 방법론 탐색을 위하여: 국어교육학 연구 방법의 현황과 과제, 국어교육학연구, 12, 1-15.
이도영(2007), 읽기 정의적 영역에 대한 연구 방법론, 독서연구 17호, pp.181-205.
이삼형 외(2007), 국어교육학과 사고, 역락
이상욱 외(2011), 과학 윤리 특강, 사이언스북스.

이선영(2011), 토론 교육 내용 체계 연구-초·중·고 토론대회 담화 분석을 바탕으로-, 박사학위논문, 서울대학교.
이수진(2001), 과정 중심 이론의 한계와 극복 방안 탐구, 청람어문교육, 23, 83-121.
이수진(2004), 쓰기 수업의 교수 대화 양상 분석 연구, 박사학위논문, 한국교원대학교.
이승영 외(1993), 조사 방법론, 명륜당.
이인제 등(2005), 국어과 교육과정 개선 방안 연구, 연구보고서 RRC 2005-3, 한국교육과정평가원.
이재기(1997), 작문 학습에서의 동료평가활동 과정 분석, 석사학위논문, 한국교원대학교.
이재기(2005), 국어 영역간 성취도의 상관관계 분석, 국어국문학 139, pp.115-146.
이재기(2006), 맥락 중심 문식성 교육 방법론, 청람어문교육, 34, 99-128.
이재승 외(2006), 초등학생용 쓰기 동기 검사 도구 개발과 활용 방안, 청람어문교육, 34, 129-159.
이재승(1999), 과정 중심의 쓰기 교재 구성에 관한 연구, 박사학위논문, 한국교원대학교.
이재승(2002), 글쓰기 교육의 원리와 방법, 박이정.
이재승(2004), 아이들과 함께 하는 독서와 글쓰기 교육, 박이정.
이재승(2005a), 작문 교육 연구의 동향과 방향, 청람어문교육, 32, 99-122.
이재승(2005b), 작문 교육 연구사, 한국어교육학회(편), 국어교육론 2, 한국문화사.
이정숙(2004), 쓰기 교수 학습에 드러난 쓰기 지식의 질적 변환 양상 연구, 박사학위논문, 한국교원대학교.
이종승(1989), 교육연구법, 배영사.
이종승(2009), 교육·심리·사회 연구방법론, 교육과학사.
이주일(2009), SPSS를 활용한 심리연구 분석(제2판), 서울: 시그마프레스.

이준영(2008), 메타분석, 대한내분비학회, 23(6), 361-378.
이지영(2011), 아동독자의 이야기책 읽기 반응 연구, 박사학위논문, 고려대학교.
이형래(2006), 공무원의 직업문식성 평가에 관한 연구, 박사학위논문, 고려대학교.
임미성(2012), 아동독자의 읽기 전략과 태도 발달에 관한 연구, 박사학위논문, 전북대학교.
임성규(1998), 글쓰기 전략과 실제, 박이정.
임인재·김신영·박현정(2007), 교육·심리·사회 연구를 위한 통계방법, 서울: 학연사.
임재춘(2002), 한국의 이공계는 글쓰기가 두렵다, 마이넌.
임천택(2002), 하이퍼텍스트 기반의 작문 교수 학습 모형에 관한 연구, 박사학위논문, 한국교원대학교.
장택수(2004). 교육연구의 이론과 실제. 형설출판사.
장회익(1990), 과학과 메타과학, 지식산업사.
전경원(1999), 유아연구방법론, 창지사.
전제응(2007), 초등학생의 쓰기 동기에 관한 연구-4학년과 6학년을 중심으로, 청람어문교육, 25, 83-107.
전제응(2008), 해석을 통한 필자의 상승적 의미 구성 교육 연구, 박사학위논문, 한국교원대학교.
정구향 등(2006), 2005년 초등학교 3학년 국가수준 기초학력 진단 평가 연구-읽기-, 연구보고서 CRE 2006-3-2, 한국교육과정평가원.
정동훈(2006), 커뮤니케이션 연구와 연구윤리 문제, 한국언론학보 50권 3호, 한국언론학회.
정상섭(2006), 공감적 화법 교육 연구, 박사학위논문, 한국교원대학교.
정재찬(2003), 문학교육의 사회학을 위하여, 역락.
조영달(2001), 한국 중등학교 교실수업이 이해, 교육과학사.
조용환(1998), 질적 연구와 양적 연구, 이용숙·김영천 편, 교육에서의 질적

연구: 방법과 적용, 교육과학사, 3-21.
조용환(2009), 질적 연구-방법과 사례-, 교육과학사.
조재윤(2005), 국어교육학 실증적 연구의 종합을 위한 메타분석 방법론, 국어교육학연구, 22, 275-302.
조재윤(2006), 말하기 평가 방법 간 신뢰도 분석 연구 :초등학생의 설득하는 말하기를 중심으로, 국어교육학연구, 27, 493-515.
조재윤(2008), 일반화가능도 이론을 이용한 말하기 평가의 과제와 채점자 요인 최적화 조건에 관한 연구, 박사학위논문, 고려대학교.
조재윤(2009), 일반화가능도 이론을 이용한 쓰기 평가의 오차원 분석 및 신뢰도 추정 연구, 국어교육, 128, 325-257.
조희정(2002), 사회적 문해력으로서의 글쓰기 교육 연구 -조선 세종조 과거 시험을 중심으로, 박사학위논문, 서울대학교.
진명숙(2006), KWL 전략 지도가 초등학생의 요약하기 능력에 미치는 효과, 석사학위논문, 광주교육대학교.
천경록(1999), 읽기 능력의 수행평가, 국어교육, 100, 201-224.
천경록(2001), 국어 교육 연구에서 양적 연구 분석, 국어교육학연구, 12, 17-49.
천경록(2003), 직접교수법 단계에 대한 고찰, 독서 연구, 9, 269-293.
천경록(2004), 사고구술 활동이 초등학생의 독해에 미치는 효과, 국어교육학연구, 19집, 513-544.
천경록(2005), 교육대학교 교양과정에 대한 조사 연구, 교과교육학연구, 8(1 · 2).
천경록(2006), 광주지역 학습 부진아 교육 실태 조사, 초등국어과교육, 18.
최동주 외(2004), 이공계열 직업세계와 맞춤형 글쓰기, 영남대출판부.
최미숙 외(2004), 사회계열 직업세계와 맞춤형 글쓰기, 영남대출판부.
최숙기(2011), Rasch 모형을 활용한 요약문 평가 준거 개발 및 타당도 분석, 독서연구, 25, 415-451.
최숙기 · 박영민(2011), 논설문 평가에 나타난 국어교사의 평가 특성 및 편향 분석, 교육과정평가연구, 14(1), 201-228.
최인자(2001), 국어교육의 문화론적 지평, 소명.
최현섭 외(2000), 구성주의 작문 교수 학습 방법론, 박이정.
최현섭 외(2003), 과정 중심의 쓰기 워크숍, 역락.
최현섭 외(2005), 국어교육학개론, 삼지원.
하영철(2004). S·S 교육학, 동현출판사.
한국교육학회(2007), 논문작성법 KPM, 교학사.
한국어문교육연구소(2007), 독서 교육 사전, 교학사.
한국연구재단(2011), 연구윤리의 이해와 실천, 한국연구재단.
한근식(1999), 조사 연구 방법론, 경문사.
한철우 외(2003a), 과정 중심 작문 평가, 원미사.
한철우 외(2003b), 사고와 표현 -작문 워크숍과 글쓰기, 교학사.
한철우·이경화·최규홍(2007), 유·초등 독서 능력 표준화 검사 도구 개발 연구, 독서연구 제18호. pp.321-354.
한철우·전은주·김명순·박영민(2005), 표현·이해 교육 연구의 방향과 과제, 국어교육학연구, 22, 31-96.
한철우·홍인선(2007), 학교 현장 독서 지도 어떻게 할 것인가?, 교학사
허재영(2006), 독서 교육 연구사: 학교 독서 교육을 중심으로, 독서연구 16호, pp.207-240.
황미향(2007), 과정 중심 쓰기 교육에 대한 비판적 고찰, 국어교육, 123, pp.243-278.
황정규(1988), Meta-analysis의 이론과 방법론: 경험과학적 연구 결과의 종합을 위하여, 성곡논총, 19.
Adams, K.(2002). *Easy Access with 2002 APA Update.* McGraw-Hill.
Alamargot, D. et al.(2010), Using and pen movements to trace the development of writing expertise : Case studies of a 7th, 9th, and 12th grader, graduate student, and professional writer,
Andersson, B., Holmqvist, K., Holsnova, J., Johansson, V., Karlsson, H.,

Strömqvist, S., et al.(2006), Combining keystroke logging with eye-tracking, In L. Van Waes, M. Leijten, C. Neuwirth, et al.(Ed.), Writing and Digital Media, 17, 166-172.

Andy Field(2005), Discovering Statistics Using SPSS(3rd ed.), Thounsand Oaks, CA: SAGE Publications.

Baghban, M.(1984), *Our Daughter Learns to Read and Write: A Case Study from Birth to Three*, Newark, DE: IRA.

Bereiter, C.(1980), Development in writing, In Lee W. Gregg & Erwin R. Steinberg(ed), *Cognitive Processes in Writing*, Hillsdale, NJ: Lawrence Erlbaum Associates, Inc.

Britton, J., Burgess, T., Martin, N., McLeod, A., & Rosen, H.(1975), *The Development of Writing Abilities(11-18)*, UK: Hampshire, Macmillan Education.

Buswell, G.(1922), *Fundamental Reading Habits: A Study of Their Development*, IL: The University of Chicago.

Calfee, R., & Chambliss, M. J.(1991), The Design of Empirical Research. In J. Flood et. al.(Eds) *Handbook of Research on Teaching the English Language Arts*. Mcmillan.

Cazden, C. B.(1988), *Classroom discourse: The language of teaching and learning*, Portsmouth, NH: Heinemann.

Chesnet, D. & Alamargot, D.(2005), Real time analysis of the writer graphmotoric and ocular activities: Interests of the 'eye and pen' device, *L'Annee Psychologique*, 105(3), 477-520.

Cohen, J.(1977), *Statistical Power Analysis for the Behavior Sciences,* New York: Academic Press

Cohen, J.(1997), *Statistical power analysis for the behavioral sciences(rev. ed.)*, New York: The Academic Press.

Cooper, H. & Hedges, L. V.(1994), *The Handbook of Research Synthesis*,

New York: Rusell Sage.

David C. Howell(2004), 행동과학을 위한 통계학(5판), (신현정, 박태진, 도경수 역), 서울: 학지사(원저 2004 출판).

Durkin, D.(1978-1979), What classroom observations reveal about reading comprehension instruction, *Reading Research Quarterly*, 14, 481-533.

Edna P. DeHaven(1979), *Teaching and learning the Language Arts*, Boston; Little, Brown and Company.

Elazar L. Pedhazur(1991), Measurement, Design, and Analysis - An Integrated Approach, Hillsdale, NJ: Lawrence Erlbaum Associates, Publishers.

Fisher, R. A.(1932), *Statistical methods for research workers*(4th ed.). Lodon: Oliver and Boyd.

Flood J. et al.(1991), *Handbook of Research on Teaching the English Language Arts*, New York: Macmillan Publishing Company.

Flower, L. S. & Hayes, J. R.(1981), A cognitive process theory of writing, *College Composition and Communication*, 32, pp. 365-387.

Flower, L. S. & Hayes, J. R.(1981), A cognitive process theory of writing, *College Composition and Communication*, 32, pp.365-387.

Glass, G. V.(1976), Primary, secondary and meta-analysis of research. *Educational Researcher*, 10, 3-8

Glass, G. V.(1978), Integrating findings: The meta-analysis of research. *Review of Research in Education, 5*, 351-379.

Glass, G. V., McGaw, B. & Smith, M. L.(1981), *Meta-analysis in social research,* Beverly Hills, CA:Sage

Glass, G. V., McGraw, B., & Smith, M. L.(1981), *Meta-analysis in Social Research*, Beverly Hills, CA: Sage.

Goetz, J. & LeCompte, M.(1984), *Ethnography and Qalitative Design in Educational Research*, NY: Academic Press.

Graham, S & Perin., D.(2007), *Writing Next,* Alliance for Excellent Education.

Graham, S.(2006), Strategy Instruction and the Teaching of Writing: A Meta-Analysis, In C. A. MacArthur & J. Fitzgerald(Eds.), *Handbook of Writing Research*, New York/London: Guilford Press.

Hayes, J. R. & Flower, L. S.(1980), Identifying the organization of writing processes, In Lee W. Gregg & Erwin R. Steinberg(ed), *Cognitive Processes in Writing*, Hillsdale, NJ: Lawrence Erlbaum Associates, Inc., pp. 3-30.

Hedges, L. V., & Olkin, I.(1985), *Statistics methods for meta-analysis,* San Diego: Academic Press

Hektner, J. M., Schmidt, J. A., & Csikszentmihalyi, M.(2007), *Experience Sampling Method : Measuring the Quality of Everyday Life*, Thousand Oaks, CA: Sage Publications, Inc.

Hymes, D.(1980), *Language in education: Ethnolinguistic essays*, Washington, DC: Center for Applied Linguistics.

Hyönä, J., Lorch, R. F., & Kaakinen, J. K.(2002), Individual differences in reading to summarize expository text: Evidence from eye fixation patterns, *Journal of Educational Psychology*, 94(1), 44-55.

Just, M. & Carpenter, P.(1987), *The Psychology of Reading and Language Comprehension*, MA: Allyn and Bacon.

Klein, M.(1985), *The Development of Writing in Children: Pre-K Through Grade 8*, Englewood Cliffs, NJ: Prentice Hall, Inc.

Kubiszyn, T., & Borich, G.(2003), *Educational Testing and Measurement: Classroom Application and Practice(7th Edition)*, Wiley.

Lakoff, G. & Johnson, M.(1980) *Metaphors we live by*, Chicago: University of Chicago Press.

Lightbown P. S. 외(2003), *How Languages Are Learned*, Oxford: Oxford University Press.

Lindgren, E. et al.(2007), GIS for writing : Aapplying geographical information systems techniques to data mine writing's cognitive processes, *Writing and Cognition Research and Applications*, Elsevier.

Lipsey, M. W., & Wilson. D. B. (2001). *Practical meta-analysis,* SAGE Publications.

Littell, J.H., Corcoran, J., & Pillai, V.(2008), 체계적 문헌고찰과 메타분석(정인숙, 전성숙, 황선경, 김동희, 하주영 역), 서울: 수문사.

Marielle Leijten et al.(2006), Inputlog : New perspectives on the logging of on-line writing processes in a windows environment, *Computer Keystroke Logging and Writing*, Elsevier.

McDemott, R. P.(1977), Social relations as contexts for learning in school, *Harvard Educational Review*, 47, 198-213.

McHoul, A.(1978), The organization of turns at formal talk in the classroom, *Language in Society*, 7, 183-213.

Mehan, H.(1979), *Learning Lessons*. Cambridge, MA: Harvard University Press.

Mertens, M. D. & McLaughlin(1995), Research Methods in Special Education, 안병환·조용태 역(2004), 특수교육 연구방법, 도서출판특수교육.

Olsen, R. K., Kliegl, R., & Davidson, B. J.(1983a), Dyslexic and normal children's tracking eye movement, *Journal of Experimental Psychology: Human Perception and Performance*, 9, 816-825.

Olsen, R. K., Kliegl, R., & Davidson, B. J.(1983b), Eye movements in reading disability, In K. Rayner(Ed.), *Eye movements in Reading: Perceptual and Language Processes*, NY: Academic Press, 467-480.

Pearson, K.(1904), Report on certain enteric fever inoculation statistics, *British Medical Journal,* 3, 1243-1246

Rayner, K. & Pollatsek, A.(1989), *The Psychology of Reading*, NJ: Prentice Hall.

Scruggs, T., & Mastriopieri, M.(2001), How to summarize single-participant research: Ideas and applications. Exceptionality, 9, 227-244.

Smith, M. L. & Glass, G. V.(1977), Meta-analysis of Psychotherapy Outcome Studies, *American psychologist,* 32, 752-760

Steinberg, E. R.(1986), Protocol, retrospective reports, and the stream of consciousness, *College English,* 48(7), pp. 697-712.

Strömqvist, S.(2006), What keystroke logging can reveal about writing, *Computer Keystroke Logging and Writing,* Elesevier.

Tesch, R.(1990), Qualitative research: Analysis types & software tools, NY: Falmer

Underwood, B. J., (1957). Interference and forgetting. *Psychological Review,* 64, 49-60.

Wengelin, A.(2006), Examining pauses in writing : Theory, methods and empirical data, *Computer Keystroke Logging and Writing,* Elsevier.

White, M. J. & Bruning, R.(2005), Implicit writing beliefs and their relation to writing quality, *Contemporary Educational Psychology,* 30, pp. 166-189.

Wiersma, W. & Jurs, S. G. (Eds.) (2009), Research methods in education: An introduction(9th), Boston: Allyn & Bacon.

Wolcott, H.(1994), *Transforming Qualitative Data: Description, Analysis, and Interpretation,* London: Sage.

지은이

- 한철우 한국교원대학교 교수
- 천경록 광주교육대학교 교수
- 김명순 부산대학교 교수
- 박영민 한국교원대학교 교수
- 이재기 조선대학교 교수
- 최숙기 한국교육과정평가원 연구원
- 가경신 당진고등학교 교장
- 최병흔 전북체육중학교 교사
- 홍인선 한국교원대학교 강사
- 이재형 한국교원대학교 강사
- 임택균 한국교원대학교 강사
- 정미경 한국교원대학교 강사

국어교육 연구 방법론

초판 인쇄 2012년 2월 17일
초판 발행 2012년 2월 24일

지 은 이 한철우 외
펴 낸 이 박찬익
책임편집 김민영

펴 낸 곳 도서출판 **박이정**
주   소 서울시 동대문구 용두동 129-162
전   화 02) 922-1192~3
전   송 02) 928-4683
홈페이지 www.pjbook.com
이 메 일 pijbook@naver.com
온 라 인 국민 729-21-0137-159
등   록 1991년 3월 12일 제1-1182호

ISBN 978-89-6292-286-8 (93710)

* 책값은 뒤표지에 있습니다.